WISSENSCHAFTLICHE BEITRÄGE AUS DEM TECTUM VERLAG

Reihe Wirtschaftswissenschaften

Band 17

Aufbau globaler Markenimages im International Private Banking

Grundlagen, Einflußfaktoren, Strategien und Markeneinführung
aus Sicht der deutschen Großbanken

von

Ulf Gerlach

Tectum Verlag
Marburg 2001

Die Deutsche Bibliothek - CIP-Einheitsaufnahme

Gerlach, Ulf:
Aufbau globaler Markenimages im International Private Banking.
Grundlagen, Einflußfaktoren, Strategien und Markeneinführung aus Sicht der
deutschen Großbanken.
/ von Ulf Gerlach
- Marburg : Tectum Verlag, 2001
(Wissenschaftliche Beiträge aus dem Tectum Verlag :
Reihe Wirtschaftswissenschaften ; Bd. 17)
Zugl: Leipzig, Univ. Diss. 2000
ISBN 3-8288-8211-0

© Tectum Verlag

Tectum Verlag
Marburg 2001

Geleitwort

Ein in der wissenschaftlichen Forschung bis heute wenig beachtetes Geschäftsfeld der Kreditinstitute ist das International Private Banking. Gerade in diesem Geschäft mit sehr vermögenden Privatkunden aus aller Welt ist die Etablierung eines globalen Markenimages von maßgeblicher Bedeutung. Ein Markenimage im International Private Banking fungiert als „Schutzschild" gegen den sich verschärfenden Wettbewerb und ist die Voraussetzung, um den Marktanteil zu vergrößern.

In seiner Dissertation attestiert der Verfasser den deutschen Großbanken im International Private Banking einen deutlichen Nachholbedarf hinsichtlich des Aufbaus von Markenimages. Im Gegensatz zu den großen US-amerikanischen und schweizerischen Kreditinstituten versuchen bis jetzt von den deutschen Großbanken lediglich die Deutsche Bank und die Dresdner Bank, durch die Bündelung ihrer weltweiten Aktivitäten einen konsistenten Marktauftritt zu schaffen und eine Marke zu kreieren. Der Erfolg der angestrebten Neupositionierung kann sich nur einstellen, wenn die deutschen Institute in der Lage sind, durch eine umfassende Markenstrategie hohe und weltweit gültige Qualitätsstandards im International Private Banking zu entwickeln und zu erfüllen. Die markenbezogenen Aktivitäten müssen langfristig auf dieses Ziel hin ausgerichtet werden, selbst wenn das shareholder value-Denken und die in der Regel kurzfristig orientierte Erwartungshaltung von Aktionären oder Finanzanalysten dem entgegenstehen.

Aus Sicht der deutschen Großbanken untersucht der Verfasser die einzelnen Teilprozesse des Aufbaus eines globalen Markenimages im International Private Banking, nämlich die Situationsanalyse, die Ziel- und Strategiefestlegung, die Gestaltung der markenpolitischen Instrumente und Schaffung der technisch-organisatorischen Voraussetzungen sowie das Marken-Controlling. In einer ganzheitlichen Sichtweise beschränkt der Verfasser seine Überlegungen zum Aufbau von Markenimages jedoch nicht nur auf die bankbetriebliche Sichtweise, sondern bezieht intensiv den Kunden und dessen Wünsche ein - schließlich gilt die angestrebte unbedingte Markenpräferenz als das verfolgte Ziel des Lernprozesses beim Kunden.

Der Verfasser hat sich mit einer sehr aktuellen, gleichzeitig aber auch komplexen Thematik befaßt. Ihm ist es dabei ein besonderes Anliegen, das Bewußtsein für die Notwendigkeit zur umfassenden, systematischen und kontinuierlichen Ausrichtung aller imagerelevanten, bankbezogenen Aktivitäten auf die Kundenbedürfnisse zu schärfen. Der Arbeit ist gerade vor diesem Hintergrund eine weite Verbreitung und eine intensive Diskussion im wissenschaftlichen Schrifttum und in der bankbetrieblichen Praxis zu wünschen.

Prof. Dr. Jürgen Singer

Vorwort

Die vorliegende Arbeit wurde im Wintersemester 1999/2000 vom Fachbereich Betriebswirtschaftslehre der Universität Leipzig als Dissertation angenommen. Mein aufrichtiger Dank gilt Herrn Prof. Dr. J. Singer, meinem Doktorvater, für sein Interesse an dem gewählten Thema und seine Bereitschaft, dieses an mich als externen Doktoranden zu vergeben. Für die Übernahme der weiteren Gutachten bedanke ich mich sehr bei Frau Prof. Dr. U. Altenburg sowie Herrn Prof. Dr. Dr. O. Betsch.

Herzlich danken möchte ich auch meinen Kollegen von der Dresdner Bank AG, die mir stets mit „moralischer Unterstützung" und großer Diskussionsbereitschaft zur Seite standen: Herrn Dipl.-Kaufmann R. Grupe danke ich für den kontinuierlichen Ansporn, den Spagat zwischen beruflicher Belastung und (spät-)abendlichem Literaturstudium zu meistern. Namentlich hervorheben möchte ich auch Herrn Dipl.-Bankbetriebswirt H. Boschke, der mich als ein sehr kompetenter und kritischer Gesprächspartner forderte und förderte. Wichtige Anregungen erhielt ich ebenfalls von Frau Dipl.-Kauffrau A. Koster-Rüschen, Herrn Dr. O. Everling und Herrn Dipl.-Volkswirt T. Fues, denen ich hiermit nochmals meinen besonderen Dank aussprechen möchte.

Mein Dank gilt ebenfalls Herrn J. Boie-Wegener (Deutsche Bank Trust AG, Frankfurt am Main), Herrn Dr. M. Meyer (Bayerische Hypo- und Vereinsbank AG, München) und Herrn A. Thorn (Commerzbank AG, Frankfurt am Main), die mir Auskünfte über die International Private Banking-Aktivitäten der anderen deutschen Großbanken erteilten und dadurch den Praxisbezug dieser Arbeit erhöhten.

Ganz besonders bedanken möchte ich mich bei meiner Frau Heike, deren Verständnis mir den erforderlichen zeitlichen Freiraum für mein berufsbegleitendes Projekt schuf und die auf diese Weise wesentlich zum Gelingen meiner Arbeit beigetragen hat.

Dem Leser die vielfältigen Ansatzpunkte aufzuzeigen, um gegenüber der - zugegebenermaßen sehr anspruchsvollen - International Private Banking-Klientel ein globales Markenimage aufzubauen, ist mir als Autor ein besonderes Anliegen. Wenn ich mit diesem Buch dazu einen Beitrag leisten kann, hat sich die intensive Arbeit gelohnt. Inwieweit die Umsetzung des aufgezeigten Handlungsspektrums zum Aufbau eines globalen Markenimages in der Praxis vom Erfolg gekrönt ist, hängt letztlich vom Urteil der Kunden ab, d.h. deren individueller Wahrnehmung der erbrachten Dienstleistungsqualität.

Ulf Gerlach

Inhalt

13

14

15

Abkürzungsverzeichnis

APEC	Asia-Pacific Economic Cooperation
asw	Absatzwirtschaft
BFuP	Betriebliche Forschung und Praxis
BGH	Bundesgerichtshof
bum	bank und markt
EFMA	European Financial Management and Marketing Association
FAZ	Frankfurter Allgemeine Zeitung
GATT	General Agreement on Tariffs and Trade
GRUR	Gewerblicher Rechtsschutz und Urheberrecht
HGB	Handelsgesetzbuch
IAS	International Accounting Standards
IMRO	Investment Management Regulatory Organisation
IStR	Internationales Steuerrecht
KWG	Kreditwesengesetz
MarkenG	Markengesetz
MMA	Madrider Markenabkommen
NAFTA	North American Free Trade Association
NJW	Neue Juristische Wochenschrift
OEEC	Organization for European Economic Cooperation
PMMA	Protokoll zum Madrider Markenabkommen
PVÜ	Pariser Verbandsübereinkunft
SIB	Securities and Investment Board
SRO	Self-Regulatory Organisation
WIPO	World International Property Organization
WiSt	Wirtschaftswissenschaftliches Studium
WZG	Warenzeichengesetz
ZfB	Zeitschrift für Betriebswirtschaft
ZfgG	Zeitschrift für das gesamte Genossenschaftswesen
ZfgK	Zeitschrift für das gesamte Kreditwesen
ZFP	Zeitschrift für Forschung und Praxis

18

Abbildungsverzeichnis

Abbildungsverzeichnis (Fortsetzung)

Anlagenverzeichnis

1 Handlungsbedarf zum Aufbau globaler Markenimages im International Private Banking

Als Antwort auf verstärkte Globalisierungstendenzen im Geschäft mit internationalen, sehr vermögenden Privatkunden reorganisieren viele Kreditinstitute ihre weltweiten Private Banking-Einheiten und verknüpfen deren Aktivitäten unter einheitlichen Markennamen.[1] Insbesondere den Marktführern, wie z.b. der UBS AG[2], Credit Suisse, The Chase Manhattan Private Bank oder The Citibank Private Bank[3], ist es gelungen, globale Markenimages in der Betreuung dieser Kundengruppe, der sog. „high net worth individuals", und der Verwaltung ihrer Privatvermögen aufzubauen.[4]

Durch die strategische Bündelung der weltweiten Ressourcen stehen den Kunden globale Servicenetze und diversifizierte Produktangebote in einer Form zur Verfügung, die kleine Privatbankiers - diese stellen im Gegenzug ihre hohe Servicequalität („boutique service") als Wettbe-

---

[1] Vgl. Bischofberger, A., Charting the investment process, in: Retail Banker International vom 7.3.1995, S. 14

[2] Die UBS AG (United Bank of Switzerland) entstand durch die Fusion der Schweizerischen Bankgesellschaft (Union Bank of Switzerland) und des Schweizerischen Bankvereins (Swiss Bank Corporation), vgl. o.v., Gewinnverdopplung nach Bankfusion erwartet, in: FAZ vom 9.12.1997, Nr. 286, S. 17; o.v., UBS-Aktionäre billigen Großbanken-Fusion, in: FAZ vom 4.2.1998, Nr. 29, S. 24; o.v., Auch SBV-Aktionäre für Fusion, in: Neue Zürcher Zeitung vom 5.2.1998, Nr. 29, S. 9; o.v., Auch das Fed erlaubt die UBS-SBV-Fusion, in: Neue Zürcher Zeitung vom 9.6.1998, Nr. 130, S. 9

[3] Zum Zusammenschluß von Citicorp (der Holdinggesellschaft, zu der die Citibank gehört) und Travelers unter dem Namen „Citigroup" vgl. vertiefend o.v., Citigroup - a sign of things to come, in: Private Banker International, Mai 1998, S. 1

[4] Vgl. Klöppelt, H., International Private Banking - ein Markt für Anspruchsvolle, in: Die Bank 4/1996, S. 204; Heller, G./Zur-Szpiro, M., Identität und Marke: Der Marktauftritt der Credit Suisse Group, in: bum 7/1997, S. 18 f.; Mettenheimer, A., Banking zwischen McDonald's und Holiday Inn, in: bum 6/1997, S. 17; o.v., Citi launches global ad campaign, in: Private Banker International, Februar 1995, S. 1; o.v., Union Bank of Switzerland Promotes Universal Capabilities, in: Kinahan, P. (Hrsg.), Private Banking & Wealth Management Strategies in Action, Bd. II, The Players, Dublin 1995, S. 168; o.v., Profit slump masks asset management growth, in: Private Banker International, September 1994, S. 6; Staubli, Th., Private Banking für internationale Klientel, in: Börsen-Zeitung vom 13.9.1997, Nr. 176, S. B6

werbsvorteil in den Vordergrund - ihren Kunden nicht anbieten können.[5] „Now more than ever, only an organisation with a worldwide operational network has the ability to respond promptly and effectively to the changing needs of the sophisticated investor."[6] Die Notwendigkeit eines solchen globalen Marktauftritts im Private Banking unterstreicht der Präsident von The Chase Manhattan Bank, Vergnion: „To stay in the game is more and more costly and will need a global approach, those who don't have the technology and global approach will remain a niche player and being a niche player in a tough market does not last long."[7]

Die Position der deutschen Großbanken im weltweiten Private Banking ist unterentwickelt: Nachdem dieses Geschäftsfeld bis vor wenigen Jahren weitgehend unsystematisch bearbeitet wurde, haben insbesondere die Deutsche Bank und die Dresdner Bank in der jüngsten Vergangenheit damit begonnen, das Geschäft mit den nicht-deutschen, vermögenden Privatkunden weiter auszubauen[8] und somit an der in qualitativer und quantitativer Hinsicht hohen Marktattraktivität (vgl. Kapitel 2.3.1) zu partizipieren.

Der Erfolg der jeweils angestrebten Positionierung hängt davon ab, inwieweit es den deutschen Großbanken gelingt, den hohen, weltweit gültigen Qualitätsstandards im International Private Banking mittels einer umfassenden Markenstrategie gerecht zu werden. Die Aufgabe der vorliegenden Arbeit besteht dementsprechend darin, auf Basis der in diver-

---

[5] Vgl. Kochan, N., Service or sophistication?, in: Euromoney, Juli 1992, S. 84. In der vorliegenden Arbeit werden als „Produkte" sämtliche geschäftliche, in der Regel entgeltliche Aktivitäten von Banken bezeichnet, ohne damit bereits eine Aussage über den Standardisierungsgrad der jeweiligen Leistungen zu treffen. Demgegenüber soll der Begriff „Service" zusätzliche, meistens unentgeltlich erbrachte Leistungen
beschreiben, die dazu dienen, über die eigentlichen Produkte hinaus eine höhere Kundenbindung zu erreichen.

[6] Credit Suisse, Credit Suisse Private Banking (Imagebroschüre), o.O., o.J., S. 3

[7] O.V., The race for riches, in: THE BANKER, Dezember 1993, S. 43

[8] Vgl. Klöppelt, H., International ..., a.a.O., S. 204; Gerlach, U., Private Banking, in: WIR (Mitarbeitermagazin der Dresdner Bank) vom 17.11.1997, Nr. 196, S. 8 ff.

sen Studien empirisch ermittelten Präferenzen von International Private Banking-Kunden sowie im Kontext der sonstigen Rahmenbedingungen Konzepte für den Aufbau globaler, prägnanter Markenimages in diesem Geschäftsfeld zu bewerten. Die aus Sicht der deutschen Großbanken durchgeführte Analyse schließt dabei in einem ganzheitlichen Ansatz auch technisch-organisatorische Aspekte als Vorstufe zur Etablierung eines entsprechenden Markenimages ein.

Ausgehend von dem eingangs skizzierten Handlungsbedarf der deutschen Großbanken führt der erste Teil der vorliegenden Arbeit aus deutscher Sicht auf die Ursprünge von International Private Banking-Aktivitäten, auf die Ursachen für markenbezogene Defizite in diesem Geschäftsfeld und die jeweiligen Strategien zur Neupositionierung hin.

1.1 International Private Banking

1.1.1 International Private Banking-Kundengruppe

Im angelsächsischen Bereich werden die beiden (üblicherweise anhand des Wertpapier-, Einlagen- und/oder Kreditvolumens eines Kunden definierten) Segmente „Mengenkunden/Privatkunden" einerseits sowie „vermögende Privatkunden" andererseits als „retail banking customers" bzw. „personal banking customers" bezeichnet.[9] Das darüber hinaus existierende Top-Marktsegment, das sog. „Private Banking" im angelsächsischen Sprachgebrauch, umfaßt sehr vermögende Privatkunden mit Bedarf an anspruchsvollen Finanzdienstleistungen (vgl. Abb. 1)[10]: „Private banking clients in the 1990 are no longer satisfied with routine products and services. They expect the highest standards of both

---

[9] Vgl. Klöppelt, H., International ..., a.a.O., S. 202
[10] Vgl. ebenda. Die Differenzierung zwischen „Personal Banking" und „Private Banking" nehmen jedoch nicht alle Institute vor; beispielsweise trennt die Deutsche Bank im Privatkundengeschäft (Stand: September 1999) nur zwischen „Retail Banking" und „Private Banking", vgl. vertiefend von Boehm-Bezing, C. L., Die Partie wird jetzt entschieden, in: BANK MAGAZIN 4/1994, S. 13

24

professional expertise and personal commitment from their financial advisors. They are looking for nothing less than the finest quality in all aspects of their banking relationship."[11]

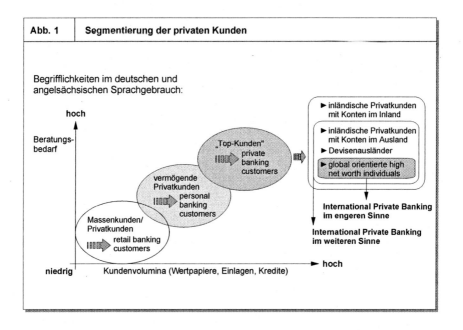

| Abb. 1 | Segmentierung der privaten Kunden |

Vgl. Klöppelt, H., International ..., a.a.O., S. 203

Private Banking-Kunden sind ebenfalls deutlich gegenüber institutionellen Kunden abzugrenzen, da diese nicht selbst die Verantwortung für die Geldanlage und deren Risiken tragen, sondern im Namen einer Institution und letztlich der wirtschaftlich Begünstigten handeln, denen gegenüber sie regelmäßig Rechenschaft ablegen.[12] Dementsprechend erhalten institutionelle Anleger - ebenso wie Massenkunden, aber im Gegensatz zu Private Banking-Kunden - von ihrer Bank keine auf die Bedürf-

---

[11] Credit Suisse, a.a.O., S. 3
[12] Vgl. Odier, P., Private Banking: Gemeinsamkeiten und Unterschiede zur institutionellen Vermögensverwaltung, in: Gehrig, B. (Hrsg.), Private Banking, Zürich 1995, S. 69 f.

nisse einer einzelnen Person zugeschnittenen Leistungen.[13] Der Ser-
vicegedanke spielt im Private Banking somit eine wesentlich größere
Rolle als im institutionellen Geschäft. Bezogen auf die erwirtschaftete
Performance sowie die gebotenen Reporting-Standards tendieren Private Banking-Kunden jedoch in zunehmender Weise dazu, Maßstäbe
wie im institutionellen Geschäft anzulegen.

Als Bestandteil des „Private Banking" bezieht sich das „International
Private Banking" insbesondere auf die geschäftlichen Aktivitäten mit
sehr vermögenden Privatkunden außerhalb deren jeweiliger Wohnsitz-
länder.[14] Aus Sicht der deutschen Kreditinstitute lassen sich innerhalb
der heterogenen Gruppe der International Private Banking-Klientel in
einem weiteren Segmentierungsschritt anhand des Kundenverhaltens
bei der Inanspruchnahme von Finanzdienstleistungen folgende drei
Marktsegmente („International Private Banking im weiteren Sinne") identifizieren:

- **Deutsche Privatkunden mit Konten im Ausland**: Hierzu zählen
  Kunden deutschen Ursprungs, die die Standortvorteile internationaler
  Finanzplätze, wie New York, London oder Luxemburg, nutzen und den
  vom Inland her gewohnten Service „ihrer" Heimatbanken über deren
  Vertretungen im Ausland (Filialen oder Tochtergesellschaften) in
  Anspruch nehmen.[15]
- **Devisenausländer**: Dieses Marktsegment umfaßt Privatpersonen mit
  einem aus Sicht der jeweiligen Bank fremdländischen Wohnsitz, die
  das Geschäftsstellennetz im Inland nutzen und in der Regel einfache
  und standardisierte Finanzdienstleistungen nachfragen.[16]

---

[13] Vgl. Ehlern, S., International Private Banking. A study on international private
banking with special focus on the portfolio management business, Diss.
Bern/Stuttgart/Wien 1997, S. 10
[14] Vgl. Russell, T., Private Banking-Renaissance - Achieving Profitable Growth
Despite Global Competition, in: Kinahan, P. (Hrsg.), Private Banking & Wealth
Management Strategies in Action, Bd. III, The Countries, Dublin 1994, S. XIX f.
[15] Vgl. Klöppelt, H., International ..., a.a.O., S. 202
[16] Vgl. ebenda

- **Global orientierte high net worth individuals**: Kennzeichnend für diese Klientel ist, daß sie Vermögenswerte außerhalb ihres Wohnsitzlands in Off-shore-Zentren[17], wie etwa der Schweiz, professionell verwalten läßt.[18] Die globale Ausrichtung dieser Kundengruppe schließt allerdings nicht aus, daß sich deren Produktbedarf neben den an Off-shore-Plätzen erbrachten Leistungen auch auf On-shore-Produkte beziehen kann. Im Vergleich zu der sehr vermögenden Privatkundschaft im Inlandsgeschäft der Kreditinstitute gelten die Kunden dieses Marktsegments als sehr anspruchsvoll und komplex in ihren Anforderungen und Erwartungen.[19]

Die deutschen (Groß-)Banken bearbeiten die ersten beiden Teilmärkte „deutsche Privatkunden mit Konten im Ausland" sowie „Devisenausländer" bereits seit geraumer Zeit intensiv; die Kundengruppe der „global orientierten high net worth individuals" (das „International Private Banking im engeren Sinne"[20]) ist allerdings erst in jüngster Zeit in den Mittelpunkt der Marketing-Aktivitäten der deutschen Großbanken gerückt.[21] Dieser Kundenkreis, der - es sei nochmals ausdrücklich erwähnt - u.U. auch Private Banking-Leistungen im jeweiligen Inland nachfragt, steht im Mittelpunkt aller nachfolgenden Überlegungen. Explizit ausgenommen von einer näheren Betrachtung sind demzufolge die deutschen Kunden des Top-Marktsegments, die im Inland von Niederlassungen bzw. Tochtergesellschaften der deutschen Großbanken betreut werden.

---

[17] Der Begriff „Off-shore" beschränkt sich keineswegs auf Steuerparadiese, sondern bezieht sich in einem weitergehenden Verständnis auf jede Lokalität außerhalb des Wohnsitzlands des Kunden bzw. der für ihn zuständigen Gerichtsbarkeit, vgl. Russell, T., a.a.O., S. XIX f.

[18] Vgl. Klöppelt, H., International ..., a.a.O., S. 202

[19] Vgl. Maslinski, M., Poor relation yields rich returns, Retail Banker International vom 3.7.1996, S. 14

[20] Vgl. ebenda

[21] Vgl. Klöppelt, H., International ..., a.a.O., S. 202 f.

1.1.2 International Private Banking-Geschäftsfeld

Der Begriff „International Private Banking" hat sich nicht nur aus der Fokussierung auf das Segment der sehr wohlhabenden, internationalen Privatkunden ergeben, sondern bezieht sich gleichfalls auf die für diese Kundengruppe relevanten, mit einem hohen Servicegrad gekoppelten Produktfelder.[22] Noch einen Schritt weiter geht Tomalin in seiner Definition: „People make the mistake of thinking of private banking as a product whereas in fact it is a service to the client."[23]

Im International Private Banking bieten Kreditinstitute überwiegend Off-shore-Produkte an, wie beispielsweise die Verwaltung des Kundenvermögens an internationalen Finanzplätzen oder die Gründung von Trusts, Stiftungen und Off-shore-Gesellschaften.[24] Ausgewählte On-shore-Produkte (z.B. Festgelder, Lombardkredite, Sorten- oder Edelmetallgeschäfte) runden das Leistungsspektrum ab.[25] Dem Gedanken der konsequenten Kunden- anstelle der Produktorientierung[26] folgend, bestehen die für Kunden ausgearbeiteten Problemlösungen allerdings nicht aus isolierten, standardisierten Finanzdienstleistungen, sondern

---

[22] Vgl. Pechlaner, H., Private Banking. Eine Wettbewerbsanalyse des Vermögensverwaltungs- und Anlageberatungsmarktes in Deutschland, Österreich und der Schweiz, Chur/Zürich 1993, S. 33 f.

[23] O.V., Profile: Michael Tomalin, in: Global Private Banking vom 7.7.1997, S. 12

[24] Vgl. Bischofberger, A., a.a.O., S. 14; Günthert, M. F., Private Banking Services - How you can benefit, in: Tait, D. (Hrsg.), The Credit Suisse Guide to manage your personal wealth, Hongkong 1995, S. 436 f.; Klöppelt, H., International ..., a.a.O., S. 205

[25] Vgl. Günthert, M. F., a.a.O., S. 436 f.; Klöppelt, H., International ..., a.a.O., S. 205

[26] Aufgrund der erkannten Notwendigkeit zur ganzheitlichen Betrachtung der Kundenbedürfnisse führten die deutschen (Groß-)Banken vor einigen Jahren eine entsprechende Reorganisation ihrer verschiedenen Geschäftsbereiche durch. Im Mittelpunkt der bankbetrieblichen Organisationsstrukturen stehen seitdem nicht mehr produktbezogene Kriterien (z.B. die Ausrichtung auf das Wertpapier- oder Kreditgeschäft), sondern die einzelnen Kundengruppen, wie z.B. Firmenkunden, institutionelle Anleger oder Privatkunden und damit auch International Private Banking-Kunden.

aus individuell zusammengestellten Produktbündeln mit unmittelbarem Bezug zu dem jeweiligen Abnehmer und Bedarfsträger.[27] Um das Wesen des International Private Banking verstehen zu können, ist die deutliche Abgrenzung des in diesem Geschäftsfeld offerierten Leistungsspektrums gegenüber dem Sortiment im breiten Privatkunden-geschäft unabdingbare Voraussetzung: „The difference between retail and private banking services is that the latter should offer choice - of products and services, and choice of payment method between spreads and management fees. The other difference is attitude - private banking services cannot afford to be producer-led, but need to be developed with the wishes of the client in full view."[28]

1.2 Aufbau globaler Markenimages im International Private Banking

1.2.1 Begriffsbestimmung und -abgrenzung

Das größte Problem im Zusammenhang mit dem Verständnis von Marken ist die Unterschiedlichkeit und Vielfalt der Auffassungen darüber, was eine Marke ist und ausmacht. Bullmore drückt daher seine Sorge darüber aus, daß der Begriff „Marke" immer weiter durch die Überladung mit Inhalten verwässert wird.[29] Um dieses zu vermeiden, werden nach-folgend der Begriff „Marke" sowie die hiermit in engem Zusammenhang stehende Bezeichnung „Markenimage" definiert, gegeneinander abge-

---

[27] Vgl. o.V., Introduction, in: Kinahan, P. (Hrsg.), Private Banking & Wealth Man-agement Strategies in Action, Bd. I, The Issues, Dublin 1994, S. 26; Pechlaner, H., Private Banking. Eine ..., a.a.O., S. 191. Speziell für Familien mit einem Ver-mögen von mindestens 100 Mio. US$ gründen einige Anbieter sog. „Family Offi-ces", d.h. Expertenteams, die eine umfassende Beratungsleistung in Fragen zum Vermögensmanagement erbringen, vgl. Boissier, V. C., Family Office: Allround-service für Wohlhabende, in: Die Bank 3/1999, S. 168 ff.
[28] Taylor, R., Private Banking Renaissance, Dublin 1990, S. XVI
[29] Vgl. Bullmore, J., The Brand and its Images Revisisted, in: International Journal of Advertising 3/1984, S. 235 ff.

grenzt und darüber hinaus in den Kontext der globalen Marktbearbeitung eingeordnet.

1.2.1.1 Marke

Der bis in die Zeit des Mittelalters zurückzuführende Ursprung des Worts „Marke" stammt vom Mittelhochdeutschen „marc" (englisch „mark") ab; in seiner zweisilbigen Form taucht der Begriff „Marke" seit dem 18. Jahrhundert - angelehnt an das französische Wort „marque" (Warenzeichen) bzw. die germanische Version „marka" (Zeichen) - auf.[30] Matthes weist darauf hin, daß den Wörtern „Marke" und „merken" die gleiche etymologische Bedeutung zugrunde liegt: „Marke ist das, was gemerkt werden soll."[31]

Die Legaldefinition von „Marken" im neuen deutschen Markengesetz[32] trägt dem Umstand Rechnung, daß Form/Gestaltung/Design oder Ausstattung von Waren oder Dienstleistungen einen derartigen Bekanntheitsgrad erreichen können, daß das Publikum die Produkte dem Unternehmen auch ohne besondere Markierung zuordnet (dies gilt auch für

---

[30] Vgl. Mackensen, L., Ursprung der Wörter: etymologisches Wörterbuch der deutschen Sprache, Frankfurt am Main/Berlin 1988, S. 252

[31] Matthes, D., Die Markentreue, Diss. Nürnberg 1967, S. 112. Mackensen bestätigt diesen Zusammenhang, stellt zudem aber auch den sprachlichen Bezug des Worts „Marke" zu dem Verb „markieren" her, vgl. Mackensen, L., a.a.O., S. 252

[32] Das Markengesetz stützt sich auf die Erste Richtlinie des EG-Rates vom 21.12.1988 zur Angleichung der Rechtsvorschriften der Mitgliedsstaaten über Marken, vgl. Skaupy, W., Markenschutz - Der immaterielle Fimenwert, in: FAZ vom 7.4.1997, Nr. 80, S. B6; Kur, A., Die Harmonisierung der europäischen Markengesetze. Resultate - offene Fragen - Harmonisierungslücken, in: GRUR 4/1997, S. 242. Beispielsweise im Englischen wird zwischen „trade mark", dem juristischen Begriff, und „brand name", dem Fachwort im Marketing, unterschieden; in Italien steht „marca" für die juristische Marke und „marchio" für die Marke als Ganzes; in Frankreich existiert für die beiden Betrachtungsebenen ein einheitlicher Begriff, nämlich „marque", vgl. Latour, S., Namen machen Marken. Handbuch zur Entwicklung von Firmen- und Produktnamen, Frankfurt am Main/New York 1996, S. 19 f.

Farben, Farbkombinationen und Hörzeichen, d.h. Jingles)[33]: „Als Marke können alle Zeichen, insbesondere Wörter einschließlich Personennamen, Abbildungen, Buchstaben, Zahlen, Hörzeichen, dreidimensionale Gestaltungen einschließlich der Form einer Ware oder ihrer Verpackung sowie sonstige Aufmachungen einschließlich Farben und Farbzusammenstellungen geschützt werden, die geeignet sind, Waren oder Dienstleistungen eines Unternehmens von denjenigen anderer Unternehmen zu unterscheiden" (§ 3 MarkenG).

Gegenüber diesem im deutschen Markengesetz weitgefaßten Verständnis des Begriffs „Zeichen" definiert die American Marketing Association „Marke" etwas enger als „einen Namen, einen Ausdruck, ein Zeichen, ein Symbol, ein Design oder eine Kombination dieser Elemente, die dazu bestimmt sind, die Produkte oder Dienstleistungen eines Anbieters oder einer Anbietergruppe identifizierbar zu machen und sie von denen der Konkurrenz abzuheben."[34]
Hiervon abweichend betrachten de Chernatony/McDonald nicht die einzelnen Elemente zur Markierung (wie z.B. den Namen), sondern das zu kennzeichnende Objekt selbst als Marke: „A successfull brand is an identifiable product, service, person or place augmented in such a way that the buyer or user perceives relevant, unique added values which match his needs most closely. Its success results from being able to sustain these added values against competitors."[35]

---

[33] Vgl. von Wahlert, J., Markenartikel und Kennzeichenschutz, in: Markenartikel 12/1994, S. 568 f.

[34] Alexander, R. S., Marketing Definitions: A Glossary of Marketing Terms, compiled by the Committee on Definitions of the American Marketing Association, Chicago 1960, S. 10 (deutsche Übersetzung bei Nolte, H., Die Markentreue im Konsumgüterbereich, Bochum 1976, S. 5)

[35] de Chernatony, L./McDonald, M., Creating Powerful Brands, Oxford 1992, S. 24

1.2.1.2 Markenimages

Mit einer Marke eng verbunden ist das Markenerlebnis oder Image[36] als „Ganzheit objektiver und subjektiver, also eventuell auch falscher, teilweise stark emotional getönter ... Einstellungen ... von einem Meinungsgegenstand (z.B. einem Produkt, einer Firma)"[37]. Mit stärkerem Fokus auf die in die Imagebildung involvierten Personen bzw. Meinungsgegenstände lassen sich Images auch definieren als „Vorstellung, (positives) Bild, das ein einzelner oder eine Gruppe von einer Einzelperson oder einer anderen Gruppe (oder einer Sache) hat"[38]. Gemäß dieser Sichtweise besitzt keiner selbst ein Image, sondern es sind immer andere Personen, die einem Meinungsgegenstand, sei es eine Person oder Sache, in ihrer Vorstellung ein bestimmtes Bild, eben ein Image, geben.[39]

Aufgebaute Images resultieren (ebenso wie Einstellungen) aus der Bewertung sowohl denotativer (z.B. der im Vermögensverwaltungsgeschäft erzielten Performance) als auch konnotativer Produktmerkmale (z.B. der von Kunden wahrgenommenen Servicequalität).[40] Andere wissenschaftliche Ansätze unterscheiden dagegen zwischen „Einstellungen" und „Images": Images beruhen demnach nicht auf Wissen, sondern auf Meinungen, Vermutungen und Vorstellungen[41], mithin auf ausschließlich

---

[36] Der Ursprung des Worts „Image" reicht zurück bis in die Antike: „Imagines" hießen im Altertum die wächsernen Totenmasken in den Ahnengalerien der vornehmen Römer, vgl. Dorenbeck, B., Firmen- und Markenimage: Bilder, die der Verbraucher sich macht, in: Markenartikel 3/1985, S. 132. Mackensen weist auf die Abstammung des Worts „Image" von lateinisch „imago" (Bild) und den sprachlich engen Bezug zu den Verben „imitari" (nachahmen) und „aemulari" (nacheifern) hin, vgl. Mackensen, L., a.a.O., S. 188

[37] Johannsen, U., Das Marken- und Firmen-Image. Theorie, Methodik, Praxis, Berlin 1971, S. 35

[38] Duden Fremdwörterbuch, 5. Aufl., Bd. 5, Mannheim/Wien/Zürich 1990, S. 334

[39] Vgl. Dorenbeck, B., a.a.O., S. 132

[40] Vgl. Tolle, E./Steffenhagen, H., Kategorien des Markenerfolges und einschlägige Meßmethoden, in: Markenartikel 8/1994, S. 381; Thiesing, E.-O., Marktsegmentierung bei Privatkunden auf der Basis von Einstellungen, in: bum 2/1988, S. 23

[41] Vgl. Johannsen, U., Image, in: Tietz, B. (Hrsg.), Handwörterbuch der Absatzwirtschaft, Stuttgart 1974, Sp. 811

konnotativen Dimensionen, dagegen beziehen sich Einstellungen auf denotative Dimensionen des Beurteilungsobjekts.[42]

Abzugrenzen ist der Begriff „Image" gegenüber der in den theoretischen und empirischen Arbeiten von Paivio[43] und Kroeber-Riel[44] geprägten Bezeichnung „Imagery" (innere Markenbilder), obwohl zwischen beiden Konstrukten Wechselbeziehungen bestehen.[45] Das Image ist in hohem Maße beeinflußt durch nicht-visuelle Komponenten, wie z.b. „modern" oder „teuer".[46] Der Imagery-Begriff geht jedoch über diese Dimensionen hinaus, indem er auch andere im Gedächtnis gespeicherte, sensorische Reize (akustische, olfaktorische, haptische oder auch degustatorische Eindrücke) beschreibt.[47] Die gedankliche Entstehung, Verarbeitung und Speicherung von solchen inneren Bildern weisen jedoch, da sie sich primär auf reale Gegenstände, nur selten dagegen auf Bankdienstleistungen beziehen[48], für die nachfolgenden Überlegungen keine Relevanz auf.[49]

Im Gegensatz zu dem allgemeingültigen Begriff „Image" impliziert die Bezeichnung „Markenimage" einen geschäftlichen Bezug. Die vorliegende Arbeit subsumiert dementsprechend unter „Markenimage" die Gesamtheit der bewußten und unbewußten, positiv geprägten Vorstellungen der (potentiellen) Kunden (aber auch anderer externer Adressaten,

---

[42] Vgl. Hätty, H., Der Markentransfer, Heidelberg 1989, S. 81 ff.

[43] Vgl. Paivio, A., Imagery and Verbal Processes, New York/Chicago/San Francisco 1971

[44] Vgl. Kroeber-Riel, W., Die inneren Bilder der Konsumenten. Messung - Verhaltenswirkung - Konsequenzen für das Marketing, in: MARKETING, ZFP, Heft 2, Mai 1986, S. 81 ff.

[45] Vgl. Andresen, Th., Innere Markenbilder: MAX - wie er wurde, was er ist, in: Planung und Analyse 1/1991, S. 30

[46] Vgl. ebenda

[47] Vgl. ebenda

[48] Vgl. Kroeber-Riel, W., Die ..., a.a.O., S. 81; Paivio, A., Images, Propositions, and Knowledge, in: Nicholas, J. M. (Hrsg.), Images, Perception, and Knowledge, Dordrecht/Boston 1977, S. 60

[49] Zu denken wäre beispielsweise an eine musikalische Komponente von Markenimages: Diese tritt zwar im breiten und gehobenen Privatkundengeschäft gelegentlich auf, ist für das International Private Banking aufgrund der eher defensiven Werbehaltung in der Praxis jedoch ohne nennenswerte Bedeutung, vgl. Latour, S., Namen ..., a.a.O., S. 37

wie z.B. der Aktionäre oder generell der Öffentlichkeit) sowie der Mitarbeiter von einem bestimmten Produkt, einer Produktgruppe oder einem Leistungsanbieter. Zu den einer Marke beigemessenen Attributen zählen insbesondere

- die im Verhältnis zu Konkurrenzprodukten bzw. -instituten subjektiv wahrgenommene, ggf. von unabhängigen Dritten bestätigte Qualität,
- die Konstanz dieser Qualität über einen längeren Zeitraum hinweg sowie
- ein gewisser Bekanntheitsgrad bzw. eine nennenswerte Marktgeltung der Marke.

Die Gewinnung eines nicht nur nennenswerten, sondern hohen Marktanteils ist jedoch keine zwingend erforderliche Voraussetzung für das Vorliegen eines Markenimages: Ausschlaggebend ist, daß der angesprochene Kundenkreis die Leistung erkennt und von sonstigen Konkurrenzangeboten unterscheiden kann.[50] Berekoven verneint allerdings die Frage, ob es ausreiche, von einem Markenimage zu sprechen, wenn nur einer oder einige wenige eine bestimmte positive Einstellung zu einem Produkt besitzen.[51] Die Erklärung hierfür liegt darin, daß ein Markenimage bei Einzelpersonen zumeist nicht allein auf deren persönlicher Meinung beruht, sondern sich stark durch die Vermutung oder das Wissen um die allgemeine Anerkennung der Marke bildet.[52] Ungeachtet dieses psychologischen Effekts besteht im International Private Banking jedoch die besondere Situation, daß die u.U. sehr hohen Volumina einiger weniger Kunden in Verbindung mit attraktiven Margen die Bereitstellung einer exzellenten Markenqualität nur für eine kleine Kunden-

---

[50] Vgl. Thurmann, P., Grundformen des Markenartikels - Versuch einer Typologie, Heft 7 der „Betriebswirtschaftlichen Schriften", Berlin 1961, S. 16 f.
[51] Vgl. Berekoven, L., Zum Verständnis und Selbstverständnis des Markenwesens, in: Gabler-Verlag (Hrsg.), Markenartikel heute. Marke, Markt und Marketing, Wiesbaden 1978, S. 44
[52] Der Begriff „Allgemeinheit" widersetzt sich dabei einer genauen zahlenmäßigen Grenzziehung, vgl. Berekoven, L., Zum ..., a.a.O., S. 44

gruppe aus Wirtschaftlichkeitsgründen durchaus gerechtfertigt erscheinen lassen kann.

Einer primär kundenbezogenen Sichtweise folgend, ist die Zuerkennung eines Markenimages einem Testat des Kunden gegenüber dem subtilen, konstanten und kontinuierlichen, auf den Aufbau von Vertrauen gerichteten Bemühen der Bank gleichzusetzen.[53] Somit spiegelt die Markenbildung das Resultat der selektiven Aufnahme und individuellen Umsetzung von Informationen seitens der Kunden wider.[54] Die Beantwortung der Frage, ob ein Markenimage bereits mit der Durchführung qualitätsorientierter Marketing-Aktivitäten der Anbieterseite[55] oder erst mit der Würdigung dieser Maßnahmen durch die Kunden entsteht, wird in der wissenschaftlichen Literatur allerdings kontrovers diskutiert. Die Kluft zwischen den beiden Ansätzen läßt sich in pragmatischer Weise dahingehend überbrücken, daß im Rahmen des Aufbaus globaler Markenimages im International Private Banking die Anbieterseite ihre Qualitätsbestrebungen mit den verfügbaren Ressourcen auf die Kundenbedürfnisse ausrichtet, letztlich jedoch den Kunden die Beurteilung dieser Aktivitäten obliegt. Zur eindeutigen Begriffsabgrenzung stellt Kapferer der Bezeichnung „Markenimage", d.h. dem Ergebnis der Synthese aller Markenimpulse (Name, Produkte usw.) aus Adressatensicht, den Ausdruck „Markenidentität" als dem von dem Unternehmen geplanten Aussagekonzept gegenüber.[56]

Insbesondere bei starken Marken kommt es oftmals zu einer Vermischung der Begriffe „Brand Identity" (Markenidentität) und „Corporate Identity".[57] Die Corporate Identity-Politik, also die strategisch geplante

---

[53] Vgl. Disch, W. K. A., Braucht der „neue" Konsument überhaupt noch Marken?, in: Marketing Journal 5/1995, S. 345

[54] Vgl. Pitcher, A. E., The Role of Branding in International Advertising, in: International Journal of Advertising 4/1985, S. 241

[55] Vgl. de Chernatony, L./Bernath, R., Developing Pan-European Brands in the Single European Market, City University Working Paper Series, 1992, S. 3

[56] Vgl. Kapferer, J.-N., Die Marke - Kapital des Unternehmens, Landsberg am Lech 1992, S. 44 f.

[57] Vgl. Höfner, K., Schafft CI die Differenzierung?, in: asw, Sondernummer Oktober 1989, S. 57

und operativ eingesetzte Selbstdarstellung und Verhaltensweise eines Unternehmens gegenüber den externen und internen Adressaten[58], festigt in der Öffentlichkeit ein spezifisches Unternehmensimage (Corporate Image) als mehr oder weniger genaues Abbild der Identität.[59] Eine Corporate Identity-Strategie gibt analog zu dem Begriff der Markenidentität Antwort auf die Frage „Wer bin ich?" (Selbstbildnis des Unternehmens)[60], wohingegen sich ein Markenimage zugleich auf den Aspekt „Wie sehen mich andere?" (Fremdbild von dem Unternehmen) bezieht.[61] Im Gegensatz zum Begriff „Corporate Identity" ist das Objekt der Markenidentität jedoch nicht zwangsläufig ein Unternehmen, sondern u.U. ein Produkt oder eine Produktgruppe (vgl. Kapitel 3.2.1). Darüber hinaus bilden die verschiedenen Corporate Identity-Instrumente - Corporate Attitude, Corporate Design und Corporate Communications[62] - nur eine Teilmenge der markenpolitischen Instrumente (vgl. Kapitel 4.2), zu denen zusätzlich beispielsweise die Vertriebs- oder die Preispolitik zählen.

- *Corporate Attitude* umfaßt zum einen als strategische Komponente das grundsätzliche Verhalten des Unternehmens gegenüber externen und internen Adressaten, zum anderen das operative Verhalten der

---

[58] Vgl. ebenda, S. 55
[59] Vgl. Kirsch, W./Trux, W, Vom Marketing zum strategischen Management, in: Schöttle, K. (Hrsg.), Jahrbuch des Marketing, Essen 1982, S. 67; Steiner, J., Leitfaden zur Vorbereitung des CI-Prozesses und Umsetzung der CI-Politik, Teil 2 der Reihe „Corporate Identity von Sparkassen", Stuttgart 1993, S. 86
[60] Vgl. Maslinski, M., It's who you are, not how you look, in: Private Banker International, Juli 1995, S. 9
[61] Vgl. Tyrrell, T., Branding. A holistic approach to banking, in: Bank Marketing International, Sonderausgabe o.J., S. 12
[62] Vgl. Höfner, K., Schafft ..., a.a.O., S. 55. Die genannte Dreiteilung berücksichtigt die in der Literatur üblicherweise verwendete Zuordnung von Corporate Design als ein Element der Corporate Identity, vgl. auch Birkigt, K./Stadler, M. M., Corporate Identity - Grundlagen, in: Birkigt, K. (Hrsg.), Corporate Identity: Grundlagen, Funktionen, Fallbeispiele, 6. Aufl., Landsberg am Lech 1993, S. 18 ff.; Lenzen, A., Bausteine einer erfolgreichen Corporate-Identity, in: BANK MAGAZIN 4/1997, S. 64. Im Gegensatz zu diesem Begriffsverständnis unterscheidet z.B. Dietz zwischen der Corporate Identity als dem nach innen gerichteten Erscheinungsbild des Unternehmens und dem Auftreten nach außen, dem Corporate Design, vgl. Dietz, M., Zehn Thesen zum Corporate Design als Motivations- und Führungsinstrument, in: bum 11/1991, S. 23

einzelnen Unternehmensangehörigen nach außen (z.B. im Kundenkontakt) und innen (z.B. Führungsstil).[63]

- **Corporate Design** bezeichnet die Gesamtheit der optischen Erschei-
nungsmerkmale (Farben, Formen und Zeichen), mit denen sich ein
Unternehmen in der Öffentlichkeit präsentiert, um Erkennbarkeit und
Wiedererkennbarkeit zu erlangen.[64] Im wesentlichen umschließt Cor-
porate Design die Produktgestaltung (z.B. Produktbroschüren), das
Grafik-Design (z.B. das Emblem) sowie die Architektur (Gebäude,
Innenausstattung etc.).[65] Der visuelle Auftritt einer Bank ist für ihre
Identität besonders relevant, da sich die verschiedenen Erschei-
nungsformen - neben dem Verhalten der Mitarbeiter - wesentlich auf
das „Erleben" der erbrachten Dienstleistungen auswirken.[66]

- **Corporate Communications** bezieht sich auf die Konsistenz der
kommunikativen Darstellung des Unternehmens gegenüber externen
und internen Zielgruppen.[67]

Das Instrumentarium zum Aufbau von Markenimages reicht in einer
ganzheitlichen Betrachtungsweise somit weit über kommunikations-
politische Maßnahmen hinaus: „Finally, a brand image is not simply a
perceptual phenomenon affected by the firm's communication activities
alone. It is the understanding consumers derive from the total set of
brand-related activities engaged in by the firm"[68]. Da fast alle Kreditinstitute mit den gleichen Mustern, wie Vertrauen, Sicherheit oder Kompetenz, operieren, ist Austauschbarkeit vorprogrammiert und deshalb

---

[63] Vgl. Höfner, K., Schafft ..., a.a.O., S. 55
[64] Vgl. Schurdel, H. D., Herkunft der Banksignets. Warum die Hypo-Bank das
Königswappen führt, in: bankkaufmann 1/1989, S. 40
[65] Vgl. Höfner, K., Schafft ..., a.a.O., S. 55
[66] Vgl. Breuer, H.-J., Banken brauchen Markenartikelbewußtsein, in: bum 9/1989,
S. 11
[67] Vgl. Höfner, K., Schafft ..., a.a.O., S. 55
[68] Park, C. W./Jaworski, B. J./MacInnis, D. J., Strategic Brand Concept-Image
Management, in: Journal of Marketing, Oktober 1986, S. 135; sinngemäß vgl.
auch Dichtl, E., Grundidee, Varianten und Funktionen der Markierung von Waren
und Dienstleistungen, in: Dichtl, E./Eggers, W. (Hrsg.), Marke und Markenartikel
als Instrument des Wettbewerbs, München 1992, S. 19

Eigenständigkeit, beispielsweise durch eine ausgeprägtere Kunden-orientierung, bessere Produkte oder eine effiziente Kommunikation, ge-fragt.[69]

Zwar können von Bankenseite aus die verschiedenen Marketing-Instrumente zu dem Aufbau, der Stabilisierung oder auch der Modifizie-rung eines Markenimages beitragen, die Etablierung eines Images ist jedoch keineswegs gleichzusetzen mit „Manipulation" als zielgerichtete Beeinflussung der Kunden im negativen Sinne.[70] Kunden haben ein ex-plizites Interesse an der Inanspruchnahme von Marken mit etabliertem Image, so daß die Förderung des diesbezüglichen Kundennutzens innerhalb des Zielsystems zum Aufbau von Markenimages (vgl. Kapitel 3.1.2) Berücksichtigung finden sollte.

1.2.1.3 Globalität als Anspruch an Markenimages im International Private Banking

Notwendige Bedingung für das Vorliegen eines globalen Markenimages ist die weltweite Nutzung der Marke (und nicht bereits die Zugehörigkeit der Marke zu einem Weltunternehmen) und die in allen Ländern annähernd gleich hohe Reputation der Marke.[71] In der Literatur werden - unter Bezugnahme auf die Wahl und die Bearbeitung internationaler Märkte, auf die Wettbewerbsorientierung und die organisatorische Steuerung - drei Grundtypen der länderübergreifenden Marktbearbeitung unterschieden: internationales, multinationales und globales Marketing.[72]

---

[69] Vgl. Szallies, R., Welche Bedeutung haben Marken im Privatkundengeschäft der Banken?, in: bum 6/1997, S. 28

[70] Vgl. Dorenbeck, B., a.a.O., S. 133

[71] Vgl. Kelz, A., Die Weltmarke. Definition und Wesensgehalt von Weltmarken aus warenzeichenrechtlicher Sicht, in: Markenartikel 12/1990, S. 594; Callmann, R., Zum Schutz der Weltmarke, in: Der Markenartikel 8/1954, S. 449; Berekoven, L., Weltmarken-Konzepte zwischen Wunsch und Wirklichkeit, in: Markenartikel 6/1985, S. 288; Keegan, W., Global Marketing Management, Englewood Cliffs 1988, S. 370

[72] Vgl. Meffert, H., Marketing-Management: Analyse, Strategie, Implementierung, Wiesbaden 1994, S. 270 ff.

38

Um möglichen Verwirrungen vorzubeugen, die aus der oftmals synony-
men und demzufolge undifferenzierten Verwendung dieser drei Begriffe
im allgemeinen Sprachgebrauch resultieren könnten, wird im folgenden
der Aufbau globaler Markenimages in den Kontext dieser Marktbearbei-
tungsalternativen und einer hiermit verbundenen Mischstrategie eingeordnet (vgl. Abb. 2).

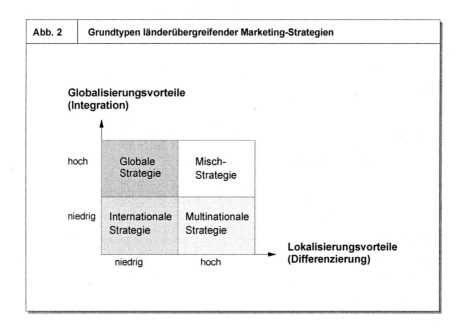

Vgl. Meffert, H., Marketing-Management ..., a.a.O., S. 272

Unternehmen betreiben **internationales** Marketing im Anfangsstadium
der Ausweitung ihrer Geschäftätigkeit auf andere Länder, fokussieren
ihre Marketing-Aktivitäten jedoch schwerpunktartig auf den Heimatmarkt

(„ethnozentrische Orientierung"[73]).[74] Beispielsweise konzentriert sich die „deutsche Bank in Europa" innerhalb einer solchen selektiven Politik der Auslandspräsenz zunächst auf die Errichtung von Auslandsstützpunkten in ausgewählten europäischen Finanzzentren.[75] Das Ziel des internationalen Marketing besteht in der Sicherung des inländischen Unternehmensbestands gegenüber dem stärksten Konkurrenten im Inland durch den Abschluß lukrativer Auslandsgeschäfte.[76] Typisch für diese Stufe der länderübergreifenden Marktbearbeitung ist die begrenzte Fähigkeit, sich auf länderspezifische Besonderheiten einzustellen.[77]

Im Rahmen einer **multinationalen** Strategie wird die „europäische Bank" (um an dieses Beispiel anzuknüpfen) dagegen außerhalb ihres Herkunftslands nicht nur selektiv an ausgewählten Stützpunkten tätig, sondern betreibt ihr Geschäft zumindest in einigen europäischen Ländern möglichst flächendeckend („polyzentrische Orientierung").[78] Innerhalb einer solchen Strategie erfolgt die Betätigung insbesondere durch Tochtergesellschaften: Diese erhalten weitgehend dezentrale Entscheidungskompetenzen, so daß sie ihre nationale Strategie primär an den Besonderheiten bzw. an den Erfordernissen des (aus Sicht der Mutter-

---

[73] Die Unterscheidung zwischen einer ethno-, poly-, regio- und geozentrischen Ausrichtung der länderübergreifenden Marktbearbeitung eines Unternehmens ist zurückzuführen auf Perlmutter, H. V., The Tortuous Evolution of the Multinational Corporation, in: Kapoor, A./Grub, P. D. (Hrsg.), The Multinational Enterprise in Transition, Princeton (New Jersey) 1972, S. 53 ff.

[74] Vgl. Meffert, H., Marketing-Management ..., a.a.O., S. 270 f.; Berekoven, L., Internationales Marketing, 2. Aufl., Herne/Berlin 1985, S. 23. Die Interpretation des Begriffs „international" im Sinne von „länderübergreifend" läßt Rückschlüsse auf den früher jeweils regional begrenzten Wirkungskreis von International Private Banking-Aktivitäten der Anbieter aus aller Welt zu (vgl. Kapitel 1.3.2.2). In Anlehnung an die Unterscheidung zwischen „international", „multinational" und „global" müßte der - allerdings feststehende - Begriff „International Private Banking" heutzutage jedoch richtigerweise „Global Private Banking" heißen.

[75] Vgl. Kollar, A., Internationale Niederlassungspolitik der Universalbanken, in: Büschgen, H. E./Richolt, K. (Hrsg.), Handbuch des internationalen Bankgeschäfts, Wiesbaden 1989, S. 449

[76] Vgl. Meffert, H., Marketing-Management ..., a.a.O., S. 270 f.

[77] Vgl. ebenda

[78] Vgl. Kollar, A., a.a.O., S. 449; Kreutzer, R., Global Marketing - Konzeption eines länderübergreifenden Marketing: Erfolgsbedingungen, Analysekonzepte, Gestaltungs- und Implementierungsansätze, Diss. Wiesbaden 1989, S. 14 f.; Meffert, H., Marketing-Management ..., a.a.O., S. 271

gesellschaft) Auslandsmarkts orientieren und dort als quasi autonomes nationales Unternehmen auftreten.[79] Multinationale Marketing-Konzepte sind auf die Profilierung gegenüber den jeweils stärksten nationalen oder regionalen Konkurrenten ausgerichtet und meist als Qualitätsführerstrategie (vgl. Kapitel 3.2.2.1) formuliert, wozu eine entsprechend differenzierte Bearbeitung der ausländischen Märkte erforderlich ist.[80]

Aufgrund der zunehmenden Kundennachfrage im International Private Banking nach dem vollumfänglichen Produktsortiment weltweit tätiger Anbieter deckt speziell in diesem Geschäftsfeld eine internationale, multinationale oder eine auf relativ homogene Ländergruppen ("regiozentrische Orientierung"[81]) konzentrierte Marketing-Ausrichtung die Kundenbedürfnisse nicht mehr in adäquater Weise ab.[82] Allerdings verfügen nur wenige Institute bzw. Institutsgruppen über ausreichende Kapazitäten, um ihr Geschäft im Ausland auf eine **globale** Basis ("geozentrische Orientierung") zu stellen und dementsprechend an den wichtigsten Finanzplätzen der Welt vertreten zu sein.[83]

Das Ziel einer Globalisierungsstrategie besteht im allgemeinen insbesondere darin, durch die weltweite Abstimmung der jeweiligen Konzernaktivitäten (unter bewußter Inkaufnahme suboptimaler Lösungen auf nationaler Ebene) ein insgesamt optimiertes Ergebnis zu erreichen.[84]

---

[79] Vgl. Meffert, H., Marketing-Management ..., a.a.O., S. 271; Kreutzer, R., Global ..., a.a.O., S. 14 f.

[80] Vgl. Meffert, H., Marketing-Management ..., a.a.O., S. 271

[81] Vgl. Kreutzer, R., Global ..., a.a.O., S. 15

[82] Vgl. o.V., Private bankers on parade, in: FINANCE ASIA, o.J., S. 98

[83] Vgl. Kollar, A., a.a.O., S. 450; Kreutzer, R., Global ..., a.a.O., S. 16; Meissner, H. G., Strategisches Globales Marketing, in: BFuP 5/1991, S. 416; Röller, W., Globalisierung in der Banking-Industrie, in: Albach, H. (Hrsg.), Globalisierung und Wettbewerb, Wiesbaden 1992, ZfB-Ergänzungsheft 2/1992, S. 141. Aufgrund weltweit mobil einsetzbarer Vertriebseinheiten ist es im International Private Banking sicherlich leichter als bei den primär an stationäre Absatzkanäle gebundenen Produkten des Handels, die globale Erhältlichkeit (Ubiquität) als ein Charakteristikum von Marken zumindest weitgehend zu erfüllen, vgl. Dichtl, E., Grundidee, Entwicklungsepochen und heutige Bedeutung des Markenartikels, in: Gabler-Verlag (Hrsg.), Markenartikel heute. Marke, Markt und Marketing, Wiesbaden 1978, S. 23

[84] Vgl. Meffert, H., Marketing-Management ..., a.a.O., S. 266

Das Bestreben zur konsequenten Nutzung von Standardisierungspotentialen im Rahmen von koordinierten Marketing-Mix-Entscheidungen veranlaßt viele Unternehmen dazu, ihre eigenen Produkte in allen Ländern mit einheitlicher Markierung, Qualität sowie (der für Dienstleistungen irrelevanten) Verpackung anzubieten.[85] Die hiermit einhergehende Zielsetzung der Kostenführerschaft und die fehlende Flexibilität zur Berücksichtigung spezifischer (Länder-)Märkte steht jedoch im Widerspruch zu der durch die Markenbildung angestrebten Qualitätsführerschaft im International Private Banking. In diesem Geschäftsfeld erscheint der Aufbau globaler Markenimages eher mittels einer **gemischten** Strategie erfolgversprechend: Diese Variante („opportunistische Orientierung") nutzt zum einen die mit der globalen Strategie verbundenen Vorteile der Integration von Aktivitäten, zum anderen die Chancen der multinationalen Strategie, durch eine differenzierte Vorgehensweise den Anforderungen lokaler Märkte gerecht zu werden.[86] Dennoch behält das Postulat von Kreutzer seine Gültigkeit, wonach das Denken in Weltmarkt-Dimensionen die Suche nach einer globalen Strategie impliziert, die in allen bearbeiteten Ländern zumindest im Kern unverändert eingesetzt werden kann.[87]

1.2.2 Prozeßcharakter des Aufbaus globaler Markenimages

Der Aufbau globaler Markenimages im International Private Banking ist - wie das Paradebeispiel der Schweizer Banken zeigt, da diese aufgrund ihrer teilweise jahrhundertealten Tradition längst als Inbegriff des (International) Private Banking gelten[88] - ein systematischer und langwieriger

---

[85] Vgl. Berekoven, L., Weltmarken-Konzepte ..., a.a.O., S. 288; Keegan, W., a.a.O., S. 370
[86] Vgl. Meffert, H., Marketing-Management ..., a.a.O., S. 272
[87] Vgl. Kreutzer, R., Global ..., a.a.O., S. 16
[88] Vgl. o.V., Wealth atlas. Switzerland, in: Global Private Banking vom 9.2.1998, S. 8

42

Prozeß.[89] Dieser umfaßt aus Bankensicht als Teilphasen die Situationsanalyse, die Ziel- und Strategiefestlegung, ferner die Schaffung technisch-organisatorischer Voraussetzungen und die Gestaltung der markenpolitischen Instrumente (beide im Rahmen der Markeneinführung)
sowie das Marken-Controlling (vgl. Abb. 3).[90]

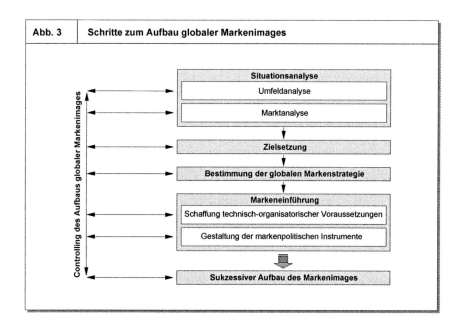

Abb. 3 | Schritte zum Aufbau globaler Markenimages

Eigene Darstellung

Die Managementaufgabe der Planung, Koordination, Durchsetzung und
Kontrolle aller Maßnahmen zur Erreichung des definierten Soll-Images
bei den relevanten externen und internen Bezugsgruppen läßt sich unter

[89] Vgl. Reiser, H.-P., Die Marke und ihr Bekanntheitsgrad, in: bum 7/1993, S. 20
[90] Vgl. Bruhn, M., Markenstrategien, in: Tietz, B. (Hrsg.), Handwörterbuch des Marketing, Bd. 4, 2. Aufl., Stuttgart 1995, Sp. 1451; de Chernatony, L./Bernath, R.,
a.a.O., S. 3; Köhler, R./Krauter, J., Marketingplanung, in: Szyperski, N. (Hrsg.),
Handwörterbuch der Planung, Stuttgart 1989, Sp. 1007

dem Begriff „Markenführung" zusammenfassen.[91] Die Wahrnehmung des Markenimages ist im Zeitablauf allerdings vielfältigen Strömungen unterworfen, die sich u.U. nicht unmittelbar erkennen lassen bzw. die teilweise außerhalb des Einflußbereichs des eigenen Unternehmens liegen.[92] Zu diesen Faktoren zählen z.b. beabsichtigte oder unbeabsichtigte Wirkungen der eigenen oder der von Konkurrenten gezeigten Werbung, Änderungen des Images von Wettbewerbern, Veränderungen in übergeordneten, allgemeinen Einstellungen („Zeitgeist") und sich wandelnde Leitbilder.[93] Von der schnellen, den Charakter der Marke zugleich aber wahrenden Anpassung an die jeweiligen Rahmenbedingungen hängt die Gültigkeit und Aktualität der Marke ab.[94] Aufgrund der fehlenden zeitlichen Beständigkeit des aufgebauten Markenimages ist - im Sinne eines Marken-Controlling - daher zur weitgehenden Sicherung bzw. Verbesserung bereits erreichter Imagepositionen ein permanentes Monitoring möglicher Störfaktoren erforderlich.

Der Prozeßcharakter des Aufbaus globaler Markenimages trifft nicht nur auf die bankbetrieblichen Aktivitäten, sondern auch auf die daraus resultierenden Wirkungen auf Kunden zu, da sich bei diesen die Markentreue erst als das immer wieder zu bestätigende Ergebnis eines Lernprozesses herauskristallisiert.[95] Die Markentreue (brand loyalty) nimmt dabei auf der Skala Markenkenntnis (brand awareness), Markenakzeptanz (brand acceptance), Markenpräferenz (brand preference) und unbedingte Markenpräferenz (brand insistence) in Richtung der letzten Ab-

---

[91] Vgl. Schmitt, B. H./Pan, Y., Managing Corporate and Brand Identities in the Asia-Pacific Region, in: California Management Review, Winter 1995, S. 24

[92] Vgl. Spiegel, B./Nowak, H., Image und Image-Analyse, in: Dummer, W. (Hrsg.), Marketing Enzyklopädie, Bd. 1, München 1974, S. 968 f.

[93] Vgl. ebenda

[94] Vgl. Kapferer, J.-N., a.a.O., S. 109

[95] Aus verhaltenswissenschaftlicher Sicht läßt sich der Aufbau von Markenimages als Stimulus-Organismus-Response-Schema darstellen: Stimulus-Variable ist die Marke, deren Wahrnehmung psychische Prozesse im Individuum (Organismus) initiiert, die dann wiederum die Bildung des Markenimages (Response) bewirken, vgl. Bekmeier, S., Markenwert und Markenstärke. Markenevaluierung aus konsumentenorientierter Perspektive, in: Markenartikel 8/1994, S. 385

stufung desto mehr zu, je sicherer der Kunde sich in seinem Urteil über die Vorzüge einer bestimmten Marke ist.[96] Aus der gerade von jüngeren International Private Banking-Kunden immer häufiger durchgeführten rationalen Überprüfung der Leistungsstärke ihrer Bank resultiert für diese der verstärkte Zwang, vor allem durch Qualität ständig erneut zu überzeugen, d.h. die besondere Vorteilhaftigkeit der eigenen Marke unter Beweis zu stellen.

1.2.3 Die Beurteilung der Übertragbarkeit des Markengedankens von Sachgütern auf den Dienstleistungssektor

Anders als im Sachgüterbereich[97] gibt es im (Finanz-)Dienstleistungssektor in der Praxis vergleichsweise eher schwache Marken.[98] Die grundsätzliche Existenz von Dienstleistungsmarken ist in der jüngeren Literatur unbestritten[99], wohingegen ältere Definitionsansätze des Begriffs „Marke" in der Regel nur physisch existente Produkte berücksichtigen.[100] Berekoven lehnt in einem frühen Werk die Bildung von Marken im Dienstleistungsbereich sogar explizit ab: „Wo aber für jeden Bedarfsträger individuell geleistet werden muß, schließt sich die für die

---

[96] Vgl. Kumar, B. N., Markentreue, kognitive Dissonanz und die Klassifizierung von Konsumgütern, in: BFuP 4/1973, S. 231

[97] Der Markengedanke ist auch im Sachgüterbereich - wie die Beispiele „Porsche" als renommierter Sportwagenhersteller und „Cartier" als etablierter Uhrenproduzent beweisen - keineswegs auf den Verkauf von Massenprodukten niedriger Preiskategorien beschränkt, vgl. McManus, R., Building a brand, in: Retail Banker International vom 30.11.1995, S. 13

[98] Vgl. O'Dea, A., Banking on a brand new strategy, in: Retail Banker International vom 16.11.1996, S. 10

[99] Vgl. z.B. Messing, H. W., Dienstleistungsmarke - eine neue Variante im Markenangebot, in: Markenartikel 10/1983, S. 498

[100] Ein diesbezügliches Markenverständnis findet sich z.B. bei Mellerowicz, K., Markenartikel. Die ökonomischen Gesetze ihrer Preisbildung und Preisbindung, 2. Aufl., München/Berlin 1963, S. 39

Markenbildung als so wichtig erkannte Konstanz der Leistung von Auftrag zu Auftrag automatisch aus."[101]
Um die Übertragbarkeit des Markengedankens auf den (Finanz-)Dienst-
leistungssektor überhaupt beurteilen und ein Verständnis für die durch
ein Markenimage begründete Bankloyalität aufbauen zu können, ist
zunächst die Analyse der Spezifika von Bankleistungen zweckmäßig.
Süchting nennt als Merkmale von Bankleistungen deren

- **fehlende Stofflichkeit** (Gegenstand der Bankleistung ist kein kon-
  kretes Produkt, sondern Geld in unterschiedlichen Formen und Quali-
  täten, z.B. als Bar- bzw. Buchgeld oder in verbriefter Form),
- **Abstraktheit** (diese verhindert eine unmittelbare, werbewirksame
  Visualisierung),
- **Vertragselement** (detaillierte vertragliche Bestimmungen, wie z.b. die
  Allgemeinen Geschäftsbedingungen oder der Vermögensverwaltungs-
  vertrag, formen abstrakte Bankleistungen),
- **Zeitelement** (Finanzgeschäfte finden in der Regel nicht in einem ein-
  maligen Verkaufsakt ihren Abschluß, sondern sind auf eine längere
  Absatzbeziehung ausgerichtet) und
- **Verbundenheit** untereinander (diese trägt dem Gedanken der Inter-
  dependenz zwischen einzelnen Produkten Rechnung).[102]

Aus Kundensicht resultiert aus den beiden Charakteristika „Abstraktheit"
und „Vertragselement" die - je nach Komplexität der nachgefragten
Leistung stärker oder schwächer ausgeprägte - **Erklärungsbedürftigkeit** von Bankprodukten.[103] Daneben führen das Leistungsobjekt „Geld"
sowie die angestrebte Langfristigkeit der Absatzbeziehung in Verbin-

---

[101] Berekoven, L., Die Besonderheiten der Werbung für immaterielle Güter, in:
Kosiol, E./Sundhoff, E. (Hrsg.), Betriebswirtschaft und Marktpolitik, Köln/Opladen
1968, S. 27

[102] Vgl. Süchting, J., Die Bankloyalität als Grundlage zum Verständnis der Absatzbeziehungen von Kreditinstituten, in: Kredit und Kapital 3/1972, S. 270 ff.;
Süchting, J., Bankmanagement, 3. Aufl., Stuttgart 1992, S. 422 f.

[103] Vgl. Süchting, J., Bankmanagement, a.a.O., S. 423

dung mit der fehlenden Überschaubarkeit des Verlaufs der Kontobeziehung zu einer hohen **Vertrauensempfindlichkeit** von Bankleistungen.[104] Die beträchtliche Komplexität von International Private Banking-Produkten, die hohen betraglichen Mindestvoraussetzungen (vgl. Kapitel 3.2.2.2.1) und die Intensität der üblicherweise langfristig ausgerichteten Kunde-Bank-Beziehung unterstreichen die Bedeutung der beiden Merkmale „Erklärungsbedürftigkeit" bzw. „Vertrauensempfindlichkeit" speziell in diesem Geschäftsfeld.

Über die genannten Wesensmerkmale hinaus existieren in der Literatur weitere Attribute von Bankleistungen; so weist z.b. Hahn auf deren **fehlende Patentierbarkeit** als Folge der Stofflosigkeit bzw. Abstraktheit hin.[105] Aus der fehlenden Patentierbarkeit von (Bank-)Dienstleistungen läßt sich das Erfordernis zum Aufbau eines Markenimages des Kreditinstituts insofern ableiten, als Kunden die Nachahmung der Angebote durch Wettbewerber nicht oder nur mit großen Schwierigkeiten erkennen können.[106] **Heterogenität** als ein weiteres von Hahn genanntes Merkmal von Bankprodukten[107] verhindert zwar einen vollkommen einheitlichen Markenauftritt auf der Leistungsebene, trägt jedoch speziell im International Private Banking zur besonderen Individualisierung der erbrachten Dienstleistung und damit zur Profilierung als Marke bei. Trotz der hohen Abhängigkeit der Leistungserstellung vom Berater[108] kann diese auch im International Private Banking zu einem gewissen Grad standardisiert werden. Hierzu stehen Instrumente zur Angleichung der fachlichen Fähigkeiten des Personals (z.B. Seminare für alle Mitarbeiter im Kundenkontakt zur Vermittlung eines produktbezogenen Basiswissens) sowie zur Verhaltensstandardisierung (z.B. Arbeitsanweisungen) zur Verfügung.[109]

---

[104] Vgl. ebenda
[105] Vgl. Hahn, O., Die Führung des Bankbetriebes, Stuttgart 1977, S. 60 f.
[106] Vgl. Cowell, D., The Marketing of Services, Oxford 1989, S. 141; King, S., Brandbuilding in the 1990s, in: Journal of Marketing Management 7/1991, S. 7
[107] Vgl. Hahn, O., Die Führung ..., a.a.O., S. 61
[108] Vgl. Stauss, B., Dienstleistungsmarken, in: Markenartikel 1/1995, S. 6
[109] Vgl. ebenda

Ebensowenig wie aus der im Vergleich zu Sachgütern nur eingeschränkt vorhandenen Konstanz der Leistung läßt sich im International Private Banking die Markeneigenschaft schlüssig aus dem Kriterium der „physischen Markierung" ableiten: Da eine Bank für den Nachweis ihrer Fähigkeiten keine fertige Ware mit überzeugenden technischen Eigenschaften und einer ansprechenden äußeren Gestaltung am Markt präsentieren kann, muß statt dessen das Vertrauen der Nachfrager in den Leistungsprozeß geweckt werden.[110] Bei der Kennzeichnung und Individualisierung von Bankleistungen treten statt technischer Kriterien und der äußeren Aufmachung daher anderweitige Eigenschaften, wie beispielsweise Schnelligkeit, Pünktlichkeit oder Sorgfalt, in den Vordergrund[111], also die Art und Weise der Leistungserstellung.[112]

Im Gegensatz zu den bisherigen Überlegungen läßt sich die Übertragbarkeit des Markengedankens von Sachgütern auf das International Private Banking schlüssig vielmehr durch ein weiteres Kriterium begründen, nämlich durch die „Hochwertigkeit der erbrachten Leistung" als Testat des Kunden. In diesem Sinne hebt Domizlaff (ohne zwischen Sachgütern und Dienstleistungen näher zu differenzieren) hervor, daß „tatsächlich eine Qualitätsleistung die natürliche Entstehung einer Marke ist ..."[113].

Die lange in der Praxis und Literatur kontrovers diskutierte Möglichkeit der Ausweitung des Markengedankens von materiellen Gütern auf Dienstleistungen findet zumindest aus deutscher Sicht ihre Bestätigung auch durch den Gesetzgeber: Das am 1.4.1979 in Kraft getretene

---

[110] Vgl. Schreiner, R., Die Dienstleistungsmarke. Typus, Rechtsschutz und Funktion. Eine rechtstatsächliche und rechtsvergleichende Untersuchung aus Anlaß der Einführung des Formalschutzes der Dienstleistungszeichen im deutschen Recht, Diss. Köln/Berlin/Bonn/München 1983, S. 63
[111] Vgl. Berekoven, L., Der Dienstleistungsbetrieb. Wesen, Struktur, Bedeutung, Wiesbaden 1974, S. 64 f.
[112] Vgl. Schreiner, R., a.a.O., S. 63
[113] Domizlaff, H., Die Gewinnung öffentlichen Vertrauens. Ein Lehrbuch der Markentechnik, Hamburg 1982, S. 79

„Gesetz über die Eintragung von Dienstleistungsmarken"[114] führte die seit langem gewünschte Gleichstellung von „Warenzeichen" und „Dienstleistungsmarken" herbei.[115] Beide konnten nun bei dem Deutschen Patent- und Markenamt zur Eintragung in die Zeichenrolle angemeldet werden und damit den registerrechtlichen Schutz des Warenzeichengesetzes (WZG) erlangen.[116] Das neue deutsche Markengesetz[117] hob zum 1.1.1995 die Begriffe „Warenzeichen" und „Dienstleistungszeichen" auf und ersetzte sie durch den einheitlichen Begriff „Marke" mit dem Unterbegriff „Zeichen" (§ 3 MarkenG; vgl. Kapitel 1.2.1.1).[118]

Als Ergebnis läßt sich festhalten, daß der Markengedanke trotz des Fehlens einer markierungsfähigen Ware durchaus vom Sachgüterbereich auf die (Finanz-)Dienstleistungssphäre übertragbar ist. Zur Sicherstellung eindeutiger Begrifflichkeiten sei allerdings darauf hingewiesen, daß die Übernahme der Bezeichnung „Markenartikel" vom Sachgüter- in den Dienstleistungsbereich unter sprachlichen Gesichtspunkten eher fragwürdig erscheint.[119] Etymologisch betrachtet leitet sich die kaufmännische Bedeutung des Worts „Artikel" aus dem französischen „article" ab und ist mit „Handelsgegenstand" oder „Ware" zu umschreiben.[120] Mellerowicz definiert Markenartikel dementsprechend als „... für den privaten Bedarf geschaffene Fertigwaren, die in einem größeren Absatzraum unter einem besonderen, die Herkunft kennzeichnenden Merkmal (Mar-

---

[114] Vgl. Gesetz über die Eintragung von Dienstleistungsmarken vom 29.1.1979, in: Bundesgesetzblatt 1979, Teil I, S. 125 f.

[115] Vgl. Ströbele, P., Die Einführung der Dienstleistungsmarke, in: bum 3/1979, S. 23

[116] Vgl. ebenda; zum Hintergrund der Gleichstellung der Dienstleistungsmarke mit dem Warenzeichen vgl. Tilmann, W., Die Dienstleistungsmarken-Novelle, in: NJW 9/1979, S. 408 f.

[117] Vgl. Gesetz zur Reform des Markenrechts und zur Umsetzung der Ersten Richtlinie 89/104/EWG des Rates vom 21.12.1988 zur Angleichung der Rechtsvorschriften der Mitgliedsstaaten über die Marken (Markenrechtsreformgesetz) vom 25.10.1994, in: Bundesgesetzblatt 1994, Teil I, S. 3082 ff.

[118] Vgl. Skaupy, W., a.a.O., S. B6

[119] Vgl. Graumann, J., Die Dienstleistungsmarke. Charakterisierung und Bewertung eines neuen Markentypus aus absatzwirtschaftlicher Sicht, München 1983, S. 74 f.

[120] Vgl. Duden Fremdwörterbuch, a.a.O., S. 83

ke) in einheitlicher Aufmachung, gleicher Menge sowie gleichbleibender oder verbesserter Güte erhältlich sind und sich dadurch sowie durch die für sie betriebene Werbung die Anerkennung der beteiligten Wirtschaftskreise (Verbraucher, Händler und Hersteller) erworben haben (Verkehrsgeltung)"[121]. Auch wenn in der bankbetrieblichen Literatur der Begriff „Markenartikel" teilweise Eingang gefunden hat[122], wird in der vorliegenden Arbeit auf die Verwendung dieser Bezeichnung oder deren Umschreibung als „markenartikelähnliche Dienstleistung"[123] gänzlich verzichtet, um die eigentliche sprachliche Bedeutung nicht zu entstellen.

1.3 Die deutschen Großbanken als Anbieter von International Private Banking-Leistungen

1.3.1 Charakterisierung der deutschen Großbanken

Die Abgrenzung der unter dem Begriff „Großbanken" zu subsumierenden Kreditinstitute erweist sich als schwierig: So ergeben sich allein aufgrund der Auffassung, daß es sich hierbei um die „großen" Banken handele, je nach dem gewählten Größenkriterium (z.B. der Höhe der Bilanzsumme oder des Geschäftsvolumens) unterschiedliche Möglichkeiten der Gruppenbildung.[124] Um eine willkürliche Abgrenzung zu vermeiden, liegt den Ausführungen dieser Arbeit der an die Definition der Deutschen Bundesbank angelehnte Großbankenbegriff zugrunde. Dieser umfaßt lediglich die Deutsche Bank AG, die Dresdner Bank AG und die Commerzbank AG, alle mit juristischem Sitz in Frankfurt am Main,

---

[121] Mellerowicz, K., a.a.O., S. 39
[122] Vgl. z.B. Breuer, H.-J., a.a.O., S. 11; Wild, A., Die Bank als Markenartikler, in: Die Bank 8/1999, S. 516 ff.
[123] Graumann, J., a.a.O., S. 75
[124] Vgl. Büschgen, H. E., Die Großbanken, Frankfurt am Main 1983, S. 9 f.

sowie seit Anfang 1999 die Bayerische Hypo- und Vereinsbank AG, München.[125]

Die deutschen Großbanken verfügen über ein dichtes, über die gesamte Bundesrepublik verteiltes, eigenes oder über Tochtergesellschaften organisiertes Vertriebsnetz und verhältnismäßig hohe Geschäftsvolumina in ihren nationalen Märkten; die Geschäftstätigkeit dieser Bankengruppe ist universell ausgerichtet und somit weder qualitativ noch kundengruppenbezogen oder regional beschränkt.[126] Über ihre weltweit verbreiteten Repräsentanzen, Filialen und Tochtergesellschaften, durch ihre historisch gewachsenen Verbindungen zu Korrespondenzbanken sowie durch Gemeinschaftsgründungen sind insbesondere die Deutsche Bank AG, die Dresdner Bank AG und die Commerzbank AG an allen bedeutenden Finanzplätzen vertreten.[127] Das den geschäftlichen Aktivitäten der deutschen Großbanken zugrundeliegende Universalbankensystem[128] unterscheidet sich in bezug auf die fehlenden qualitativen Restriktionen maßgeblich von dem im angelsächsischen Bereich (noch) vorherrschenden Trennbankensystem, das eine Spezialisierung der

---

[125] Vgl. Deutsche Bundesbank, Bankenstatistik Juli 1999, Frankfurt am Main 1999, S. 111; Büschgen, H. E., Die ..., a.a.O., S. 10. Die Bayerische Hypo- und Vereinsbank AG ging im September 1999 aus dem Zusammenschluß der Bayerischen Vereinsbank AG und der Bayerischen Hypotheken- und Wechsel-Bank AG hervor, vgl. o.V., Künftige Bayerische Hypo- und Vereinsbank zeigt Ertragsstärke, in: FAZ vom 20.5.1998, Nr. 116, S. 21; o.V., Gott mit Dir, Du Bank der Bayern, in: FAZ vom 27.5.1998, Nr. 121, S. 22

[126] Vgl. ebenda; Eilenberger, G., Bankbetriebswirtschaftslehre, 4. Aufl., München 1990, S. 70 ff.; Hagenmüller K. F./Jacob, A.-F., Der Bankbetrieb, Band I, 5. Aufl., Wiesbaden 1987, S. 99 ff.; Hahn, O., Struktur der Bankwirtschaft, Bd. 1, Banktypologie und Universalbanken, Berlin 1981, S. 314; Klöppelt, H., Internationalisierungsstrategien deutscher Banken in Europa, in: Büschgen, H. E. (Hrsg.), Mitteilungen und Berichte, Information des Instituts für Bankwirtschaft und Bankrecht an der Universität zu Köln, 25. Jahrgang 1994, Nr. 70, S. 57 f.; Mühlhaupt, L., Einführung in die Betriebswirtschaftslehre der Banken, 3. Aufl., Wiesbaden 1980, S. 77 ff.; Priewasser, E., Bankbetriebslehre, 3. Aufl., München 1992, S. 82 ff.

[127] Vgl. Büschgen, H. E., Bankbetriebslehre: Bankgeschäfte und Bankmanagement, 4. Aufl., Wiesbaden 1993, S. 52

[128] Vgl. Hahn, O., Probleme des Universalbanksystems, in: Österreichisches Bank-Archiv 10/1980, S. 346 ff.

Banken auf das „Commercial Banking" oder das „Investment Banking" vorschreibt.[129]
Außer den bisher genannten Kriterien ist den deutschen Großbanken noch gemeinsam, daß sie in der Rechtsform der Aktiengesellschaft firmieren (der in der Literatur teilweise anzutreffende Begriff „Aktienbanken" deckt sich jedoch nicht mit dem der Großbanken, sondern ist weiter zu fassen).[130]

1.3.2 International Private Banking-Aktivitäten der deutschen Großbanken

1.3.2.1 Ursprünge der International Private Banking-Aktivitäten der deutschen Großbanken

Obwohl der Schwerpunkt der vorliegenden Arbeit auf die global ausgerichteten high net worth individuals ausgerichtet ist („International Private Banking im engeren Sinne"), so erscheint es dennoch zweckmäßig, innerhalb eines historischen Rückblicks zunächst das „International Private Banking im weiteren Sinne" zu behandeln, um somit ein Grundverständnis für die Ursprünge des gesamten Geschäftsfelds zu erleichtern.

Erst in den vergangenen Jahren hat das internationale Privatkundengeschäft für die deutschen Banken - und insbesondere für die deutschen Großbanken - eine zunehmende geschäftspolitische Bedeutung erlangt.[131] Bis dahin dominierte im internationalen Bereich ausschließlich das Firmenkundengeschäft, das überwiegend von der Auslandsexpansion deutscher Unternehmen getragen wurde.[132] In den frühen Nach-

---

[129] Vgl. Baas, V., Die Tage des Glass/Steagall-Act sind gezählt, in: Die Bank 10/1997, S. 606 ff.; Klöppelt, H., Internationalisierungsstrategien ..., a.a.O., S. 57 f.; Süchting, J., Bankmanagement, a.a.O., S. 238 ff.
[130] Vgl. Büschgen, H. E., Die ..., a.a.O., S. 11
[131] Vgl. Klöppelt, H., International ..., a.a.O., S. 201
[132] Vgl. ebenda

kriegsjahren sahen die größeren deutschen Kreditinstitute (deren Hauptaugenmerk lag seinerzeit auf der Stärkung ihrer inländischen Marktposition) unter internationalen Aspekten ihre vorrangige Aufgabe darin, die deutsche Firmenkundschaft bei der finanziellen Abwicklung des wieder auflebenden Auslandsgeschäfts zu unterstützen.[133] Mit dem Bretton-Woods-Abkommen (1944), dem Allgemeinen Zoll- und Handelsabkommen (GATT 1948) und der Gründung der Organisation für Europäische Wirtschaftliche Zusammenarbeit (OEEC 1948) wurden nach dem zweiten Weltkrieg die Weichen für eine forcierte Integration der Volkswirtschaften gestellt.[134] Die hiermit verbundenen wachsenden internationalen Handelsverflechtungen hatten in der Nachkriegszeit eine sowohl in quantitativer als auch in qualitativer Hinsicht veränderte Nachfrage nach Bankdienstleistungen zur Folge[135]:

- Der **quantitative** Aspekt resultierte aus dem steigenden Finanzbedarf der Großunternehmen aufgrund des starken Anstiegs der Direktinvestitionen im Ausland und des Einsatzes zunehmend kapitalintensiverer Produktionsverfahren.[136]
- In **qualitativer** Hinsicht führte der zunehmende Welthandel, verbunden mit der Einführung der Konvertibilität der wichtigsten Währungen und der fortschreitenden Liberalisierung des zwischenstaatlichen Zahlungs- und Handelsverkehrs, zu einem erhöhten Bedarf der Industrieunternehmen an Bankleistungen über nationale Grenzen hinaus.[137] Vielfach folgten die Banken insbesondere ab Ende der sechziger Jahre dem Wunsch ihrer Großfirmenkunden, auch im Ausland mit operativen Einheiten vertreten zu sein, und eröffneten dort eine Vielzahl von Repräsentanzen, Filialen und Tochtergesellschaften.[138]

---

[133] Vgl. Röller, W., a.a.O., S. 123
[134] Vgl. Krüger, R., Die Bedeutung des internationalen Bankgeschäfts für die Rentabilität einer Geschäftsbank, in: Büschgen, H. E./Richolt, K. (Hrsg.), Handbuch des internationalen Bankgeschäfts, Wiesbaden 1989, S. 317
[135] Vgl. Kollar, A., a.a.O., S. 432 f.
[136] Vgl. ebenda, S. 433
[137] Vgl. ebenda
[138] Vgl. Büschgen, H. E., Die ..., a.a.O., S. 207 ff.

In Verbindung mit dem Firmenkundengeschäft bauten die deutschen Institute das Geschäft mit Privatkunden in anderen Ländern sukzessive aus.[139] Den Anstoß hierzu gaben vielfach leitende Angestellte deutscher Tochtergesellschaften im Ausland sowie lokale Unternehmer: Geleitet durch die Motive „Sicherheit" und „Wertstabilität" fragten Kunden dieser beiden Gruppen insbesondere Kapitalanlageprodukte von Anbietern mit Sitz an Off-shore-Plätzen nach.[140] Im Mittelpunkt einer solchen, auch als „Kundennachfolgethese" bekannten, defensiven Internationalisierungsstrategie stand somit das Bestreben der Banken, durch die Präsenz vor Ort angestammte Geschäftsverbindungen zu erhalten und auszuweiten.[141]

Als weiterer Faktor förderte der starke Außenhandel die Internationalisierung des Privatkundengeschäfts deutscher Kreditinstitute.[142] Viele im Ausland ansässige Im- und Exporteure verlagerten im Rahmen ihrer Geschäftsaktivitäten Teile ihres Vermögens in die Bundesrepublik Deutschland aufgrund des für ausländische Investoren attraktiven politischen, wirtschaftlichen und rechtlichen Umfelds.[143] Die für Banken hohe Bedeutung dieser Kundengruppe, der Devisenausländer, läßt sich in Deutschland anhand deren Depotvolumina mit einem Kurswert von insgesamt rund 57 Mrd. DM[144] ableiten.

Als Initialzündung für die rasante Entwicklung des internationalen Privatkundengeschäfts der deutschen Banken gelten die Einführung der (innerhalb kurzer Zeit gescheiterten) „kleinen" Quellensteuer im Jahr 1989 sowie die Etablierung der Zinsabschlagsteuer 1993.[145] Seitdem nutzen viele deutsche Privatkunden die mit einer Kapitalanlage im Ausland verbundenen Liquiditäts- und Rentabilitätsvorteile, die sich aufgrund des

---

[139] Vgl. Klöppelt, H., International ..., a.a.O., S. 201
[140] Vgl. ebenda
[141] Vgl. Krüger, R., a.a.O., S. 317
[142] Vgl. Klöppelt, H., International ..., a.a.O., S. 201
[143] Vgl. ebenda
[144] Vgl. Deutsche Bundesbank, Depotstatistik per 12/1998, o.O., S. W3 und S. W4
[145] Vgl. Klöppelt, H., International ..., a.a.O., S. 201

erst später im Rahmen der persönlichen Einkommensteuererklärung erfolgenden Steuerabzugs bei Ertragsgutschriften ergeben.[146] Ein weiteres Motiv für die Internationalisierung des Privatkundengeschäfts der deutschen Großbanken besteht in dem zunehmenden Wunsch sehr vermögender Kunden nach der länderübergreifenden Diversifizierung ihrer Wertpapierportfolios.[147] Wenngleich der Anlageschwerpunkt der deutschen high net worth individuals nach wie vor im DM-Bereich liegt, steigt deren Nachfrage nach in anderen europäischen Währungen, in US$ oder auch in Yen denominierten Kapitalanlagen.[148] In der jüngeren Vergangenheit weiteten deutsche Kreditinstitute durch die Akquisition von Banken insbesondere in anderen EU-Ländern ihr internationales Privatkundengeschäft aus - teilweise sogar flächendeckend, wie z.B. die Deutsche Bank[149] u.a. in Italien und Spanien. Die in beiden Ländern von der Deutschen Bank angesprochene Kundengruppe zählt allerdings aufgrund der vergleichsweise niedrigen Anlagebeträge eher zu dem Marktsegment „Personal Banking".

Die Betreuung speziell von Kunden des Segments „International Private Banking im engeren Sinne" von weltweiten Stützpunkten aus ist für die deutschen Großbanken keineswegs ein neues Geschäftsfeld. Neu ist (wie im folgenden näher erläutert wird) alleine die Tatsache, daß sich die jeweiligen Konzerneinheiten gemeinsam durch ihre globale Neustrukturierung den veränderten Kundenanforderungen stellen.

---

[146] Vgl. ebenda

[147] Vgl. ebenda, S. 201 f.

[148] Vgl. ebenda, S. 202

[149] Vgl. Deutsche Bank AG, Geschäftsbericht 1992, Frankfurt am Main 1993, S. 16; Deutsche Bank AG, Geschäftsbericht 1994, Frankfurt am Main 1995, S. 15. Die Deutsche Bank erzielte ihren Einstieg auf dem italienischen Privatkundenmarkt durch den Erwerb der Banca d'America e d'Italia, die im Oktober 1994 in Deutsche Bank SpA, Milan umfirmiert wurde. Nach dem Zusammenschluß mit einer weiteren Tochtergesellschaft der Deutschen Bank AG, der Banco Popolare di Lecco, behielt diese ihren ursprünglichen Namen - ergänzt um „Divisione della Deutsche Bank" - bei. In Spanien fusionierten die beiden Tochtergesellschaften der Deutschen Bank AG (nämlich Banco Commercial Transàtlantico SA, Barcelona, und Banco de Madrid SA, Madrid) im Jahr 1994 zu Deutsche Bank SAE, Barcelona, vgl. Green, R./O'Dea, A., Getting the image right, in: Private Banker International, Juni 1995, S. 9

1.3.2.2 Ursachen für markenbezogene Defizite der deutschen Großbanken im International Private Banking

Zwar verfügen die deutschen Großbanken über ein positives Image im internationalen Bankgeschäft.[150] Jedoch läßt sich die hiermit einhergehende hervorragende Position der deutschen Großbanken innerhalb der Rangliste der (gemessen am Bilanzvolumen) weltweit größten Banken keineswegs auf die Marktstellung im International Private Banking übertragen. Die deutschen Institute haben in diesem Geschäftsfeld bislang keine nennenswerte Marktstellung erreicht, ein prägnantes International Private Banking-Image fehlt (noch).[151] Die Gründe für dieses Manko der einheimischen Großbanken sind multikausaler Art, bestehen aber im wesentlichen in

- der bis vor kurzem vorherrschenden Konzentration auf DM-Produkte, die sich als nachteilig in dem Bemühen auswirkte, als „global player" aufzutreten[152],
- der jahrzehntelangen Gewöhnung an „bequeme" Geschäfte auf dem vergleichsweise geschützten deutschen Markt[153],
- der Unterschätzung von Regionen, wie z.B. Ostasien, in ihrer Attraktivität als Markt für die Betreuung privater Vermögen[154] und damit
- der im Vergleich zu den Marktführern um ca. 5-10 Jahre verspäteten - oder (wie bei der Commerzbank) noch nicht vollzogenen[155] - Bündelung der konzernweiten Ressourcen im Vermögensverwaltungs-

---

[150] Vgl. Klöppelt, H., International ..., a.a.O., S. 207
[151] Vgl. ebenda
[152] Vgl. ebenda
[153] Vgl. o.V., Das Privatvermögen der Reichen in der Welt steigt auf 29 Billionen DM, in: FAZ vom 26.5.1997, Nr. 119, S. 17
[154] Vgl. ebenda
[155] Telefonische Auskunft von Herrn A. Thorn, Commerzbank AG, Frankfurt am Main, Zentrales Geschäftsfeld Asset Management, am 10.3.1998

geschäft (sei es aufgrund verkannter Chancen oder anderweitig gesetzter geschäftspolitischer Prioritäten).[156]

Die erst jetzt begonnenen Bemühungen der deutschen Großbanken, die Vertriebskapazitäten im International Private Banking in den jeweiligen Wachstumsregionen (vgl. Kapitel 2.3.1.2.1) zu verstärken[157], deuten auf einen gewissen Nachholbedarf hin, um Anschluß an die Marktführer zu finden. Bis vor kurzem versäumten es die deutschen Großbanken zudem, durch die adäquate Restrukturierung ihrer International Private Banking-Aktivitäten der Tatsache Rechnung zu tragen, daß die früher übliche Betreuung der internationalen Privatkunden aus einigen wenigen Off-shore-Zentren heraus den Kundenanforderungen und der Wettbewerbssituation nicht mehr gerecht wird.[158] Eine solche Strategie war allenfalls geeignet, um bezüglich des nur auf das eigene Kompetenzzentrum begrenzten Produktangebots ein nationales bzw. (mit Blick auf die aus Kapazitätsgründen erforderliche Beschränkung auf ausgewählte Akquisitionsregionen) ein internationales, nicht aber ein globales Markenimage aufzubauen.

International Private Banking-Kunden erwarten in ihrer zunehmend globalen Ausrichtung jedoch, wählen zu können, welches Kompetenzzentrum jeweils das Relationship Management, das Portfolio Management und/oder die Verbuchung der Gelder (die Administration) vornehmen soll. Es ist durchaus denkbar, daß Kunden diese Aufgabenfelder auf bis zu drei Zentren aufteilen. Die koordinierte Zusammenarbeit der involvierten Fachabteilungen über Grenzen und Kontinente hinweg ist heutzutage daher von entscheidender Bedeutung für den Aufbau eines globalen Markenimages und damit für den geschäftlichen Erfolg - im Gegensatz zu früher, als die miteinander konkurrierenden Zentren daran

---

[156] Vgl. Marsh, Th., Dresdner gears up for big drive, in: Global Private Banking vom 24.6.1996, S. 1 und S. 13; o.V., Dresdner beats the drum for hiring drive in Asia, in: Global Private Banking vom 18.8.1997, S. 7
[157] Vgl. Klöppelt, H., International ..., a.a.O., S. 207
[158] Vgl. ebenda, S. 206

interessiert waren, die aufgezeigten drei Teilleistungen möglichst selbst zu erbringen.[159]

Abb. 4 veranschaulicht den erforderlichen Wandel hin zu einer bedarfsgerechten Kundenbetreuung im International Private Banking anhand eines vereinfachten Modells mit lediglich zwei Kompetenzzentren. Diesem Schaubild liegt zudem die Annahme zugrunde, daß die Vermögensverwaltung und die Verbuchung der Gelder im selben Kompetenzzentrum erfolgen.

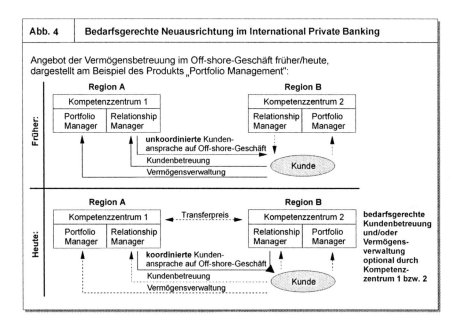

| Abb. 4 | Bedarfsgerechte Neuausrichtung im International Private Banking |

Angebot der Vermögensbetreuung im Off-shore-Geschäft früher/heute, dargestellt am Beispiel des Produkts „Portfolio Management":

Eigene Darstellung

Bereits in dieser vereinfachten Darstellung verdoppeln sich die Optionen für Kunden von früher zwei (entweder Kompetenzzentrum 1 oder 2

[159] Vgl. Lilienthal, A., Private Banking: Reichtum ohne Grenzen, in: FORUM (Mitarbeitermagazin der Deutschen Bank) 10/1997, S. 18

erbringt die Leistung komplett) auf heute vier (und zwar durch die verschiedenen Kombinationsmöglichkeiten zwischen dem Relationship Management und dem Portfolio Management/der Administration in Kompetenzzentrum 1 bzw. 2). Im Falle der Unterscheidung zwischen allen drei Funktionen (Betreuung, Verwaltung und Administration) in beiden Kompetenzzentren ergeben sich sogar acht Variationsmöglichkeiten.

1.3.2.3 Skizzierung der International Private Banking-Konzepte der deutschen Großbanken

Die von der **Deutschen Bank** im Herbst 1996 begonnene Umsetzung ihrer neuen Off-shore-Strategie im International Private Banking-Geschäft zielt darauf ab,

- die konzernweiten Private Banking-Ressourcen noch stärker zu verknüpfen,
- den Anschluß an die zehn weltweit erfolgreichsten Private Banking-Anbieter zu finden und
- eine zunehmende Anerkennung der Deutschen Bank-Gruppe als eine international führende Bank auch in diesem Geschäftsfeld zu erreichen.[160]

Im Zusammenhang mit dieser Strategie ging aus dem im Inland und in einigen Nachbarländern tätigen Bankhaus „Grunelius Privatbankiers" (einer Tochtergesellschaft der Deutschen Bank AG) die „Deutsche Bank Trust AG" mit Sitz in Frankfurt am Main hervor.[161] Diesem neuen Institut

[160] Vgl. Wescott, K., Deutsche drives forward private banking strategy, in: FORUM (Mitarbeitermagazin der Deutschen Bank) 1/1997, S. 10; Hellmann, N., Auf dem Weg zu einer „neuen" Universalbank, in: Börsen-Zeitung vom 16.5.1997, S. 6; von Heydebreck, Tessen, Deutsche Bank: „Das Privatkundengeschäft ist langfristig profitabel", in: bum 4/1999, S. 28
[161] Vgl. Wiebe, F., Der klangvolle Name allein betört den Kunden nicht, in: Handelsblatt vom 31.5./1.6.1996, Nr. 104, S. 29

obliegt die Aufgabe, die Kompetenz im inländischen Geschäft mit den sehr vermögenden Privatkunden zu bündeln und zugleich als Drehscheibe im International Private Banking-Verbund zu agieren.[162] Die Deutsche Bank Trust AG tritt jedoch im internationalen Privatkundengeschäft nicht selbst als Wettbewerber am Markt auf, sondern ist als Dienstleistungsunternehmen für den Konzern unter Nutzung dessen weltweiter Infrastruktur tätig.[163] Die Verantwortung für die strategische Ausrichtung des International Private Banking-Geschäfts liegt bei der Deutschen Bank AG, Geschäftsbereich Private Banking.[164] Die Verwaltung der Depots ihrer global orientierten, sehr wohlhabenden Privatkunden außerhalb Deutschlands hat die Deutsche Bank-Gruppe auf sechs internationale Zentren konzentriert, um höhere Synergien im Portfolio Management zu erzielen[165]:

- Die Deutsche Bank North America Holding Corp., New York, gilt als Ausgangsbasis für den gesamten amerikanischen Kontinent,
- die Deutsche Bank AG, London, für Nordeuropa und Afrika,
- die Deutsche Bank (Suisse) S.A., Genf, für Zentral- und Südeuropa sowie den Mittleren Osten,
- die Deutsche Bank Luxembourg S.A., Luxemburg, für die Beneluxländer sowie

---

[162] Vgl. Deutsche Bank AG, Deutsche Bank hat ihre Kräfte im Private Banking weltweit erfolgreich gebündelt, Mitteilung im Internet vom 10.8.1997; Tillotson, C., Deutsche Bank plans wealth management arsenal, in: Global Private Banking vom 27.10.1997, S. 2. Im Inlandsgeschäft ist die Deutsche Bank Trust AG für die Betreuung der von Grunelius Privatbankiers übernommenen Kunden zuständig, telefonische Auskunft von Herrn J. Boie-Wegener, Deutsche Bank Trust AG, Frankfurt am Main, Bereich „Vertriebsunterstützung", am 8.2.1999
[163] Telefonische Auskunft von Herrn J. Boie-Wegener, a.a.O.
[164] Vgl. ebenda
[165] Vgl. Deutsche Bank AG, Geschäftsbericht 1996, Frankfurt am Main 1997, S. 13; Deutsche Bank AG, Deutsche ..., a.a.O.; Lilienthal, A., a.a.O., S. 18; Moloney, M., Deutsche Bank targets London and New York, in: Private Banker International, Mai 1995, S. 1; o.V., Deutsche Bank: Private Banking wird wichtiger, in: Börsen-Zeitung vom 19.1.1999, Nr. 11, S. 6; Steinig, R., Das Konzept der Deutschen Bank im Asset Management, in: Die Bank 10/1991, S. 557; Wescott, K., a.a.O., S. 10

- die Deutsche Bank (Asia Pacific) Ltd., Singapur, gemeinsam mit der Deutschen Bank AG, Sydney, für die asiatisch-pazifische Region.[166]

An diesen Kompetenzzentren als organisatorischem Rückgrat nahe wichtiger Kapitalmärkte befindet sich neben der Depot- und Kontoführung jeweils auch ein Zentrum für die Kundenbetreuung.[167] Doch nicht nur von den genannten sechs Finanzplätzen, sondern auch von weiteren weltweiten Vertriebsstützpunkten der Deutschen Bank aus betreuen Relationship Manager[168] ihre Klientel und vermitteln deren Gelder zur Verwaltung in das jeweils gewünschte Kompetenzzentrum.[169] Weitere Kernelemente der neuen Strategie bestehen u.a. in der Bildung eines „Global Steering Committee" mit der umfassenden Verantwortung für die Private Banking-Entscheidungen weltweit und in der Verbesserung bzw. stärkeren Integration der Informationstechnologie.[170] Gemeinsame Standards, z.B. hinsichtlich eines einheitlichen Marketing-Konzepts, des Investment Managements, der Ermittlung der Anlageergebnisse (Performance-Messung), der Rechenschaftsberichte (des Reporting) sowie der Aus- und Weiterbildung des Personals, geben den Qualitätsanspruch der Bank vor und dienen somit als Klammer zwischen den verschiedenen Unternehmenseinheiten.[171]

---

[166] Telefonische Auskunft von Herrn J. Boie-Wegener, a.a.O.; Tillotson, C., Deutsche Bank restructures private bank, in: Global Private Banking vom 14.10.1996, S. 14
[167] Vgl. o.V., Die Deutsche Bank setzt auf vermögende Privatkunden, in: FAZ vom 5.9.1997, Nr. 206, S. 23; Deutsche Bank AG, Deutsche ..., a.a.O.
[168] In der vorliegenden Arbeit werden die Begriffe „Relationship Manager", „Private Banker" und „Kundenbetreuer" synonym für Mitarbeiter/-innen in ihrer Funktion als primäre Ansprechpartner für International Private Banking-Kunden verwendet, die Bezeichnungen „Portfolio Manager" und „Vermögensverwalter" dagegen für Mitarbeiter, die den Vermögensverwaltungsauftrag umsetzen. Es sei bereits an dieser Stelle darauf hingewiesen, daß je nach Aufgabenverteilung beide Funktionen u.U. in Personalunion ausgeführt werden (vgl. Kapitel 4.1.1.2). Auch sonstige, aus Gründen der Vereinfachung nur in der maskulinen Form erwähnte Funktionen beziehen sich gleichermaßen auf beide Geschlechter.
[169] Vgl. Tillotson, C., Deutsche Bank restructures ..., a.a.O., S. 14
[170] Vgl. Wescott, K., a.a.O., S. 10
[171] Vgl. Steinig, R., a.a.O., S. 556

Die **Dresdner Bank** bündelte im Jahr 1996 unter der neuen, als Markennamen zu etablierenden Bezeichnung „Dresdner Private Banking" das weltweite Know-how der im internationalen Vermögensverwaltungsgeschäft für Privatkunden tätigen Konzerneinheiten.[172] Bei diesen Kompetenzzentren handelt es sich im einzelnen um

- die Dresdner Bank AG in Frankfurt am Main mit Verantwortung für die Koordination der konzernweiten International Private Banking-Aktivitäten in Osteuropa und im Mittleren Osten,
- die Dresdner Bank Lateinamerika AG (vormals Deutsch-Südamerikanische Bank AG) in Miami bzw. Hamburg mit entsprechender Zuständigkeit für den amerikanischen Raum[173],
- Kleinwort Benson Investment Management Holdings Ltd.[174] in London und auf den Kanalinseln mit Afrika als zugewiesenem Territorium,
- die Dresdner Bank (Schweiz) AG mit juristischem Sitz in Zürich, verantwortlich für Europa (ohne Deutschland, Großbritannien, die Beneluxstaaten und Osteuropa), sowie
- die Niederlassung der Dresdner Bank AG in Singapur für die asiatisch-pazifische Region.[175]

---

[172] Vgl. Marsh, Th., a.a.O., S. 1 und S. 13; o.V., Dresdner to set up Swiss unit; pushes to double assets, in: Global Private Banking vom 14.10.1996, S. 7

[173] Der rechtliche Sitz der Dresdner Bank Lateinamerika AG liegt in Hamburg. In New York ist die Dresdner Bank-Gruppe durch eine Niederlassung der Muttergesellschaft vertreten.

[174] In Großbritannien als ihrem Inlandsmarkt tritt Kleinwort Benson nicht unter dem Markennamen „Dresdner Private Banking", sondern weiterhin als Kleinwort Benson Private Bank auf und behält als wohlbekannte inländische Marke somit ihre Identität bei, vgl. o.V., Kleinwort Benson names Haynes as global head, in: Global Private Banking vom 3.2.1997, S. 7; Orton, I., Profile: Kleinwort Benson Private Bank, in: Private Banker International, Januar/Februar 1998, S. 10

[175] Vgl. Dresdner Bank AG, Global Solutions (Imagebroschüre Dresdner Private Banking), Frankfurt am Main 1999, o.S.; o.V., Dresdner vereinheitlicht Schweiz-Auftritt, in: Börsen-Zeitung vom 9.12.1998, Nr. 237, S. 6. Neben den genannten Kompetenzzentren ist auch die Dresdner Bank Luxembourg S.A. - mit Koordinationsverantwortung für die Beneluxländer - eng in das Dresdner Private Banking-Konzept eingebunden.

Um sicherzustellen, daß die verschiedenen Institute nicht nur ihre eigenen Interessen verfolgen, sondern sich als ein Leistungsverbund mit einheitlichem Erscheinungsbild nach innen und außen verstehen, bilden die jeweiligen Leiter unter dem Vorsitz des zuständigen Vorstandsmitglieds ein gemeinsames „Management Committee".[176] Eine innerhalb der Muttergesellschaft angesiedelte Stabsstelle koordiniert die Zusammenarbeit der verschiedenen International Private Banking-Einheiten, zu denen über die genannten Zentren hinaus weitere Repräsentanzen, Filialen und Tochtergesellschaften des Konzerns weltweit zählen.[177]

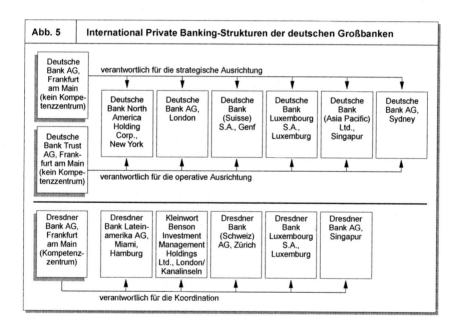

Abb. 5 | **International Private Banking-Strukturen der deutschen Großbanken**

Telefonische Auskunft von Herrn J. Boie-Wegener, Deutsche Bank Trust AG, Frankfurt am Main, Bereich „Vertriebsunterstützung", am 8.2.1999; o.V., Deutsche Bank: Private ..., a.a.O., S. 6, Gerlach, U., a.a.O., S. 8 ff.

---

[176] Vgl. Gerlach, U., a.a.O., S. 9 f.
[177] Vgl. ebenda

Abb. 5 stellt den organisatorischen Strukturen der Deutschen Bank im International Private Banking diejenigen der Dresdner Bank gegenüber. Abgesehen von der unterschiedlichen Regelung der Steuerungsverantwortung weisen die Ansätze beider Banken vielfältige Gemeinsamkeiten auf, wie z.b. die weitgehend übereinstimmenden Standorte der Kompetenzzentren oder die Positionierung als International Private Banking-Verbund, bestehend aus der Muttergesellschaft sowie ausländischen Niederlassungen und Tochterunternehmen. Die Beurteilung dieser Organisationsform hinsichtlich ihrer Eignung zum Aufbau eines globalen Markenimages erfolgt in Kapitel 3.2.2.2.4.1 im Kontext der verschiedenen „going-alone-Strategien".

Die **Commerzbank AG** bietet - dem Trend nach zunehmend internationalerer Orientierung von high net worth individuals in der Anlage ihres Vermögens folgend - Portfolio Management im Ausland durch ihre Tochtergesellschaften in Luxemburg, New York, Singapur und Zürich an.[178] Darüber hinaus hat die Commerzbank AG Trustgesellschaften an den beiden Finanzplätzen „Singapur" (als Tor zum südost-asiatischen Markt) und „Jersey" etabliert.[179] Dem International Private Banking widmet sich zudem das Joint Venture mit dem Banco Central Hispanoamericano[180] - die Hispano Commerzbank (Gibraltar) Ltd. - unter Nutzung des besonderen Status der britischen Kronkolonie und betreibt vor allem Vermögensberatung und Portfolio Management.[181]

---

[178] Vgl. Commerzbank AG, Geschäftsbericht 1996, Frankfurt am Main 1997, S. 29; Commerzbank AG, Geschäftsbericht 1994, Frankfurt am Main 1995, S. 28; Commerzbank AG, Geschäftsbericht 1993, Frankfurt am Main 1994, S. 30

[179] Vgl. o.V., Commerzbank picks Singapore for trust administration, in: Private Banker International, April 1997, S. 6

[180] Der neue Name dieses Instituts lautet seit der Fusion mit dem Banco Santander im Jahr 1999 „Banco Santander Central Hispano", vgl. o.V., Spaniens größte Bankenfusion gebilligt, in: FAZ vom 8.3.1999, Nr. 56, S. 21

[181] Vgl. Commerzbank AG, Geschäftsbericht 1991, Frankfurt am Main 1992, S. 30; Commerzbank AG, Geschäftsbericht 1996, a.a.O., S. 29; vertiefend: o.V., Nach Luxemburg entdecken Anleger nun das sonnige Gibraltar, in: FAZ vom 10.6.1994, Nr. 132, S. 24

Nach Angaben der Commerzbank AG agieren deren International Private Banking-Konzerneinheiten derzeit weitgehend noch als „Stand-alone-Lösungen", d.h. es findet keine Koordination der jeweiligen Marketing-Aktivitäten statt.[182] Die Commerzbank AG plant jedoch, in der nahen Zukunft Maßnahmen zum Aufbau eines weltweiten International Private Banking-Verbunds (analog zur Vorgehensweise der Deutschen Bank und der Dresdner Bank) einzuleiten.[183]

Die **Bayerische Hypo- und Vereinsbank AG** konzentriert sich als „Bank der Regionen" mit Stammgebiet in Bayern hauptsächlich auf ausgewählte Märkte in Europa.[184] Wohlhabende Privatkunden aus aller Welt betreut die Bayerische Hypo- und Vereinsbank AG insbesondere durch ihre Tochtergesellschaft in der Schweiz, die Bank von Ernst, die über eigene Repräsentanzen u.a. in Frankfurt, London und Miami verfügt.[185] Die ausschließliche Fokussierung auf die Schweiz als Zielland für Off-shore-Vermögen kann trotz der weltweit vorhandenen Repräsentanzen zwar zum Aufbau eines internationalen, nicht jedoch eines globalen Markenimages führen (vgl. Kapitel 1.2.1.3). Letzteres setzt neben Vertriebsstützpunkten an wichtigen Finanzplätzen der Welt als weitere notwendige Bedingung das Angebot von Produktspezialitäten unterschiedlicher Jurisdiktionen voraus.

Die voranstehenden Erläuterungen machen deutlich, daß von den vier deutschen Großbanken nur die Deutsche Bank und die Dresdner Bank sowohl ein globales Markenimage im International Private Banking anstreben als auch bereits die hierzu erforderlichen organisatorischen

---

[182] Telefonische Auskunft von Herrn A. Thorn, a.a.O.

[183] Vgl. ebenda

[184] Vgl. Bayerische Hypo- und Vereinsbank AG, Geschäftsbericht 1998, München 1999, S. 2 und S. 46; o.V., Mehr eine Übernahme als ein Zusammenschluß unter Gleichen, in: FAZ vom 22.7.1997, Nr. 167, S. 16

[185] Telefonische Auskunft von Herrn Dr. M. Meyer, Bayerische Hypo- und Vereinsbank AG, München, Zentralbereich Privatkunden 1, Töchter, Integration und Auslandsmärkte, am 24.6.1999; Bank von Ernst & Cie AG, Geschäftsbericht 1998, Zürich 1999, S. 10 und S. 21

Voraussetzungen erfüllt haben. Aus diesem Grund beziehen sich die im weiteren Verlauf der vorliegenden Arbeit hergestellten Bezüge zu den International Private Banking-Aktivitäten der deutschen Großbanken insbesondere auf diese beiden Institute.

2 Situationsanalyse zum Aufbau globaler Markenimages im International Private Banking

Die Ermittlung der strategischen Ausgangssituation des einzelnen Kreditinstituts bildet die Voraussetzung für eine zukunftsorientierte Einschätzung der zentralen Marketing-Erfordernisse und -Möglichkeiten[186] und daran anknüpfend für den Aufbau eines zielgruppenadäquaten Markenimages. Im Mittelpunkt der Analyse von Märkten und deren Entwicklungen steht zunächst die grundlegende Einschätzung der gegenwärtigen und zukünftigen politischen, wirtschaftlichen, rechtlichen sowie technologischen Rahmenbedingungen.[187] Hieran schließt sich die Betrachtung der Marktattraktivität an, um frühzeitig Sättigungstendenzen bzw. künftige Wachstumschancen zu erkennen.[188] Eine fundierte Kunden-, Konkurrenz- sowie Selbstanalyse runden die Situationsanalyse zum Aufbau globaler Markenimages ab.

Nachfolgend sollen jedoch zunächst wichtige Instrumente und Methoden der globalen Marktforschung im Finanzdienstleistungsbereich erörtert werden, um aufzuzeigen, auf welche Art und Weise Kreditinstitute die für die Situationsanalyse im International Private Banking benötigten Informationen gewinnen können und mit welchen Problemen dabei zu rechnen ist.

---

[186] Vgl. Bruhn, M., Markenstrategien, a.a.O., Sp. 1452 f.; Haedrich, G./Tomczak, T., Strategische Markenführung: Planung und Realisierung von Marketingstrategien für eingeführte Produkte, 2. Aufl., Bern/Stuttgart/Wien 1996, S. 58 ff.; Köhler, R./ Krauter, J., a.a.O., Sp. 1010

[187] Vgl. Köhler, R./Krauter, J., a.a.O., Sp. 1011

[188] Vgl. ebenda, Sp. 1012

2.1 Informationsbeschaffung im International Private Banking

2.1.1 Sekundärforschung

Wichtiges Datenmaterial für die Entwicklung von Markenkonzepten im International Private Banking sowie für deren regelmäßige Überprüfung und Anpassung an eventuell veränderte Gegebenheiten (vgl. Kapitel 5) liegt aus Sekundärerhebungen für ähnliche oder auch gänzlich andere Zwecke u.U. bereits in der Bank vor.[189] Sekundärstatistische Informationen stammen einerseits aus internen Quellen (beispielsweise zentralen oder lokalen Kundendatenbanken[190] oder der konzerneigenen volkswirtschaftlichen Abteilung). Andererseits besteht für Kreditinstitute die Möglichkeit, aus bankexternen Quellen (wie z.B. Marktanalysen von Wettbewerbern oder Unternehmensberatungsgesellschaften[191], den Internet-Seiten, Geschäftsberichten und Broschüren der Konkurrenz oder amtlichen Statistiken über die Geldvermögensbildung in ausgewählten Ländern) wichtige Erkenntnisse über den International Private Banking-Markt zu gewinnen.

Der zumeist kostengünstigen Beschaffung von sekundärstatistischem Material über die verschiedenen Länder, in denen ein International Private Banking-Markenimage aufgebaut werden soll, stehen als mögliche Nachteile die

- eingeschränkte Verfügbarkeit insbesondere der im Ausland veröffentlichten Informationen,

---

[189] Vgl. Cramer, J.-E., Die Marktforschung als Basis für den Einsatz des Marketing-Mix, in: van Hooven, E./Süchting, J. (Hrsg.), Handbuch des Bankmarketing, 2. Aufl., Wiesbaden 1991, S. 121 f.

[190] Vgl. Badoc, M., Information: Strategisches Element der Bankinstitute, in: Sparkassen International 2/1990, S. 11 ff.

[191] Vgl. z.B. The Chase Manhattan Private Bank, Media Information, Genf 1993; Merrill Lynch/Gemini Consulting, World Wealth Report 1999, o.O., 1999; Price Waterhouse, European Private Banking Survey, Ausgabe 1996/97, London 1996

- mangelnde Qualität der Daten hinsichtlich Aktualität, Detailliertheit und Erhebungsgenauigkeit und
- teilweise uneinheitlich verwendeten Begriffsdefinitionen

gegenüber.[192] Obwohl das Geschäft mit sehr vermögenden, internationalen Privatkunden nahezu für alle weltweit tätigen Kreditinstitute in den vergangenen zwei Dekaden einen immer größeren Stellenwert erreicht hat, existieren bisher nur wenige publizierte Zahlenangaben zur Marktentwicklung.[193] Ursachen dafür sind vor allem die globale Dimensionierung dieses Markts, die eine präzise Erfassung der Wertpapier-, Einlagen- und Kreditvolumina behindert, sowie die in diesem Geschäftsfeld vorherrschende Diskretion, die viele Banken von einer Veröffentlichung der Kundenvolumina trotz der damit möglicherweise verbundenen positiven Marketing-Effekte absehen läßt.[194]

Die oftmals auf Durchschnittsbetrachtungen basierenden Studien erschweren (z.B. durch die Angabe des „Pro-Kopf-Vermögens eines Lands") die Identifizierung von attraktiven Marktpotentialen im International Private Banking.[195] Zudem schränken unscharfe Abgrenzungen zwischen „Personal Banking" und „Private Banking" die Aussagekraft von sekundären Informationsquellen ebenso ein wie die gelegentlich nicht ausreichend deutlich vorgenommene Unterscheidung zwischen „International Private Banking" und „Private Banking".

---

[192] Vgl. Cramer, J.-E., Die ..., a.a.O., S. 121 f.; Terpstra, V., International Marketing, 3. Aufl., New York 1983, S. 195 ff.
[193] Vgl. Klöppelt, H., International ..., a.a.O., S. 203; Merrill Lynch/Gemini Consulting, World Wealth Report 1997, o.O., 1997, S. 1
[194] Vgl. Klöppelt, H., International ..., a.a.O., S. 203
[195] Vgl. Ehlern, S., a.a.O., S. 42

2.1.2 Primärforschung

Primärerhebungen dienen dazu, Informationslücken, die die Sekundär-
forschung nicht schließen konnte oder erst aufgedeckt hat, durch im
Markt, d.h. insbesondere bei Kunden, Konkurrenten oder Mitarbeitern,
durchgeführte Untersuchungen zu beseitigen. Entsprechende Markt-
studien eignen sich sowohl als einmalig einzusetzendes Hilfsmittel zur
Situationsanalyse als auch - dem Prozeßcharakter des Imageaufbaus
entsprechend - als Controlling-Instrument zur kontinuierlichen Überprüfung des jeweils erreichten Markenimages.

Die Primärforschung setzt als Erhebungsmethoden „Befragungen",
„Beobachtungen" und „Experimente" ein, wobei diese drei nicht auf einer
Ebene stehen: Sowohl Befragungen als auch Beobachtungen dienen in
erster Linie der Tatsachenermittlung, Experimente dagegen decken Ur-
sache-Wirkungszusammenhänge auf bzw. sollen Hypothesen bestätigen
und können insofern sowohl im Bereich der Befragung als auch der
Beobachtung herangezogen werden.[196] Experimente erfolgen durch das
probeweise Angebot von Leistungen unter kontrollierten Bedingungen in
einem begrenzten Markt unter Einsatz ausgewählter oder sämtlicher
Marketing-Instrumente.[197]

Persönlich, schriftlich, telefonisch oder mittels neuer Kommunikationstechniken durchgeführte **Befragungen** zielen darauf ab, die Auskunfts-
personen durch verbale oder andere Stimuli (Bildvorlagen, schriftliche
Fragen etc.) zu Äußerungen über den Erhebungsgegenstand zu veranlassen.[198] Als Anknüpfungspunkte für Befragungen lassen sich z.B. die
Feststellung des Images oder des Bekanntheitsgrads einer Bank in dem

---

[196] Vgl. Meffert, H., Marketing. Grundlagen der Absatzpolitik, 7. Aufl., Wiesbaden 1989, S. 185 ff.
[197] Vgl. Höfner, K., Der Markttest für Konsumgüter in Deutschland, Stuttgart 1966, S. 11
[198] Vgl. Böhler, H., Marktforschung, Stuttgart/Berlin/Mainz 1985, S. 75 ff.; Klöppelt, H., Euro-Bankmarketing ..., a.a.O., S. 152 ff.

jeweiligen Land oder die Erhebung der aus Kundensicht relevanten Kriterien für die Wahl der Haupt- oder Nebenbankverbindung nennen.[199] Die empirische Messung von denotativen bzw. konnotativen Kundeneinstellungen erfolgt im einfachsten Fall durch die jeweilige Einordnung dieser beiden Beurteilungsfacetten auf einer Skala von z.b. -5 (= schlecht) über 0 (= mittel) bis +5 (= gut). Die Kundeneinschätzung einer Marke könnte auf der denotativen Ebene beispielsweise lauten: „Nach Abwägung aller Vor- und Nachteile beurteile ich die Marke X als sehr gut/sehr schlecht", auf der konnotativen Ebene dagegen: „Die Marke X gefällt mir sehr/überhaupt nicht".[200]

Eine solche direkte Frage wirft allerdings aus Kundensicht möglicherweise folgendes Problem auf: Menschen projizieren ihre eigenen Eigenschaften (oder die, die sie gerne hätten) auf das Produkt, und je nach der Stimmigkeit dieser Projektion kommt es zu einer „Markenpersönlichkeit", mit der sich das Individuum identifizieren kann oder möchte.[201] Viele Kunden wollen bzw. können bei Befragungen nicht offen über ihre Gefühle, Gedanken und Einstellungen bezüglich einer Marke sprechen, da sie die wirklichen Kaufgründe für ihre Privatangelegenheit halten oder selbst nicht kennen.[202] Zur Eruierung von Markenimages, d.h. der Persönlichkeit, die Kunden einer Marke beimessen, eignen sich aus diesem Grund anstelle direkter Befragungen eher indirekte Analysetechniken.[203] Die Frage an den Kunden lautet somit nicht: „Warum kaufen Sie die Marke X?", sondern etwa: „Welche der hier abgebildeten Personen wird Ihrer Meinung nach die Marke X kaufen?"[204]

---

[199] Vgl. Regli, J., Bankmarketing. Eine Abhandlung unter besonderer Berücksichtigung des Marketings in der Planung, 2. Aufl., Bern/Stuttgart 1988, S. 144

[200] Vgl. Tolle, E./Steffenhagen, H., a.a.O., S. 381

[201] Vgl. Wiswede, G., Psychologie der Markenbildung, in: Gabler-Verlag (Hrsg.), Markenartikel heute. Marke, Markt und Marketing, Wiesbaden 1978, S. 137

[202] Vgl. Aaker, D. A., Management des Markenwerts, Frankfurt am Main 1992, S. 163 f.

[203] Vgl. ebenda, S. 163 ff.; Wiswede, G., Psychologie ..., a.a.O., S. 137

[204] Vgl. ebenda

In einem freieren Meßansatz könnte der Kunde um die gedankliche (also nicht durch Bilder unterstützte) Gleichsetzung der Marke mit einer Person, die Zuordnung von Attributen zu dieser imaginären Person sowie anschließend um die jeweilige Einordnung der Assoziationen innerhalb eines „semantischen Differentials", d.h. eines Polaritätsprofils, gebeten werden.[205] Gegensatzpaare zur Beurteilung der Marke könnten z.b. die ihr von dem Probanden beigemessene Kompetenz oder Inkompetenz, Aktivität oder Passivität sein. Zur differenzierten Erfassung der Eigenschaftszuordnungen lassen sich imagerelevante Kriterien zu einem Imageprofil verbinden.[206] Durch Einbeziehung von Konkurrenzmarken und/oder einer Idealmarke innerhalb einer graphischen Darstellung veranschaulichen solche Multi-Item-Profile die strategischen Wettbewerbsvorteile und -nachteile einer Marke.[207]

Die persönliche Befragung gilt grundsätzlich als die flexibelste und zuverlässigste, aber auch als die teuerste Methode zur Erhebung primärer Marktdaten.[208] Bei schriftlichen Befragungen entfällt zwar das Risiko möglicher suggestiver Beeinflussung durch den Interviewer, jedoch ist die Rücklaufquote erfahrungsgemäß geringer als die Antwortrate bei mündlichen Befragungen.[209] Zudem besteht die Gefahr insbesondere bei der Befragung sehr wohlhabender Kunden, daß diese den Fragebogen von Vertrauenspersonen (wie Steuerberatern oder angestellten Buchhaltern) ausfüllen lassen. Telefonische Interviews bieten den Vorteil der kurzfristigen Einsetzbarkeit[210], allerdings entstehen bei der global durchgeführten Marktforschung je nach regionalem Sitz des beauftragten Marktforschungsinstituts und der ausgewählten Stichprobengröße erhebliche Telefonkosten.

[205] Vgl. Aaker, D. A., a.a.O., S. 163 ff.; Wiswede, G., Psychologie ..., a.a.O., S. 137
[206] Vgl. Tolle, E./Steffenhagen, H., a.a.O., S. 381
[207] Vgl. ebenda
[208] Vgl. Douglas, S. P./Craig, C. S., International Marketing Research, Englewood Cliffs 1983, S. 226 f., Böhler, H., Marktforschung, a.a.O., S. 81 ff.
[209] Vgl. Meffert, H., Marketing ..., a.a.O., S. 195 f.
[210] Vgl. ebenda, S. 196

Moderne Kommunikationstechniken, wie beispielsweise Internet oder BTX, eröffnen der globalen Marktforschung im Finanzdienstleistungsbereich neue Einsatzmöglichkeiten.[211] Im Hinblick auf die weltweite Streuung der Wohnsitze von high net worth individuals und die für eine repräsentative Befragung erforderliche hohe Anzahl der zu interviewenden Personen lassen sich durch die Nutzung der genannten technischen Systeme Kosten und Zeit einsparen.[212] Beispielsweise entfallen der Druck und Versand von Fragebögen oder der Besuch bei dem Kunden vor Ort.[213] Aber auch bei den erwähnten neuen Kommunikationstechniken besteht keine Gewähr, daß die Kunden tatsächlich selbst auf die jeweiligen Fragen antworten.

Das grundsätzliche Mißtrauen von International Private Banking-Kunden gegenüber der Speicherung personen- und/oder kontenbezogener Daten erschwert die professionelle Anwendung der verschiedenen Befragungstechniken für Kundenanalysen. Daher ist von Fall zu Fall abzuwägen, ob nicht der Relationship Manager anstelle einer für den Kunden anonymen Person die Befragung während eines ohnehin vereinbarten Besuchstermins durchführen sollte - auch vor dem Hintergrund, daß viele Privatpersonen aufgrund der Anonymität des Fragenden erfahrungsgemäß Antworten verweigern bzw. bewußt falsch geben.[214]

Befragungen weisen über ihre Funktion der Informationsgewinnung hinaus zugleich Relevanz für das Erscheinungsbild der Bank gegenüber den ausgewählten Zielgruppen und demzufolge für das Markenimage auf. Als wichtige Anforderung müssen Befragungen daher eine angemessene Sensibilität wahren, um das Vertrauensverhältnis zwischen dem einzelnen Kunden und der Bank nicht zu gefährden. Die Befragung von Bankmitarbeitern, wie sie eine Marke wahrnehmen bzw. sich ihr gegenüber verhalten, ist im Vergleich zu Kundenbefragungen nicht nur we-

---

[211] Vgl. Klöppelt, H., Euro-Bankmarketing: Strategien im Privatkundengeschäft, Diss. Wiesbaden 1994, S. 154
[212] Vgl. ebenda
[213] Vgl. ebenda
[214] Vgl. Meffert, H., Marketing ..., a.a.O., S. 196

sentlich einfacher und kostengünstiger, sondern wirkt sich zudem positiv auf die Motivation der Mitarbeiter und damit deren Arbeitsergebnisse aus.[215]

Mit **Beobachtungen** sind gegenüber Befragungen die Vorteile verbunden, keine aktive Teilnahme der Kunden zu verlangen und die Befragten keinem unmittelbaren Interviewereinfluß auszusetzen.[216] Da im International Private Banking die Kontakte zu Kunden in der Regel außerhalb der Geschäftsstellen oder per Telefon stattfinden, ist die Methode der Beobachtung - anders als im Retail Banking (z.b. zur Untersuchung der Nutzung von Geldausgabeautomaten) - nicht zur systematischen Erfassung des Verhaltens von Kunden des Top-Marktsegments geeignet. Demgegenüber liefert die Beobachtung von Mitarbeitern[217] (z.b. ihrer Fähigkeiten oder ihres Auftretens) als ein Instrument der Selbstanalyse durchaus Aufschlüsse über Stärken und Schwächen auf dem Weg zum angestrebten Markenimage.

2.2 Analyse der Umfeldbedingungen als Determinanten von globalen Markenstrategien

2.2.1 Politische und wirtschaftliche Rahmenbedingungen

Wie die nachfolgend beschriebenen Entwicklungen der jüngsten Geschichte verdeutlichen, beeinflussen politische und mit diesen einhergehende wirtschaftliche Strukturveränderungen, die in ihrer Wirkung weit über einzelne Ländermärkte hinausreichen, den Handlungsrahmen für den Aufbau globaler Markenimages im International Private Banking. Seit dem Zusammenbruch der meisten planwirtschaftlichen Systeme wurde die Marktwirtschaft in fast allen Ländern der Welt zur bevorzugten

---

[215] Vgl. Cramer, J.-E., Die ..., a.a.O., S. 131
[216] Vgl. Klöppelt, H., Euro-Bankmarketing ..., a.a.O., S. 157
[217] Vgl. Regli, J., a.a.O., S. 143 f.

Wirtschaftsordnung.[218] Als wichtiger Meilenstein hat der erfolgreiche Abschluß der Uruguay-Runde des GATT (General Agreement on Tariffs and Trade) das Tor zum freien Welthandel 1993 weit aufgestoßen.[219] Fast zeitgleich entstanden die von Kanada, Mexiko und den USA gegründete NAFTA (North American Free Trade Association) sowie die von 17 Staaten im pazifischen Raum gebildete APEC (Asia-Pacific Economic Cooperation) als neue Partner der bereits bestehenden Wirtschaftsgemeinschaften in Europa, Lateinamerika und Asien.[220] Aus der mittlerweile nahezu weltweit herrschenden Auffassung, daß internationale Arbeitsteilung und freier Handel zum Wohlstand aller Beteiligten beitragen, resultieren wichtige Impulse auch für das Unternehmertum im allgemeinen[221] und für International Private Banking-Kunden (sofern diese ihr Vermögen aus einer länderübergreifend ausgerichteten unternehmerischen Tätigkeit generieren) im speziellen. Beispielsweise führt die Einbindung osteuropäischer Staaten, wie Tschechien, Ungarn oder Polen, in den europäischen Integrationsprozeß zu immensen Chancen für die dortigen Bürger, künftig einen wachsenden Wohlstand aufzubauen, sowie für die in dieser Region agierenden Banken, durch frühzeitige Marktpräsenz an diesem zunehmend attraktiveren International Private Banking-Markt zu partizipieren.[222] Aufstrebende Volkswirtschaften in Osteuropa, Asien und Südamerika sowie neugeschaffene Handelszonen erweitern aber nicht nur das Einzugsgebiet der Kreditinstitute zur Akquisition von International Private Banking-Kunden, sondern vergrößern zugleich den Fundus verfügbarer länderspezifischer Produkte, die zum weltweiten Vertrieb geeignet sind.[223]

---

[218] Vgl. Merkle, H., Globale Trends - Globale Chancen für die Werbung, in: Markenartikel 7/1994, S. 336
[219] Vgl. ebenda
[220] Vgl. ebenda
[221] Vgl. ebenda
[222] Vgl. von Boehm-Bezing, C. L., a.a.O., S. 14
[223] Vgl. Ehlern, S., a.a.O., S. 5

2.2.2 Rechtliche Rahmenbedingungen

2.2.2.1 Beschränkungen des Marktzutritts und der Geschäftstätigkeit

Die Etablierung weltweiter Private Banking-Stützpunkte im Zuge der Umsetzung einer global ausgerichteten Markenstrategie hängt neben der politischen und wirtschaftlichen Stabilität u.a. auch von dem nationalen Niederlassungsrecht und den Vorschriften über die Geschäftstätigkeit ausländischer Banken in dem jeweiligen Land ab.[224] Die bisher getroffenen Maßnahmen zur Deregulierung bzw. Liberalisierung der wichtigsten Finanzmärkte, wie beispielsweise die Beseitigung von staatlichen Kapitalverkehrs- und Devisenkontrollen sowie von Marktzugangsbarrieren für Investoren oder Finanzprodukte, haben die internationale Niederlassungspolitik der Banken entscheidend geprägt.[225] Doch auch heute bestehen an vielen wichtigen Finanzplätzen noch deutliche Marktzutrittsschranken, die entweder den Ausschluß ausländischer Kreditinstitute bezwecken (oftmals in Ländern mit verstaatlichten Bankensystemen) oder eine Marktzulassung an bestimmte Bedingungen knüpfen.[226] Als eine derartige Vorschrift zur Regelung des Marktzutritts gilt z.B. das sog. „Reziprozitätsprinzip", welches besagt, daß Banken aus anderen Staaten in bestimmten Ländern nur in der Weise Bankgeschäfte betreiben dürfen, in der es den inländischen Banken in den jeweiligen Domizilländern der ausländischen Banken auch gestattet ist.[227] Neben solchen qualitativen Einschränkungen führen zu Wettbewerbsnachteilen zum einen Maßnahmen, die die Geschäftstätigkeit ausländi-

---

[224] Vgl. Büschgen, H. E., Entwicklungsphasen des internationalen Bankgeschäfts, in: Büschgen, H. E./Richolt, K. (Hrsg.), Handbuch des internationalen Bankgeschäfts, Wiesbaden 1989, S. 8 f.

[225] Vgl. Kollar, A., a.a.O., S. 434 f.

[226] Vgl. Walter, I., Erklärungskonzepte zum Internationalisierungsprozeß der Banken, in: Krümmel, H.-J. (Hrsg.), Internationales Bankgeschäft (Beihefte zu Kredit und Kapital, Heft 8), Berlin 1985, S. 187

[227] Vgl. Büschgen, H. E., Entwicklungsphasen ..., a.a.O., S. 9; Walter, I., a.a.O., S. 184 ff.

scher Kreditinstitute in quantitativer Hinsicht (im Sinne einer Kontingentierung) begrenzen, zum anderen „zoll"-ähnliche Regelungen, die für ausländische Banken gegenüber inländischen Instituten erhöhte Kosten (z.b. für die Refinanzierung über Zentralbankkredite) hervorrufen.[228] Da Gesetze und Bestimmungen für das Kreditgewerbe oftmals einen gewissen Spielraum zulassen, besteht trotz der u.U. vorliegenden Präzedenzfälle hinsichtlich zukünftiger Zulassungsentscheidungen eine erhebliche Unsicherheit[229] für International Private Banking-Anbieter, die ihre Marktpräsenz im Ausland zum Aufbau eines globalen Markenimages ausweiten möchten.

2.2.2.2 Registrierung von Marken

Nachahmungen von Dienstleistungen betreffen (im Gegensatz zur Markenpiraterie als „illegale Imagepartizipation"[230] an tangiblen Waren) seltener die Bezeichnung der Dienstleistung, sondern - begünstigt durch deren fehlende Patentierbarkeit und damit schnelle Imitierbarkeit - eher deren Leistungsinhalt (Produktpiraterie[231]).[232] Solche Nachahmungen können (anders als mißbräuchliche Namensverwendungen) nicht durch hoheitliche Sanktionsmechanismen des Gesetzgebers unterbunden werden, ohne damit die Bildung monopolistischer Wirtschaftsstrukturen zu fördern, Wettbewerb und Innovation zu be- oder gar verhindern und letztlich die Philosophie der Marktwirtschaft zu untergraben.[233]

Zur Sicherung einer möglichst großen Kongruenz von Markeninhaberschaft und Markennutzung und damit zur Verhinderung einer irrtüm-

---

[228] Vgl. Walter, I., a.a.O., S. 189
[229] Vgl. ebenda, S. 187
[230] Katz, A., Zur Psychologie der Markenpiraterie, Markenartikel 5/1993, S.188
[231] Vgl. o.V., Pleiten mit Plagiaten?, in: test 6/1990, S. 32
[232] Vgl. Weber, M., Markenpolitik des Bankbetriebs: Grundlagen und empirische Studien, Diss. Wiesbaden 1992, S. 35
[233] Vgl. ebenda

lichen Imagezuschreibung an falsche Adressen[234] existieren vielfältige länderspezifische Rechtsnormen.[235] Der Inhaber einer deutschen Markenregistrierung, der um internationalen Schutz seiner Marke bemüht ist, kann zwar in jedem Land, das für seine geschäftlichen Interessen von Bedeutung ist, um nationalen Markenschutz nachsuchen.[236] Jedoch ist die länderweise Markenanmeldung generell sehr umständlich.[237] Nationale Formvorschriften für eine Anmeldung weichen teilweise erheblich voneinander ab; zudem ist diese Art der Herbeiführung des weltweiten Markenschutzes teuer und wegen der von einigen ausländischen Markenbehörden benötigten langen Bearbeitungsdauer eine zeitaufwendige Angelegenheit.[238] Im günstigsten Fall bleibt der Bank die Markenregistrierung in einigen Ländern gänzlich erspart: Sofern das Kreditinstitut im International Private Banking (wie die Dresdner Bank-Gruppe mit ihrem Dresdner Private Banking-Konzept) unter einem eng an die geschützte Marke der Muttergesellschaft angelehnten Kennzeichen weltweit auftritt, ist für jedes einzelne Land zu prüfen, ob der dort vorhandene Markenschutz nicht auch die International Private Banking-Marke einschließt.

Zu einer generellen Erleichterung bei länderweisen Markeneintragungen führt das sog. „TRIPS-Abkommen" (TRIPS-Agreement on Trade-related Aspects of Intellectual Property Rights, including Trade and Counterfeit Goods), das im Gesamtpaket der von der Uruguay-Runde des GATT

---

[234] Vgl. Wirtz, K.-E., Das Recht der Marke. Ein funktionsorientierter Überblick, in: WiSt 9/1989, S. 421

[235] Einen Überblick über die Grundsätze des Rechts der Dienstleistungsmarke in ausländischen Rechtsordnungen bietet Schreiner, R., a.a.O., S. 20 ff.

[236] Vgl. Over, U., Neue Möglichkeiten internationalen Markenschutzes für den deutschen Markeninhaber, in: Markenartikel 12/1994, S. 552

[237] Erläuterungen zu länderspezifischen Verfahren zur Markenanmeldung finden sich z.B. bei Busse, R./Starck, J., Warenzeichengesetz, 6. Aufl., Berlin/New York 1990, S. 35 f.

[238] Vgl. Over, U., a.a.O., S. 554

beschlossenen Verhandlungsergebnisse enthalten ist.[239] Das TRIPS-Abkommen bezweckt die Angleichung der jeweiligen nationalen Markenschutzregelungen auf einen Mindeststandard und fördert auf diese Weise die praktikablere Handhabung bei der Verteidigung der Markenrechte auf Basis eigenständiger internationaler Markenschutzsysteme.[240] Von diesen haben insbesondere das „Madrider Markenabkommen" (MMA), das „Protokoll zum Madrider Markenabkommen" (PMMA) sowie die „Gemeinschaftsmarke" praktische Bedeutung erlangt.[241]

Das **MMA** vom 14.4.1894, ein Nebenabkommen der Pariser Verbandsübereinkunft (PVÜ), der ältesten und grundlegenden internationalen Übereinkunft des gewerblichen Rechtsschutzes, ist die Rechtsgrundlage für die Beantragung einer sog. „IR-Marke" bei der Weltorganisation für geistiges Eigentum (World International Property Organization, kurz „WIPO").[242] Da Deutschland Mitglied des MMA ist[243], kann eine deutsche Markenregistrierung als Basis für eine IR-Marke herangezogen werden.[244] Die Hinterlegung einer nationalen Marke bei der „WIPO" zum Zweck der geographischen Ausweitung des Markenschutzes hat die

---

[239] Vgl. Over, U., a.a.O., S. 556. Einen Überblick über die Bestimmungen des TRIPS-Abkommens - diese schließen in einer weitgefaßten Sichtweise der als Marke schutzfähigen Zeichen auch Dienstleistungsmarken ausdrücklich ein - vermittelt z.b. Kur, A., Entwicklung und gegenwärtiger Stand des internationalen Markenschutzes, in: Markenartikel 12/1994, S. 566 f.

[240] Das reformierte deutsche Markengesetz berücksichtigt die in dem TRIPS-Abkommen enthaltenen Mindeststandards in vollem Umfang, vgl. Over, U., a.a.O., S. 556 f. Dem Anliegen der grundlegenden Vereinfachung und Beschleunigung nationaler Registrierungsverfahren dient auch das jüngste internationale Abkommen auf dem Gebiet des Markenrechts, der internationale Markenrechtsvertrag (Trademark Law Treaty, TLT), vgl. Kur, A., Entwicklung ..., a.a.O., S. 567 f.

[241] In der Praxis keinerlei Bedeutung beizumessen ist dem 1973 unterzeichneten Vertrag über die internationale Registrierung von Marken, dem „Trademark Registration Treaty" (TRT), der bisher von keinem der 14 Unterzeichnerstaaten (darunter auch der Bundesrepublik Deutschland) ratifiziert wurde und allein durch die Beitrittserklärungen in Kraft trat, vgl. Fezer, K.-H., Markenrecht, München 1997, S. 1620; Kur, A., Entwicklung ..., a.a.O., S. 563

[242] Vgl. Over, U., a.a.O., S. 554. Die Abkürzung "IR" bedeutet "Internationale Registrierung".

[243] Die Mitgliedschaft besteht seit dem 1.12.1922, vgl. o.V., Übersicht über den Stand des Madrider Abkommens über die internationale Registrierung von Marken, in: Blatt für Patent-, Muster und Zeichenwesen vom 1.1.1996, o.O., o.S.

[244] Vgl. Over, U., a.a.O., S. 554

gleiche Wirkung wie eine im jeweiligen Mitgliedsland des MMA auf Basis des dortigen Markenrechts vorgenommene Registrierung.[245] Die IR-Marke als „Bündel nationaler Marken" erspart zwar die gesonderte Hinterlegung bzw. Anmeldung in jedem einzelnen Land[246], bietet jedoch keinen flächendeckenden Markenschutz, da dem MMA bislang lediglich 46 Staaten beigetreten sind.[247] Die begrenzte Anzahl der Mitgliedsländer ist u.a. darauf zurückzuführen, daß die Anmeldung der IR-Marke auf der Grundlage der national bereits vorgenommenen Eintragung erfolgen muß, d.h. es besteht eine Benachteiligung der Markenanmelder aus denjenigen Staaten, in denen die Eintragung erst nach Durchführung eines umfassenden Prüfungsverfahrens möglich ist (sog. „Vorprüfungsländer").[248] Begünstigt sind demgegenüber Markenanmelder aus Staaten, in denen das nationale Amt die Eintragung nach lediglich formalen Kriterien, also ohne Prüfung absoluter Schutzversagungsgründe bzw. ohne Durchführung eines Widerspruchsverfahrens, vornimmt (sog. „Hinterlegungsländer").[249]

Zur Modernisierung des MMA wurde auf einer in Madrid am 27.6.1989 tagenden Konferenz das **PMMA** beschlossen, das weitestgehend mit den Regelungen des MMA übereinstimmt, aber in einigen wesentlichen Punkten, die andere Mitgliedsstaaten der PVÜ bislang vom Beitritt zum MMA abgehalten hatten, Neulingen Vorzugsbedingungen einräumt.[250] Das PMMA macht beispielsweise den internationalen Markenschutz nicht mehr - wie nach dem MMA gefordert - von einer Eintragung im Heimatstaat abhängig, sondern läßt dafür die bloße Anmeldung genügen.[251] Das Protokoll wurde zwar von 27 Staaten, darunter auch der Bundesrepublik Deutschland, unterzeichnet, jedoch haben 15 Vertrags-

---

[245] Vgl. ebenda
[246] Vgl. Busse, R./Starck, J., a.a.O., S. 24 f.
[247] Viele für das International Private Banking wichtige Länder, wie z.B. Indien, sind diesem Abkommen allerdings bislang ferngeblieben, vgl. o.V., Übersicht ..., a.a.O., o.S.
[248] Vgl. Kur, A., Entwicklung ..., a.a.O., S. 563
[249] Vgl. ebenda
[250] Vgl. Kretschmer, F., Aktuelle Berichte, in: GRUR 5/1989, S. 333
[251] Vgl. ebenda

staaten bisher noch keine Ratifizierungs- bzw. Annahmeurkunde bei dem internationalen Büro in Genf hinterlegt.[252] Im Gegensatz zu diesen Ländern hat das Protokoll für die Bundesrepublik Deutschland (am 1.4.1996) Gültigkeit erlangt.[253] Somit können deutsche Unternehmen den Schutz ihrer internationalen Registrierung nicht nur auf die Mitgliedsstaaten des MMA ausdehnen, sondern auch auf weitere, dem MMA nicht angehörende Länder (wie z.b. Großbritannien, Dänemark, Finnland, Norwegen oder Schweden), die das Protokoll mittlerweile ratifiziert haben.[254]

Als Markenschutzsystem auf europäischer Ebene verabschiedete der Ministerrat der Europäischen Union am 20.12.1993 in Brüssel die **Verordnung über die Gemeinschaftsmarke**.[255] Mit der Gemeinschaftsmarke, einem internationalen Markenschutzsystem, steht auch deutschen Markeninhabern die Möglichkeit offen, in einem einzigen Verfahren Gemeinschaftsmarken zu erwerben, die im gesamten Gebiet der Europäischen Union einen einheitlichen Schutz genießen.[256] Wenngleich die regionale Reichweite der Gemeinschaftsmarke beschränkt ist, so eignet sie sich dennoch, um durch die geschickte Kombination mit den genannten anderen Markenabkommen unter Nutzung der jeweiligen Vorteile bzw. Vermeidung der Nachteile einen Markenschutz zumindest

---

[252] Vgl. Fezer, K.-H., a.a.O., S. 1620

[253] Vgl. Verordnung über die Inkraftsetzung der Gemeinsamen Ausführungsverordnung vom 18.1.1996 zum Madrider Abkommen über die internationale Registrierung von Marken und zum Protokoll zu diesem Abkommen, in: Bundesgesetzblatt 1996, Teil II, Nr. 18, S. 562

[254] Vgl. Kunze, G. F., Die Verzahnung der Gemeinschaftsmarke mit dem System der internationalen Registrierung von Marken unter der gemeinsamen Ausführungsordnung zum Madrider Markenabkommen und dem Madrider Protokoll, in: GRUR 8-9/1996, S. 627

[255] Vgl. Verordnung (EG) Nr. 40/94 über die Gemeinschaftsmarke vom 20.12.1993 („Gemeinschaftsmarkenverordnung"), geändert durch die Verordnung (EG) Nr. 3288/94 vom 22.12.1994; Kur, A., Entwicklung ..., a.a.O., S. 560; Kretschmer, F., Aktuelle Berichte, in: GRUR 2/1994, S. 95 f.

[256] Vgl. Verordnung (EG) Nr. 40/94 über die Gemeinschaftsmarke vom 20.12.1993 („Gemeinschaftsmarkenverordnung"), a.a.O., S. 1; vgl. vertiefend z.B. Kunze, G. F., a.a.O., S. 627; Oppenhoff & Rädler, Die Gemeinschaftsmarke, Januar 1997, o.O., S. 2 f.; Over, U., a.a.O., S. 557

in den wichtigsten Ländern zu erreichen.[257] Zwar ist der Durchbruch zu einem globalen Markenschutz bislang noch nicht gelungen. Doch geben die jüngsten Entwicklungen im materiellen und formellen internationalen Markenrecht Anlaß zu Optimismus, das Ziel einer einfachen, zeitsparenden und kostengünstigen Markenregistrierung mit weltweiter Gültigkeit - wie von den Großbanken im International Private Banking angestrebt - in absehbarer Zeit zu realisieren.

2.2.2.3 Bilanzpolitische Behandlung des Markenwerts

In Deutschland verhindert zwar der Grundsatz der vorsichtigen Bewertung die Aktivierung des Markenwerts in der Bilanz, jedoch ist seit Änderung des Bilanzrichtlinien-Gesetzes (1988) erstmalig die Abschreibung immaterieller Vermögenswerte zulässig, sofern diese käuflich erworben worden sind.[258] Als immaterieller Vermögenswert gilt z.B. der Geschäfts- oder Firmenwert (der sog. „Goodwill"), der allerdings nur bei Unternehmen, die eine einzige Marke anbieten, mit dem Markenwert übereinstimmt.[259] Gemäß § 255 Abs. 4 HGB darf als derivativer Geschäfts- oder Firmenwert „der Unterschiedsbetrag angesetzt werden, um den die für

---

[257] Vgl. Fezer, K.-H., a.a.O., S. 1623; Kunze, G. F., a.a.O., S. 627 ff.

[258] Zur Abschreibung immaterieller Vermögenswerte vgl. vertiefend Hammann, P./von der Gathen, A., Bilanzierung des Markenwertes und kapitalmarktorientierte Markenbewertungsverfahren, in: Markenartikel 5/1994, S. 205. In anderen Ländern, wie z.B. in Großbritannien, ist die Aktivierung von Markenzeichen in der Bilanz zulässig, um den Grundsatz der Bilanzwahrheit dem Grundsatz der vorsichtigen Bewertung überzuordnen, vgl. o.V., Die Bilanzierung von Markenzeichen, in: FAZ vom 23.8.1988, Nr. 195, S. 10. Der Markenwert von Coca Cola als Beispiel für die ideale Markenpositionierung beläuft sich schätzungsweise auf 50-100 Mrd. US$, vgl. O'Dea, A., a.a.O., S. 10

[259] Bei dem Geschäfts- oder Firmenwert handelt es sich um ein immaterielles Wirtschaftsgut, welches die Vorteile eines Unternehmens hinsichtlich Organisation, Know-how, Qualität des Managements, Standort, Ansehen, Kundenstamm usw. in einer operationalen Größe ausdrückt, vgl. Coenenberg, A., Jahresabschluß und Jahresabschlußanalyse, 10. Aufl., Landsberg am Lech 1988, S. 93. Einen Überblick über die Methoden der Bilanzierung des „Goodwill" in ausgewählten Ländern der Welt vermittelt Kapferer, J.-N., a.a.O., S. 324

die Übernahme eines Unternehmens bewirkte Gegenleistung den Wert der einzelnen Vermögensgegenstände des Unternehmens abzüglich der Schulden im Zeitpunkt der Übernahme übersteigt".[260] Hat sich während der Geschäftstätigkeit dagegen ein originärer (d.h. selbstgeschaffener) Firmenwert gebildet, so besteht handelsrechtlich keine Möglichkeit, diesen Wert in der Bilanz auszuweisen: Das gemäß § 248 Abs. 2 HGB geltende Aktivierungsverbot immaterieller Vermögenswerte des Anlagevermögens, die nicht entgeltlich erworben wurden, beruht zum Schutz der Gläubiger auf der Maßgabe der Bewertungsobjektivierung bzw. auf dem Vorsichtsprinzip, denn immaterielle Werte gelten, was Bilanzansatz und Höhe der Bewertung betreffen, nach herrschender Meinung als besonders unsicher.[261]

Durch die Veröffentlichung ihrer Konzernabschlüsse nach den sog. „International Accounting Standards" (IAS) haben die deutschen Großbanken einen wichtigen Schritt getätigt, um die Erwartungen internationaler Anleger, Gläubiger und Analysten an eine transparente, den tatsächlichen Gegebenheiten folgende Rechnungslegung zu erfüllen.[262] Die IAS-Rechnungslegung verbietet jedoch ebenso wie das HGB die Aktivierung eines originären „Goodwill".[263]

Somit ergeben sich aus bilanzpolitischer Sicht für die deutschen Großbanken im International Private Banking keine Möglichkeiten, den innerhalb der jeweiligen Bankorganisation selbstgeschaffenen Markenwert den Adressaten des Jahresabschlusses zur Kenntnis zu bringen.

---

[260] Bekmeier weist auf das Markenparadoxon hin, daß sich nach dem entgeltlichen Erwerb einer Marke deren Wert in der Regel erhöht, der buchhalterische Grundsatz der Abschreibung jedoch zu einer Reduzierung des Markenwerts in der Bilanz führt, vgl. Bekmeier, S., Markenwert und ..., a.a.O., S. 383 f.

[261] Vgl. Hammann, P./von der Gathen, A., a.a.O., S. 204. Kapferer weist auf die Benachteiligung derjenigen Unternehmen hin, die keine Marke gekauft, sondern selbst starke Marken geschaffen haben, da aufgrund der geschilderten Unterbewertung die Gefahr der Übernahme durch andere Marktteilnehmer steigt, vgl. Kapferer, J.-N., a.a.O., S. 322 ff.

[262] Vgl. Krumnow, J., IAS-Rechnungslegung für Banken, in: Die Bank 7/1996, S. 396 ff.; Deutsche Bank AG, Geschäftsbericht 1998, Frankfurt am Main 1999, S. 51; Dresdner Bank AG, Geschäftsbericht 1998, Frankfurt am Main 1999, S. 64

[263] Vgl. Förschle, G./Kroner, M./Rolf, E., Internationale Rechnungslegung: US-GAAP, HGB und IAS, 3. Aufl., Bonn 1999, S. 199

2.2.3 Fortschreitender Technisierungsprozeß im Finanzdienstleistungsbereich

Aufgrund neuer Erkenntnisse in der Informatik werden im Bankensektor den Benutzern schon bald Funktionalitäten zur Verfügung stehen, die vor wenigen Jahren noch nicht einmal erahnt werden konnten.[264] Die technologischen Veränderungen werden auch Konsequenzen für die strategischen Rahmenbedingungen im International Private Banking haben und die Art und Weise prägen, wie dieses Geschäft betrieben wird.[265]

In fast allen für global orientierte high net worth individuals relevanten Geschäftsfeldern wird die Technologie - im Gleichschritt mit dem weltweiten Trend zur Deregulierung - etablierte Eintrittsbarrieren niederreißen.[266] Globale Informations- und Kommunikationssysteme werden die Markttransparenz deutlich erhöhen und somit dem Kunden die Möglichkeit bieten, sich vor einer Kaufentscheidung einen umfassenden Marktüberblick zu verschaffen und Preis-/Leistungsvergleiche mit bislang noch nicht in Betracht gezogenen Anbietern durchzuführen.[267] Die gesteigerte Transparenz des International Private Banking-Markts erleichtert die schnelle Imitation von Konkurrenzprodukten, senkt dadurch die Dauer der jeweiligen Produktlebenszyklen und verstärkt somit den Zwang, zukünftig vermehrt innovative Leistungen zu kreieren, die Wettbewerber u.U. allerdings wieder kopieren.[268]

---

[264] Vgl. Bernet, B., Logistikstrategien im Private Banking, in: Gehrig, B. (Hrsg.), Private Banking, Zürich 1995, S. 33 f.

[265] Vgl. ebenda, S. 35 f.; Grupp, H., Technologie am Beginn des 21. Jahrhunderts, Heidelberg 1993, S. 45 ff.

[266] Vgl. Bernet, B., Logistikstrategien ..., a.a.O., S. 35 f.

[267] Vgl. Decker, R./Klein, T./Wartenberg, F., Marketing und Internet - Markenkommunikation im Umbruch?, in: Markenartikel 10/1995, S. 472 f.

[268] Vgl. Bernet, B., Logistikstrategien ..., a.a.O., S. 35 f.

2.3 Marktanalyse

2.3.1 Beurteilung der Marktattraktivität

Die optimale Allokation der bankbetrieblichen Ressourcen setzt in zweifacher Hinsicht eine detaillierte Analyse der Attraktivität von Märkten voraus: Als universelle Leistungsanbieter müssen die deutschen Großbanken zunächst die Entscheidung treffen, ihre Kapazitäten auf solche Geschäftsfelder zu fokussieren, die unter Ertrags- und Risikogesichtspunkten vergleichsweise vielversprechende Perspektiven bieten. Steht als Ergebnis dieser Überlegungen das geplante finanzielle Engagement in einem bestimmten Geschäftsfeld - im vorliegenden Fall dem International Private Banking - außer Frage, so gilt es anschließend, durch Länder- bzw. Regionenanalysen die Entscheidung über die geschäftspolitische Priorisierung von Teilmärkten und die Festlegung adäquater Timing-Strategien zum Aufbau eines Markenimages in den jeweiligen Gebieten zu fundieren.

2.3.1.1 Qualitative Betrachtung

In der folgenden, an qualitativen Bewertungsmaßstäben ausgerichteten Analyse wird deutlich, weshalb die Etablierung eines Markenimages im International Private Banking im Vergleich zu anderen bankbetrieblichen Geschäftsfeldern ein lohnendes Engagement verspricht und demzufolge immer mehr Anbieter ihre Marktpräsenz verstärken bzw. neu in diesen Markt eintreten:

- Erträge im (International) Private Banking sind tendenziell konstanter als beispielsweise diejenigen im Kreditgeschäft (zyklische Erträge) oder Eigenhandel (hohe Volatilität der Erträge).[269]

- Die Provisionen für die Verwaltung privater Vermögen liegen deutlich höher als für die Verwaltung institutioneller Fonds, wie z.B. Pensionsfonds. Die geschätzte durchschnittliche Vermögensverwaltungsgebühr beträgt für Privatkunden jährlich ca. 1% ihrer betreuten Volumina und übersteigt um etwa das Vierfache die Gebühr, die Pensionsfonds für die Verwaltung von Vermögen erhalten.[270] Aber nicht nur die volumens-, sondern auch die transaktionsabhängigen Gebühren im International Private Banking sind aus Bankensicht attraktiver als die Konditionen im institutionellen Geschäft.

- Wie in anderen Geschäftsfeldern der Kreditinstitute auch, üben die Deregulierung sowie der steigende Wettbewerb (vgl. Kapitel 2.3.3) zwar Druck auf die Margen aus, jedoch ist das Geschäft mit sehr vermögenden Privatkunden noch immer weniger preissensibel als das mit institutionellen Investoren.[271]

- Gebührenstrukturen sowie die erzielte Performance werden im Gegensatz zu dem institutionellen Geschäft mit dem Argument, der Wettbewerb spiele sich vielmehr über herausragende Servicequalität ab, nicht oder nur teilweise veröffentlicht.[272] Die somit eingeschränkte Transparenz trägt zum Erhalt von Wettbewerbspositionen bei - auch im Falle vergleichsweise hoher Preise und niedriger Performance.

- Für die Vermögensverwaltung, dem Kernprodukt im International Private Banking (vgl. Kapitel 2.3.2.2.2), müssen die Banken eine geringere und damit weniger kostspielige Eigenkapitalunterlegung vorweisen als im Kreditgeschäft.[273]

---

[269] Vgl. Gapper, J., Contest to guard the nest-egg, in: Financial Times vom 7.2.1995, S. 17; Camp, A., The growth and changing character of offshore banking, in: The OFC Report 1996/97, S. 32

[270] Vgl. Gapper, J., a.a.O., S. 17

[271] Vgl. Bischofberger, A., a.a.O., S. 14

[272] Vgl. Gapper, J., a.a.O., S. 17

[273] Vgl. o.V., Finanzkonzerne positionieren sich in der Vermögensverwaltung neu, in: FAZ vom 18.11.1997, Nr. 268, S. 35

Diesen Faktoren, die für ein verstärktes Engagement im Geschäftsfeld „International Private Banking" sprechen, stehen auf der Anbieterseite allerdings auch gewisse Risiken gegenüber:

- Obwohl im International Private Banking der geschäftliche Schwerpunkt in der Verwaltung von Kundengeldern und nicht in der Kreditvergabe liegt[274], verbleiben für die Banken Adressenausfallrisiken (diese treten ein, wenn Kreditnehmer ihrer Rückzahlungspflicht nicht mehr nachkommen können). Als weitere relevante Risikokategorie sind Marktrisiken zu nennen, die beispielsweise durch die in volatilen Märkten eintretenden Kursverluste von Wertpapieren entstehen können, die Kunden als Sicherheit für gewährte Kredite zur Verfügung gestellt haben.[275]

- Desweiteren besteht im International Private Banking die besondere Gefahr, Opfer krimineller Geldwäscheaktivitäten[276] zu werden und dadurch einen nur schwer auszugleichenden Imageschaden zu erleiden.[277]

- Darüber hinaus ist in der jüngsten Vergangenheit nicht nur in Deutschland[278], sondern auch in anderen Ländern das Phänomen der verstärkt kundenfreundlichen Rechtsprechung insbesondere im Wertpapiergeschäft (z.B. im Zusammenhang mit der anleger- und objekt-

---

[274] Vgl. Gapper, J., a.a.O., S. 17

[275] Vgl. Heucke, P./Tern, S. M., Zukunftsmarkt Private Banking - von anderen Märkten lernen, in: Die Bank 2/1995, S. 75; Norris, D. J., Private banking: opportunities and challenges in the 1990s, in: EFMA's Newsletter, Nr. 132, November 1994, S. 20

[276] Die geschätzte Größenordnung von ca. 122 Mrd. US$ der in Europa und den USA im Jahr 1993 gewaschenen Drogengelder vermittelt ein Gefühl für die hieraus resultierende Bedrohung für Anbieter von International Private Banking-Leistungen, vgl. Griffiths, G., Private Banking. Facing up to new challenges, in: Investors Chronicle vom 25.2.1994, S. 79

[277] Vgl. Gapper, J., a.a.O., S. 17

[278] Vgl. Reim, M., Erstmals soll eine Bank für falsche Beratung haften, und die Branche wird nervös, in: Süddeutsche Zeitung vom 10.2.1998, Nr. 33, S. 10

gerechten Kundenberatung[279]), verbunden mit entsprechenden Haftungsrisiken der Banken, zu beobachten.

Die genannten Risiken täuschen jedoch nicht über die insgesamt hohe Lukrativität des International Private Banking-Geschäfts für Kreditinstitute hinweg.

2.3.1.2 Quantitative Analyse

2.3.1.2.1 Betrachtung des Off-shore- und On-shore-Geschäfts insgesamt

Diverse Studien belegen anhand quantitativer Aussagen die besondere Attraktivität des Geschäftsfelds „International Private Banking"; als Beurteilungsmaßstäbe dienen dabei insbesondere die Anzahl der Kunden aus aller Welt, das Marktvolumen und -wachstum im Off-shore- und On-shore-Geschäft sowie die hiermit verbundenen Ertragspotentiale. Veröffentlichte Angaben über die weltweite Anzahl der high net worth individuals mit einem frei verfügbaren Geldvermögen von über 1 Mio. US$ schwanken stark: Beispielsweise geht The Chase Manhattan Private Bank[280] von ca. 2,6 Mio., die Citibank[281] dagegen von ca. 3 Mio. Personen aus; Merrill Lynch/Gemini Consulting[282] beziffern die Gesamtanzahl sogar auf 6 Mio. Kunden. Letztere schätzen im Off-shore- und On-shore-Geschäft das weltweite Marktvolumen der wohlhabenden Privatkunden mit einem zu investierenden (Geld-)Vermögen von mehr

---

[279] Die Grundsätze des anleger- bzw. objektgerechten Rats sollen sicherstellen, daß Berater bei ihren Anlageempfehlungen einerseits den Wissensstand und die Risikobereitschaft der Kunden, andererseits die Eigenschaften und das Risikoprofil der möglichen Anlage berücksichtigen. Beide Grundsätze finden ihren Niederschlag in den sog. „Wohlverhaltensregeln", die im Wertpapierhandelsgesetz festgelegt sind.

[280] Vgl. The Chase Manhattan Private Bank, a.a.O., o.S.

[281] Vgl. Norris, D. J., a.a.O., S. 19

[282] Vgl. Merrill Lynch/Gemini Consulting, World Wealth Report 1999, a.a.O., S. 3

als 1 Mio. US$ auf ca. 21,6 Bio. US$ und erwarten zum Ende des Jahres 2003 ein Gesamtvolumen von ca. 32,7 Bio. US$ (vgl. Abb. 6).[283]

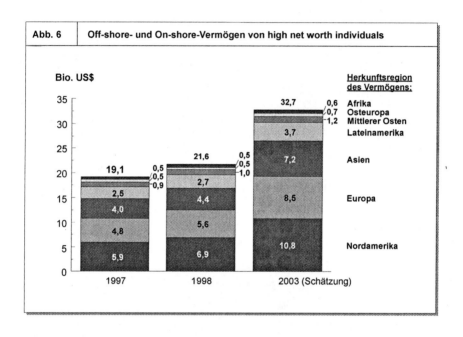

| Abb. 6 | Off-shore- und On-shore-Vermögen von high net worth individuals |

Vgl. Merrill Lynch/Gemini Consulting, World Wealth Report 1999, a.a.O., S. 3

Zu den für das immense Wachstum der Vermögenswerte ausschlaggebenden Ursachen zählen der Sieg des Kapitalismus gegenüber sozialistischen bzw. kommunistischen Wirtschaftssystemen sowie die erreichten Handelsliberalisierungen, die auf globales Unternehmertum inspirierend wirken (vgl. Kapitel 2.2.1).[284] Als Herkunftsregion von Off-shore- und On-shore-Vermögen besitzt Asien die vielversprechendsten Wachstumsperspektiven, ohne aber voraussichtlich Nordamerika - in der Prognose bis zum Ende des Jahres 2003 - als Gebiet mit dem höchsten

---

[283] Vgl. ebenda
[284] Vgl. Merrill Lynch/Gemini Consulting, World Wealth Report 1997, a.a.O., S. 1

Gesamtvermögen ablösen zu können.[285] Hinsichtlich der zahlenmäßigen Verteilung von high net worth individuals auf die einzelnen Kontinente nimmt Europa derzeit die führende Stellung vor Asien und Amerika ein (vgl. Abb. 7).[286]

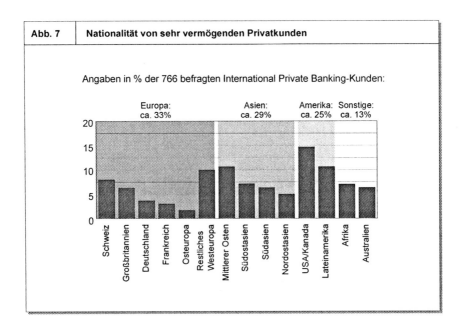

| Abb. 7 | Nationalität von sehr vermögenden Privatkunden |

Angaben in % der 766 befragten International Private Banking-Kunden:

Vgl. o.V., Global wealth survey. Wealth ..., a.a.O., S. 13 (eigene Übersetzung)

Das Vermögen der Mehrheit der internationalen Privatkunden liegt insbesondere in den Größenklassen von 5-10 bzw. 10-25 Mio. US$; der Hauptteil der Kunden mit einem Vermögen von über 25 Mio. US$ stammt aus den „emerging markets" in Lateinamerika, der pazifischen Region sowie kleinen europäischen Ländern (vgl. Anlage 1).[287]

---

[285] Vgl. Merrill Lynch/Gemini Consulting, World Wealth Report 1999, a.a.O., S. 3
[286] Vgl. o.V., Global wealth survey. Wealth lies in the hands of mid-aged men, in: Global Private Banking vom 26.5.1997, S. 13
[287] Vgl. ebenda, S. 12 f.

Der erwartet starke Anstieg der Vermögenswerte von International Private Banking-Kunden spiegelt sich auch in den Expertenprognosen zur Ertragsentwicklung in diesem Geschäftsfeld wider (vgl. Abb. 8).

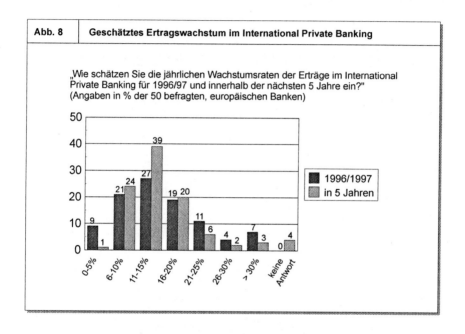

| Abb. 8 | Geschätztes Ertragswachstum im International Private Banking |

„Wie schätzen Sie die jährlichen Wachstumsraten der Erträge im International Private Banking für 1996/97 und innerhalb der nächsten 5 Jahre ein?" (Angaben in % der 50 befragten, europäischen Banken)

Vgl. Price Waterhouse, European Private Banking Survey, Ausgabe 1996/97, a.a.O., S. 9 (eigene Übersetzung)

So beziehen sich z.B. in einer von Price Waterhouse (nun: PricewaterhouseCoopers) bei 50, allerdings ausschließlich europäischen Banken durchgeführten Studie die meisten Nennungen auf ein voraussichtliches, jährliches Ertragswachstum im Off-shore- und On-shore-Geschäft von 11-15%.[288]

---

[288] Vgl. Price Waterhouse, European Private Banking Survey, Ausgabe 1996/97, a.a.O., S. 9

2.3.1.2.2 Differenzierung nach Off-shore- und On-shore-Geschäft

Nach dem vorangegangenen groben Marktüberblick erscheint die Unterscheidung zwischen der Off-shore- und der On-shore-Komponente zur Gewinnung detaillierter Erkenntnisse und zur Ableitung marktnaher Entscheidungen zweckmäßig. Schätzungsweise entfällt ein Anteil von 70-80% des weltweiten Marktvolumens von high net worth individuals auf On-shore- und 20-30% auf Off-shore-Vermögen.[289] Merrill Lynch/Gemini Consulting beziffern das weltweite Off-shore-Vermögen auf ca. 5,8 Bio. US$ (Stand 1997) gegenüber 2,3 Bio. US$ im Jahr 1989.[290] Die Betrachtung der regionalen Herkunft der Off-shore-Gelder zeigt, daß das gemäß einer anderen Studie bei 2,8 Bio. US$ liegende Off-shore-Volumen (Stand 1995) zu etwa 45% aus Europa und dem Mittleren Osten stammt, wohingegen rund 34% auf die asiatisch-pazifische Region und 20% auf Nord- und Lateinamerika entfallen.[291] Die Bedeutung des europäischen Markts läßt sich u.a. zurückführen auf die Vererbung erheblicher Vermögen über mehrere Generationen hinweg.[292]

Zu den wichtigsten Zielorten für Off-shore-Vermögen zählen die Schweiz (1.000 Mrd. US$), gefolgt von London (350 Mrd. US$), der Karibik (250 Mrd. US$), New York (220 Mrd. US$) sowie Hongkong, den Kanalinseln, Luxemburg und Miami (je 150 Mrd. US$).[293] Auf europäische Off-shore-Zentren entfällt demnach ein Anteil von ca. 60% des weltweiten Off-shore-Geldvermögens (vgl. Abb. 9).[294]

---

[289] Vgl. Hagander, N., Private Banking 2000: Diskontinuitäten und Erfolgspositionen, in: Gehrig, B. (Hrsg.), Private Banking, Zürich 1995, S. 4; The Chase Manhattan Private Bank, a.a.O., o.S.

[290] Vgl. Merrill Lynch/Gemini Consulting, World Wealth Report 1998, a.a.O., S. 4; Merrill Lynch/Gemini Consulting, World Wealth Report 1997, a.a.O., S. 2

[291] Vgl. Woodhouse, I., The Changing European Private Banking Market, o.O., 1995, o.S.

[292] Vgl. o.V., Global wealth survey. Wealth ..., a.a.O., S. 13; Zlotnick, B., Giving players a competitive edge, in: Private Banker International, September 1996, S. 14

[293] Vgl. Woodhouse, I., The ..., a.a.O., o.S.

[294] Vgl. ebenda

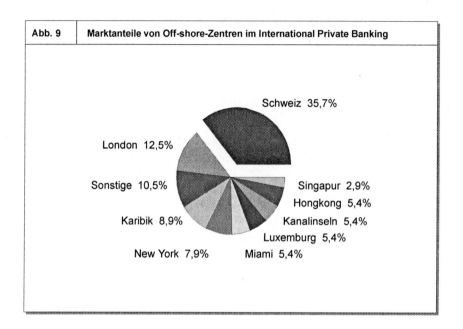

| Abb. 9 | Marktanteile von Off-shore-Zentren im International Private Banking |

Schweiz 35,7%

London 12,5%

Sonstige 10,5%

Karibik 8,9%

New York 7,9%

Singapur 2,9%

Hongkong 5,4%

Kanalinseln 5,4%

Luxemburg 5,4%

Miami 5,4%

Vgl. Woodhouse, I., The ..., a.a.O., o.S.

Die Gründe für die dominierende Marktstellung der Schweiz (deren Marktanteil liegt bei ca. 36%) liegen in der wirtschaftlichen und politischen Stabilität des Lands, dessen Neutralität, dem in der Verfassung garantierten Bankgeheimnis, der Diskretion und in der über 200jährigen Private Banking-Tradition.[295] Hieraus festigte sich das Image und der Nimbus der Schweiz als „safe haven", was sich in Krisenzeiten immer wieder durch Kapitalzuflüsse bestätigte.[296] Um ihre Attraktivität als Off-

---

[295] Vgl. Boom, M., Diskreter Diener des großen Geldes, in: Forum (Mitarbeitermagazin der Deutschen Bank) 10/1997, S. 34; Klöppelt, H., International ..., a.a.O., S. 204

[296] Vgl. Storck, E., Offshore-Märkte und ihre Bedeutung im Private Banking, in: International Bankers Forum e.V., Die Banken auf dem Weg ins 21. Jahrhundert: Strategien und Konzepte, Wiesbaden 1996, S. 335; o.V., Swiss Bank Corporation - Cultivates Image de Marque, in: Kinahan, P. (Hrsg.), Private Banking & Wealth Management Strategies in Action, Bd. II, The Players, Dublin 1995, S. 96

shore-Zentrum zu wahren, hat die Schweiz in der jüngeren Vergangenheit wichtige Schritte unternommen, zu denen die Beseitigung der Kartell-Preisgebung im Jahr 1990, die Überarbeitung der „Stempelsteuer" (einer lokalen Steuer auf Umsätze im Wertpapiergeschäft) sowie die Einführung von mittlerweile sehr populären Komplettpreis-Modellen (vgl. Kapitel 4.2.2.3.2.1) zählen.[297]

Nicht jedoch dem Off-shore-, sondern dem On-shore-Geschäft, also dem Private Banking für Kunden, die ihr Vermögen (teilweise) in ihrem jeweiligen Herkunftsland anlegen möchten, trauen Experten ein zukünftig stärkeres Wachstum zu[298]:

• Aufgrund des Vertrauens der Anleger in den - zumindest in der Europäischen Union - garantierten freien Kapitalverkehr nimmt die Motivation ab, Gelder außerhalb des eigenen Lands anzulegen, obwohl die Möglichkeiten dazu tendenziell ansteigen.[299]

• Das politische Umfeld hat sich in Europa mit der europäischen Integration und nach dem Fall des Eisernen Vorhangs kontinuierlich stabilisiert; der Wettbewerbsvorteil von traditionellen Bestimmungsländern für Fluchtkapital, wie z.B. der Schweiz, verliert dadurch relativ zur lokalen Geldanlage an Gewicht.[300]

• Die Inflationsbekämpfung und damit die Geldwertstabilität sind heute das vorrangige Ziel aller Nationalbanken, so daß der Off-shore-Geldanlage im Sinne einer Flucht vor der Geldentwertung eine abnehmende Bedeutung beizumessen ist.[301]

---

[297] Vgl. Merrill Lynch/Gemini Consulting, World Wealth Report 1997, a.a.O., S. 3; vertiefend zu dem Wesen und der Bedeutung der Stempelsteuer in der Schweiz vgl. Zlotnick, B., Doing their duty, in: Private Banker International, Juni 1997, S. 8 f.

[298] Vgl. Timewell, St., Heavyweights take position, in: THE BANKER, Januar 1998, S. 55

[299] Vgl. Hagander, N., a.a.O., S. 4

[300] Vgl. ebenda; Hahn, O., Schweizer Banken: Negativwerbung um Anleger, in: ZfgK 20/1991, S. 927 f.

[301] Vgl. Hagander, N., a.a.O., S. 4

Die konsequente Ausschöpfung auch von On-shore-Potentialen außerhalb des Heimatlands der jeweiligen Bank stellt sich in der Praxis als der zweite Schritt zur globalen Ausweitung der Geschäftsaktivitäten mit sehr vermögenden Privatkunden dar. Nach dem erfolgreichen Aufbau ihrer Off-shore-Zentren richtet beispielsweise die UBS AG derzeit ihren geschäftspolitischen Fokus auch auf lokales Geschäft in ausgewählten Ländern, und zwar durch organisches Wachstum, Kooperationen mit Partnerbanken vor Ort oder Unternehmenskäufe (z.B. durch den Erwerb von Schröder, Münchmeyer, Hengst & Co[302]).[303] In der jüngsten Vergangenheit haben auch die deutschen Großbanken damit begonnen, ihre Präsenz in wichtigen europäischen On-shore-Märkten zu verstärken.[304]

2.3.2 Kundenanalyse

Der Hauptzweck der Kundenanalyse im International Private Banking besteht darin, sozio-ökonomische Charakteristika sowie Erwartungen und Bedürfnisse vorhandener und potentieller Kunden zu identifizieren, um daraus Schlußfolgerungen für eine kundenbezogene Marktbearbeitung zu ziehen. Eine solche Vorgehensweise ist grundlegende Voraussetzung, um die mit dem Aufbau globaler Markenimages im International Private Banking verbundenen Chancen optimal nutzen zu können.

---

[302] Vgl. o.V., New bank signals end of road for "dog-walkers", in: Private Banker International, Januar/Februar 1998, S. 1

[303] Vgl. Orton, I., Of boom and bust, in: Private Banker International, September/ Oktober 1997, S. 8; Tillotson, C., UBS-SBC mega merger to eliminate 1,200 private banking staffers, in: Global Private Banking vom 22.12.1997, S. 2

[304] Vgl. z.B. Deutsche Bank AG, Geschäftsbericht 1998, a.a.O., S. 19; o.V., Dresdner Bank Lux erwirbt Veer Palthe Voute, in: Börsen-Zeitung vom 7.5.1999, Nr. 87, S. 7

2.3.2.1 Sozio-ökonomische Kriterien

Die Kundenanalyse anhand sozio-ökonomischer Kriterien ist zum einen die Basis für die spätere Marktsegmentierung[305] (vgl. Kapitel 3.2.2.2.1) und liefert zum anderen wichtige Erkenntnisse für die konkrete Ausgestaltung der verschiedenen markenpolitischen Handlungsparameter, beispielsweise für die Festlegung des Produktangebots oder die Konzeption der Werbung.

Untersuchungsergebnisse hinsichtlich der Altersstrukturen belegen, daß von den internationalen high net worth individuals - diese sind zum überwiegenden Anteil (91%) männlichen Geschlechts[306] - über 90% das Alter von 56 Jahren überschritten haben.[307] Auffälligerweise liegt in den Entwicklungsländern der Anteil wohlhabender Privatkunden der unteren Altersklassen deutlich höher als in den sonstigen Regionen (vgl. Anlage 2).[308] Empirischen Studien zufolge stammt das Vermögen der International Private Banking-Kunden primär aus selbständig betriebenen geschäftlichen Aktivitäten bzw. dem Verkauf dieser Unternehmen (mit insgesamt 90% aller Nennungen für diese beiden Quellen des Wohlstands).[309] Auf Erbschaften und Tätigkeiten im Angestelltenverhältnis entfallen dagegen im Durchschnitt weniger als 7% der Angaben (vgl. Anlage 3).[310]

Generell läßt sich feststellen, daß das Wissen der Kunden über Finanzangelegenheiten zunimmt.[311] Insbesondere der Kenntnisstand der jüngeren Generation steigt durch qualifizierte, oftmals auch in anderen Ländern absolvierte Ausbildungen, so daß dieser Kundenkreis durchaus

---

[305] Vgl. Meffert, H., Marketing ..., a.a.O., S. 245
[306] Vgl. o.V., Global wealth survey. Wealth ..., a.a.O., S. 12
[307] Vgl. o.V., Global wealth survey. Pacific rim boasts most mega-rich, in: Global Private Banking vom 22.1.1996, S. 12 f.
[308] Vgl. ebenda, S. 13
[309] Vgl. o.V., Global wealth survey. Wealth ..., a.a.O., S. 12
[310] Vgl. ebenda. Die Analyse der regionalen Vermögensverteilung (differenziert nach Volumensklassen) zur Beurteilung der Attraktivität einzelner International Private Banking-Märkte ist Gegenstand von Kapitel 2.3.1.2.
[311] Vgl. Ehlern, S., a.a.O., S. 56

eine gewisse Kompetenz zur Beurteilung von Entwicklungen an den wichtigen Wertpapier-, Devisen- oder sonstigen Märkten besitzt.[312] Aus dieser Tatsache resultiert für Banken die Notwendigkeit, durch hohe Standards in der Mitarbeiterqualifikation eine Kundenbetreuung auf fachlich hohem Niveau zu garantieren und dadurch die Imageprofilierung des Kreditinstituts zu unterstützen (vgl. Kapitel 4.1.1.1).

2.3.2.2 Kundenbezogene Qualitätsfaktoren im International Private Banking als Ansatzpunkte für globale Markenstrategien

Da aus wirtschaftlichen Überlegungen heraus nicht bei sämtlichen Erfolgsfaktoren Maximalwerte angestrebt werden können, gilt es, durch eine detaillierte Kundenanalyse den Zusammenhang zwischen dem Erfüllungsgrad von Leistungsdimensionen und dessen Auswirkung auf die Kundenzufriedenheit zu ermitteln (vgl. Abb. 10).[313] Grundsätzlich sind zwei Abhängigkeitsmuster zu unterscheiden: Es existieren Leistungsdimensionen, deren überragender Erfüllungsgrad keine zusätzliche Kundenzufriedenheit schafft, deren Angebot unterhalb des Marktstandards aber Kunden in höchstem Maße verärgert.[314] Der Umgang mit diesen sog. „Killer"-Elementen, wie z.B. der von Kunden erwarteten fehlerfreien Transaktionsabwicklung, der jederzeitigen Erreichbarkeit des Kundenbetreuers oder dem adäquaten Erscheinungsbild der Bank und ihrer Mitarbeiter, wird aus einer wirtschaftlichen Handlungsweise heraus daher durch das Prinzip der Schadensvermeidung bestimmt.[315] Im Gegensatz hierzu eignen sich sog. „Winner"-Elemente, d.h. die aus Kundensicht maßgeblichen Leistungsdimensionen, wie etwa die

---

[312] Vgl. ebenda
[313] Vgl. Gehrig, B., Qualitätsmanagement im Private Banking, in: Gehrig, B. (Hrsg.), Private Banking, Zürich 1995, S. 19 f.
[314] Vgl. ebenda, S. 21
[315] Vgl. ebenda

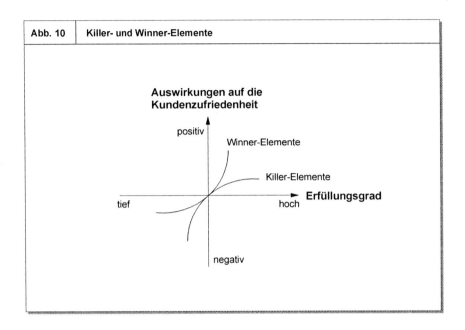

| Abb. 10 | Killer- und Winner-Elemente |

Vgl. Gehrig, B., a.a.O., S. 21

Flexibilität gegenüber dem einzelnen Kunden in bezug auf ergänzende Serviceleistungen, als kompetitive Handlungs- und Differenzierungs-parameter.[316] Entsprechend gute Leistungen auf dieser Ebene führen zu hoher Kundenzufriedenheit, tragen zu einem prägnanten Markenimage bei und eröffnen der Bank neue Wertschöpfungspotentiale.[317] Kotler weist allerdings darauf hin, daß eine hervorragende Qualität die Renta-bilität nur wenig erhöht und das Unternehmen deshalb eher ein „nur" überdurchschnittliches Qualitätsniveau anstreben sollte (vgl. Abb. 11).[318]

---

[316] Vgl. ebenda, S. 22
[317] Vgl. ebenda; Weinberg, P., Markenartikel und Markenpolitik, in: Wittmann, W./ Kern, W./Köhler, R. (Hrsg.), Handwörterbuch der Betriebswirtschaftslehre, Bd. 2, 5. Aufl., Stuttgart 1993, Sp. 2686
[318] Vgl. Kotler, Ph., Marketing-Management: Analyse, Planung und Kontrolle, 4. Aufl., Stuttgart 1982, S. 382 f.

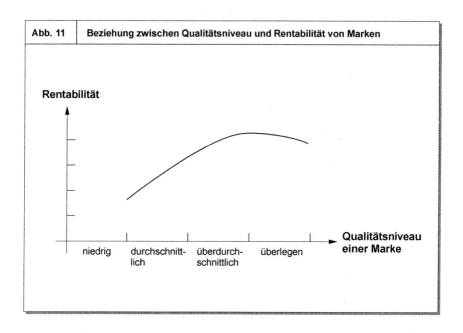

Abb. 11 | Beziehung zwischen Qualitätsniveau und Rentabilität von Marken

Vgl. Kotler, Ph., a.a.O., S. 383

Aus dem Prinzip des (für Banken und Kunden) gleichermaßen abnehmenden Grenznutzens läßt sich somit die Schlußfolgerung ableiten, zum Aufbau eines Markenimages lieber die breitgefächerten Kundenerwartungen jeweils weitgehend zu erfüllen, anstatt einzelne Qualitätsdimensionen zu perfektionieren und andere dafür zu vernachlässigen.

2.3.2.2.1 Kriterien zur Auswahl einer Bankverbindung im International Private Banking

High net worth individuals teilen ihr Gesamtvermögen in der Regel auf verschiedene Kreditinstitute zur Verwaltung auf.[319] Gründe hierfür bestehen u.a. darin, daß Kunden die komplette Höhe ihres Vermögens nicht einer einzelnen Bank gegenüber offenlegen möchten und es ihnen zudem wichtig ist, Service, Performance und Preise verschiedener Anbieter miteinander vergleichen zu können.[320]

Zwar liegt in einer Durchschnittsbetrachtung über alle Regionen und Vermögensklassen hinweg der Schwerpunkt bei einer Anzahl von 3-5 Bankverbindungen je vermögendem Privatkunden (50% aller Nennungen).[321] Mit zunehmender Größenklasse des Vermögens steigt jedoch der Anteil von Kunden mit mehr Bankverbindungen (vgl. Anlage 4).[322] Weitere Untersuchungsergebnisse belegen erhebliche regionale Unterschiede, wie z.B. die in Asien, Australien und Lateinamerika gängige Verteilung der Kundenvermögen auf mehr als 5 Bankverbindungen.[323] Hierzu im Gegensatz stehen die Gepflogenheiten in europäischen Ländern oder den USA bzw. in Kanada, wo sehr wohlhabende Privatkunden im allgemeinen 3-5 Bankverbindungen als adäquat zur Risikodiversifikation ansehen (vgl. Anlage 5).[324]

Die Erlangung einer aus Kundensicht überlegenen Qualitätsposition erweist sich im Dienstleistungsmarketing als ein komplexes Optimierungsproblem, das Berry/Zeithaml/Parasuraman in folgende fünf allgemeine Qualitätsdimensionen aufteilen:

---

[319] Vgl. Odier, P., a.a.O., S. 79

[320] Vgl. Woodhouse, I., What private bankers think their clients want, in: Field, J./ Taylor, R. (Hrsg.), Private Wealth Management 1996/97, Hongkong 1996, S. 79

[321] Vgl. o.V., Global wealth survey. North American, Swiss firms dominate, in: Global Private Banking vom 5.2.1996, S. 13

[322] Vgl. ebenda

[323] Vgl. ebenda

[324] Vgl. ebenda

- die Annehmlichkeit des gesamten physischen Umfelds einer Dienstleistung einschließlich der Räumlichkeiten, der Einrichtung und des Erscheinungsbilds des Personals („tangibility")[325],

- die Verläßlichkeit, das versprochene Serviceniveau zu realisieren („reliability"),

- die generelle Bereitschaft der Mitarbeiter, Kunden unverzüglich und unbürokratisch bei der Problemlösung zu unterstützen („responsiveness"),

- die Glaubwürdigkeit, bestehend aus der Kompetenz, Höflichkeit und Vertrauenswürdigkeit der Mitarbeiter („assurance") sowie

- die Flexibilität, d.h. die Bereitschaft, auch auf individuelle Kundenwünsche einzugehen („empathy").[326]

Die Erfüllung dieser teils tangiblen (greifbaren), teils intangiblen Bedürfnisse führt bei (International) Private Banking-Kunden zu „peace of mind"[327], wobei diesem Begriff bzw. Zustand jeder Kunde entsprechend seinem Charakter und seiner individuellen Anlagementalität einen anderen, eigenen Inhalt beimißt.

Konkrete Anhaltspunkte zur Fokussierung der globalen Markenstrategie auf die primären Bedürfnisse der International Private Banking-Kunden liefert beispielsweise die bereits erwähnte Price Waterhouse-Studie. Diese erläutert die derzeitigen und erwarteten zukünftigen Kernfaktoren zur Auswahl einer Bankverbindung in diesem Geschäftsfeld (vgl. Abb. 12).[328] Einschränkend sei nochmals darauf hingewiesen, daß die

---

[325] Hiervon abweichend zählt Günthert zu den tangiblen Bedürfnissen im (International) Private Banking auch Kriterien, wie die erwirtschaftete Rendite, den Zugang zu globalen Marktinformationen, attraktive Produkte und Serviceleistungen und deren integriertes Angebot sowie den proaktiven Beratungs- bzw. Dienstleistungsansatz der Bank, vgl. Günthert, M. F., a.a.O., S. 430 f.

[326] Vgl. Berry, L. L./Zeithaml, V. A./Parasuraman, A., Five Imperatives for Improving Service Quality, in: Sloan Management Review 4/1990, S. 29 ff.

[327] Rutzen, A., Superstars selling peace of mind, in: Private Banker International, September 1994, S. 13

[328] Vgl. Price Waterhouse, European Private Banking Survey, Ausgabe 1996/97, a.a.O., S. 22

Untersuchung von Price Waterhouse die Schlüsselfaktoren zur Aufnahme, Aufrechterhaltung bzw. Auflösung einer Kontoverbindung aus Banken-, nicht jedoch aus Kundensicht angibt.

Abb. 12	Erfolgsfaktoren im International Private Banking

„Welches sind heute/zukünftig die Hauptgründe der International Private Banking-Kunden für die Wahl ihrer Bank?" (Angaben der 50 befragten, europäischen Banken)

Kriterien (Rangfolge im Jahr 1996)	Rang	Kriterien (voraussichtliche Rangfolge im Jahr 2001)
Persönliche Kundenbetreuung	1	Servicequalität
Servicequalität	2	Persönliche Kundenbetreuung
Image	3	Performance
Empfehlung durch Kunden	4	Image
Sicherheit/Stabilität	5	Empfehlung durch Kunden
Vertrauenswürdigkeit	6	Sicherheit/Stabilität
Empfehlungen durch Dritte	7	Produktpalette
Empfehlungen durch Eltern/Verwandte	8	Globales Netzwerk
Produktpalette	9	Empfehlungen durch Dritte
Globales Netzwerk	10	Vertrauenswürdigkeit
Performance	11	Qualifizierte Anlageempfehlungen
Qualifizierte Anlageempfehlungen	12	Empfehlungen durch Eltern/Verwandte
Preis	13	Preis
Anzahl/Vielfältigkeit der Vertriebskanäle	14	Sonstige Gründe
Vorteilhafte Lage	15	Anzahl/Vielfältigkeit der Vertriebskanäle
Sonstige Gründe	16	Vorteilhafte Lage

Vgl. Price Waterhouse, European Private Banking Survey, Ausgabe 1996/97, a.a.O., S. 22 (eigene Übersetzung)

An vorderster Stelle stehen derzeit die persönliche Kundenbetreuung, die Servicequalität und das Image; die Befragten rechnen mit einer in der nahen Zukunft steigenden Bedeutung der Kriterien „Servicequalität" und „Performance".[329] Im Hinblick auf die offerierte Servicequalität er-

---

[329] Vgl. ebenda. Das von Price Waterhouse verwendete Kriterium „Image" deckt sich nicht mit dem sehr viel weiter gefaßten Begriffsverständnis von „Markenimages" in der vorliegenden Arbeit, das auch die von Price Waterhouse ansonsten priorisierten Kriterien einschließt. Diese Aussage gilt auch für die anderen in dieser Arbeit ausgewerteten Studien.

warten Experten die Entwicklung hin zu einem verstärkt teamorientierten Ansatz in der Kundenbetreuung, der mit einem ausgeweiteten, globaler ausgerichteten Produktangebot einhergeht.[330] Als weiteres Ergebnis legt die genannte Studie offen, daß International Private Banking-Kunden bei der Auswahl einer Bankverbindung dem Preiskriterium wenig Bedeutung beimessen, dieses jedoch als wichtiges Argument für die Auflösung einer Kontoverbindung verwenden.[331] Den ersten Rang der Kriterien für den Wechsel der Bank nimmt die „Unzufriedenheit mit dem Service" ein (vgl. Abb. 13).[332]

Abb. 13	Gründe für einen Bankwechsel im International Private Banking

„Welches sind die Hauptgründe für International Private Banking-Kunden, sich einer anderen Bank anzuvertrauen?"
(Angaben der 50 befragten, europäischen Banken)

Kriterien	Rang
Unzufriedenheit mit dem Service	1
Inadäquate Performance	2
Preis zu hoch	3
Auflösung der Kontoverbindung nach dem Tod des Kunden	4
Wandel im persönlichen Umfeld	5
Gemeinsamer Wechsel mit ursprünglichem Betreuer zu einer anderen Bank	6
Reduzierung der lokalen Präsenz der Bank (u. U. auch des Angebots)	7
Keine Angaben	8
Unvollständige Produktpalette	9
Verschlechterung des Bankimages	10
Fehlendes globales Netzwerk	11
Eingeschränkte Vertriebskanäle	12
Sonstige Gründe	13

Vgl. Price Waterhouse, European Private Banking Survey, Ausgabe 1996/97, a.a.O., S. 19 (eigene Übersetzung)

---

[330] Vgl. ebenda
[331] Vgl. ebenda, S. 19 und S. 22
[332] Vgl. ebenda, S. 19

Detaillierte Studien hinsichtlich der Kundenerwartungen im International Private Banking hat auch The Chase Manhattan Private Bank vorgenommen (vgl. Abb. 14).[333]

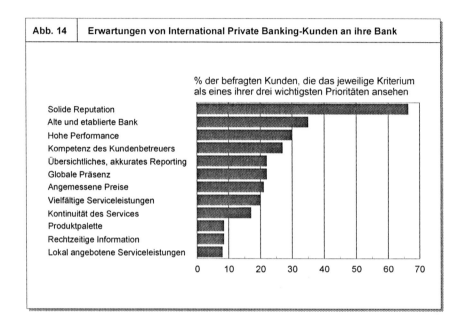

| Abb. 14 | Erwartungen von International Private Banking-Kunden an ihre Bank |

Vgl. The Chase Manhattan Private Bank, a.a.O., o.S. (eigene Übersetzung)

Das Auswahlkriterium „solide Reputation" steht gesamthaft betrachtet zwar an erster Stelle der Kundenprioritäten, allerdings existieren in diesem Zusammenhang erhebliche regionale Unterschiede: Europäische, vermögende Privatkunden legen tendenziell größeren Wert auf die Tradition ihrer Bank und das Vertrauensverhältnis zu ihrem Relationship Manager in Verbindung mit dessen Fachkompetenz und der Kontinuität des Services als auf den Faktor „Anlage-Performance"; gerade dieser

---

[333] Vgl. The Chase Manhattan Private Bank, a.a.O., o.S.

Aspekt spielt jedoch für viele asiatische high net worth individuals eine dominante Rolle.[334]

Abb. 15	Regional differenzierte Erfolgsfaktoren (Teil 1)

Bedeutung der Faktoren zur Auswahl einer Bankverbindung,
aufgeteilt nach der Nationalität der Kunden
(Angaben in % der 1.187 befragten International Private Banking-Kunden)

Herkunfts-region / Kriterien	Große europäische Länder	Kleine europäische Länder	USA und Kanada	Latein-amerika	Pazifischer Raum (Asien und Australien)	Entwick-lungs-länder	Durch-schnitt
Weiterempfehlung der Bank durch eine ver-trauenswürdige Person	84,6	73,3	94,8	95,2	94,6	88,5	89,1
Diskretion und Vertrauenswürdigkeit	68,2	56,8	62,1	71,5	76,0	83,2	69,3
Investment Management-Stil	73,9	72,6	73,0	61,4	58,8	42,7	65,3
Investment Performance	66,4	61,6	61,1	55,6	63,2	48,1	60,4
Enge Beziehung zum Kundenbetreuer	50,4	60,3	43,6	63,3	70,6	78,6	59,3
Internationale Präsenz	59,9	29,5	22,7	68,6	75,4	80,0	55,9
Umfang und Qualität der Leistungen	74,3	58,2	41,3	32,9	55,4	67,2	55,1
Mitarbeiter-Reputation	40,0	32,9	42,2	47,3	35,8	46,6	40,8
Nationalität der Bank	24,3	21,2	24,2	37,2	8,8	29,0	24,0

Vgl. o.V., Global wealth survey. Referrals ..., a.a.O., S. 12 f. (eigene Übersetzung)

Eine von Global Private Banking durchgeführte Studie (vgl. Abb. 15) bestätigt die herausragende Bedeutung von „Diskretion und Vertrauenswürdigkeit" für die Wahl einer Bankverbindung im International Private Banking.[335] Dieser Aspekt wird in seiner hohen Einstufung lediglich noch von dem Kriterium „Weiterempfehlung der Bank durch eine vertrauenswürdige Person" übertroffen.[336] Nahezu 90% der befragten inter-

---

[334] Vgl. ebenda
[335] Vgl. o.V., Global wealth survey. Referrals top marketing tool, in: Global Private Banking vom 19.2.1996, S. 12
[336] Vgl. ebenda

Abb. 15	Regional differenzierte Erfolgsfaktoren (Teil 2)

Bedeutung der Faktoren zur Auswahl einer Bankverbindung,
aufgeteilt nach der Nationalität der Kunden
(Angaben in % der 1.187 befragten International Private Banking-Kunden)

Herkunfts- region Kriterien	Große europäische Länder	Kleine europäische Länder	USA und Kanada	Latein- amerika	Pazifischer Raum (Asien und Australien)	Entwick- lungs- länder	Durch- schnitt
Lange Bankzugehörig- keit der Kundenbetreuer	21,8	36,3	6,2	15,5	39,2	16,8	22,1
Qualität der Präsenta- tionen	23,9	26,0	31,8	11,6	11,3	21,4	20,9
Qualität des Reporting	21,1	17,8	12,8	10,1	18,6	19,8	16,7
Kosten der Leistungen	17,9	15,8	11,8	9,2	10,8	9,2	12,8
Innovationskraft der Bank	4,6	4,1	8,5	4,3	11,3	22,9	8,4
Traditionelle Bank- verbindung der Familie	6,4	19,9	1,9	0,0	8,3	8,4	6,7
Aktuelle Kundenliste der Bank	8,6	6,2	15,2	0,5	0,0	6,9	6,4
Verwaltete Volumina der Privatkundschaft	4,3	4,1	4,7	9,7	1,0	1,5	4,4
Werbung der Bank	6,8	3,4	4,3	0,0	0,0	0,0	2,8

Vgl. o.V., Global wealth survey. Referrals ..., a.a.O., S. 13 (eigene Übersetzung)

nationalen, sehr wohlhabenden Privatkunden priorisieren diesen Faktor, der für neue Wettbewerber eine immense Markteintrittsbarriere bildet, die sich auch durch werbliche Aktivitäten (lediglich 2,8% der Nennungen) keineswegs egalisieren läßt.[337]

Diese Studie bestätigt die geringe Relevanz des verlangten Preises als Kriterium zur Auswahl eines International Private Banking-Anbieters, zumal sich die Preishöhe zwischen den Wettbewerbern ohnehin nicht maßgeblich unterscheidet.[338]

---

[337] Vgl. ebenda, S. 12 f.
[338] Vgl. ebenda, S. 13

2.3.2.2.2 Präferierte Produktfelder

Price Waterhouse dokumentiert in seiner Studie die dominierende Bedeutung des Produkts „Vermögensverwaltung" (Portfolio Management) im International Private Banking (vgl. Abb. 16).[339]

Abb. 16	Bedeutung der verschiedenen Produkte bzw. Produktgruppen

„Wie wichtig sind die folgenden Produkte heute und in 5 Jahren
innerhalb Ihrer Produktpalette?"
(Angaben in % der 70 befragten, europäischen Banken)

Produkt	Bedeutung		
	jetzt (1994)	prozentuale Veränderung	in 5 Jahren (1999)
Discretionary portfolio management	79	+7%	86
Einlagen	68	+2%	70
Konzerneigene Investmentfonds	57	+11%	68
Trusts und Gesellschaften	49	+11%	60
Devisenhandelsgeschäfte	46	+14%	60
Non-discretionary portfolio management	59	-2%	57
Wertpapierhandel (Kommissionsgeschäft)	48	statisch	48
Cash Management	27	+14%	41
Derivative und strukturierte Produkte	21	+19%	40
Kredite	32	+3%	35
Garantien	13	statisch	13
Immobilienvermittlung	0	+6%	6
Edelmetallgeschäft	3	+2%	5
Schließfächer	2	statisch	2

Vgl. Price Waterhouse, European Private Banking Survey, Ausgabe 1994/95, a.a.O., S. 17 (eigene Übersetzung)

---

[339] Vgl. Price Waterhouse, European Private Banking Survey, Ausgabe 1994/95, London 1994, S. 17. Auch andere empirische Untersuchungen bzw. sonstige Literaturquellen führen Portfolio Management als das Kernprodukt in diesem Geschäftsfeld an, vgl. Bischofberger, A., a.a.O., S. 14; Lysaght, G., Creating an atmosphere of confidence, in: Private Banker International, Juli 1995, S. 10; MTP Research, Private Banking International - Der Markt der Zukunft!?, Frankfurt am Main 1995, S. 21

Im Rahmen des Portfolio Managements betreuen Banken laufend, planmäßig und aktiv gegen Entgelt die ihnen von Kunden anvertrauten Wertpapiere (Aktien und Rentenwerte), Geldäquivalente (Geldmarktpapiere, Einlagen und Edelmetalle), Investmentfonds sowie Derivative.[340] In der vorliegenden Arbeit werden die Begriffe „Portfolio Management" und „Vermögensverwaltung" synonym verwendet. Das Vermögensverwaltungsgeschäft bezieht sich somit in einer praxisorientierten Sichtweise nicht auf verwandte Arbeitsgebiete, wie die Hilfestellung in Immobilienangelegenheiten, die Geldanlage in Liebhaberobjekte, die Gründung von Stiftungen oder die Vollstreckung von Testamenten.[341]

Die Inanspruchnahme des Produkts „Vermögensverwaltung" drückt als letzter Schritt der sukzessiven Intensivierung der Kontoverbindung, angefangen von Festgeldanlagen über den Kauf von festverzinslichen Wertpapieren bis hin zu dem Erwerb von Aktien, das besondere Vertrauen des Kunden in seine Bank und seinen persönlichen Ansprechpartner aus. Von der tatsächlichen Verwaltung der Kundengelder, dem „discretionary portfolio management", sind deutlich die sog. „advisory"-Mandate (teilweise auch als „non-discretionary"-Mandate bezeichnet) zu unterscheiden: Bei einem „discretionary"-Auftrag trifft die Bank im Rahmen der ihr vom Kunden für die Vermögensverwaltungsgeschäfte erteilten Vollmacht alle Anlageentscheidungen selbst, bei „advisory"-Leistungen stellt die Bank zwar den Spezialistenrat bereit, die finale Anlageentscheidung verbleibt jedoch bei dem Kunden.[342]

Neben der derzeitigen und voraussichtlich auch zukünftigen Wichtigkeit des Produkts „discretionary portfolio management" im International Private Banking verdeutlicht Abb. 16 auch das verstärkt wachsende Kundeninteresse an eher komplexen Bankleistungen, wie Derivativen und

---

[340] Vgl. Büschgen, H. E., Bankbetriebslehre ..., a.a.O., S. 390; Jendralski, M./ Oehlenschläger, D., Vermögensverwaltung und -betreuung, Frankfurt am Main 1992, S. 10 ff.; Ehlers, S., a.a.O., S. 169
[341] Vgl. Schlembach, H., Vermögensverwaltung, in: Büschgen, H. E. (Hrsg.), Handwörterbuch der Finanzwirtschaft, Stuttgart 1976, Sp. 1768
[342] Vgl. Günthert, M. F., a.a.O., S. 433; Bertschinger, U., Sorgfaltspflichten der Bank bei Anlageberatung und Vermögensverwaltungsaufträgen, Diss. Zürich 1991, S. 4

strukturierten Produkten.[343] Die Nachfrage nach weniger beratungs-intensiven Produkten, wie Festgeldern, Edelmetallgeschäften oder Garantien, steigt dagegen tendenziell nur geringfügig bzw. stagniert.[344]

2.3.2.2.3 Kundenerwartungen an die Anlage privater Vermögen

Wenngleich die Bedürfnisse von Kunden von deren jeweils individueller Situation abhängen, so bestehen dennoch eine Reihe von typischen Kundenerwartungen.[345] Als Reaktion auf (steuer-)politische Entwicklungen der Nachkriegsjahre haben sich bei International Private Banking-Kunden der Wunsch nach Steueroptimierung sowie Schutzbedürfnisse insbesondere hinsichtlich staatlicher Verfügungsbeschränkungen und Enteignungshandlungen, politischer Verfolgung sowie der eigenen Anonymität entwickelt, verbunden mit dem Wunsch nach Flexibilität der gewählten Strukturen.[346] Bedingt durch die Urangst, das Familienvermögen zu verlieren, nimmt - wie empirische Studien belegen - das Kriterium „stabiles Umfeld für das Vermögen" in der Rangfolge der wichtigsten Kundenziele die erste Stelle ein (vgl. Abb. 17).[347]

Insbesondere in Europa haben sich die International Private Banking-Anbieter traditionell auf die Betreuung von Kunden mit „altem" bzw. „passivem" Vermögen konzentriert.[348] Für diese Kunden haben in der Regel die absolute Vertraulichkeit im Zusammenhang mit der Optimierung von Steuern, die Kapitalerhaltung, persönlicher Service und eine

---

[343] Vgl. Price Waterhouse, European Private Banking Survey, Ausgabe 1994/95, a.a.O., S. 17

[344] Vgl. ebenda

[345] Vgl. Biedermann, K., Strukturierung privater Vermögen mit Gesellschaften, Stiftungen und Trusts, in: Gehrig, B. (Hrsg.), Private Banking, Zürich 1995, S. 51 ff.

[346] Vgl. ebenda; Rock-Mach, L. T., Gedanken zur Produktpolitik für ausländische Privatkunden, in: bum 10/1990, S. 20

[347] Vgl. The Chase Manhattan Private Bank, a.a.O., o.S.

[348] Vgl. Beck, S., Playing the trillion dollar market, in: Private Banker International, Juli/August 1996, S. 14

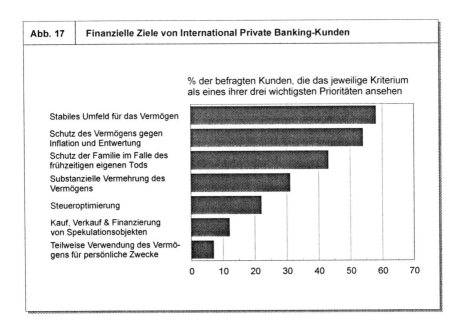

Abb. 17 | **Finanzielle Ziele von International Private Banking-Kunden**

% der befragten Kunden, die das jeweilige Kriterium
als eines ihrer drei wichtigsten Prioritäten ansehen

- Stabiles Umfeld für das Vermögen
- Schutz des Vermögens gegen Inflation und Entwertung
- Schutz der Familie im Falle des frühzeitigen eigenen Tods
- Substanzielle Vermehrung des Vermögens
- Steueroptimierung
- Kauf, Verkauf & Finanzierung von Spekulationsobjekten
- Teilweise Verwendung des Vermögens für persönliche Zwecke

0   10   20   30   40   50   60   70

Vgl. The Chase Manhattan Private Bank, a.a.O., o.S. (eigene Übersetzung)

langjährige, vertrauensvolle Kontoverbindung höchste Priorität.[349] Im Gegensatz zu dieser Kundengruppe betrachtet die neu heranwachsende Generation von International Private Banking-Kunden die erwirtschaftete Performance als dominierenden Qualitätsmaßstab; gleichzeitig ist die Loyalität zu einer speziellen Bank längst nicht mehr so stark ausgeprägt wie bei vielen älteren Kunden.[350]

Die Orientierung an der jeweiligen Lebensphase des Kunden ist elementare Voraussetzung dafür, dessen gegenwärtige Bedarfssituation zu erfassen und durch maßgeschneiderte Problemlösungen zum Aufbau eines Markenimages beizutragen. Als vier grundlegende Lebensabschnitte lassen sich der Aufbau, die Vermehrung und der Schutz von

---

[349] Vgl. ebenda
[350] Vgl. Bischofberger, A., a.a.O., S. 14

Vermögen sowie die Disposition über das Vermögen unterscheiden (vgl. Abb. 18).[351]

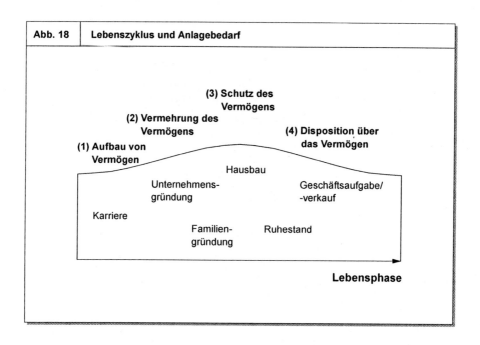

| Abb. 18 | Lebenszyklus und Anlagebedarf |

Vgl. Günthert, M. F., a.a.O., S. 431

Die Phase des Aufbaus von Wohlstand korrespondiert im allgemeinen mit dem Beginn einer Karriere, daran schließt sich oftmals der Wunsch an, das Vermögen (z.b. durch Steueroptimierung) zu vergrößern und zu schützen, um eine Familie zu gründen oder die Ausbildung der Kinder zu finanzieren.[352] Mit zunehmendem Alter des Kunden steigt tendenziell dessen Interesse an der Disposition über das Vermögen, an der Nach-

---

[351] Vgl. Günthert, M. F., a.a.O., S. 431 f.
[352] Vgl. ebenda, S. 432

folgeplanung innerhalb des Unternehmens oder an der Beratung in Nachlaßangelegenheiten.[353]

2.3.3 Konkurrenzanalyse

Der rasche Anstieg des Marktvolumens im International Private Banking insbesondere seit Mitte der siebziger Jahre führte zu einer erheblichen Wettbewerbsverschärfung aufgrund des Markteintritts weiterer (teilweise auch neuartiger) Anbieter.[354] Die hohe Wettbewerbsintensität gilt - auch begünstigt durch die Einführung der Dienstleistungs- und Niederlassungsfreiheit für europäische Banken und Finanzinstitute[355] - insbesondere für Europa als dem Ursprungsland des Private Banking.[356]

Die Anbieterseite im International Private Banking-Markt weist eine insgesamt stark fragmentierte Struktur auf: Zwar sind die genauen Marktanteile der führenden Institute nicht bekannt, doch dürften Schätzungen zufolge selbst die jeweiligen Anteile der UBS AG bzw. der Credit Suisse, beide aus dem Kreis der **Großbanken** (vgl. Kapitel 1.3.1), am weltweiten Private Banking-Markt höchstens 5% bzw. 2,5% betragen.[357]

---

[353] Vgl. ebenda

[354] Vgl. o.V., Executive Summary, in: Kinahan, P. (Hrsg.), Private Banking & Wealth Management Strategies in Action, Bd. II, The Players, Dublin 1995, S. V; Butler, P., Great expectations but ..., in: Retail Banker International, Februar/März 1995, S. 2

[355] Vgl. Heucke, P./Tern, S. M., a.a.O., S. 74

[356] Vgl. Beck, S., a.a.O., S. 14 f.

[357] Vgl. Graham, G., Covers come off the wealth business, in: Financial Times vom 26.11.1997, Sonderbeilage „Private Banking", S. I; Timewell, St., Heavyweights ..., a.a.O., S. 57. Eine Übersicht über die weltweit größten Vermögensverwaltungsgesellschaften im Private Banking findet sich z.B. bei Kiehling, H., Finanzplatz Schweiz: Private Banking im Mittelpunkt, in: Die Bank 8/1999, S. 514

Zur Systematisierung der wichtigen US-amerikanischen Wettbewerber im International Private Banking bietet sich die Unterscheidung zwischen „Commercial Banks" und „Investment Banks" an.[358]

Commercial Banks - diese betreiben in ihrer eigentlichen Funktion das Kredit- und Einlagengeschäft sowie den Zahlungsverkehr - dürfen zwar keinen Wertpapierhandel und keine Emissionsgeschäfte mit privaten Unternehmen betreiben.[359] Jedoch ist es ihnen möglich, innerhalb eigener Organisationseinheiten (Trust-Divisions) die Vermögensverwaltung und damit zusammenhängend die Effektenberatung sowie die Verwahrung und Verwaltung von Wertpapieren durchzuführen.[360] Insbesondere die US-amerikanischen Commercial Banks konzentrieren ihre Wachstumsbestrebungen angesichts der nationalen Niederlassungsbeschränkungen auf ausländische Märkte.[361] Im International Private Banking etablierte Tochtergesellschaften von Commercial Banks sind z.B. The Chase Manhattan Private Bank oder The Citibank Private Bank.[362]

Investmentbanken nutzen ihre gute Reputation im Bereich „Corporate Finance" und akquirieren innerhalb dieses Geschäftsfelds auch International Private Banking-Kunden[363], beispielsweise solche, die nach dem Verkauf ihres Unternehmens für den erhaltenen monetären Gegenwert geeignete Anlagemöglichkeiten suchen. Im Vergleich zu Universalbanken verfügen reine Investmentbanken im Geschäft mit sehr vermögenden, internationalen Privatkunden über eine eingeschränkte Produkt-

---

[358] Vgl. o.V., Executive Summary, in: Kinahan, P. (Hrsg.), Private Banking & Wealth Management Strategies in Action, Bd. II, The Players, Dublin 1995, S. VII ff. Die Aufteilung der amerikanischen Banken in diese beiden Gruppen geht auf das Bankgesetz von 1933 (Glass-Steagall-Act) zurück, vgl. Süchting, J., Bankmanagement, a.a.O., S. 243

[359] Vgl. ebenda, S. 243 f.

[360] Vgl. ebenda

[361] Vgl. Hahn, O., Bankstrukturen im internationalen Vergleich, in: Hahn, O./ Schuster, L. (Hrsg.), Mut zur Kritik. Hanns Linhardt zum 80. Geburtstag, Bern/ Stuttgart 1981, S. 180

[362] Vgl. o.V., Executive Summary, in: Kinahan, P. (Hrsg.), Private Banking & Wealth Management Strategies in Action, Bd. II, The Players, Dublin 1995, S. VIII f.

[363] Vgl. o.V., Morgan Stanley - On a Swiss Roll, in: Kinahan, P. (Hrsg.), Private Banking & Wealth Management Strategies in Action, Bd. II, The Players, Dublin 1995, S. 86; Timewell, St., Heavyweights ..., a. a .O., S. 56

palette mit dem Angebotsschwerpunkt insbesondere im Handel mit Wertpapieren.[364] Insbesondere die großen US-amerikanischen Investmentbanken, wie z.b. Goldman Sachs, J.P. Morgan[365], Merrill Lynch oder Morgan Stanley, Dean Witter, Discover[366] (über die Bank Morgan Stanley AG in Zürich[367]), konzentrieren ihre International Private Banking-Aktivitäten (unter Nutzung ihrer ausgedehnten Vertriebsnetze außerhalb ihres Heimatmarkts) typischerweise auf die Spitze des Top-Segments.[368]

Über das Emissionsgeschäft, langfristige Finanzierungen für Unternehmen bzw. Staaten sowie die Auflegung von Investmentfonds hinaus bieten **Merchant Banks**, eine weitere Wettbewerbsgruppe im International Private Banking, das „financial engineering" an, d.h. maßgeschneiderte Lösungen für Finanzprobleme.[369] Hahn charakterisiert Merchant Banks als (weitgehend) „filiallose Banken des individuellen und Großgeschäfts"[370]. Diesem Banktypus steht die Möglichkeit offen, im Firmenkundengeschäft auch ausgewählten Individuen (z.B. dem Eigentümer des Unternehmens) gezielt International Private Banking-Leistungen zu offerieren.[371] Zur Gruppe der Merchant Banks zählt z.B. Kleinwort Benson[372]; die International Private Banking-Ressourcen dieses im Jahr 1995 von der Dresdner Bank AG übernommenen Instituts bilden einen

---

[364] Vgl. Ehlern, S., a.a.O., S. 105
[365] Vgl. Finora, J., JP Morgan goes west, in: Private Banker International, August 1997, S. 11
[366] Dieses Institut entstand im Jahr 1997 durch den Zusammenschluß der Investmentbank „Morgan Stanley" mit dem Brokerhaus „Dean Witter, Discover", vgl. o.V., MSDWD merger may change global wealth market, in: Private Banker International, Februar 1997, S. 1
[367] Vgl. Morgan Stanley, Bank Morgan Stanley Private Banking (Imagebroschüre), o.O., o.J., o.S.
[368] Vgl. o.V., Morgan ..., a.a.O., S. 85 f.
[369] Vgl. Süchting, J., Bankmanagement, a.a.O., S. 238 ff.
[370] Hahn, O., Struktur ..., a.a.O., S. 338
[371] Vgl. o.V., Kleinwort Broadens its Outlook, in: Kinahan, P. (Hrsg.), Private Banking & Wealth Management Strategies in Action, Bd. II, The Players, Dublin 1995, S. 109
[372] Vgl. Süchting, J., Bankmanagement, a.a.O., S. 238 ff.

wichtigen Bestandteil des globalen Dresdner Private Banking-Konzepts (vgl. Kapitel 1.3.2.3).[373]

Das uralte Prinzip der Wahrung einer persönlichen Beziehung zwischen dem Bankier und seinen Kunden erklärt das den **Privatbankhäusern** eigene Fluidum von Prestige und Tradition.[374] Privatbankiers, d.h. diejenigen Personen, die Anteile an einem privaten Bankhaus halten, selbst aktiv an der Geschäftsführung teilnehmen und mit ihrem persönlichen Vermögen haften[375], treten im Privatkundengeschäft in den unterschiedlichsten Leistungsfeldern in Konkurrenz zu den deutschen Großbanken: Im Vordergrund stehen die Kundenberatung, die Vermögensverwaltung sowie das Wertpapier-Research.[376]

Einige Privatbankiers agieren von einem einzigen Standort aus und konzentrieren sich auf die Betreuung der lokalen Kundschaft, andere internationalisieren ihre Geschäftsaktivitäten durch Stützpunkte in ausgewählten Finanzzentren bzw. mittels Joint Ventures.[377] Insbesondere die aus der Schweiz stammenden Privatbankiers (hierzu zählen z.B. Bordier & Cie, Darier Hentsch & Cie, Lombard Odier & Cie, Mirabaud & Cie oder

---

[373] Vgl. Dresdner Bank AG, Geschäftsbericht 1995, Frankfurt am Main 1996, S. 14; Dresdner Bank AG, Global ..., a.a.O., o.S.

[374] Vgl. Woernle, G., Die Privatbankiers in der Schweiz. Bastion der Vermögensverwaltung, Lausanne 1978, S. 10

[375] Vgl. Pechlaner, H., Private Banking - Produkte, Konditionen und Controlling, in: bum 5/1995, S. 16. Der Begriff „Privatbankier" ist deutlich von der Bezeichnung „Privatbank" zu trennen, da hierzu neben dem Bankier auch Aktienbanken aufgrund ihrer ebenfalls privaten Eigenkapitalgeber zählen, vgl. Hahn, O., Struktur ..., a.a.O., S. 184 f.

[376] Vgl. Eichhorn, F.-J., Märkte für Privatbankiers, in: Die Bank 8/1996, S. 465. Um Research-Informationen auch über ausländische Titel zu erhalten, kooperieren Bankiers teilweise mit ähnlich strukturierten Anbietern im Ausland, die spiegelbildlich vor denselben Problemen stehen wie die deutschen Institute, vgl. Jacobi, H. H., Aktienresearch eines Privatbankhauses - mit den Großen konkurrieren?, in: Kreditwesen 20/1996, S. 18

[377] Vgl. Ehlern, S., a.a.O., S. 106

Pictet & Cie, alle mit Sitz in Genf[378]) weisen eine hohe Spezialisierung gerade im Off-shore-Geschäft auf.[379] Zwar sind diese Institute in den wichtigen International Private Banking-Märkten präsent, jedoch ist die Anzahl ihrer operativen Einheiten im Ausland insgesamt vergleichsweise gering.[380]

Die starke Kundenorientierung der Privatbankiers kommt u.a. durch besonders maßgeschneiderte Problemlösungen für ihre Kunden und eine Relation zwischen Kunden je Private Banker, die bei etwa einem Drittel derjenigen von Universalbanken liegt, zum Ausdruck.[381] Die in der Regel geringe Betriebsgröße der Privatbankiers gestattet tendenziell eine höhere Flexibilität ihrer Organisationsstrukturen.[382] Diese Flexibilität ermöglicht ein schnelles Reagieren auf sich ändernde Marktgegebenheiten, wie z.B. wechselnde Kundenbedürfnisse.[383] Sofern Privatbankiers den Vorteil der kapitalmäßigen oder sonstigen Unabhängigkeit in den Eigentumsverhältnissen aufweisen können, entfallen u.U. bestehende Interessenkonflikte gegenüber anderen Finanzdienstleistern.[384] Die hiermit verbundene freiere und objektivere Auswahlmöglichkeit der besten am Markt erhältlichen Produkte führt zu einer deutlichen Steigerung der Leistungsqualität.[385]

Der Wunsch vieler wohlhabender Privatkunden nach einer exklusiven und gleichzeitig von den geschäftlichen Finanzangelegenheiten getrennten Betreuung veranlaßte auch die Deutsche Bank AG und die Dresdner Bank AG, traditionelle Privatbankiers zu erwerben. Auf die Bedeutung von Grunelius Privatbankiers als Nukleus für die Deutsche Bank

---

[378] Vgl. o.V., Executive Summary, in: Kinahan, P. (Hrsg.), Private Banking & Wealth Management Strategies in Action, Bd. II, The Players, Dublin 1995, S. V f.; Studer, M., Swiss Private Bankers Still Attract the Elite. Small and Agile, They Adapt to Changing Global Economy, in: The Wall Street Journal Europe vom 23.10.1997, S. 4

[379] Vgl. Klöppelt, H., International ..., a.a.O., S. 205

[380] Vgl. ebenda

[381] Vgl. Ehlern, S., a.a.O., S. 106

[382] Vgl. Eichhorn, F.-J., a.a.O., S. 463

[383] Vgl. ebenda

[384] Vgl. ebenda

[385] Vgl. Kappelhoff-Wulff, G. C., Vermögensverwaltung bei Privatbanken: für wenige alles leisten, in: Kreditwesen 20/1996, S. 13

116

Trust AG wurde bereits im Zusammenhang mit den International Private Banking-Aktivitäten der Deutschen Bank hingewiesen (vgl. Kapitel 1.3.2.3). Ausschließlich auf inländische Märkte ausgerichtete Aktivitäten betreibt das zum Dresdner Bank-Konzern gehörige Bankhaus Reuschel & Co., so daß sich in bezug auf das International Private Banking eine weitergehende Analyse dieses Instituts erübrigt.[386]

Als Wettbewerbergruppe im International Private Banking sind auch **Fondsgesellschaften** zu nennen: Vor allem die internationalen Fondsgesellschaften aus den USA (z.b. Fidelity Investments als weltweit bedeutendste Investmentfondsgesellschaft[387]) oder aus Großbritannien (z.B. Mercury Asset Management, eine Tochtergesellschaft von Merrill Lynch[388]) haben neben der Erfahrung, dem Fondsvolumen und der „manpower" auch die nötigen finanziellen Mittel, um neue Märkte zu erschließen.[389] Früher lag der Fokus von Fondsanbietern auf dem breiten Privatkundengeschäft; zur Zeit wenden sich diese Gesellschaften verstärkt auch an private Kunden des gehobenen Segments, die zwar eine attraktive Performance anstreben, jedoch nicht bereit sind, die hohen Kosten einer (individuellen) Vermögensverwaltung zu bezahlen.[390]

Als weitere Konkurrenzgruppe gelten im International Private Banking-Geschäft **Broker**. Diese bieten in zunehmendem Maße auch „discretio-

---

[386] Vgl. Bankhaus Reuschel & Co., Geschäftsbericht 1996, o.O., 1997, S. 40. Ihre 1991 unter Verwendung eines alten Traditionsnamens selbst gegründete Privatbank „Hardy & Co Privatbankiers" in Frankfurt am Main löste die Dresdner Bank AG im Jahr 1997 auf und integrierte das Geschäft in ihre inländischen Vermögensbetreuungsaktivitäten, vgl. Dresdner Bank AG, Geschäftsbericht 1996, Frankfurt am Main 1997, o.S.; o.V., Dresdner bündelt Private Banking, in: Börsen-Zeitung vom 14.2.1997, Nr. 31, S. 10; o.V., Hardy & Co Privatbankiers war kein Erfolg beschieden, in: FAZ vom 24.2.1997, Nr. 46, S. 16; Wiebe, F., a.a.O., S. 29
[387] Vgl. o.V., Fidelity Investments, in: Kinahan, P. (Hrsg.), Private Banking & Wealth Management Strategies in Action, Bd. II, The Players, Dublin 1995, S. 141
[388] Vgl. o.V., Merrill Lynch and MAM set to create fund titan, in: Private Banker International, Dezember 1997, S. 1
[389] Vgl. von Boehm-Bezing, C. L., a.a.O., S. 10
[390] Vgl. Ehlern, S., a.a.O., S. 109

nary portfolio management" an.[391] Dennoch liegt der geschäftliche Schwerpunkt von Brokerhäusern (wie z.b. Prudential Bache) auf dem Research und Wertpapierhandel sowie in technischen und fundamentalen Analysen.[392]

Die besondere Stärke speziell von **Discount Brokern**, wie beispielsweise Charles Schwab (einem global tätigen Anbieter), besteht in technologisch ausgefeilten und kostengünstigen Vertriebssystemen, die auch den im Wertpapiergeschäft unerfahrenen Kunden eine Brücke bauen, um den Wandel von einer rein sparerorientierten hin zu einer anlegerorientierten Verhaltensweise vorzunehmen.[393] Zwar setzen viele Discount Broker Maßstäbe hinsichtlich ihrer Verfügbarkeit (z.B. durch einen 24-Stunden-Service) und bemühen sich um die verstärkte Individualisierung ihrer Kundenbetreuung[394], jedoch reicht die letztere Leistungsdimension nicht an das Qualitätsniveau im International Private Banking heran. Daher dürften sich von den Angeboten der Discount Broker eher Retail Banking- und ggf. Personal Banking-Kunden, jedoch nur eingeschränkt International Private Banking-Kunden angesprochen fühlen.

Private Vermögensverwalter, oftmals ehemalige Relationship Manager bei Banken, treten den deutschen Großbanken weniger als global tätige, sondern als eher national orientierte Konkurrenten gegenüber. Diese Wettbewerbergruppe weist besondere Stärken in der unabhängigen Beratung ohne jegliches Eigeninteresse in der Auswahl der Wertpapiertitel auf.[395] Um überhaupt qualifizierte Anlageempfehlungen geben und anschließend umsetzen zu können, sind private Vermögensverwalter auf

---

[391] Vgl. Zlotnick, B., Brokering metamorphosis, in: Private Banker International, November 1997, S. 6

[392] Vgl. Ehlern, S., a.a.O., S. 110

[393] Vgl. o.V., Fidelity ..., a.a.O., S. 145 f.

[394] Vgl. o.V., Charles Schwab, in: Kinahan, P. (Hrsg.), Private Banking & Wealth Management Strategies in Action, Bd. II, The Players, Dublin 1995, S. 117 f.

[395] Vgl. Ehlern, S., a.a.O., S. 108

die enge Zusammenarbeit mit Banken im Research, im Wertpapierhandel und in der Wertpapierverwahrung angewiesen.[396] Eine Konkurrenzsituation gegenüber International Private Banking-Anbietern kann auch durch **institutionelle Vermögensverwalter** (z.B. Dresdner RCM Global Investors[397]) auftreten, sofern sich Kunden aufgrund ihrer Vermögenshöhe innerhalb des Grenzbereichs zwischen der Einstufung als privater oder institutioneller Kunde bewegen.

Versicherungsunternehmen, wie z.B. CS Life, zählen im International Private Banking ebenfalls zu den Konkurrenten der deutschen Großbanken, wenn auch nur in begrenztem Umfang.[398] Beispielsweise belaufen sich die Gesamtaktiva der 50 größten Versicherungsgesellschaften der Welt nur auf ca. 2,4 Bio. US$ gegenüber ca. 11,5 Bio. US$ der 50 größten Banken.[399] Der spezifische Vorteil von Versicherungen besteht in ihrer langjährigen Erfahrung in der Anlage und Verwaltung von Vermögen sowie in der in manchen Ländern bestehenden steuerlichen Begünstigung von Lebensversicherungs- und Pensionsprodukten.[400]

---

[396] Vgl. ebenda

[397] Diese Tochtergesellschaft der Dresdner Bank AG entstand Ende 1997 durch den Zusammenschluß der Aktivitäten im institutionellen Vermögensverwaltungsgeschäft von Thornton Management Ltd. (London), Kleinwort Benson Investment Management Ltd. (London) und RCM Capital Management, L.L.C. (San Francisco), vgl. o.V., Dresdner RCM readies Pan-European advertising, in: Global Private Banking vom 8.12.1997, S. 6

[398] Vgl. Ehlern, S., a.a.O., S. 109; Wettstein, F., Leveraging the Role of Insurance in Personal Financial Planning, in: Kinahan, P. (Hrsg.), Private Banking & Wealth Management Strategies in Action, Bd. II, The Players, Dublin 1995, S. 72 ff. Banken und Versicherungen treten im Bereich „Vermögensverwaltung" teilweise aber auch als Partner auf. Beispielsweise haben die Deutsche Bank AG und die Nippon Mutual Life Insurance Company eine strategische Allianz gebildet, um den Vertrieb von europäischen Investmentfonds in Japan und japanischen Investmentfonds in Europa zu ermöglichen, vgl. o.V., Deutsche Bank und Nippon Life schmieden strategische Allianz, in FAZ vom 11.11.1998, Nr. 262, S. 23

[399] Vgl. von Boehm-Bezing, C. L., a.a.O., S. 10

[400] Vgl. o.V., Executive Summary, in: Kinahan, P. (Hrsg.), Private Banking & Wealth Management Strategies in Action, Bd. II, The Players, Dublin 1995, S. XII; Wettstein, F., a.a.O., S. 74 f.

Um geeignete Parameter zur Differenzierung gegenüber anderen Marken identifizieren zu können, sollten International Private Banking-Anbieter, die ein globales Markenimage anstreben, insbesondere die Annahmen, Fähigkeiten, gegenwärtigen Strategien und zukünftigen Ziele ihrer Konkurrenten aus dem Kreis der vorgestellten Wettbewerbergruppen diagnostizieren.[401] Die meisten Unternehmen entwickeln zumindest ein intuitives Gespür für die aktuellen Strategien ihrer Konkurrenten sowie deren Stärken und Schwächen, widmen aber den zugrundegelegten Annahmen und abgeleiteten Zielen als den für das gegenwärtige bzw. zukünftige Verhalten bestimmenden Faktoren weit weniger Aufmerksamkeit, zumal diese aus externer Sicht auch nur schwer zu beobachten sind.[402]

2.3.4 Selbstanalyse

Jede Bank, die eine globale Markenpositionierung beabsichtigt, muß die für ihre Stärken-Schwächen-Analyse relevanten Faktoren auswählen, diese gewichten und dann zu einem Gesamturteil über die strategische Ausgangslage gelangen.[403] Um das eigene Stärken-Schwächen-Profil nicht nur als Eigenbild darzustellen, sollte eine auf Expansion ausgerichtete Bank den Erfüllungsgrad der Haupterfolgskriterien ebenfalls aus Sicht von vorhandenen bzw. potentiellen Kunden ermitteln.[404] Die fundierte Analyse des Ist-Images ist essentielle Voraussetzung, um anschließend das anzustrebende Soll-Image festzulegen, die Marketing-

---

[401] Vgl. Porter, M. E., Wettbewerbsstrategie, 8. Aufl., Frankfurt am Main/New York 1995, S. 79 ff.; vertiefend: Rieser, I., Konkurrenzanalyse. Wettbewerbs- und Konkurrentenanalyse im Marketing, in: Die Unternehmung 4/1989, S. 293 ff.
[402] Vgl. Porter, M. E., Wettbewerbsstrategie, a.a.O., S. 79
[403] Vgl. Schierenbeck, H., Ertragsorientiertes Bankmanagement: Controlling in Kreditinstituten, 4. Aufl., Wiesbaden 1994, S. 416 f.
[404] Vgl. Höfner, K., Schafft ..., a.a.O., S. 60

Ziele zu aktualisieren[405] und damit den Handlungsrahmen für markenrelevante Entscheidungen bestimmen zu können. Die später kontinuierlich durchzuführende Gegenüberstellung von „Wunschimage" und dem
tatsächlichen Image der Bank aus Kundensicht dient der frühzeitigen
Aufdeckung möglicher Diskrepanzen.

Die Ausgangssituation der deutschen Großbanken zum Aufbau globaler
Markenimages im International Private Banking ist durchaus vielverspre-
chend: Als generelle Wettbewerbsvorteile gelten u.a. die durch renommierte Rating-Agenturen zuerkannte hohe Bonität der Institute, die Präsenz der Konzerne an den wichtigsten Finanzplätzen der Welt sowie der
jeweilige Firmensitz in Frankfurt am Main, dem Sitz der Europäischen
Zentralbank.[406] Ein Imagetransfer von der Zentrale der europäischen
Geldpolitik als erhofftem Garanten eines - ähnlich der DM - stabilen Euro
auf die deutschen Großbanken fördert sicherlich das Vertrauen der Kunden in die Zuverlässigkeit der Verwaltung ihrer Gelder. Ein solcher Aus-
strahlungseffekt tritt entsprechend stärker auf, wenn das Kundenvermögen nicht nur von einer deutschen Bank mit Sitz in Frankfurt am Main,
sondern auch tatsächlich in dieser Stadt, und zwar mit starker Ausrichtung auf DM- bzw. Euro-Produkte, verwaltet wird. Weitere Pluspunkte
der deutschen Großbanken sind die mit Deutschen oftmals assoziierten
Tugenden, wie z.B. „Fleiß" oder „Gewissenhaftigkeit".

Als besondere Stärken der deutschen Großbanken im International Private Banking gelten die Umsetzung einer einheitlichen, globalen Anlagestrategie unter Berücksichtigung von regionalen Besonderheiten sowie
die universelle Leistungspalette, zu der die Kunden durch ihren Private
Banker Zugang erhalten.[407] Die Hauptschwäche der deutschen Großbanken besteht im International Private Banking dagegen in noch nicht

---

[405] Vgl. Bleuel, A., Dachmarke oder Einzelmarke? Wohin mit dem Produktneuling?,
in: asw 4/1989, S. 102 f.
[406] Vgl. Gerlach, U., a.a.O., S. 11
[407] Vgl. Deutsche Bank AG, Konzern-Profile. Private Banking, Frankfurt am Main
1997, S. 2

etablierten Markenimages. Dieses Manko läßt sich beispielsweise anhand der von der Deutschen Bank und der Dresdner Bank erst kürzlich vollzogenen (bzw. von der Commerzbank geplanten) Verknüpfung der weltweiten Konzerneinheiten (vgl. Kapitel 1.3.2.3) sowie des derzeit noch geringen externen und internen Bekanntheitsgrads des Leistungsspektrums erkennen.[408]

Die Selbstanalyse deutet im Ergebnis oftmals auch auf Schwachstellen des Produkt- bzw. Serviceangebots hin, die von dem Kreditinstitut nicht aus eigener Kraft behoben werden können. Keine Bank vermag die gesamte Bandbreite der International Private Banking-Leistungen in qualitativ hochwertiger Weise aus eigener Kraft anzubieten[409] und benötigt demzufolge zur Erreichung des geplanten Soll-Images starke und kompetente Partner. Die Praxisrelevanz von Überlegungen, in diesem Geschäftsfeld teilweise fremde Leistungsanbieter in Anspruch zu nehmen, geht deutlich aus den in Abb. 19 gezeigten Untersuchungsergebnissen hervor. Leider wird in jener Studie versäumt, nähere Auskünfte über die Gründe für Diskrepanzen zwischen der für bestimmte Aufgabenfelder erwogenen und der tatsächlich durchgeführten Fremdvergabe zu nennen (z.B. Kostenüberlegungen oder Zweifel an der Leistungsqualität der externen Anbieter).

---

[408] Vgl. ebenda; Balzer, A./Wilhelm, W., Wechsel auf die Zukunft, in: managermagazin, April 1998, S. 94
[409] Vgl. Butler, P., a.a.O., S. 2

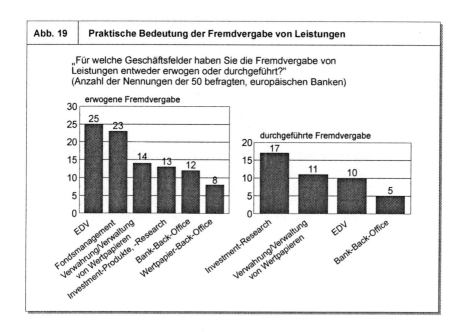

Abb. 19   **Praktische Bedeutung der Fremdvergabe von Leistungen**

„Für welche Geschäftsfelder haben Sie die Fremdvergabe von Leistungen entweder erwogen oder durchgeführt?" (Anzahl der Nennungen der 50 befragten, europäischen Banken)

Vgl. Price Waterhouse, European Private Banking Survey, Ausgabe 1996/97, a.a.O., S. 28 (eigene Übersetzung)

Zur Beantwortung der Frage, ob eine Bank überhaupt - und wenn ja, welche - Leistungen ausgliedern soll, stellt die Entscheidungsmatrix in Abb. 20 dem Grad der eigenen Fähigkeiten auf der vertikalen Achse die aus Kundensicht erachtete Wichtigkeit der zur Disposition stehenden Tätigkeitsfelder auf der horizontalen Achse gegenüber.[410]

---

[410] Vgl. Hagander, N., a.a.O., S. 9

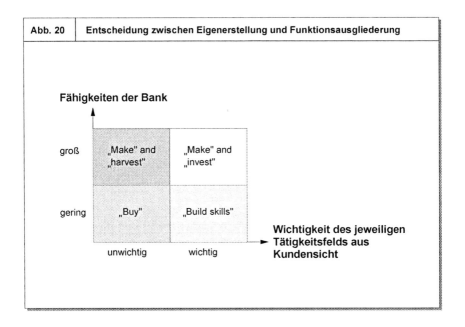

| Abb. 20 | Entscheidung zwischen Eigenerstellung und Funktionsausgliederung |

Vgl. Hagander, N., a.a.O., S. 9

Den strategisch wichtigsten Bereich der Bank bilden jene Schlüssel-
fähigkeiten, die zu einem hohen Kundennutzen führen und damit die
Möglichkeit eröffnen, sich am Markt gegenüber Wettbewerbern zu differenzieren (Feld rechts oben).[411] Zu dieser Kategorie, der im Kunden- und
damit auch im Bankinteresse die höchste Priorität eingeräumt werden
muß, zählen sämtliche Aktivitäten mit unmittelbarem Bezug zum Kunden
(wie Beratungsleistungen oder Portfolio Management-Entscheidun-
gen).[412] Insbesondere der Vermögensverwaltung sollte in einer Stärken-
Schwächen-Analyse besonderes Augenmerk gelten, nicht zuletzt deshalb, da (wie in Kapitel 2.3.2.2.1 gezeigt) die erzielte Investment-Perfor-
mance für International Private Banking-Kunden sowohl für die Wahl

---

[411] Vgl. ebenda, S. 10
[412] Vgl. ebenda

einer neuen als auch die Auflösung einer bestehenden Bankverbindung von ausschlaggebender Bedeutung ist.[413] Um eine vergleichsweise starke Wettbewerbsposition zu halten und/oder Wachstumschancen zu nutzen, wird sich die Bank in der Regel für die Selbsterstellung dieser Kernleistungen entscheiden.[414] Leistungen, welche die Bank - beispielsweise wegen der fehlenden kritischen Masse - nicht selbst in angemessener Qualität erbringen kann und die für Kunden zwar notwendig, aber nicht entscheidend, d.h. nicht imagebildend, sind (Feld unten links), können eingekauft werden, wie z.B. Custody Services (also die Wertpapierverwahrung und -verwaltung).[415]

Eine „Harvest"-Strategie bietet sich dagegen für Aufgaben an, die die Bank zwar in geeigneter Qualität anbieten kann, die für die strategische Position am Markt aber nicht entscheidend sind (Feld links oben). Ernten bedeutet hier, das bestehende Preisniveau zu halten und keine weiteren Investitionen zu tätigen.[416] Aus Sicht des Managements ist daher sicherzustellen, daß solche Aktivitäten (z.B. das Edelmetallgeschäft) keine Kapazitäten absorbieren bzw. kein Kapital binden.[417]

---

[413] Vgl. Price Waterhouse, European Private Banking Survey, Ausgabe 1996/97, a.a.O., S. 19 und S. 22

[414] Vgl. Hahn, O., Selbsterstellung und Funktionsausgliederung als bankbetriebliches Entscheidungsproblem, in: Schneider, W./Fuchs, K. (Hrsg.), Management im Kreditwesen. Festschrift für Hans Krasensky zum 70. Geburtstag, Wien 1973, S. 87. „Certain competencies cannot be externally sourced. I believe a successful private bank needs to own that part of the process where the service meets the client, where manufacture stops and craftsmanship begins. The private banker is rather like a tailor; he buys the cloth from an external supplier, but he makes the suit for his client, asking his client for what occasion the suit is required and measuring the client for his size. If he gives away his tailor's scissors he becomes a salesman, selling off-the-peg suits, rather than a craftsman, crafting a service to fit the client. This is, I believe, the essence of private banking. Some banks fail because they have allowed the manufacturer to push the craftsman aside, to the disadvantage of the client and, ultimately, of the private bank itself." Vgl. Tomalin, M., Coping with Established Competitors: The Competitive Challenge of Managing a Global Private Bank, in: Kinahan, P. (Hrsg.), Private Banking & Wealth Management Strategies in Action, Bd. I, The Issues, Dublin 1994, S. 80

[415] Vgl. vertiefend zur Fremdvergabe von Wertpapierdienstleistungen z.B. Adams, R./Sixt, S. S., Trends im Wertpapierservice, in: Die Bank 3/1998, S. 164 ff.

[416] Vgl. Hagander, N., a.a.O., S. 9

[417] Vgl. ebenda, S. 9 f.

Kritisch für die eigene Wettbewerbsfähigkeit sind diejenigen Aktivitäten zu beurteilen, für welche die Bank nicht ausreichend befähigt ist, die für die Bankkunden aber wichtig sind (Feld rechts unten).[418] Die Zusammenarbeit mit externen Partnern (beispielsweise mit einem Treuhänder zur Gründung einer Liechtensteiner Stiftung) ist in diesem Fall eine Alternative, um durch rasches Handeln einen Imageschaden auszugleichen bzw. von vornherein zu vermeiden. Durch die konsequente Übertragung des „brand management" auch auf die zugekauften Finanzdienstleistungen rufen diese als scheinbar hauseigene Markenprodukte - eine adäquate Qualität vorausgesetzt - einen positiven Imagetransfer bei dem Kunden hervor. Als Konsequenz hieraus mißt dieser seiner Bank einen Kompetenzzuwachs bei. Alternativ zu einer solchen Hervorhebung des eigenen Leistungsvermögens könnte ein Kreditinstitut die fremdbezogenen Leistungen bewußt als solche dem Kunden gegenüber in Erscheinung treten lassen, um dadurch die Objektivität der Bank in der Auswahl ihrer Produkte zu betonen.

Zusammenfassend läßt sich festhalten, daß die deutschen Großbanken in dem attraktiven Geschäftsfeld „International Private Banking" gute Voraussetzungen mitbringen, um die vorhandenen Defizite hinsichtlich eines globalen Markenauftritts ausgleichen zu können. Der Erfolg der Neupositionierung im International Private Banking wird in entscheidendem Maße davon abhängen, inwieweit es den deutschen Großbanken im Vergleich zu der zahlreichen und zumeist bereits etablierten Konkurrenz gelingt, die bankbetrieblichen Ressourcen auf die aus Kundensicht maßgeblichen Erfolgsfaktoren zu fokussieren.

---

[418] Vgl. ebenda, S. 10

126

3 Die Entwicklung von Zielen und Markenstrategien

3.1 Klassifizierung von Zielen globaler Markenimages

Eine Bank, die sich zur Internationalisierung ihrer Dienstleistungen entschließt, setzt sich unter betriebswirtschaftlichen Gesichtspunkten ein strategisches Ziel.[419] Ein derartiges Ziel ist Bestandteil eines übergreifenden, hierarchisch aufgebauten Zielsystems, dessen verschiedene inhaltliche Elemente sich gegenseitig beeinflussen und die Geschäftspolitik des Kreditinstituts bestimmen (vgl. Abb. 21).[420]

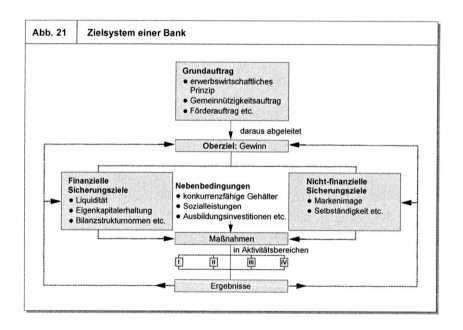

Abb. 21 | Zielsystem einer Bank

Vgl. Süchting, J., Bankmanagement, a.a.O., S. 314

---

[419] Vgl. Kollar, A., a.a.O., S. 435
[420] Vgl. ebenda, S. 435 f.; Köhler, R./Krauter, J., a.a.O., Sp. 1014

In der sozialen Marktwirtschaft dominiert das erwerbswirtschaftliche Prinzip mit der daraus folgenden unternehmerischen Zielsetzung der Gewinnmaximierung.[421] Die Gewinnorientierung bildet, sofern nicht kurzfristig abweichenden Zielvorstellungen Priorität eingeräumt wird, längerfristig das geschäftspolitische Oberziel, dem insoweit andere finanzielle und die nicht-finanziellen Ziele unterzuordnen sind.[422] Den Grad der Erreichung der jeweiligen Unterziele und damit letztlich des Oberziels bestimmen innerhalb einer auf die langfristige Gewinnmaximierung ausgerichteten, operationalen Zielfunktion vielfältige Nebenbedingungen, wie z.B. konkurrenzfähige Gehälter.[423]

Markenbezogene Ziele haben innerhalb dieses hierarchischen Zielsystems derivativen Charakter, sie stellen also lediglich besondere Ausprägungsformen übergeordneter Ziele dar.[424] Die verschiedenen markenpolitischen Subziele lassen sich anhand des zugrundegelegten Zeithorizonts zur Zielerreichung (dem Prozeßcharakter des Aufbaus globaler Markenimages entsprechend) in eine kurz- sowie eine mittel- bis langfristige Dimension unterscheiden. Als bedeutsame **kurzfristige** Ziele globaler Markenimages gelten hauptsächlich

- der Aufbau von Bekanntheit bzw. die Imageaktualisierung und
- die Differenzierung gegenüber der Konkurrenz.[425]

Wichtige Zielsetzungen auf **mittel- bis längerfristiger** Ebene sind

- die kontinuierliche Verbesserung und Profilierung des Markenimages,
- der Aufbau von Markentreue als Ergebnis eines abgestuften Vorgangs in der Psyche der Kunden,

---

[421] Vgl. Süchting, J., Bankmanagement, a.a.O., S. 313
[422] Vgl. Krüger, R., a.a.O., S. 316
[423] Vgl. Süchting, J., Bankmanagement, a.a.O., S. 315
[424] Vgl. Bruhn, M., Markenstrategien, a.a.O., Sp. 1453 f.; Haedrich, G./Tomczak, T., a.a.O., S. 76
[425] Vgl. Bruhn, M., Markenstrategien, a.a.O., Sp. 1453 f.; Bruhn, M., Sponsoring. Unternehmen als Mäzene und Sponsoren, 2. Aufl., Wiesbaden 1991, S. 103

- die Identifikation der Mitarbeiter mit der Marke,
- die Erzielung einer absatzfördernden Wirkung, verbunden mit Gewinnsteigerungen,
- die Erhöhung des Markenwerts aus Sicht der unterschiedlichen Adressatenkreise[426] und
- die Minimierung der Abhängigkeit von bereits als Marke etablierten Geschäftsfeldern zwecks Risikostreuung.[427]

Die Erfüllung aller aufgezählten bankbezogenen Ziele steht in unmittelbarem Zusammenhang mit dem Grad der Nutzung derjenigen Chancen, die mit der verstärkten Profilierung einer Marke für Kunden verbunden sind. Insofern umfaßt die nachfolgende Diskussion von Zielen globaler Markenimages im International Private Banking neben der bankbetrieblichen Sichtweise auch eine kundenbezogene Zieldimension.

3.1.1 Bankbezogene Zielsetzungen globaler Markenimages

3.1.1.1 Differenzierung und Profilierung gegenüber Wettbewerbern

Aufgrund der immensen Vielfalt der Waren und Dienstleistungen unserer modernen Industriegesellschaft sind zunehmende Anstrengungen erforderlich, um die Aufmerksamkeit auf einzelne Anbieter und deren Produkte zu lenken.[428] Speziell Banken stehen vor der Herausforderung, trotz wenig differenzierbarer Produkte (vgl. Kapitel 1.2.3) eine führende Position im Markt und im Bewußtsein der jeweiligen Zielgruppe(n) zu erlangen.[429] Das am Markt verfügbare Gesamtangebot aller Produkte (available set) setzt sich aus Sicht des Kunden aus ihm unbekannten

---

[426] Vgl. Angehrn, O., Handelsmarken und Herstellermarken im Wettbewerb, Stuttgart 1969, S. 18 ff.; Bruhn, M., Markenstrategien, a.a.O., Sp. 1453 f.

[427] Vgl. Walter, I., a.a.O., S. 177 f.

[428] Vgl. Schurdel, H. D., Herkunft der Banksignets. Warum ..., a.a.O., S. 40

[429] Vgl. Breuer, H.-J., a.a.O., S. 11

(unawareness set) und bekannten Produkten (awareness set) zusammen (vgl. Abb. 22).[430] Das „awareness set" wiederum enthält Produkte,

- die für den Kunden nicht relevant sind, weil z.b. einige Produkteigenschaften von dem Kunden festgelegte Mindestanforderungen nicht erfüllen (inept set),
- über die der Kunde nur unzureichende Informationen besitzt und deshalb keine klaren Vorstellungen darüber hat, wie er diese Produkte bewerten soll (inert set), und
- die in die engere Wahl bei der Kaufentscheidung gelangen (evoked set).[431]

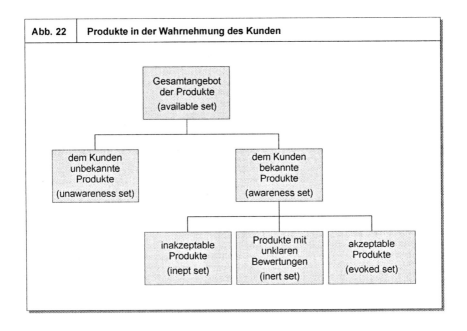

| Abb. 22 | Produkte in der Wahrnehmung des Kunden |

Vgl. Jasny, R., a.a.O., S. 24

---

[430] Vgl. Jasny, R., Vermögensanlage: Marketing für Marken, in: bum 8/1996, S. 24 ff.
[431] Vgl. ebenda

Je höher der tatsächliche oder erwartete Nutzen eines Angebots für den Kunden ist, desto größer ist die Wahrscheinlichkeit, daß dieser es aus dem „evoked set" auswählt.[432] Der Entstehungsprozeß einer positiven Einstellung gegenüber der offerierten Leistung (vgl. Kapitel 1.2.2) basiert teils auf objektiv meßbaren Produkteigenschaften (wie der Preisgestaltung), teils auf subjektiv wahrgenommenen Merkmalen (z.b. der Vertrauenswürdigkeit des Relationship Managers).[433] Banken haben somit die Möglichkeit, sich in ihrer Leistungspolitik gegenüber der Konkurrenz auf zwei unterschiedlichen Ebenen zu profilieren.[434]

Differenzierungsüberlegungen im Zusammenhang mit dem Aufbau von globalen Markenimages beschränken sich jedoch keineswegs auf produktpolitische Maßnahmen, sondern lassen sich auf sämtliche Marketing-Instrumente beziehen (vgl. Kapitel 4.2). Je weniger sich Produkte unterscheiden, desto wichtiger ist gerade die Profilierung über die übrigen Wesensmerkmale eines Unternehmens, d.h. dessen Stärken und Potentiale.[435] Beispielsweise verleiht die weltweite Präsenz einem Kreditinstitut gegenüber lediglich auf Teilmärkten operierenden Wettbewerbern einen Imagevorsprung[436], weil Kunden für ihr Vermögen zwischen den verschiedenen Off-shore-Zentren als Zielorten wählen können. Die daher anzustrebende aktive Markenbekanntheit als eine Zielsetzung von Markenimages liegt vor, wenn den Zielpersonen der Markenname so geläufig ist, daß sie

• an die Marke von sich aus denken, wenn von einem bestimmten Produktfeld die Rede ist, und/oder

---

[432] Vgl. ebenda; Aust, E., Der Wettbewerb in der Bankwirtschaft, Frankfurt am Main 1963, S. 90

[433] Vgl. Bleuel, A., a.a.O., S. 100

[434] Vgl. ebenda

[435] Vgl. Breuer, H.-J., a.a.O., S. 11; Jasny, R., a.a.O., S. 27

[436] Vgl. Porter, M. E., Wettbewerbsstrategie, a.a.O., S. 351

- mit dem Markennamen als Kristallisationspunkt Werbeinhalte sowie eigene Vor- bzw. Einstellungen assoziieren und dadurch ggf. Kaufabsichten geweckt werden.[437]

Richtet der Inhaber einer Marke diese derart exakt auf die aus Kundensicht relevanten Erfolgsfaktoren aus, daß konkurrierende Marken bedeutungslos werden, so mutiert die Individualisierungsfunktion zu einer Monopolisierungsfunktion.[438] Diese erfüllt das Postulat Domizlaffs, der die Schaffung einer „Monopolstellung in der Psyche der Verbraucher"[439] als zentrales markenpolitisches Ziel fordert.[440] Im International Private Banking erscheint jedoch selbst für bereits etablierte Anbieter die Erreichung eines solchermaßen hochgesteckten Ziels zumindest innerhalb eines kürzerfristigen Zeithorizonts durch „organisches Wachstum" nicht möglich. Die Gründe hierfür liegen in der weitgehend oligopolistisch geprägten Wettbewerbssituation[441] (vgl. Kapitel 2.3.3) sowie der üblichen Risikostreuung seitens der Kunden durch mehrere Bankverbindungen. Dennoch bietet ein prägnantes Markenimage zumindest einen gewissen Schutz vor Konkurrenten und schafft zugleich Markteintrittsbarrieren für potentielle Wettbewerber.[442]

3.1.1.2 Aufbau und Festigung der Bankloyalität

Die partiellen Diskrepanzen zwischen Bankleistungen und Sachgütern (vgl. Kapitel 1.2.3) veranlassen Süchting, nicht die Bankleistung per se,

---

[437] Vgl. Gröll, W., Was bedeutet aktive Markenbekanntheit?, in: Markenartikel 7/1986, S. 344. Bei passiver Markenbekanntheit erinnert sich eine Person erst dann daran, den Markennamen zu kennen, wenn sie den Markennamen wahrnimmt, vgl. Tolle, E./Steffenhagen, H., a.a.O., S. 380
[438] Vgl. Weber, M., a.a.O., S. 29
[439] Domizlaff, H., a.a.O., S. 75
[440] Vgl. Weber, M., a.a.O., S. 29
[441] Vgl. Timewell, St., Knee-deep in it, in: THE BANKER, Januar 1997, S. 41
[442] Vgl. Bekmeier, S., Markenwert und ..., a.a.O., S. 384

sondern das Kreditinstitut, dessen Namen und insbesondere die Mitarbeiter als Loyalitätsobjekte anzusehen.[443] Seinem Modell der Bankloyalität, einem der ersten wissenschaftlichen Ansätze (1972) zur Erklärung dieses Phänomens, legt Süchting lerntheoretische Erkenntnisse zugrunde: Mit zunehmender Zahl der Geschäftskontakte pro Kunde im Zeitablauf wächst auch die Wahrscheinlichkeit der erneuten Leistungsinanspruchnahme, allerdings mit abnehmender Rate.[444] Mit dieser bankbezogenen Sichtweise knüpft Süchting an die Erkenntnisse US-amerikanischer Psychologen an, die Markentreue darauf zurückführen, daß die zunehmende Erfahrung mit einem Qualitätsprodukt zur Gewöhnung und damit zu wachsender Treue diesem Produkt gegenüber führt.[445]

Durch die Beziehungspflege errichtet der Relationship Manager Barrieren gegen den Austritt des Kunden aus der Geschäftsbeziehung: Je angenehmer die bisherige Bankverbindung für den Kunden war, um so höher ist für diesen die Hemmschwelle, seine Konten zu kündigen, um so größer ist dementsprechend das „Abhängigkeitsverhältnis" von dem Kreditinstitut.[446] Das Ausmaß der individuellen Abhängigkeit sinkt mit zunehmendem Grad des Geschäftspotentials, der Bonität und des Informationsstands des Kunden über Offerten anderer Banken.[447] Anders ausgedrückt: Die Verhandlungsmacht des Kunden steigt entsprechend.[448]

Durch ihr hohes Geschäftspotential und ihre exzellente Bonität besitzen speziell International Private Banking-Kunden eine besonders starke Verhandlungsposition gegenüber ihrem Kreditinstitut. Zudem verfügen sie aufgrund ihrer zumeist mehrfachen Bankverbindungen über eine fundierte Informationsbasis, die ihnen dazu verhilft, vergleichsweise

---

[443] Vgl. Süchting, J., Die ..., a.a.O., S. 276

[444] Vgl. ebenda, S. 276 ff.

[445] Vgl. Bayton, J. A., Motivation, cognition, learning - basic factors in consumer behavior, in: The Journal of Marketing 1/1958, S. 288 f.

[446] Vgl. Süchting, J., Bankmanagement, a.a.O., S. 456 f.

[447] Vgl. Süchting, J., Wachsen die preispolitischen Spielräume? Anmerkungen zu Banktreue und Beziehungsmanagement, in: bum 5/1991, S. 16

[448] Vgl. ebenda

lukrative Geschäfte abzuschließen.[449] Bislang führte die teilweise eingeschränkte Transparenz des International Private Banking-Markts hinsichtlich der weltweit agierenden Anbieter, ihrer Leistungen und Konditionen nur zu einer geringen Fluktuation der Kunden, jedoch werden
zukünftig die noch besseren Informations- und Kommunikationsmöglich-
keiten nachhaltig die Kundenbindung beeinflussen (vgl. Kapitel 2.2.3).[450]
Banken, denen es nicht gelingt, ihr Leistungsangebot und den damit
verbundenen Nutzenvorsprung gegenüber Konkurrenzofferten sowohl
vorhandenen als auch potentiellen Nachfragern überzeugend zu präsentieren, werden ihre Wettbewerbsfähigkeit einbüßen.[451]
Um die Relevanz von Marken für den Aufbau und die Festigung der
Bankloyalität nicht einseitig aus Bankensicht, sondern vor dem Hintergrund des beiderseitigen Interesses von Kreditinstituten und Kunden an
einer vertrauensvollen Zusammenarbeit darzustellen, würdigt Kapitel
3.1.2 entsprechend die Bedeutung der Markentreue für Kunden.

3.1.1.3 Identifikation der Mitarbeiter mit der Marke

Die durch ein Markenimage begründete Identifikation von Mitarbeitern
mit ihrem Arbeitgeber[452] gilt im International Private Banking als
kritischer Erfolgsfaktor. In diesem Geschäftsfeld wirken die Mitarbeiter
nämlich - im Gegensatz zur industriellen Produktion - nicht nur an der
Leistungserstellung mit, sondern sind als Ansprechpartner und Vertrau-
ensperson für den Kunden selbst elementarer Bestandteil der Marke.
Wir-Bewußtsein, Korpsgeist und Identifikation entstehen nach einer
Systematik von Bergler auf drei Feldern:

---

[449] Vgl. Berney, C., A team approach to private banking, in: Private Banker International, März 1995, S. 14
[450] Vgl. Heucke, P./Tern, S. M., a.a.O., S. 78
[451] Vgl. ebenda
[452] Vgl. Weber, M., a.a.O., S. 91

- Die **Basisidentifikation**, definiert als das Ergebnis der positiven Bewertung des eigenen Instituts im Konkurrenzvergleich, fördert bei den eigenen Mitarbeitern Sympathie, Vertrauen und Respekt gegenüber ihrem Arbeitgeber.[453]

- Die **Produktidentifikation** erwächst aus der anhand subjektiver oder objektiver Maßstäbe gewonnenen Überzeugung, daß die eigenen Produkte denen der Konkurrenz überlegen sind, und gewährt Sicherheit, Überzeugungsstärke und kommunikative Glaubwürdigkeit.[454]

- Die **Führungsidentifikation** schließlich resultiert aus dem persönlich erlebten Führungsstil, der Arbeitsfreude und -zufriedenheit sowie der Fähigkeit der Vorgesetzten, ihre Mitarbeiter zu motivieren und als Vorbilder für sie aufzutreten.[455]

Mitarbeiter assoziieren zu einem gewissen Grad ihre eigene Identität mit der des Unternehmens, da sie sich mit dieser vertraut fühlen, wichtige Werte des Unternehmens teilen oder gerne dessen Image auf ihre eigene Person projizieren möchten.[456] Mit Marken ist in diesem Zusammenhang die Chance verbunden, in allen Situationen, in denen die Mitarbeiter ein Gefühl der Zusammengehörigkeit spüren, im Hintergrund präsent zu sein, um mit diesem Gemeinschaftsgefühl assoziiert und dadurch zum Symbol der Identifikation zu werden.[457] Für die deutschen Großbanken dürfte mit Blick auf die bereits etablierten Wettbewerber im International Private Banking ein besonderes Augenmerk auf die Führungsidentifikation als einzige ausschließlich intern beeinflußbare Dimension zu werfen sein, um dann sukzessive über die Basisidentifikation zu einer Produktidentifikation der Mitarbeiter zu gelangen.

---

[453] Vgl. Bergler, R., Die Identifikation der Mitarbeiter mit ihrer Sparkasse - Motive und Barrieren, in: DEUTSCHER SPARKASSEN- UND GIROVERBAND (Hrsg.), Die Zukunft gestalten, Stuttgart 1989, S. 109 ff.

[454] Vgl. ebenda

[455] Vgl. ebenda

[456] Vgl. Maslinski, M., It's ..., a.a.O., S. 9

[457] Vgl. Weber, M., a.a.O., S. 92

3.1.1.4 Ökonomische Ziele globaler Markenimages

3.1.1.4.1 Erlösrelevante Aspekte

Eine prägnante Markenpositionierung ermutigt bisherige Nichtkunden zu einer Kaufentscheidung und bestehende Kunden zu einer verstärkten Produktinanspruchnahme.[458] Gelingt es dem Kreditinstitut, mit Hilfe der Markenbildung dauerhafte Präferenzen der Nachfrager für sein Leistungsangebot aufzubauen, so kann die Bank ihre Erlöse stabilisieren, eventuell sogar steigern und ggf. den Marktanteil vergrößern.[459] Diese Perspektiven verleihen der Etablierung von Markenimages im International Private Banking vor dem Hintergrund der vergleichsweise hohen Margen bei geringen Risiken sowie der erheblichen und künftig voraussichtlich noch steigenden Marktpotentiale zusätzliche Bedeutung (vgl. Kapitel 2.3.1).

Zur Erreichung ökonomischer Zielgrößen trägt eine Marke im International Private Banking auch bei, indem eine starke Bindung der Kunden an die Marke diese unempfindlicher gegen vielerlei Einflüsse des Markts macht. Verfügt eine Bank in diesem Geschäftsfeld über eine eingeführte Marke, so resultieren aus Konkurrenzaktivitäten, wie z.B. Preissenkungen anderer Institute, nicht die gleichen Erlösrückgänge wie bei unbekannten Marken. Sehr vermögende Privatkunden sind tendenziell bereit, das mit einer Marke verbundene Qualitätsversprechen mit einem gegenüber sonstigen Angeboten höheren Preis zu honorieren - selbst wenn bei objektiver Betrachtung die Schlüsselqualitäten der Marke den Vergleichsofferten keineswegs überlegen sein müssen.[460] Ein entsprechendes Kundenverhalten dokumentiert zwar einerseits einen „Snob-Effekt", basiert aber andererseits auf rationalen Überlegungen. Kunden wissen, daß Banken darauf bedacht sein müssen, ihre mühsam aufgebaute

---

Vgl. O'Dea, A., a.a.O., S. 10
[459] Vgl. Weber, M., a.a.O., S. 93
[460] Vgl. McManus, R., a.a.O., S. 13

Reputation sorgsam durch die Einhaltung hoher Qualitätsmaßstäbe aufrechtzuerhalten.[461]

Nicht nur im direkten Kontakt zu Kunden, sondern auch im Hinblick auf
die Kooperation mit bankexternen Vermittlern (vgl. Kapitel 3.2.2.2.4.2)
sind für International Private Banking-Anbieter mit einem etablierten
Markenimage erhebliche Vorteile verbunden: Eine bekannte, mit vielfältigen positiven Assoziationen belegte Marke erhöht die Bereitschaft der
seriösen Intermediäre zur dauerhaften und für beide Seiten lukrativen
Zusammenarbeit.

3.1.1.4.2 Kostenrelevante Aspekte

Auf der Kostenseite als zweiter ökonomischer Dimension der Vorteile
von Markenimages lassen sich durch die Anlehnung an das Total
Quality-Konzept wertvolle Aufschlüsse über Potentiale zur Senkung bzw.
gänzlichen Vermeidung von Kosten gewinnen. Als Führungs- und Orga-
nisationsprinzip im Rang eines betriebswirtschaftlichen Paradigmas
umfaßt Total Quality Management die Ausrichtung der gesamten Organisation und aller Einzelprozesse auf die fehlerfreie Befriedigung von
Kundenwünschen.[462] Anstrengungen zur Fehlerreduktion werden nicht
auf das Resultat eines Prozesses konzentriert, sondern auf den Prozeß
selbst, um somit Fehler zu verhindern, anstatt sie zu korrigieren.[463]
Ausgangspunkt für die Entwicklung von Total Quality Management ist
die empirisch bestätigte Aussage, daß die Qualität der erbrachten
Leistung als wichtigster strategischer Erfolgsfaktor den langfristigen
Unternehmenserfolg stark beeinflußt.[464] Insbesondere die Kosten des

---

[461] Vgl. ebenda
[462] Vgl. Kommer, G., Total Quality Management bei Banken, in: Die Bank 3/1993,
S. 140
[463] Vgl. ebenda
[464] Vgl. Stauss, B., Dienstleistungsqualität contra Kostensenkung?, in: Bankwirt-
schaftliche Blätter 2/1992, S. 112

Angebots einer nicht adäquaten Qualität werden oftmals weit unter-
schätzt.[465] Zu den Kosten der „Nicht-Qualität" zählen u.a.

- Kosten vor dem Verkauf (z.B. Kosten für die Fehlerbeseitigung in der
  Produktentwicklung und Produkterstellung),
- Kosten nach dem Verkauf (beispielsweise Kosten für die Bearbeitung
  von Kundenreklamationen) und
- Opportunitätskosten, bestehend aus entgangenen Gewinnen wegen
  der qualitätsbedingten Abwanderung von Kunden und entgangenen
  Gelegenheiten, durch höhere Qualität zusätzliche Geschäfte abzu-
  schließen.[466]

Innerhalb einer Total Quality-Konzeption bietet die Etablierung von Markenimages die Chance, durch strikte Ausrichtung an strengen Qualitäts-
maßstäben die genannten Kosten (weitgehend) zu vermeiden. Darüber
hinaus können Markenimages dazu beitragen, Opportunitätserlöse, d.h.
Kostenersparnisse aus dem „Nicht-Nutzen-Müssen vergleichsweise un-
günstiger Alternativen"[467], zu generieren. Opportunitätserlöse entstehen
beispielsweise durch

- eingesparte Akquisitionskosten aufgrund von Weiterempfehlungen
  seitens zufriedener Kunden,
- vermiedene Leerkosten innerhalb des Personal-Fixkostenblocks, da
  das Kreditinstitut als Folge der dauerhaften und regelmäßigen Inanspruchnahme von Bankleistungen das Verhalten der Kunden extra-
  polieren und als relativ feste Größe in seiner Absatzplanung berücksichtigen kann[468], oder

---

[465] Vgl. Kommer, G., a.a.O., S. 140
[466] Vgl. ebenda, S. 141
[467] Hummel, S./Männel, W., Kostenrechnung 1, Grundlagen, Aufbau und Anwendung, 4. Aufl., Wiesbaden 1986, S. 87
[468] Vgl. Weber, M., a.a.O., S. 94 f.

- eingeschränkte Kosten für die weltweite Rekrutierung und dauerhafte Bindung besonders qualifizierter Mitarbeiter aufgrund des hohen Renommees ihres Arbeitgebers.[469]

Kosteneinsparungen speziell durch die globale Markenpositionierung resultieren u.a. aus Betriebsgrößenersparnissen, z.b. im Marketing, da ein weltweit agierendes Unternehmen die entstehenden Fixkosten auf die jeweiligen Konzerneinheiten verteilen kann.[470] Zu Synergieeffekten führt zudem der „Allgemeingutscharakter" solcher Marktinformationen (z.B. Aktien-Research) oder Technologien (beispielsweise ein EDV-gestütztes Portfolio Management-Programm), die wiederholt und ohne zusätzliche Kosten verwendet werden können.[471]

Zur Verbesserung der Kostensituation trägt auch die Veröffentlichung markenrelevanter Informationen bei, die über die gesetzlich vorge-schriebenen Publizitätspflichten hinausreichen und auf diese Weise die Vertrauensbasis zwischen der Financial Community - als Adressaten von Investor Relations-Aktivitäten - und der Bank fördern (vgl. Kapitel 4.2.2.4.1).[472] Investor Relations, d.h. die Pflege der Beziehungen zu Kapitalgebern, richtet sich sowohl an Fremd- als auch an Eigenkapital-geber.[473] Die Financial Community im In- und Ausland setzt sich im ein-zelnen aus Investoren (institutionellen Anlegern, wie Versicherungen, Banken, Pensionsfonds, Investmentgesellschaften, Industrie und Han-del, sowie individuellen Anlegern, wie Privatpersonen und Mitarbeitern) sowie Meinungsbildnern (Analysten, Rating-Agenturen, Journalisten, Vertreter beratender Berufe etc.) zusammen.[474]

---

[469] Vgl. O'Dea, A., a.a.O., S. 11

[470] Vgl. Porter, M. E., Wettbewerbsstrategie, a.a.O., S. 349 ff.

[471] Vgl. ebenda, S. 348

[472] Vgl. Cremer, M., Presse- und Öffentlichkeitsarbeit in Banken und Sparkassen, Wiesbaden 1995, S. 249 ff.

[473] Vgl. Lingenfelder, M./Walz, H., Investor Relations als Element des Finanzmarke-ting, in: WiSt 9/1988, S. 467

[474] Vgl. Cremer, M., a.a.O., S. 250

Das durch regelmäßige und „ehrliche" Information aufgebaute Vertrauen der Anleger in die Marke schützt die Bank bei einer schlechten Geschäftslage vor einer übertriebenen Flucht aus der jeweiligen Aktie[475] und erleichtert die problemlose Plazierung von Wertpapieremissionen bei den Anlegern.[476] Voraussetzung für das Eintreten dieser angestrebten Wirkungen ist, daß das Markenimage neben den quantitativen Faktoren im Urteil von Research-Gesellschaften und Rating-Agenturen überhaupt Berücksichtigung findet.[477] Aus deutscher Sicht führt allerdings das handelsrechtlich vorgeschriebene Verbot der Aktivierung selbstgeschaffener, immaterieller Vermögenswerte (vgl. Kapitel 2.2.2.3) oftmals dazu, daß Unternehmensanalysten dem aus der Sicht von reinen Kredit- oder Finanzfachleuten nur schwierig zu operationalisierenden Kriterium „Marketing-Standing" keinerlei Gewicht beimessen.[478] Eine weitere Determinante möglicher Kostenreduktionen durch eine globale Markenpräsenz liegt in der Existenz komparativer Vorteile.[479] Verfügt ein Land oder eine Gruppe von Ländern im Hinblick auf die Erstellung eines Produkts vergleichsweise über deutlich geringere Faktorkosten oder eine wesentlich bessere Faktorqualität, dann dienen diese Länder als „Produktionsstandort" für die anderen Länder.[480] Der mit dieser Theorie verbundene Gedanke der kostenoptimalen Leistungserstellung läßt sich auf das International Private Banking allerdings nur eingeschränkt übertragen. In diesem Geschäftsfeld ist die Attraktivität einzelner Produkte (z.B. von Trusts auf den Kanalinseln) an die jeweiligen lokalen (steuer-)rechtlichen Gegebenheiten geknüpft und somit im Gegensatz zu Sachgütern die Erstellung einer identischen Leistung in einem anderen Land nicht realisierbar.

---

[475] Vgl. Lingenfelder, M./Walz, H., a.a.O., S. 467

[476] Vgl. Cremer, M., a.a.O., S. 250

[477] Vgl. Weickart, N.-J., Was ist Marketing an der Börse wert?, in: asw 11/1989, S. 30

[478] Vgl. ebenda

[479] Vgl. Porter, M. E., Wettbewerbsstrategie, a.a.O., S. 348 f.

[480] Vgl. ebenda; Neumann, M., Theoretische Volkswirtschaftslehre II, 2. Aufl., München 1987, S. 286 f.

3.1.2 Kundenbezogene Zielsetzungen von globalen Markenimages

Abgesehen von den erläuterten bankbetrieblichen Zielsetzungen sollte eine Bank bei der Formulierung ihres Zielsystems auch an den mit Markenimages für Kunden verbundenen Vorteilen anknüpfen, da diese in unmittelbarem Zusammenhang mit der Erreichung der eigenen Ziele stehen. In seiner allgemeinen Theorie des Konsumentenverhaltens[481] führt Wiswede die Markentreue auf das „Prinzip der Verstärkung" zurück.[482] Diese Theorie besagt, daß Individuen ein Verhalten immer dann wiederholen, wenn es positiv verstärkt (belohnt) wird und es aufgeben, sofern eine Bestrafung oder kein positives Feedback erfolgt.[483] Die von Kunden gelernte Verknüpfung zwischen (Kauf-)Verhalten und der anschließenden Belohnung erklärt signifikant den erneuten Produktkauf.[484] Wiswede unterscheidet drei Ebenen zur Verstärkung des Verhaltens im Sinne der weiteren Verwendung bestimmter Marken oder (im negativen Falle) des Verzichts auf deren zukünftige Nutzung:

- **Objektbelohnungen** treten als Grund- oder Zusatznutzen durch die mit dem Produkt oder - allgemeiner - der Marke gesammelten positiven Erfahrungen auf (z.B. in Form einer hohen Performance oder einer stark ausgeprägten emotionalen Verbundenheit);

---

[481] Mit Blick auf die nachfolgende Erörterung des markenbezogenen Konsumentenverhaltens muß von vornherein klargestellt werden, daß damit nicht die Darstellung einer umfassenden Theorie des Konsumentenverhaltens beabsichtigt ist. Der Leser sei auf die einschlägige Literatur verwiesen, vgl. z.B. Kroeber-Riel, W., Konsumentenverhalten, 3. Aufl., München 1984

[482] Vgl. Wiswede, G., Eine Lerntheorie des Konsumverhaltens, in: Die Betriebswirtschaft 5/1985, S. 548 ff.

[483] Vgl. Wiswede, G., Die Psychologie des Markenartikels, in: Dichtl, E./Eggers, W. (Hrsg.), Marke und Markenartikel als Instrument des Wettbewerbs, München 1992, S. 81; Wiswede, G., Eine ..., a.a.O., S. 548 ff.; Wiswede, G., Psychologie ..., a.a.O., S. 146 f.

[484] Vgl. Wiswede, G., Eine ..., a.a.O., S. 548 ff.

- **Sozialbelohnungen** als Folge der Markennutzung verhelfen dem Kunden zu Geltung und Ansehen, zu sozialen Kontakten, gelegentlich sogar zur Meinungsführerschaft;
- **Selbstbelohnungen** basieren nicht auf dem Produktnutzen oder einer externen sozialen Instanz, sondern stehen in unmittelbarer Verbindung mit der eigenen Person (z.B. die Freude über die eigene Verhandlungsmacht bei der Vereinbarung von Preisen).[485]

Anknüpfend an den Forschungsansatz von Wiswede gliedert die nachfolgende Untersuchung die kundenbezogenen Vorteile von Marken für International Private Banking-Kunden in eine kognitive, eine affektive, eine soziale, eine habituelle bzw. tradierte sowie eine risikovermeidende Dimension, die jeweils von zentraler Bedeutung für den Aufbau von Markentreue sind.[486] Um erfolgreich ein globales Markenimage zu etablieren, muß daher die erklärte Zielsetzung des Kreditinstituts darin bestehen, seinen Kunden durch adäquate Maßnahmen dieses gesamte Wirkungsspektrum zu eröffnen.

3.1.2.1 Kognitiv begründeter Vertrauensaufbau

Eine kognitive Bindung von Kunden entsteht durch das Festhalten an einer Marke aufgrund von Überzeugungen und Meinungen, die bewußt wahrgenommen und rational nachvollziehbar sind.[487] Auf der kognitiven Ebene verhelfen Marken den Nachfragern - wie die nachfolgenden Überlegungen verdeutlichen - einerseits zu einer erleichterten und zuverlässigen Orientierung innerhalb der oftmals verwirrenden Angebotsfülle, andererseits zu verschiedenen Formen persönlicher Freiheit.

---

[485] Vgl. ebenda; Wiswede, G., Psychologie ..., a.a.O., S. 147; Wiswede, G., Die ..., a.a.O., S. 81 f.
[486] Vgl. Wiswede, G., Psychologie ..., a.a.O., S. 148 f.; Wiswede, G., Die ..., a.a.O., S. 84
[487] Vgl. Wiswede, G., Psychologie ..., a.a.O., S. 149

Eine Marke erweist sich nicht als „Erfindung" der Leistungsanbieter, sondern als notwendige Antwort auf den Wunsch des Kunden nach verläßlichen Entscheidungskriterien in einer zunehmend mit Informationen und Signalen überfüllten Welt.[488] Neben der Markenvielfalt - allein in Deutschland sind nahezu 500.000 nationale Marken in der Markenrolle des Deutschen Patent- und Markenamts eingetragen[489] - führt auch die Reizüberflutung durch zahlreiche TV- und Radiosender sowie Printmedien zu einer wachsenden Überlastung der Kunden.[490] Vor diesem Problem stehen speziell International Private Banking-Kunden aufgrund ihres einfachen Zugangs zu dem weltweiten Spektrum an Informationskanälen. Da zudem das oftmals als einheitlich erlebte Erscheinungsbild von Geldinstituten den Kunden die Orientierung erschwert, kommt dem Markenimage eine Wegweiserfunktion für das Entscheidungsverhalten von (potentiellen) Kunden zu.[491] Durch objektive Kriterien, wie z.B. die Anzahl der in das Wertpapier-Research einbezogenen Titel oder das von der Bank insgesamt verwaltete Privatkundenvermögen, trägt eine Marke dem Kundenverlangen nach entsprechenden Orientierungspunkten Rechnung.

Das Konzept der Marke fördert jedoch nicht nur die Orientierung, sondern suggeriert Individuen auch „Freiheit durch Bindung", wobei Freiheit sich hierbei in zweifacher Weise interpretieren läßt: Freiheit als Negation von Zwang (Freiheit von etwas) und Freiheit als Willensfreiheit (Freiheit zu etwas).[492] Im ersten Sinne „befreit" die Marke das Individuum von Zweifeln und Unsicherheit, erspart ihm zeitraubende Vergleiche konkurrierender Angebote und trägt dazu bei, Transaktions- und Opportunitäts-

---

[488] Vgl. Schirm, W. W., Markenartikel, Signale für eine „verläßliche" Welt, in: Markenartikel 8/1984, S. 406

[489] Vgl. Deutsches Patent- und Markenamt, Jahresbericht 1998, München 1999, S. 8

[490] Vgl. Binder, C. U., Brand Alliances. Wie Marken noch wachsen, in: asw 4/1996, S. 54; Jasny, R., a.a.O., S. 27

[491] Vgl. Instenberg-Schieck, G., Mit Leistung und Lächeln in die Köpfe der Kunden - die Marke L-Bank, in: bum 9/1996, S. 19

[492] Vgl. Messer, A., Einführung in die Philosophie und Pädagogik, Leipzig 1931, S. 152

kosten zu reduzieren.[493] Ein solches Gefühl besonderer Sicherheit für seine verwalteten Vermögenswerte wird dem International Private Banking-Kunden beispielsweise durch das von externen Agenturen verliehene exzellente Rating seiner Bank vermittelt.[494] Innerhalb der zweiten Sichtweise fungiert die Marke als Katalysator, der den Vorgang der Transaktion beschleunigt und als Konsequenz daraus dem Individuum mehr Zeit für andere Dinge des Lebens läßt.[495] Je weniger Zeit einem Kunden für den Erwerb eines Produkts zur Verfügung steht, desto ausgeprägter ist der Kundenwunsch nach einer Quasi-Automatisierung der Kaufentscheidung.[496]

3.1.2.2 Affektiv begründeter Vertrauensaufbau

Wie psychologische Studien belegen, maximieren Menschen ihren Nutzen nicht in eindimensionaler Weise nur nach den logischen Spielregeln ökonomischen Verhaltens.[497] Individuen sind vielmehr in ihren Wahlhandlungen vielfältigen irrationalen Einflüssen unterworfen, die eine Entscheidung auch dann als sinnvoll erscheinen lassen, wenn ihre ökonomische Zweckmäßigkeit in Frage gestellt wird.[498] Eine Marke repräsentiert nämlich nicht nur ein Produkt, eine Produktgruppe oder einen Anbieter, sondern auch eine bestimmte Erlebniswelt mit Eindrücken, Gefühlen, positiven und/oder negativen Assoziationen.[499] Diese der Marke anhaftende imaginäre Welt schafft bei den bereits vorhandenen wie auch bei zukünftigen Kunden eine emotionale Beziehung zu „ihrer"

---

[493] Vgl. Weber, M., a.a.O., S. 86

[494] Vgl. Moloney, M./O'Dea, A., A matter of life and death, in: Private Banker International, April 1995, S. 9

[495] Vgl. Weber, M., a.a.O., S. 87

[496] Vgl. Disch, W. K. A., a.a.O., S. 345

[497] Vgl. Uhr, D., Psychologische Betrachtungen zum Markenartikel, in: Markenartikel 11/1980, S. 534 f.

[498] Vgl. ebenda

[499] Vgl. ebenda, S. 538

Marke, da diese ein Urvertrauen und ein Gefühl der Geborgenheit vermittelt.[500]

Die Entscheidung für eine Kontoverbindung im International Private Banking verlangt den Kunden ein hohes Maß an Vertrauen ab, insbesondere dann, wenn sie die Anlagebefugnis über ihre Wertpapiere an einen Portfolio Manager abtreten.[501] Eine aussagekräftige Beurteilung der Fähigkeiten und der Vertrauenswürdigkeit des Portfolio Managers durch den Kunden ist zum Zeitpunkt der Erteilung des Vermögensverwaltungsauftrags nicht möglich, da erst anschließend die eigentliche Leistungserstellung beginnt.[502] Für viele Kunden ist selbst die nachträgliche Performance-Bewertung schwierig, weil sie eine angemessene Berücksichtigung der Kapitalmarktentwicklung erfordert.[503] Der Vertrauensvorschuß in einen Vermögensverwalter (bzw. einen Relationship Manager)[504] fällt Kunden u.U. leichter, wenn ihnen von zuverlässiger Seite diese Bankmitarbeiter empfohlen wurden (vgl. Kapitel 2.3.2.2.1). Gegenüber diesen Personen findet aus Kundensicht (unter teilweiser Vermischung kognitiver und affektiver Aspekte) ein Imagetransfer in zweifacher Hinsicht statt: Kunden projizieren das Markenimage auf den einzelnen Mitarbeiter, umgekehrt prägt dessen Auftreten bzw. Handeln das von dem Kunden wahrgenommene Markenimage.

Das Ziel der Bank, ihren Kunden einen affektiv begründeten Vertrauensaufbau zu erleichtern, läßt sich auch erreichen, indem die jeweilige Marke innerhalb des Geschäftsfelds „International Private Banking" als ruhender und sicherer Pol fungiert.[505] Das Maß an Veränderungen, mit

---

[500] Vgl. ebenda; Wiswede, G., Psychologie ..., a.a.O., S. 148
[501] Vgl. Wicke, J. M., Perspektiven der individuellen Vermögensverwaltung, in: Die Bank 9/1996, S. 537; Luhmann, N., Vertrauen. Ein Mechanismus zur Reduktion sozialer Komplexität, Stuttgart 1968, S. 26
[502] Vgl. Wicke, J. M., a.a.O., S. 537
[503] Vgl. ebenda
[504] Vgl. Brunner, W. L., Beratungsqualität ist Schlüsselfaktor im Total Quality Management, in: Die Bank 8/1993, S. 447 f.
[505] Vgl. Disch, W. K. A., a.a.O., S. 345

dem Kunden täglich konfrontiert werden, hat in den letzten Jahrzehnten drastisch zugenommen und wird aller Voraussicht nach weiterhin ansteigen.[506] Die beschleunigte Umweltdynamik führt zu einer subjektiv empfundenen Verringerung des Zeitraums, in dem Individuen mit einiger Konstanz ihrer Lebensverhältnisse rechnen können.[507] Übermittelte oder selbst gesammelte Erfahrungen eignen sich aufgrund der Veränderung des persönlichen Lebensumfelds fortschreitend weniger als Basis für ein Urteil über die gegenwärtige Situation oder künftige Entwicklungen.[508] Lübbe bezeichnet diesen Prozeß philosophisch als „Gegenwartsschrumpfung"[509]. Als Reaktion auf dieses Phänomen suchen Menschen immer häufiger und immer intensiver nach sog. „Zeitankern", d.h. Relikten, die die individuelle bzw. kollektive Vergangenheit festhalten und mit der Gegenwart verknüpfen.[510] Dieses Kundenbedürfnis stellt auch die Markenpolitik vor Herausforderungen, denn eine Marke ist stets auch ein Zeitanker, und zwar um so mehr, je älter und traditionsreicher die betrachtete Marke ist.[511] In der Schnellebigkeit des Wettbewerbs vermittelt sie den Eindruck von Solidität und Beständigkeit.[512]

3.1.2.3 Sozialer Nutzen

Der Kauf eines Produkts bietet dem Käufer nicht nur einen Grundnutzen (z.B. eine hohe Wertsteigerung seines angelegten Vermögens), sondern auch einen sozialen Vorteil innerhalb des persönlichen Umfelds (z.B. gegenüber Freunden, Bekannten, Nachbarn und Kollegen, in der Familie). Durch die Nutzung von Marken kann ein Kunde demonstrieren, daß

---

[506] Vgl. Voigt, K.-I., Die Marke als Zeitanker, in: asw 11/1995, S. 56
[507] Vgl. Lübbe, H., Gegenwartsschrumpfung, in: Backhaus, K./Bonus, H. (Hrsg.), Die Beschleunigungsfalle oder Der Triumph der Schildkröte, Stuttgart 1994, S. 131 f.
[508] Vgl. ebenda
[509] Vgl. ebenda, S. 131
[510] Vgl. Voigt, K.-I., a.a.O., S. 56
[511] Vgl. ebenda, S. 57
[512] Vgl. ebenda

er „am besseren Leben" teilhat, sich etwas leisten kann; hierdurch findet er Kontakte (kognitive Ebene) und soziale Anerkennung (affektive Ebene).[513] Darüber hinaus dient die gewählte Marke im Sinne eines „einigenden Bands" auch der Bekundung der Zugehörigkeit zu der eigenen sozialen Bezugsgruppe.[514] Dem International Private Banking-Kunden muß daher die Gelegenheit gegeben werden, den „Genuß" einer erhaltenen Dienstleistung über die Kontaktphase hinaus zu verlängern, indem das abstrakte Produkt zu einem im weitesten Sinne „vorzeigbaren" Gut mutiert und dadurch der Erzielung von Prestige-Effekten und der eigenen Erbauung dient.[515] Die Nutzung dieses zusätzlichen Markenpotentials hängt aufgrund der Sensibilität und Vertrauensempfindlichkeit von Geldangelegenheiten in starkem Maße von dem Charakter bzw. dem Selbstverständnis des einzelnen Kunden ab.[516] Die offene Diskussion mit Dritten z.B. über die konkrete Wertsteigerung des Depots gilt bei vielen Kunden sicherlich als ein Tabuthema. Eine auf den sozialen Nutzen bezogene Außenwirkung aus der Inanspruchnahme einer Marke im International Private Banking dürfte in der Regel eher aus der Verwendung der erwirtschafteten Performance (z.B. für den Kauf eines Luxusautos) im Sinne einer Mittel-Zweck-Beziehung hervorgehen. Gesprächsthemen zur Dokumentation der Inanspruchnahme einer exklusiven Marke ergeben sich - ohne das Geldthema explizit in den Vordergrund zu stellen - für International Private Banking-Kunden beispielsweise dadurch, daß sie im Bekanntenkreis über die Teilnahme an einem von ihrer Bank organisierten Event berichten (vgl. Kapitel 4.2.2.2.3).

---

[513] Vgl. Uhr, D., a.a.O., S. 540 f.; Wiswede, G., Psychologie ..., a.a.O., S. 147. Aufgrund der nicht möglichen eindeutigen Zurechenbarkeit des sozialen Nutzens von Markenimages zu der kognitiven oder der affektiven Betrachtungsebene erscheint es gerechtfertigt, den sozialen Aspekt von Marken als separaten Kundenvorteil zu diskutieren.

[514] Vgl. Uhr, D., a.a.O., S. 544

[515] Vgl. Graumann, J., a.a.O., S. 162

[516] Vgl. Uhr, D., a.a.O., S. 540

3.1.2.4 Unterstützung von habituellem bzw. tradiertem Verhalten

Aufgrund der Angebotsvielfalt in den jeweiligen Märkten bereitet es Nachfragern (nicht nur im International Private Banking) oftmals erhebliche Schwierigkeiten, die offerierten Leistungen hinsichtlich Güte und Preis mit Sachkenntnis zu beurteilen.[517] Die Folge dieser Unsicherheit ist der Versuch (oder die Versuchung) des Kunden, wiederholt auftretende Entscheidungssituationen durch Routinehandlungen, die auf eigenen oder mitgeteilten positiven Erfahrungen basieren, zu erleichtern bzw. gänzlich zu vermeiden.[518]

Elementare Voraussetzung für eine solche habituelle Markentreue ist die hohe Bedarfsperiodizität eines Produkts.[519] Im International Private Banking liegt - sofern der Kunde seiner Bank z.B. die Verwaltung seines Vermögens innerhalb eines festgelegten Handlungsrahmens überträgt und nicht nur eine gelegentliche Beratung benötigt - ein permanenter Leistungsbedarf seitens des Kunden vor. Graumann stellt die Hypothese auf, daß die Vertrautheit mit einer Marke umso schneller und nachhaltiger entsteht, je öfter der Kunde mit ihr in Berührung kommt.[520] Anders als beispielsweise im Konsumgüterbereich kann sich im International Private Banking bei Kunden im Einzelfall das Vertrauen in die Marke allerdings auch in dem Wunsch nach eher wenigen, dafür aber ausführlichen Kontakten (z.B. in Form von detaillierten Reporting-Gesprächen) äußern und gerade dadurch eine Verstärkung der Wertschätzung gegenüber dieser Marke eintreten.

Kroeber-Riel mißt aus einer entscheidungstheoretischen Betrachtungsweise heraus dem gewohnheitsmäßigen Verhalten (im Gegensatz zu Impulsentscheidungen) eine maßgebliche Bedeutung für die Erklärung von Markentreue bei, macht habituelle Entscheidungen aber von dem Reizgehalt der Situation und dem Grad der Ich-Beteiligung der Person

---

[517] Vgl. Berekoven, L., Zum ..., a.a.O., S. 44
[518] Vgl. ebenda
[519] Vgl. Graumann, J., a.a.O., S. 127
[520] Vgl. ebenda

abhängig: In reizstarken Situationen läßt sich ein Individuum eher zu Impulskäufen „hinreißen" oder zu intensiver Reflexion anregen; Personen mit hoher Ich-Beteiligung neigen charakterbedingt zu einem ausgeprägten Entscheidungsverhalten.[521] Die im International Private Banking üblichen Betragsdimensionen sowie die Volatilität der Wertpapiermärkte verstärken zwar generell den Grad der Reizintensität bzw. der Ich-Beteiligung des jeweiligen Kunden und wirken sich somit negativ auf dessen habituelles Verhalten aus. Jedoch fördern ein ausgeprägtes Vertrauen in die Marke, die durch den Relationship Manager personifiziert wird, sowie die Tatsache, daß Kunden üblicherweise eine langfristige Bankverbindung anstreben[522], die habituelle Kundentreue.

Wenngleich eine Marke nicht über Jahrzehnte hinweg unverändert bleiben kann, erwarten Kunden, daß die Veränderungen der Marke an neue Umweltbedingungen „einfühlsam" erfolgen und das Bestehende sichern.[523] Das Vertrauen in die weitgehende Konstanz der Marke (d.h. ihres Zeichencharakters sowie ihres materiellen Inhalts) als Grundlage für habituelles Verhalten beruht nämlich nicht nur auf positiven Erfahrungen mit dieser Marke, sondern auch auf dem Kundenwunsch nach einer gewissen Beständigkeit der persönlichen Umwelt in einer sich kontinuierlich ändernden Welt.[524] Eine gefestigte Markentreue besteht allerdings erst dann, wenn Kunden eine Marke nicht nur aus Gewohnheit, sondern auch aufgrund des besonderen Produktnutzens nachfragen.[525]

Als Sonderform des habituellen Verhaltens tritt bei Kunden die tradierte Treue auf, also der Transfer des Treueverhaltens insbesondere im Rahmen von Sozialisationsprozessen (z.B. der Übernahme elterlicher

---

[521] Vgl. Kroeber-Riel, W., Konsumentenverhalten, a.a.O., S. 316 ff.
[522] Vgl. Wünsche, G., Grundlagen der Bankenwerbung aus verhaltenswissenschaftlicher Sicht, Wiesbaden 1982, S. 37
[523] Vgl. Uhr, D., a.a.O., S. 540
[524] Vgl. ebenda
[525] Vgl. Rost, D., Verhaltenspsychologische Probleme der „Markentreue", in: Markenartikel 3/1996, S. 106

Konsummuster).[526] Dieses im International Private Banking aufgrund der hier vorherrschenden Vertrauensempfindlichkeit besonders bedeutsame Kundenmotiv für Markentreue[527] ist umgekehrt für die Bank keine Garantie für eine auch weiterhin dauerhafte Geschäftsverbindung, sondern vielmehr eine Verpflichtung zur Wahrung bzw. weiteren Verbesserung der bestehenden Leistungsstandards.

3.1.2.5 Risikoreduktion

Als weiteren Vorteil von Marken nennt Wiswede schließlich noch die Möglichkeit der risikomeidenden Bindung des Kunden, d.h. das Festhalten des Kunden an einer bewährten Marke aufgrund der Tatsache, daß Entscheidungsverhalten zugleich auch Risikoverhalten bedeutet.[528] Zu einer solchen Risikominimierung führt das gegebene Leistungsversprechen von Marken[529] beispielsweise durch die Erfüllung emotionaler (z.B. hinsichtlich der Freundlichkeit des Relationship Managers) bzw. sachlicher (z.B. bezüglich der relativen Steigerung des Depotwerts) Erwartungen des Kunden. Diese Betrachtungsebene ist zwar bereits indirekt in den zuvor erläuterten Kundenvorteilen enthalten, da sich eine Risikobetrachtung auch auf das Nichteintreten gewünschter Effekte beziehen kann. Aufgrund der besonderen Bedeutung für die Bildung von Markenpräferenzen erscheint dennoch die gesonderte Diskussion dieser übergreifenden Dimension zweckmäßig.

---

[526] Vgl. Wiswede, G., Die ..., a.a.O., S. 84; Hahn, O., Das absatzpolitische Instrumentarium der Depositenbank, in: Österreichisches Bank-Archiv 10/1966, S. 343
[527] So würdigte z.B. die Queen das langjährige Vertrauensverhältnis der englischen Königsfamilie zu der Privatbank Coutts & Co mit den Worten: „Members of my family, for generations, have had to acknowledge the wisdom and prudence of the advice they have received even if they have not always been grateful for it." Vgl. Fetherstonhaugh, H., Three Hundred Years of Private Banking, London 1992, S. 38
[528] Vgl. Wiswede, G., Psychologie ..., a.a.O., S. 149
[529] Vgl. Denby-Jones, S., Mind the gap, in: THE BANKER, Februar 1995, S. 67

Den Wunsch des Kunden nach Risikoreduktion greift Festinger in seiner „Theorie der kognitiven Dissonanz" auf: Hiernach können bei Kunden nach einem Kauf aufgrund neuer oder zunächst anders interpretierter Informationen konsonante, aber auch dissonante Beziehungen gegenüber dem jeweiligen Produkt bzw. Anbieter entstehen.[530] Da jeder Mensch der Dissonanztheorie zufolge danach strebt, eine Konsistenz seiner Meinungen herzustellen, empfindet er die Existenz von Dissonanzen als psychologisch unangenehm und versucht, Konsonanz herzustellen.[531] Sofern gedankliche Unstimmigkeiten auftreten, wird die Person daher einerseits aktiv neue Informationen suchen, um die Dissonanz zu reduzieren (z.B. durch Interaktion mit zufriedenen Kunden derselben Bank[532]), andererseits solche Informationen meiden, die die bestehende Dissonanz noch vergrößern könnten.[533]

Da die Stärke der Dissonanz (oder Konsonanz) in dem Maße zunimmt, in dem die Wichtigkeit oder der Wert des betreffenden Meinungsgegenstands steigt[534], kommt dissonanztheoretischen Überlegungen im Geschäft mit den sehr vermögenden Privatkunden eine besondere Bedeutung zu. Die Theorie der kognitiven Dissonanz weist nämlich auf Zusammenhänge zwischen dem Markenimage und der Art des Kauferlebnisses hin[535]: Aufgrund ihres Qualitätsversprechens vermitteln Markenimages dem Kunden das Gefühl, durch die Wahl der Bankverbindung bzw. die Produktinanspruchnahme eine richtige Entscheidung getroffen zu haben und tragen auf diese Weise zum Abbau kognitiver Dissonanzen bei[536], ohne allerdings deren gelegentliches Auftreten gänzlich ausschließen zu können. Bei International Private Banking-

[530] Vgl. Festinger, L., Theorie der kognitiven Dissonanz, Bern/Stuttgart/Wien 1978, S. 18

[531] Vgl. ebenda, S. 15 f.

[532] Vgl. Starkl, F. P., Nachkaufmarketing im Kreditinstitut. Der Beitrag der Theorie der kognitiven Dissonanz zur Gestaltung von Instrumentalentscheidungen in der Absatzpolitik der Kreditinstitute, Wien 1983, S. 61

[533] Vgl. Festinger, L., a.a.O., S. 33

[534] Vgl. ebenda, S. 28 ff.

[535] Vgl. Raffée, H./Sauter, B./Silberer, G., Theorie der kognitiven Dissonanz und Konsumgüter-Marketing, Wiesbaden 1973, S. 74

[536] Vgl. Starkl, F. P., a.a.O., S. 56

Kunden bilden sich Dissonanzen beispielsweise durch unerwartet niedrige Anlageergebnisse, die aus persönlichen Fehleinschätzungen der Märkte seitens des Portfolio Managers oder aus negativen Marktentwicklungen aufgrund unvorhersehbarer politischer, wirtschaftlicher oder sonstiger Ereignisse resultieren.[537]

Festingers Theorie zufolge korreliert die Dissonanzstärke auch positiv mit der relativen Attraktivität der nicht gewählten Alternative.[538] Aufgrund des äußerst intensiven Wettbewerbs im International Private Banking (vgl. Kapitel 2.3.3) sowie vor dem Hintergrund attraktiver Margen in diesem Geschäftsfeld ist die Leistungs- und Serviceorientierung der Banken und dementsprechend die Attraktivität möglicher Alternativen für Kunden besonders stark ausgeprägt.

Wenngleich die beiden erläuterten Determinanten, d.h. die Wichtigkeit/ der Wert des Meinungsgegenstands sowie die Beurteilung der nicht gewählten Alternativen, das Risiko auftretender Dissonanzen im International Private Banking erhöhen, dürften als gegenläufige Wirkungsfaktoren die mit einer etablierten Marke verbundenen positiven Assoziationen diesen Effekt übertreffen oder zumindest neutralisieren. Innerhalb eines vertrauenswürdigen Markenumfelds akzeptieren Kunden in der Regel beispielsweise auch kurzfristig auftretende Inkonsistenzen zwischen Anspruch und Wirklichkeit in den Anlageerfolgen.

3.2 Bestimmung der globalen Markenstrategie

Im Rahmen der nachfolgenden Überlegungen geht es weniger darum, ein Konzept für eine konkrete Strategie zur globalen Markenpositionierung im International Private Banking zu entwickeln. Eine solche Strategie wäre aufgrund der unternehmensspezifischen Voraussetzungen nicht universell anwendbar bzw. durch die sich rasch verändernden Umfeldbedingungen bald Makulatur. Vielmehr sollen grundsätzliche Fra-

---

[537] Vgl. Hahn, O., Das ..., a.a.O., S. 340
[538] Vgl. Festinger, L., a.a.O., S. 47 f.

gen zum Aufbau globaler Markenimages in diesem Geschäftsfeld behandelt werden, um systematisch das Spektrum der jeweiligen Handlungsoptionen aufzuzeigen. Aus den im folgenden diskutierten Strategien gilt es für die deutschen Großbanken (oder andere Kreditinstitute), die auf die eigenen Stärken am besten zugeschnittene Variante zu ermitteln.[539]

3.2.1 Wahl der Bezugsgröße für globale Markenstrategien

Als generelle Optionen zur Festlegung der geeigneten Bezugsgröße für die weltweite Markenstrategie stehen die produkt- oder produktgruppenbezogene sowie die institutsbezogene bzw. institutsübergreifende Betrachtungsebene zur Auswahl. Diese Alternativen führen in der Praxis nicht zu einer reinen entweder-oder-Entscheidung, sondern zu einer Vermischung beider Varianten: Die Positionierung eines Produkts oder einer Produktgruppe als Marke erscheint ohne die Nutzung des positiven institutsbezogenen/institutsübergreifenden Images wenig zweckmäßig. Im umgekehrten Fall ist die erfolgreiche Positionierung des Instituts oder eines institutsübergreifenden Unternehmensverbunds als Bezugsgröße der Markenstrategie ohne die gleichzeitige Qualitätsorientierung in der Produktpolitik undenkbar. Schließlich schätzen Kunden „ihre" Marke nicht um ihrer selbst willen, sondern aufgrund des mit ihr verbundenen Nutzens. Von der Festlegung der Bezugsgröße für eine globale Markenstrategie ist der Themenkomplex der strategischen Feinplanung zur Positionierung der gewählten Bezugsgröße als logisch folgende Teilphase (vgl. Kapitel 3.2.2) deutlich zu trennen.

---

[539] Vgl. Hagander, N., a.a.O., S. 6

3.2.1.1 Produkt- bzw. produktgruppenbezogene Markenstrategien

Die Ausrichtung der Markenpolitik auf eine einzelne Bankleistung erfordert zunächst eine kritische Auseinandersetzung mit dem Begriff „Einzelprodukt". Die Einordnung als Einzelprodukt erscheint insbesondere für isoliert nachgefragte Leistungen, wie beispielsweise Wertpapierempfehlungen, gerechtfertigt. Bezieht sich die Definition von Einzelprodukt in einer weiten Auslegung dagegen auf die umfassende Vermögensplanung und -betreuung, so besteht kein Unterschied zu einer Produktgruppenstrategie im Rahmen eines eng gefaßten Verständnisses von Einzelprodukten (z.B. der Beratung in Immobilienfragen). Somit verwischen sich im allgemeinen Sprachgebrauch je nach gewählter Betrachtungsebene teilweise die Begriffe „Produkt" und „Produktgruppe". Um dem komplexen Leistungsbedarf der International Private Banking-Kundschaft gerecht zu werden, konzentrieren sich die nachfolgenden Überlegungen zur Markenpositionierung primär auf die produktgruppenbezogene Betrachtungsebene.

3.2.1.1.1 Markenfamilien und Dachmarken

Um die Rationalisierungsvorteile der Markenbildung auf Produktgruppenebene nutzen zu können[540], bieten sich als Varianten zum einen die Positionierung als „Markenfamilie", zum anderen die sog. „Dachmarkenstrategie" an.

Unter einer **Markenfamilie** ist eine Gruppe von verwandten Produkten zu verstehen, die gleiche oder ähnliche Bedürfnisse abdecken und durch einen einheitlichen Namen gekennzeichnet sind.[541] Im International Pri-

---

[540] Vgl. Becker, J., Phänomen Marken-Streß, in: asw, Sondernummer 10/1984, S. 24

[541] Vgl. Meffert, H., Marketing ..., a.a.O., 411; Meffert, H., Strategien zur Profilierung von Marken, in: Dichtl, E./Eggers, W. (Hrsg.), Marke und Markenartikel als Instrument des Wettbewerbs, München 1992, S. 142

vate Banking bieten Kreditinstitute innerhalb einer Markenfamilie beispielsweise eine allgemeine, d.h. an dem weiten Spektrum der Anlagemöglichkeiten orientierte, Vermögensverwaltung sowie als Variante
„Islamic Portfolio Management" an - ein Produkt, das den besonderen
Anforderungen des islamischen Rechts (der sog. „Sharia") entspricht.[542]
Wegen der spezifischen Produktvorteile können die einzelnen Marken
zwar auch allein angeboten werden, jedoch nutzen viele Banken in ihren
markenpolitischen Aktivitäten (z.B. durch eine umfassende Portfolio
Management-Broschüre, die die jeweiligen Varianten der Vermögens-
verwaltung erläutert) den komplementären Produktzusammenhang einer
Markenfamilie aus.[543]

Mittels einer Markenfamilie lassen sich Ausstrahlungseffekte nutzen,
indem die zugehörigen Marken am „Goodwill" des Unternehmens oder
einzelner, besonders erfolgreicher Produkte teilhaben.[544] Solchermaßen
genutzte Synergien verringern die Kosten der Markenbildung wesentlich.[545] Umgekehrt beeinträchtigen allerdings negative „spill-over"-Effekte
einzelner Marken (z.B. eine im Vergleich zum positiven Markttrend
gegenläufige Wertentwicklung einer Vermögensverwaltung auf Investmentfondsbasis) das Vertrauenskapital und damit die Imagewirkung der
anderen Produkte innerhalb der Markenfamilie.[546]

---

[542] Das islamische Bankwesen basiert auf einem Risiko- und Gewinnbeteiligungs-
system, das den Kapitalanleger an dem aus seiner Investition resultierenden
Gewinn teilhaben läßt, statt ihm „risikolos" eine vorab festgelegte Verzinsung zu
garantieren. Dieser Regelung liegt die Sichtweise zugrunde, daß Zinserträge aus
Kapitalanlagen zu einer Bevorzugung derjenigen führen, die Kapital besitzen bzw.
bereitstellen, und jene benachteiligen, die das mit produktiven Investitionen verbundene unternehmerische Risiko tragen. Ein mit den Anforderungen der Sharia
konformes Portfolio Management richtet demzufolge den Anlagefokus auf ausgewählte Aktiengattungen, vgl. Piazolo, M., Islamic Banking - ein Wachstumsmarkt auch für westliche Banken, in: Kreditwesen 3/1997, S. 122; Hahn, O.,
Zinsen: Islamic Banking, in: ZfgK 21/1986, S. 981 f.
[543] Vgl. Meffert, H., Marketing ..., a.a.O., S. 411
[544] Vgl. ebenda; Meffert, H., Strategien ..., a.a.O., S. 142 f.
[545] Vgl. Meffert, H., Strategien ..., a.a.O., S. 143
[546] Vgl. ebenda; McManus, R., a.a.O., S. 13

Die zweite Erscheinungsform von Markenstrategien auf Produktgruppenebene, die **Dachmarkenstrategie**, geht gegenüber der Markenfamilie einen Schritt weiter, indem der Anbieter verschiedene eigene
Produktgruppen unter einer Marke zusammenfaßt.[547] Ein durch eine
Dachmarkenstrategie ausgelöster Imagetransfer ermöglicht eine rasche-
re Akzeptanz der einbezogenen Produktgruppen bei den Kunden, eine
Reduzierung des finanziellen und zeitlichen Aufwands für den Aufbau
und die Pflege der jeweiligen Marken sowie die Veränderung von aktuellen und unerwünschten Markenprofilen.[548] Eine starke Originalmarke
(beispielsweise Dresdner Bank) als notwendige Voraussetzung für den
Erfolg von Dachmarken (wie z.B. Dresdner Private Banking) gibt Impulse
an die jeweiligen Produktfelder ab, wobei deren Erfolg im Sinne eines
Rückkopplungseffekts wiederum die Originalmarke stärkt.[549]
Dachmarkenstrategien beinhalten die Gefahr, die Tragfähigkeit der Marke überzustrapazieren, was sich in Prägnanzverlust und Deprofilierung
niederschlägt und zu einer Aushöhlung des Markenimages führt.[550] Ein
solcher Imageverlust hat Vertrauenseinbußen zur Folge, mindert die
Markentreue und schließlich auch den wirtschaftlichen Erfolg der
Dachmarke.[551] Entscheidend ist daher, daß die Erweiterung von Marken
logisch und glaubhaft ist, d.h. nicht die „Selbstähnlichkeit" der Marke
verletzt.[552] Selbstähnlichkeit bedeutet, daß sämtliche Marketing-Maßnahmen in den rational-verbalen (Kompetenz, Problemlösung etc.) und
emotional-visuellen Wahrnehmungsdimensionen (z.B. dem äußeren Erscheinungsbild) präzise aufeinander abgestimmt sind.[553] Um die hohen
Anforderungen von International Private Banking-Kunden an die Konsistenz der offerierten Finanzdienstleistungen zu erfüllen, sollte die Dach-

---

[547] Vgl. Meffert, H., Strategien ..., a.a.O., S. 144
[548] Vgl. Bleuel, A., a.a.O., S. 101; Kapferer, J.-N., a.a.O., S. 167 f.; Weinberg, P.,
a.a.O., Sp. 2687
[549] Vgl. Müller, G.-M., Dachmarkenstrategien, in: Markenartikel 4/1994, S. 146
[550] Vgl. Weinberg, P., a.a.O., Sp. 2687
[551] Vgl. Bleuel, A., a.a.O., S. 101 f.
[552] Vgl. Binder, C. U., a.a.O., S. 56 f.; Reichert, R., Entwurf und Bewertung von
Strategien, München 1984, S. 146
[553] Vgl. Binder, C. U., a.a.O., S. 56 f.

markenstrategie insbesondere auf die sog. „line extension" zielen, also im Gegensatz zur „brand extension" auf die Positionierung solcher ergänzender Produkte unter einer bestimmten Dachmarke, die den bisherigen Produktkategorien nahestehen.[554]

Für die deutschen Großbanken stellt sich im Rahmen der Positionierungsstrategie im International Private Banking auch die Frage, inwieweit eine inhaltliche, verbale bzw. visuelle Anknüpfung an die im Retail Banking bzw. Personal Banking bereits etablierte(n) eigene(n) Marke(n) - z.B. „Dresdner Bank. Die Beraterbank." - vorgenommen werden soll.[555] Die Beantwortung dieser Kernfrage schließt das gesamte markenpolitische Instrumentarium ein und geht damit weit über die Abgrenzung des International Private Banking-Geschäfts von anderen Sparten durch das Markenzeichen (im Sinne von Wort- und Bildzeichen) hinaus.[556] Mittels einer Zweitmarken-Strategie im Privatkundengeschäft, d.h. einer eigenständigen Strategie für die International Private Banking-Dachmarke, ist für die deutschen Großbanken die Chance verbunden, eine gegenüber dem breiten und gehobenen Privatkundengeschäft deutlich getrennte Markenpositionierung zu erreichen, ohne auf eine breite Marktabdeckung und zugleich Risikodiversifizierung zu verzichten. Hinter der Bezeichnung „Zweitmarke" verbirgt sich keineswegs zwangsläufig eine im Vergleich zu der Erstmarke inferiore Bedeutung.[557] Im Gegenteil: Der hochgesteckte Erwartungsrahmen von International Private Banking-Kunden legt den deutschen Großbanken in diesem Geschäftsfeld die Positionierung als Premium-Marke, also einer in einem höheren Qualitätssegment angesiedelten und anspruchsvoll ausgestatteten Marke, nahe.[558]

---

[554] Vgl. ebenda

[555] Vgl. Landor, G., Making business strategy visible, in: Private Banker International, Juni 1995, S. 12

[556] Vgl. ebenda

[557] Vgl. Bunk, B., Marken ohne Blickkontakt? Neue Sicht der Führung, in: asw 11/1991, S. 46; Dichtl, E., Grundidee, Funktionen und Varianten des Markenartikels, in: WiSt 6/1992, S. 273

[558] Vgl. Dichtl, E., Grundidee, Funktionen ..., a.a.O., S. 273

3.2.1.1.2 Co-Branding und Ingredient Branding

Die Wirkung einer produkt- oder produktgruppenbezogenen Marke muß nicht zwangsläufig nur aus ihrer eigenen Kraft herrühren, sondern läßt sich auch durch die Kombination mit anderen Marken entweder in Form von „Co-Branding" oder von „Ingredient Branding" verstärken. Bei einem **Co-Branding** wird ein Produkt, beispielsweise eine Kreditkarte, mit zwei eigenständigen Marken gleichzeitig gekennzeichnet.[559] Das Ziel dieser Vorgehensweise besteht darin, durch die kombinierte Kompetenz der Marken dem Kunden eine erhöhte Leistungsqualität anzubieten und die von dem Produktbündel ausgehenden Kaufanreize - sich ergänzende Identitäten beider Marken vorausgesetzt - zu verstärken.[560] Der Einsatz von Co-Branding erscheint in denjenigen Fällen zweckmäßig, in denen die eigene Marke für die geplante Produkterweiterung nicht in allen Dimensionen tragfähig ist und die Partnermarke noch fehlende Erfolgsfaktoren abdeckt.[561] Ohlwein/Schiele weisen auf besondere Einsatzmöglichkeiten des Co-Branding für die Ausdehnung des geographischen Aktionsradius eines Unternehmens auf bislang noch nicht bearbeitete Länder hin: Die Kennzeichnung eines Produkts mit einem den Nachfragern vertrauten, zusätzlichen Markenzeichen eigne sich zur Verminderung des von der Zielgruppe bei dem Produktkauf wahrgenommenen Risikos und helfe (sofern ein kompatibles Image der Partnermarke vorliegt) der eigenen Marke, eine hinreichende Marktgeltung zu erlangen.[562] Für das auf lokale Märkte bezogene Angebot von Produkten insbesondere des Sachgüterbereichs mag diese Aussage zwar zutreffen. Speziell im International Private Banking, das sich u.a. durch die weltweite Verfügbarkeit der Produkte auszeichnet, besteht jedoch durch die Verwendung lokal differenzierter Markenzeichen die latente Gefahr, insbesondere bei global

[559] Vgl. Binder, C. U., a.a.O., S. 58
[560] Vgl. ebenda, S. 58 f.
[561] Vgl. ebenda, S. 60
[562] Vgl. Ohlwein, M./Schiele, Th. P., Co-Branding, in: WiSt 11/1994, S. 578

158

orientierten Kunden kognitive Dissonanzen (vgl. Kapitel 3.1.2.5) hervor-
zurufen, die zu einer Erosion der Markenimages führen.

Der Fachausdruck „**Ingredient Branding**" bezeichnet die Markenkonzepte für eine Produktkomponente, die zumeist wesentlicher Bestandteil
(„essential ingredient") des Endprodukts wird, im letzteren für den Kunden oftmals aber nicht mehr als eigenständige Marke hervortritt.[563]
Ingredient Branding kann auch eine Form des Co-Branding sein, wenn
das Produkt mit beiden Marken gekennzeichnet wird.[564]
Primär im Sachgüterbereich (bislang allerdings nur eingeschränkt im
Dienstleistungssektor) vermarkten Unternehmen eine Marke innerhalb
einer anderen, wie beispielsweise im Falle von Intel Inside (Mikropro-
zessoren in Personal Computern) oder Shimano-Gangschaltungen für
Sportfahrräder.[565] Grundsätzlich erscheint jedoch die Übertragung des
Ingredient Branding-Gedankens auch auf International Private Banking-
Leistungen denkbar. Beispielsweise erhöhen die kompetenten Marktein-
schätzungen konzerneigener Research-Einheiten als wichtige „Zutat" die
Qualität der Vermögensverwaltung, ohne für Kunden in der Regel un-
mittelbar in Erscheinung zu treten.
Durch den Austritt qualitativ hochwertiger Komponenten aus der Anony-
mität (z.B. durch die bewußte Erwähnung der Research-Kapazitäten im
Kundengespräch oder in der Imagebroschüre der Bank) kann das
Unternehmen die Loyalität seiner Kunden verstärken, Premium-Preise
durchsetzen, Eintrittsbarrieren gegen Konkurrenten aufbauen sowie den
Markenwert des Gesamtprodukts erhöhen.[566] Voraussetzung für den
Erfolg einer Ingredient Branding-Strategie im International Private Banking ist jedoch nicht alleine die hohe Qualität der „Zutat", sondern auch
die Vereinbarkeit von deren Image mit dem Imageanspruch der Kundschaft. Daher sollten beispielsweise die exzellenten, den Kunden im

---

[563] Vgl. Simon, H./Sebastian, K.-H., Ingredient Branding. Reift ein junger Markentypus?, in: asw 6/1995, S. 42
[564] Vgl. Binder, C. U., a.a.O., S. 60
[565] Vgl. Simon, H./Sebastian, K.-H., a.a.O., S. 42
[566] Vgl. ebenda, S. 47 f.

Mengengeschäft angebotenen Fonds einer konzerneigenen Kapitalanla-
gegesellschaft nicht oder zumindest nicht unter identischem Namen zugleich der International Private Banking-Klientel angeboten werden. Als
Nachteile einer Ingredient Branding-Strategie gelten u.a. die zusätzlichen Kosten und der vermehrte Zeitaufwand für die Kreierung eines
Markenwerts sowie die höhere Verpflichtung zur Qualitätssicherung bei
dem Endprodukt.[567]

3.2.1.2 Institutsbezogene bzw. institutsübergreifende Marken-strategien

Die meisten Geldinstitute gehen in der Interpretation ihrer Dachmarkenstrategie soweit, daß sie nicht nur einzelne, sondern gleich ihre sämtlichen Leistungsangebote unter ein gemeinsames Markendach nehmen[568], und zwar mit der Konsequenz, daß sich Firmen- und Produkti-
mage untrennbar vermischen. Die Schwierigkeit, zwischen einer Pro-
duktgruppenmarke und einer Institutsmarke eindeutig zu unterscheiden,
läßt sich anhand des Beispiels „Credit Suisse" anschaulich darlegen:
Unter der globalen Dachmarke „Credit Suisse" treten seit Jahresbeginn
1997 die vier Geschäftseinheiten der ehemaligen CS Holding, darunter
auch „Credit Suisse Private Banking", am Markt auf.[569] Das erklärte Ziel
der Credit Suisse besteht darin, die in der Dachmarke verkörperten
Werte, wie Sicherheit, Stabilität und Präzision, auf die einzelnen Marken
zu übertragen, um mit gebündelter Kraft die ganze Bandbreite der Kompetenzen optimal auszuschöpfen.[570] Die Marke „Credit Suisse Private
Banking" bezieht sich einerseits auf die Gruppe der angebotenen (International) Private Banking-Leistungen, verkörpert aber zugleich die in
diesem Geschäftsfeld tätigen Konzerneinheiten.

---

[567] Vgl. ebenda, S. 48
[568] Vgl. Weber, M., a.a.O., S. 105
[569] Vgl. Heller, G./Zur-Szpiro, M., a.a.O., S. 18
[570] Vgl. ebenda, S. 18 f.

Institutsbezogene Markenstrategien eignen sich insbesondere für die ausschließlich auf das Geschäft mit den gehobenen Privatkunden spezialisierten Banken (wie z.B. die Schweizer Privatbankiers). Institutsübergreifende (und zugleich produktgruppenbezogene) Markenkonzepte bieten sich dagegen für die innerhalb eines weltweiten Verbunds im International Private Banking tätigen Konzerneinheiten an (wie im Falle von „Dresdner Private Banking"). Als Variante innerhalb einer institutsübergreifenden Strategie ist über die Konzernlösung hinaus aber auch die Positionierung als Marke gemeinsam mit externen Partnern denkbar (vgl. Kapitel 3.2.2.2.4.2).

3.2.2 Systematisierung markenpolitischer Positionierungsstrategien

Die Formulierung einer zieladäquaten Positionierungsstrategie - hier lassen sich partielle und integrative Ansätze unterscheiden - bildet die Voraussetzung für den erfolgreichen Einsatz des Marketing-Instrumentariums und die effiziente Allokation knapper Unternehmensressourcen.[571] Partialansätze behandeln nur einen Ausschnitt des strategischen Entscheidungsproblems, wohingegen integrative Ansätze versuchen, das gesamte Entscheidungsspektrum abzudecken.[572] Da Partialansätze die Grundlage für die meisten integrativen Ansätze bilden[573], bezieht sich die nachfolgende Betrachtung stellvertretend für andere Partialansätze zunächst auf das diesbezügliche Konzept von Porter.

---

[571] Vgl. Waltermann, B., Internationale Markenpolitik und Produktpositionierung - Markenpolitische Entscheidungen im europäischen Binnenmarkt, Wien 1989, S. 6 ff.
[572] Vgl. Meffert, H., Marketing-Management ..., a.a.O., S. 109
[573] Vgl. ebenda

3.2.2.1 Partialer Strategieansatz von Porter

Porter unterscheidet drei grundsätzlich erfolgversprechende Typen strategischer Ansätze, um sich gegenüber Wettbewerbern zu profilieren: die Kostenführerschaft, die Differenzierungs- und die Nischenstrategie.[574] Die Strategie einer umfassenden **Kostenführerschaft** ist auf die Erlangung eines weitgehenden Kostenvorsprungs gegenüber den Konkurrenten durch vielfältige Einzelmaßnahmen (wie z.b. die Kostenminimierung im Service, im Vertrieb oder in der Werbung) und damit auf die Schaffung eines Spielraums bei Erlösrückgängen ausgerichtet.[575] Ein besonderes Risiko dieser Strategie liegt in Kostensteigerungen, da diese die Fähigkeit des Unternehmens schmälern, einen ausreichend großen Preisunterschied aufrechtzuerhalten, um das Markenimage der Konkurrenten auszugleichen.[576] Da aus dieser primär an Kostenüberlegungen orientierten Strategie zwangsläufig Qualitätsabstriche resultieren müssen, International Private Banking-Kunden die Leistungsqualität jedoch für weitaus wichtiger als das Preisargument halten, erscheint in diesem Geschäftsfeld die Positionierung als „Kostenführer" - wie bereits angedeutet (vgl. Kapitel 1.2.1.3) - nur bedingt geeignet.

Differenzierung schirmt ein Unternehmen gegenüber Wettbewerbern ab, indem sie die Kunden durch die „Einzigartigkeit" der angebotenen Leistungsvorteile an die Marke bindet, die Preisempfindlichkeit verringert, Kundenloyalität aufbaut und auf diese Weise für die Konkurrenz Eintrittsbarrieren schafft, die allerdings durch Nachahmung überwunden werden können.[577] Im International Private Banking finden Differenzierungsstrategien aufgrund der starken Qualitätsorientierung der Klientel ein wichtiges Einsatzfeld. Auf die unterschiedlichsten Erwartungen der Kunden ausgerichtete Angebotsdifferenzierungen lassen sich beispiels-

---

[574] Vgl. Porter, M. E., Wettbewerbsstrategie, a.a.O., S. 62 ff.
[575] Vgl. ebenda, S. 63
[576] Vgl. ebenda, S. 75
[577] Vgl. ebenda, S. 66

weise im Fondsgeschäft erkennen, in dem durch Spezialisierung und Risikostreuung eine noch vor kurzem nicht für möglich gehaltene Produktvielfalt entstanden ist.[578]

Der dritte Strategietyp besteht in der **Konzentration auf Marktnischen**, also auf eine bestimmte Kundengruppe, einen geographisch abgegrenzten Markt oder einen bestimmten Teil des Produktprogramms.[579] Die Ausrichtung auf entsprechende Schwerpunkte beruht auf der Annahme, daß das Unternehmen ein eng begrenztes strategisches Ziel wirkungsvoller oder effizienter erreichen kann als Konkurrenten, die sich im breiteren Wettbewerb befinden.[580] Im Ergebnis erzielt das Unternehmen entweder eine Differenzierung (weil es die Anforderungen der gewählten Zieldimension besser als andere Wettbewerber erfüllen kann) oder niedrigere Kosten bei der Verfolgung des Ziels - oder beides zusammen.[581] Die konkreten Vorzüge von Nischenstrategien liegen zum einen in der Möglichkeit zur intensiveren Beschäftigung mit den spezifischen Bedürfnissen der jeweiligen Kundengruppen, zum anderen in der Realisierung von Kostendegressionseffekten.[582] Die Konzentration auf Marktnischen beinhaltet aber die Gefahr, daß Konkurrenten sich innerhalb einer bestimmten strategischen Zieldimension noch stärker spezialisieren als das Unternehmen, das diese Strategie schon vorher verfolgt hat.[583]

Es stellt sich nun die Frage, inwieweit die Fokussierung der Bank auf bestimmte produktbezogene Schwerpunkte im Einklang mit dem Leistungsumfang steht, den International Private Banking-Kunden erwarten. Deren jeweilige Vermögensstruktur besteht aus einer Vielzahl von Elementen, die es in einer auf die individuellen Bedürfnisse und Zielsetzungen eines jeden Kunden ausgerichteten Vermögensberatung

---

[578] Vgl. Heucke, P./Tern, S. M., a.a.O., S. 78
[579] Vgl. Porter, M. E., Wettbewerbsstrategie, a.a.O., S. 67
[580] Vgl. ebenda
[581] Vgl. ebenda
[582] Vgl. Meffert, H., Marketing-Management ..., a.a.O., S. 275
[583] Vgl. Porter, M. E., Wettbewerbsstrategie, a.a.O., S. 77

in einen Zusammenhang zu bringen und zu optimieren gilt.[584] Im Mittelpunkt der privaten Finanzplanung steht der Kunde, seine persönliche Situation, seine Ziele, nicht dagegen die einzelne Finanzdienstleistung, da diese immer nur Instrument zur Erreichung der Kundenziele sein kann.[585] Somit leistet das Angebot eines integrierten Problemlösungsansatzes, der Fragen der Steuerplanung, der Erbschaftsregelung, des Versicherungsschutzes, der Liquiditätsplanung usw. einschließt[586], einen wichtigen Beitrag zum Aufbau eines Markenimages.

International Private Banking-Kunden bevorzugen zwar Anbieter mit einem universellen Produktangebot und globaler Präsenz, jedoch ist ein solcher Anspruch selbst für die bedeutenden Marktteilnehmer nur schwer zu realisieren.[587] Eine für alle betreuten Kunden überzeugende Leistung kann in der Regel nur dann erbracht werden, wenn sich die Anbieter jeweils auf bestimmte Zielgruppen innerhalb des International Private Banking-Markts festlegen und auf diese ihre Organisation, Distributionsstrategien sowie Auswahl an (internationalen und heimischen) Produkten ausrichten.[588] Gehen die von einzelnen Kunden nachgefragten Leistungen über dieses eingeschränkte Sortiment hinaus, so steht Kreditinstituten die Möglichkeit offen, durch den Fremdbezug entsprechender Markenprodukte die individuellen Kundenbedürfnisse zu erfüllen (vgl. Kapitel 2.3.4).

Wie die nachfolgenden Überlegungen verdeutlichen, greift der eindimensionale Ansatz von Porter - im Gegensatz zu integrativen Strategieansätzen - mit Blick auf die Vielzahl anstrebbarer Wettbewerbsvorteile (beispielsweise die gegenüber Konkurrenten frühzeitige Positionierung in einzelnen Märkten) zu kurz.[589]

---

[584] Vgl. Bernet, B., Logistikstrategien ..., a.a.O., S. 37
[585] Vgl. Brunner, W. L., a.a.O., S. 450
[586] Vgl. Bernet, B., Logistikstrategien ..., a.a.O., S. 37
[587] Vgl. Beck, S., a.a.O., S. 15
[588] Vgl. ebenda
[589] Vgl. vertiefend Meffert, H., Marketing-Management ..., a.a.O., S. 115 f.

3.2.2.2 Integrativer Strategieansatz in Anlehnung an Backhaus

Dem integrativen Ansatz von Backhaus folgend, lassen sich die rich-
tungsweisenden Leitmaximen einer strategischen Marketing-Planung im
wesentlichen auf fünf Dimensionen zurückführen, nämlich die Entscheidung über

- das eigene Geschäftsverständnis, d.h. die Beantwortung der Frage,
  welche Marktsegmente der Anbieter als seine Kerngeschäftsfelder
  ansieht,
- die Marktstimulierung, um einen Vorteil gegenüber den Wettbewerbern zu erreichen (z.B. durch günstige Preise oder die Schaffung
  eines Zusatznutzens)[590],
- das Marktareal, also den räumlichen Wirkungskreis, innerhalb dessen
  das Unternehmen agieren möchte,
- die Timing-Strategie, d.h. die zeitliche Abfolge des Markteintritts (bzw.
  -austritts), und
- die Internationalisierungsstrategie (going-alone-Strategie vs. Kooperationsstrategie).[591]

Dieses von Backhaus formulierte Konzept, das im Gegensatz zu den
meisten anderen integrativen Ansätzen[592] auch den Timing-Aspekt
berücksichtigt, dient als Orientierungsrahmen für die nachfolgende
Systematisierung und Konkretisierung der strategischen Grundsatzent-
scheidungen zur Etablierung globaler Markenimages im International
Private Banking.

---

[590] Abweichend von dieser Einstufung der „Marktstimulierung" als strategische Ent-
scheidungsebene berücksichtigt die vorliegende Arbeit diesen Themenkomplex,
der letztlich die Einsatzmöglichkeiten des gesamten Marketing-Instrumentariums
umfaßt, als operatives Aufgabenfeld im Rahmen der globalen Markeneinführung
(vgl. Kapitel 4.2.2).
[591] Vgl. Backhaus, K., Investitionsgütermarketing, 3. Aufl., München 1992, S. 148 ff.
[592] Vgl. z.B. Becker, J., Marketing-Konzeption: Grundlagen des strategischen Marketing-Managements, 2. Aufl., München 1988, S. 291

3.2.2.2.1 Zielgruppenbildung

Die Festlegung von Zielgruppen hat zum Ziel, Prioritäten zu bilden, um diejenigen Kunden zu kontaktieren, die eine besonders hohe Profitabilität für das Unternehmen aufweisen und bei denen der Anbieter über relative Wettbewerbsvorteile verfügt bzw. diese aufbauen kann.[593] Für Kunden liegt der Vorteil einer Konzentration der Bank auf ausgewählte International Private Banking-Segmente in der intensiveren Berücksichtigung der jeweiligen Bedürfnis- und Präferenzstrukturen sowie der Vermittlung eines Zusatznutzens aufgrund einer gewissen Exklusivität.[594] In der Literatur finden sich folgende Voraussetzungen, die Segmentierungskriterien erfüllen müssen[595]:

- Kaufverhaltensrelevanz: Die Kriterien der Marktsegmentierung müssen in Beziehung zu den Bestimmungsfaktoren des Nachfrageverhaltens stehen.

- Operationalisierbarkeit: Die einzelnen Kriterien müssen mit Marktforschungsmethoden meßbar und für den Nutzer, d.h. insbesondere den Relationship Manager, leicht anwendbar sein.

- Zeitliche Stabilität: Die zur Abgrenzung von Kundensegmenten verwendeten Merkmale sollen über einen längeren Zeitraum ihre Aussagefähigkeit behalten, da der Einsatz von Marketing-Instrumenten eine längerfristige Planung erfordert.

- Wirtschaftlichkeit: Mit Hilfe der Segmentierungskriterien sollen hinreichend große Kundengruppen identifiziert werden, um eine differenzierte Marktbearbeitung wirtschaftlich zu rechtfertigen.

---

[593] Vgl. Benölken, H./Winkelmann, A., Zielgruppen-Management im Privatkundengeschäft, in: Die Bank 8/1988, S. 441
[594] Vgl. Jacobi, H. H., Spezialisierung im Bankgeschäft: Gibt es Marktnischen für Spezialisten?, in: Engels, W. (Hrsg.), Organisation der Banken und des Bankenmarktes, Frankfurt am Main 1988, S. 132
[595] Vgl. Böhler, H., Methoden und Modelle der Marktsegmentierung, Stuttgart 1977, S. 36 ff.; Freter, H., Marktsegmentierung, Stuttgart 1983, S. 43 ff.

- Bezug zur Marktbearbeitung: Die gewählten Kriterien sollen Ansatzpunkte für den gezielten Einsatz der absatzpolitischen Instrumente bieten.

Segmentierungskriterien lassen sich prinzipiell in „sozio-ökonomische Kriterien" und „Kriterien des beobachtbaren Kaufverhaltens" unterteilen, wobei sich die Charakteristik der letztlich gewählten Zielgruppe üblicherweise aus einer Kombination dieser beiden Dimensionen zusammensetzt.[596] **Sozio-ökonomische** Segmentierungsansätze legen Kriterien, wie z.b. die Nationalität oder den Wohnsitz des Kunden, den erreichten Lebensabschnitt (beispielsweise die Phase „Disposition über das Vermögen", vgl. Kapitel 2.3.2.2.3) oder das Kundenalter, zugrunde.[597] Die Ausrichtung der Bank auf Kundensegmente, die nach geographischen Kriterien gebildet wurden, versetzt die Relationship Manager in die Lage, spezielle regionale Expertise zu sammeln und auf diese Weise Kundenbedürfnisse besser nachvollziehen bzw. antizipieren zu können.[598] Insbesondere die Akquisition auch jüngerer Kunden aus dem Kreis z.B. der Unternehmer, Selbständigen oder Leitenden Angestellten ist für die Anbieter von International Private Banking-Leistungen vor dem Hintergrund der gezeigten Altersverteilung der Klientel (vgl. Kapitel 2.3.2.1) von vitalem Interesse zum Aufbau eines längerfristig nutzbaren Wertschöpfungspotentials.[599] **Verhaltensorientierte** Ansätze zur Fokussierung auf bestimmte Kundengruppen unterscheiden primär nach der Fähigkeit bzw. Bereitschaft der Kunden, Geldbeträge in einer bestimmten Größenordnung anzu-

[596] Vgl. Wünsche, G./Swoboda, U., Die Bedeutung von Zielgruppen für die fokussierte Universalbank, in: Die Bank 5/1994, S. 276
[597] Vgl. Bayne, T. M., Segment and conquer, in: Bank Marketing International, Sonderheft o.J., S. 14; Hagander, N., a.a.O., S. 7
[598] Vgl. Ehlern, S., a.a.O., S. 55
[599] Vgl. Bischofberger, A., a.a.O., S. 14

legen, nach den jeweiligen Bedarfsfeldern und/oder dem spezifischen Kaufverhalten.[600]

Die Festlegung eines Mindestanlagebetrags ist einerseits eine unabdingbare Voraussetzung, um eine weitgehende Diversifikation in der Anlage des Kundenvermögens vornehmen zu können. Andererseits dient die Bestimmung von Mindestvolumina dazu, aus Wirtschaftlichkeitsüberlegungen heraus den hohen Kosten für den Aufbau und die Pflege einer Kundenverbindung (z.B. Reisekosten der Relationship Manager) entsprechende Erlöspotentiale gegenüberzustellen. In der Praxis verwendete Volumenskriterien, die die Zuordnung von Kunden zu dem International Private Banking-Segment regeln, orientieren sich je nach Kreditinstitut an unterschiedlichen Bezugsgrößen, wie z.B. „net worth (unencumbered assets), assets under management (AUMs) with their private bank, liquid assets, client's annual income or the likely revenue generation for the bank, or a combination of these"[601].

Das Einstiegsvolumen für die Verwaltung von Off-shore-Vermögen („discretionary portfolio management") im International Private Banking beginnt teilweise - wie bei der Credit Suisse Private Banking - bei einem frei verfügbaren Anlagebetrag von ca. 0,5 Mio. DM.[602] Einige Wettbewerber richten sich innerhalb des International Private Banking-Segments speziell an die Top-Kunden, wie z.B. die Bank Morgan Stanley AG, die Kunden erst ab einem Anlagevolumen von 5 Mio. US$ (ca. 9 Mio. DM) betreut.[603] Derartig hohe Einstiegsgrenzen vermitteln der hierfür in Frage kommenden Klientel die Gewißheit, zu dem handverle-

---

[600] Vgl. Bayne, T. M., a.a.O., S. 14; Ehlern, S., a.a.O., S. 55; Hagander, N., a.a.O., S. 7

[601] Littleboy, P. E. A., Private banking: differentiation will be key, in: EFMA's Newsletter, Nr. 129, Mai 1994, S. 16

[602] Vgl. mündliche Auskunft von Frau P. Riedel, Credit Suisse (Deutschland) AG, Frankfurt am Main, Marketing, am 24.3.1998. Die Deutsche Bank hat die diesbezügliche Mindestbetragsgrenze im International Private Banking auf 1 Mio. DM, die UBS AG auf 1 Mio. sfr (ca. 1,2 Mio. DM), die Dresdner Bank auf 1 Mio. US$ (ca. 1,8 Mio. DM) festgelegt. vgl. Deutsche Bank AG, Konzern-Profile ..., a.a.O., S. 2.; o.V., Kunden erst ab einer Million erwünscht, in: FAZ vom 9.12.1997, Nr. 286, S. 20; Dresdner Bank AG, Global ..., a.a.O., o.S.

[603] Vgl. o.V., Morgan ..., a.a.O., S. 85

senen Kundenkreis eines International Private Banking-Anbieters zu gehören, der ein auf hohe Exklusivität und besonders individuelle Betreuung ausgerichtetes Markenimage anstrebt. Auch die verlangten Mindestvolumina für eine Vermögensverwaltung im On-shore-Geschäft hängen in starkem Maße von dem jeweiligen Anbieter ab: Beispielsweise hat Lloyds Private Banking als Untergrenze einen Anlagebetrag in Höhe von mindestens 70.000 Pfund (ca. 210.000 DM), Credit Suisse Private Banking von 500.000 DM, Barclays Private Bank dagegen von 250.000 Pfund (ca. 750.000 DM) vorgesehen.[604] Der Mindestbetrag für eine Anlageberatung liegt beispielsweise bei der Deutschen Bank im International Private Banking bei 500.000 US$ (ca. 900.000 DM), bei der Dresdner Bank dagegen bei 1 Mio. US$ (ca. 1,8 Mio. DM).[605]

Zugeständnisse der Banken an jeweils geringere Volumensgrenzen lassen sich mit der Erwartung an die Akquisition weiterer Gelder, die Kunden aus Risikoüberlegungen heraus üblicherweise auf verschiedene Bankverbindungen verteilen, erklären.[606] Kreditinstitute akzeptieren in ihrem eigenen Interesse niedrigere Volumina auch dann, wenn diese von Angehörigen aus dem Kreis der bestehenden Klientel stammen. Aus Kundensicht qualitätsmindernd wirkt sich die Herabsetzung der Mindestanlagesumme in den Fällen aus, in denen die Verwaltung von entsprechend geringeren Beträgen nur auf standardisierter Basis möglich ist, der jeweilige Kunde aber eine individuelle Verwaltung seines Vermögens präferiert (vgl. Kapitel 4.2.2.2.1.2).[607]

Durch die Spezialisierung auf Kunden mit einem eingeschränkten Produktbedarf - ein weiterer Segmentierungsansatz - können Banken Synergien innerhalb des Leistungserstellungsprozesses nutzen, ohne daß dadurch zwangsweise eine Qualitätseinbuße stattfinden muß.[608] Als

---

[604] Vgl. Griffiths, G., a.a.O., S. 73; mündliche Auskunft von Frau P. Riedel, a.a.O.
[605] Vgl. Moloney, M., Deutsche ..., a.a.O., S. 1; Dresdner Bank AG, Global ..., a.a.O., o.S.
[606] Vgl. Lysaght, G., Creating ..., a.a.O., S. 11; Studer, M., a.a.O., S. 4
[607] Vgl. Pechlaner, H., Private Banking. Eine ..., a.a.O., S. 147
[608] Vgl. Ehlern, S., a.a.O., S. 55

Kriterium für die Ausrichtung auf bestimmte Zielgruppen eignet sich auch das Kaufverhalten der Kundschaft, also z.b. deren Bereitschaft, International Private Banking-Leistungen primär über Telefon oder andere elektronische Medien zu kaufen.[609]

3.2.2.2.2 Festlegung des räumlichen Wirkungskreises

Dem Bestreben nach weltweiter Präsenz einer Marke stehen in der Praxis die limitierten Unternehmensressourcen entgegen, so daß in einer pragmatischen Sichtweise bereits die Umsetzung imagebildender Konzepte in den wichtigsten Märkten der Welt (vgl. Kapitel 2.3) als globale Vorgehensweise zu bezeichnen ist. Die strategische Entscheidung über den geographischen Raum zur Entfaltung von International Private Banking-Aktivitäten und zur Durchführung markenpolitischer Maßnahmen bezieht sich primär auf

- die Auswahl von Schwerpunktregionen innerhalb der verschiedenen Zeitzonen sowie
- die Standortwahl zur Ansiedlung der Kompetenzzentren als denjenigen Unternehmenseinheiten, die den Ausgangspunkt für vertriebspolitische Bemühungen innerhalb zugeordneter Regionen bilden und für die Verwaltung und Verbuchung der Kundengelder zuständig sind.

Dieses skizzierte Entscheidungsfeld ist im Vergleich zur Bestimmung der weltweiten Standorte bzw. Marktareale im sonstigen Dienstleistungs- oder auch im Sachgüterbereich wesentlich komplexer. Die Standortstrategie zur Errichtung von Kompetenzzentren hängt nämlich nicht nur von Rentabilitäts- und Risikogesichtspunkten bzw. Imagezielen, sondern auch von den jeweiligen rechtlichen Rahmenbedingungen

---

[609] Vgl. Hagander, N., a.a.O., S. 7

ab.[610] Da die International Private Banking-Standorte durch die lokalen (steuer-)rechtlichen Besonderheiten die Struktur bestimmter Leistungen prägen, können diese von Kreditinstituten nicht an anderen Finanzplätzen in identischer Form „produziert" werden.[611] Zudem schafft nicht bereits die Etablierung eines einzelnen Kompetenzzentrums (den Ausnahmefall bildet das teilweise bestehende Kundeninteresse ausschließlich an On-shore-Produkten), sondern erst die weltweite Ansiedlung solcher Zentren an den wichtigsten Finanzplätzen die Grundlage für das von der International Private Banking-Kundschaft gewünschte umfassende Leistungsspektrum.

Darüber hinaus kann die Entscheidung für die Akquisition und Betreuung von Kunden in dem Vertriebsgebiet A aufgrund bestehender Präferenzen der Kunden für bestimmte Zielorte ihres Vermögens in unmittelbarem Zusammenhang mit dem Aufbau bzw. der Aufrechterhaltung eines Kompetenzzentrums in der Region B stehen. Die Erklärung hierfür liegt - wie das Beispiel der gängigen Verwaltung von Vermögen wohlhabender indischer Kunden in England als ihrem Commonwealth-Partner zeigt - insbesondere in historisch, politisch, wirtschaftlich, kulturell und/oder psychologisch bedingten Ursachen. Insofern zieht die Festlegung der Vertriebsregionen die Entscheidung für die jeweiligen Standorte der Kompetenzzentren nach sich und nicht umgekehrt.

Die latente Angst von International Private Banking-Kunden vor externem Zugriff auf ihr Vermögen durch staatliche Enteignung, kriegerische Handlungen oder hohe Inflationsraten, aber auch das Interesse, die

---

[610] Vgl. Büschgen, H. E., Entwicklungsphasen ..., a.a.O., S. 8

[611] Beispielsweise im Trustgeschäft bieten Banken, wie Coutts & Co oder Mees Pierson, ihre Dienstleistungen über eigene Trustee-Gesellschaften an, die über ein globales International Private Banking-Netzwerk in den wichtigen Off-shore-Zentren verfügen. Hinter dem jeweils offerierten Produkt „Trust-Service" verbergen sich unterschiedliche, durch die entsprechenden Jurisdiktionen geprägte Produktvarianten, wie z.B. Stiftungen und Treuhänderschaft als spezifische Rechtsinstrumente in Liechtenstein oder Trusts auf Grand Cayman oder den Kanalinseln, vgl. Coutts & Co, International Private Banking: Trusts and Managed Companies, o.O., o.J., S. 3 f.; Pierson Trust (Asia) Limited, Trust Services, o.O., o.J., o.S.; Biedermann, K., a.a.O., S. 54 ff.

Vermögensanlage unter steuerlichen Gesichtspunkten zu optimieren, begründen die vitale Bedeutung des Attributs „Sicherheit" für ein Off-shore-Zentrum.[612] Über die politischen, (steuer-)rechtlichen und wirtschaftlichen Anforderungen hinaus müssen Off-shore-Plätze auch den Kundenerwartungen an eine adäquate Infrastruktur entsprechen.[613] Diese Forderung bezieht sich konkret auf die Verfügbarkeit qualifizierter personeller Kapazitäten (dies schließt auch die professionelle Unterstützung durch Rechtsanwälte und Steuerberater vor Ort ein), auf geeignete Räumlichkeiten und zeitgemäße Telekommunikationsinstrumente, eine problemlose Verkehrsanbindung sowie hohe Lebensqualität.[614]

3.2.2.2.3 Bestimmung der Timing-Strategie zum Markenaufbau in den Zielmärkten

Der von der Bank festgelegte geographische Wirkungskreis, innerhalb dessen sich die Etablierung der Kompetenzzentren einschließlich ihrer Vertriebseinheiten vollziehen soll, schafft den Handlungsrahmen für die Ausgestaltung der Timing-Strategie zum Aufbau eines globalen Markenimages.

---

[612] Vgl. o.V., Executive Summary, in: Kinahan, P. (Hrsg.), Private Banking & Wealth Management Strategies in Action, Bd. III, The Countries, Dublin 1994, S. VII

[613] Vgl. ebenda

[614] Vgl. ebenda. Das Leistungsangebot von Kompetenzzentren an Off-shore-Plätzen ist für global orientierte Anleger allerdings nicht nur mit Vorteilen, sondern auch mit gravierenden Nachteilen verbunden. Hierzu zählen z.B. unterschiedliche Kulturen und Risikoeinschätzungen, die Zeitzonenproblematik sowie erhebliche räumliche Entfernungen zwischen den Kompetenzzentren und dem Heimatland des Kunden mit der Folge einer erschwerten Kommunikation, vgl. Günthert, M. F., a.a.O., S. 434 f. Eine detaillierte Systematisierung der typenbildenden Merkmale eines Off-shore-Finanzzentrums nimmt beispielsweise Hofmann vor, vgl. Hofmann, G., Offshore-Banking, Wesen-Entwicklung-Problematik, Heft 21 der Veröffentlichungen des Lehrstuhls für Allgemeine, Bank- und Versicherungs-Betriebswirtschaftslehre an der Friedrich-Alexander-Universität Erlangen-Nürnberg, Nürnberg 1982, S. 14 f.

Die deutschen Großbanken verfügen zwar über eine gewisse Anzahl weltweiter Unternehmenseinheiten im International Private Banking. Da diese jedoch bislang kein - im Sinne eines globalen Markenimages - etabliertes Netzwerk bilden, kann die strategische Neupositionierung in diesem Geschäftsfeld durchaus als Markteintritt gelten. Für diese Sichtweise spricht auch, daß sich die Ausrichtung auf die Akquisition von Offshore-Geldern und die Verbuchung dieser Gelder innerhalb des weltweiten Verbunds stärker an eine globaler operierende Zielgruppe richtet als das bisher der Fall war. Aus dieser Perspektive des Auslandsmarkteintritts trotz früherer, aber eben anders gelagerter Aktivitäten weist die Timing-Strategie zwei strategische, in engem Zusammenhang stehende Entscheidungsbereiche auf, nämlich

- die Festlegung der zeitlichen Abfolge, in der mehrere ausländische Zielmärkte bearbeitet werden (= länderübergreifende Timing-Strategie) und

- die Entscheidung über das zeitliche Vorgehen bei dem Eintritt in einen ausgewählten Auslandsmarkt (= länderspezifische Timing-Strategie).[615]

3.2.2.2.3.1 Länderübergreifende Timing-Strategie

Die strategischen Optionen der länderübergreifenden Timing-Strategie (vgl. Abb. 23) zum Aufbau eines globalen Markenimages im International Private Banking bestehen darin, entweder sukzessive in einen Markt nach dem anderen oder simultan in alle Märkte einzutreten ("Wasserfall- vs. Sprinklermodell"[616]).[617]

---

[615] Vgl. Wesnitzer, M., Markteintrittsstrategien in Osteuropa. Konzepte für die Konsumgüterindustrie, Diss. Wiesbaden 1993, S. 72

[616] Vgl. Kreutzer, R., Global ..., a.a.O., S. 238

[617] Vgl. Douglas, S. P./Craig, C. S., Evolution of global marketing strategy, in: Columbia Journal of World Business 3/1989, S. 53

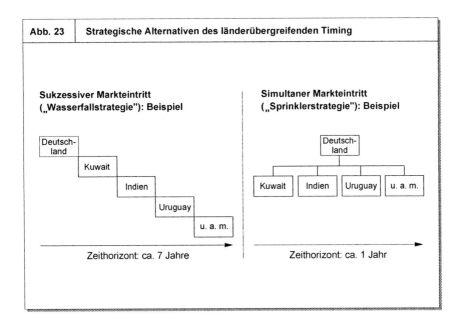

| Abb. 23 | Strategische Alternativen des länderübergreifenden Timing |

Vgl. Riesenbeck, H./Freeling, A., How global are global brands, in: The McKinsey Quarterly 4/1991, S. 8

Bei der Wasserfallstrategie tritt die Bank zuerst in denjenigen Auslandsmarkt ein, der ihr am erfolgversprechendsten erscheint, baut dort ihre Position unter voller Ressourcenkonzentration aus und wendet sich erst dann dem nächsten Markt zu, wenn die Stellung als „primus inter pares" gesichert ist.[618] Hingegen verteilt das Kreditinstitut bei der Sprinklerstrategie seine Ressourcen nahezu zeitgleich auf alle relevanten Märkte[619] und erreicht auf diese Weise eine Risikostreuung.[620]

---

[618] Vgl. Wesnitzer, M., a.a.O., S. 73
[619] Vgl. Hirsch, S./Lev, B., Foreign marketing strategies, in: Management International Review 6/1973, S. 81; Ayal, I./Zif, J., Competitive market choice strategies in multinational marketing, in: Columbia Journal of World Business 3/1978, S. 73
[620] Vgl. Malik, F./Schwaninger, M., Portfolio-Management in der international tätigen Unternehmung, in: Verkauf und Marketing 2/1982, S. 15

Das üblicherweise zur Unterscheidung zwischen der Wasserfall- und der Sprinklerstrategie verwendete Kriterium „Zahl der Märkte bzw. der Eintritte, die in einer gewissen Zeitspanne durchgeführt werden"[621], besitzt nur eine eingeschränkte Aussagekraft.[622] Zum einen bildet die Zeitspanne eine „Unschärfe" dieser Strategieklassifikation, da nicht eindeutig feststeht, ob es sich bei einem Markteintritt im zeitlichen Abstand von z.B. einem halben Jahr noch um eine simultane oder bereits eine sukzessive Vorgehensweise handelt.[623] Zum anderen dürfte es den Strategietyp „Wasserfall" nur in Ausnahmefällen geben, da von Seiten des Unternehmens Kontakte auch ohne erheblichen Ressourceneinsatz zeitgleich in sehr vielen Ländern aufgenommen werden können[624] bzw. innerhalb des weltweiten Beziehungsnetzwerks (wie bei den deutschen Großbanken) bereits bestehen. Letztendlich bilden die Wasserfall- und die Sprinklerstrategie in ihrer eindeutigen Ausprägungsform die entgegengesetzten Punkte eines Kontinuums.[625]

Die Vorteilhaftigkeit der jeweiligen zeitlichen Abfolge von Eintritten in eine Gruppe ähnlicher Ländermärkte zum Aufbau eines globalen Markenimages hängt insbesondere von den nachfolgend diskutierten Markt- sowie Unternehmensfaktoren ab. Die marktbezogenen Kriterien beziehen sich entweder auf die Situation innerhalb einzelner Zielmärkte („Einzelmarktkriterien") oder zwischen den Märkten („Marktverbundfaktoren").[626]

Ist zur Erzielung eines positiven Ergebnisses in den einzelnen Zielländern eine vergleichsweise große „kritische Masse" unabdingbar (dieses ist im International Private Banking im Rahmen einer Qualitätsführerstrategie und der hiermit verbundenen Kostenintensität der markenbildenden Maßnahmen der Fall), so erscheint ein schrittweises Vorgehen

---

[621] Piercy, N., Export strategy, London 1982, S. 274
[622] Vgl. Wesnitzer, M., a.a.O., S. 274; auch Davidson, W., Market similarity and market selection: implications for international marketing strategy, in: Journal of Business Research 11/1983, S. 441
[623] Vgl. ebenda
[624] Vgl. ebenda
[625] Vgl. ebenda, S. 275
[626] Vgl. ebenda

vorteilhaft.[627] Für sehr wettbewerbsintensive Märkte (wie in Kapitel 2.3.3 gezeigt, trifft dies in besonderem Maße auf das International Private Banking zu) wird ebenfalls eine anfängliche Konzentration der Ressourcen empfohlen.[628] Darüber hinaus sprechen für die Wasserfallstrategie die - bis zu einem gewissen Grad - auf sonstige Eintrittsprojekte übertragbaren, zuvor in anderen Märkten gesammelten Erfahrungen.[629] Eine hohe Instabilität der Umfeldbedingungen in den Einzelmärkten legt eine gewisse Risikostreuung nahe, wie sie mit der Sprinklerstrategie einhergeht.[630] Entsprechende Instabilitäten können im International Private Banking u.U. an den reinen Vertriebsstandorten, wie z.B. in den aufstrebenden osteuropäischen Reformstaaten, auftreten. Die Kontinuität der politischen, rechtlichen und ökonomischen Gegebenheiten in den ausgewählten Kompetenzzentren sollte dagegen außer Frage stehen, um den Schutz der verwalteten Gelder, z.B. vor staatlicher Konfiszierung, zu gewährleisten.

Weisen die betrachteten geographischen Teilmärkte als Ergebnis einer Analyse der „Marktverbundfaktoren" gewisse Ähnlichkeiten (z.B. hinsichtlich der Kundenerwartungen) auf, so spricht die Möglichkeit einer relativ einheitlichen Umsetzung des markenpolitischen Konzepts und die damit verbundene Ressourcenentlastung ceteris paribus für einen Simultaneintritt. Eine entsprechende Vorgehensweise nutzt schneller „spillover"-Effekte aus, die aus starken Austauschbeziehungen zwischen den jeweiligen Märkten (z.B. aufgrund deren geographischer Nähe oder kultureller Verflechtungen) resultieren.[631] Solche wechselseitigen Beziehungen können allerdings ebensogut als Argument für die Wasserfallstrategie dienen, da sich - sofern der Ersteintritt erfolgreich

---

[627] Vgl. Attiyeh, R./Wenner, D., Critical mass, key to export profits, in: The McKinsey Quarterly 4/1981, S. 77

[628] Vgl. Segler, K., Basisstrategien im internationalen Marketing, Frankfurt am Main 1986, S. 178

[629] Vgl. Cichon, W., Globalisierung als strategisches Problem, München 1988, S. 219

[630] Vgl. Segler, K., a.a.O., S. 276

[631] Vgl. Ayal, I./Zif, J., Market expansion strategies in multinational marketing, in: Journal of Marketing 1/1979, S. 90

verläuft und in den anderen Ländern bekannt wird - bei dem späteren Eintritt in weitere Länder „Goodwill"-Effekte nutzen lassen.[632]

Innerhalb der Unternehmensfaktoren, der zweiten Kategorie wichtiger Kriterien zur Fundierung der länderübergreifenden Timing-Strategie, beeinflußt u.a. das bei der Expansion primär verfolgte Unternehmensziel die Entscheidung über die zeitliche Abfolge des jeweiligen Auslandsmarkteintritts.[633] Ein simultanes Vorgehen ist besonders geeignet, einem vorrangig wettbewerbsorientierten Ziel zu entsprechen, weil die errichteten zahlreichen „Brückenköpfe" Konkurrenten eher abhalten werden als der auf einem Einzelmarkt gebildete Schwerpunkt.[634] Außerdem vermeidet eine simultane Vorgehensweise, daß Wettbewerber möglicherweise die nächsten Schritte einer Sukzessivstrategie frühzeitig antizipieren.[635] Gegen die Umsetzung einer global ausgerichteten Simultanstrategie sprechen in der Praxis allerdings häufig - wie bereits angedeutet (vgl. Kapitel 3.2.2.2.2) - unternehmensinterne Restriktionen sowohl finanzieller als auch personeller Art.[636]

3.2.2.2.3.2 Länderspezifische Timing-Strategie

Das zweite Entscheidungsfeld innerhalb einer Timing-Strategie bezieht sich auf das zeitliche Vorgehen bei dem Eintritt in einen bestimmten Auslandsmarkt. In der Literatur finden sich zwei grundlegende Typen zur Systematisierung diesbezüglicher Timing-Strategien, nämlich technologie- und marketing-orientierte Ansätze[637], wobei lediglich die letztere

---

[632] Vgl. Wesnitzer, M., a.a.O., S. 277

[633] Vgl. ebenda, S. 278

[634] Vgl. Douglas, S. P./Craig, C. S., Evolution ..., a.a.O., S. 53

[635] Vgl. Kreutzer, R., Global ..., a.a.O., S. 240

[636] Vgl. Cichon, W., a.a.O., S. 220

[637] Vgl. Remmerbach, K.-U., Markteintrittsentscheidungen: eine Untersuchung im Rahmen der strategischen Marketingplanung unter besonderer Berücksichtigung des Zeitaspekts, Diss. Wiesbaden 1988, S. 40 ff.

Kategorie Relevanz für Dienstleistungsunternehmen aufweist. Innerhalb der marketing-orientierten Konzepte unterscheidet Beuttel die Markteintrittsstrategie des „first movers" und die des „followers": Die „first mover"-Strategie besteht im wesentlichen darin, möglichst schnell den Markt zu erschließen und dort ein Markenimage aufzubauen; demgegenüber versucht der „follower", das erfolgreiche Konzept des „first movers" zu imitieren, dabei aber soweit wie möglich dessen Fehler zu vermeiden.[638] Im Gegensatz zu Beuttel, der von lediglich zwei zeitlichen Strategiealternativen ausgeht, formulieren Robinson/Fornell drei Eintrittsvarianten, nämlich diejenige des „pioneers", des „early followers" und des „late followers".[639] Der Pionier und der frühe Folger treten in der Entstehungsphase eines Markts, der späte Folger frühestens in der Wachstumsphase ein.[640] Ist der Zielmarkt durch eine hohe Instabilität gekennzeichnet, so verringert dies im allgemeinen die Vorteilhaftigkeit eines frühen Eintritts, weil die vom Pionier gemachten Erfahrungen rasch an Wert verlieren.[641] Für den Folger erhöhen sich dementsprechend die Chancen, unter neuen Bedingungen gleichberechtigt zu starten, ohne die normalerweise höheren Pionierkosten, wie z.B. Kosten der Informationsbeschaffung oder Folgekosten aus Fehlentscheidungen, tragen zu müssen.[642] Im Falle einer weitläufigen oder sehr heterogenen Akquisitions-

---

[638] Vgl. Beuttel, W., Markteintrittsstrategien in schnell wachsenden Märkten, in: Töpfer, A./Wieselhuber, N. (Hrsg.), Handbuch strategisches Marketing, 2. Aufl., Landsberg am Lech 1986, S. 308 ff.

[639] Vgl. Robinson, W. T./Fornell, C., Sources of Market Pioneer Advantages in Consumer Goods Industries, in: Journal of Marketing Research, August 1985, S. 306. Auch Remmerbach kommt in seiner Analyse der verschiedenen Systematisierungsansätze zu dem Schluß, daß eine lediglich dichotome Typologisierung der Markteintrittsstrategien, wie sie etwa von Beuttel vorgeschlagen wird, der Komplexität der Entscheidungssituation nicht ausreichend Rechnung trägt, sondern eine dreifache Klassifizierung, wie im Ansatz von Robinson/Fornell, vonnöten ist, um eine insbesondere der Situation junger Märkte entsprechend differenzierte Betrachtung zu ermöglichen, vgl. Remmerbach, K.-U., a.a.O., S. 50

[640] Vgl. Remmerbach, K.-U., a.a.O., S. 52

[641] Vgl. Porter, M. E., Wettbewerbsvorteile, 4. Aufl., Frankfurt am Main/New York 1996, S. 250 f.

[642] Vgl. Wesnitzer, M., a.a.O., S. 281

region, die der Pionier nicht völlig abdeckt[643], entfallen in der Regel auch auf den Folger noch ausreichende Ertragspotentiale.[644] Gerade in den schnell wachsenden Märkten, wie beispielsweise in Osteuropa, besteht allerdings zugleich die Gefahr des „competitive overcrowding", bei dem die vermeintlichen Chancen viele Wettbewerber anlocken, denen der Markt aber langfristig keine ausreichende Ertragsbasis bietet.[645] Der Erfolg als früher oder später Nachzügler in dem vom Pionier bereits bearbeiteten Markt hängt auch ab von

- einer hohen Markttransparenz, um das Verhalten des Pioniers im einzelnen nachvollziehen zu können[646], und
- dem Verhalten staatlicher Stellen des Ziellands, sofern diese Instanzen Folger gezielt benachteiligen, weil diese (im Gegensatz zum Pionier) nicht frühzeitig zum Aufbau des Lands beigetragen haben.[647]

In bezug auf die Situation der deutschen Großbanken im International Private Banking - je nach Markt befinden sich diese in der Rolle des Pioniers bzw. des frühen oder späten Folgers - lassen die vorgenommenen allgemeinen Überlegungen folgende Schlüsse zu:

- Die **Pionierstrategie** zur Etablierung von Markenimages eignet sich für die deutschen Großbanken in aufstrebenden Märkten mit International Private Banking-Potential, die noch keine Rolle in den Akquisitionsbemühungen der Wettbewerber spielen (wie in China[648] oder in osteuropäischen Ländern, wie Polen, Tschechien oder Ungarn). Bei den bislang von internationalen Banken nicht bearbeiteten Märkten handelt es sich jedoch nicht zwangsläufig um erst allmählich heran-

---

[643] Vgl. Lieberman, M./Montgomery, D., First-mover advantages, in: Strategic Management Journal, Sonderausgabe 1988, S. 44

[644] Vgl. Wesnitzer, M., a.a.O., S. 281

[645] Vgl. Aaker, D. A./Day, G. S., The Perils of High-growth Markets, in: Strategic Management Journal 1986, S. 415

[646] Vgl. Simon, H., Die Zeit als strategischer Erfolgsfaktor, in: ZfB 1/1989, S. 87

[647] Vgl. Cateora, Ph., International Marketing, Homewood 1987, S. 314

[648] Vgl. Timewell, St., Heavyweights ..., a.a.O., S. 57

wachsende Länder - beispielsweise ist in Japan Private Banking im
europäischen oder US-amerikanischen Sinne noch weitgehend unbe-
kannt.[649] In diesem Markt tritt die UBS AG durch den Aufbau ihres On-
shore-Geschäfts (anfänglich in Zusammenarbeit mit der Long Term
Credit Bank of Japan[650]) als Pionier mit dem Ziel auf, Japans erste
„private bank" zu etablieren.[651]

Bis ein Folger in den Wettbewerb eintritt, besitzt der Pionier im jeweiligen Markt einen „maximalen Spielraum bei der Planung des Instru-
mentaleinsatzes"[652], verbunden mit der Chance, frühzeitig marktspezi-
fisches Know-how zu erwerben und eine starke Marktposition aufzubauen.[653] Die allgemeine These, daß hohe Werbeinvestitionen eine
signifikante Eintrittsbarriere für Folger darstellen[654], gilt jedoch im
International Private Banking aufgrund des Primats von Empfehlungen
als Mittel zur Kundengewinnung[655] nur in eingeschränktem Maße.

Als Nachteil führt der Vorstoß als Pionier zu hohen Kosten der Markt-
erschließung.[656] Eine hiermit begründete zögerliche Vorgehensweise,
die den Kapazitätsaufbau von einer noch weitergehenden Verbesserung der makroökonomischen Situation in den Zielländern abhängig
macht, beinhaltet allerdings das Risiko, aus der möglichen Rolle als
Pionier in die des frühen oder gar späten Folgers gedrängt zu werden.

---

[649] Vgl. o.V., SBC ..., a.a.O., S. 1; o.V., Wealth atlas. Japan, in: Global Private Banking vom 28.4.1997, S. 12
[650] Die Aktivitäten des neugegründeten Instituts „UBS AG" basierten in Japan auf der im Jahr 1997 begonnenen Zusammenarbeit des Schweizerischen Bankvereins mit der Long Term Credit Bank of Japan. Aufgrund der Finanzprobleme der Long Term Credit Bank of Japan beendete die UBS AG jedoch 1998 diese Kooperation, vgl. o.V., SBC and LTCB to create Japan's first private bank, in: Private Banker International, August 1997, S. 1 f.; o.V., UBS dumps LTCB and goes solo in Japan, Private Banker International, Oktober 1998, S. 4
[651] Vgl. o.V., SBC ..., a.a.O., S. 1; o.V., The sun rises in Japanese Private Banking, in: WEALTH MANAGEMENT, März 1998, S. 4 f.
[652] Werner, E., Die Planung von Marketing-Strategien auf der Grundlage des Modells des Produktlebenszyklus, Berlin 1977, S. 182
[653] Vgl. Porter, M. E., Wettbewerbsvorteile, a.a.O., S. 247
[654] Vgl. Robinson, W. T./Fornell, C., a.a.O., S. 307
[655] Vgl. Pope, S., Tapping the affluent vein, in: Private Banker International, Dezember 1992, S. 6
[656] Vgl. Schnaars, St. P., When entering growth markets, are pioneers better than poachers?, in: Business Horizons, März/April 1986, S. 28

180

- Die Strategie des **frühen Folgers** eignet sich im International Private Banking z.B. in ausgewählten kleineren Ländern Asiens oder Lateinamerikas (emerging markets), die aufgrund ihres Wirtschaftswachstums zunehmend ihren Status als Länder der Dritten Welt ablegen. In diesen vergleichsweise (noch) wenig wettbewerbsintensiven International Private Banking-Märkten können frühe Folger unter Orientierung an dem Vorgehen des Pioniers durch den Aufbau eines Markenimages frühzeitig an den jeweiligen Marktchancen partizipieren, ohne das mit der Pionierrolle verbundene Risiko eingehen zu müssen.

- Der Eintritt in ein Land erst zu Beginn der Wachstumsphase als **später Folger** führt zu hohen Kosten des Markenaufbaus. Vor dieser Situation stehen die deutschen Großbanken in vielen der hart umkämpften International Private Banking-Märkte, wie z.B. in Hongkong oder Singapur. Späte Folger können die Marketing-Parameter nicht mehr autonom vorgeben, sondern müssen diese auf die Konkurrenten abstimmen[657]; Wettbewerbsvorsprünge lassen sich nur mittels eines erheblichen Ressourceneinsatzes erzielen.

3.2.2.2.4 Festlegung der Internationalisierungsstrategie

Zum Aufbau der globalen Präsenz einer Marke lassen sich zwei grundlegende strategische Optionen unterscheiden, nämlich das Bestreben, entweder eigenständig, d.h. ggf. auch unter Nutzung konzernweiter Ressourcen, die ausländischen Märkte zu erschließen („going-alone-Strategie") oder in Zusammenarbeit mit anderen Banken im Ausland zu agieren („Kooperationsstrategie").[658] Darüber hinaus existiert die Möglichkeit, die beiden Strategieansätze zeitlich parallel oder versetzt mit-

---

[657] Vgl. Werner, E., a.a.O., S. 183
[658] Vgl. Büschgen, H. E., Entwicklungsphasen ..., a.a.O., S. 11

einander zu kombinieren und somit die Vorteile der jeweiligen Varianten zu nutzen (vgl. Abb. 24).[659]

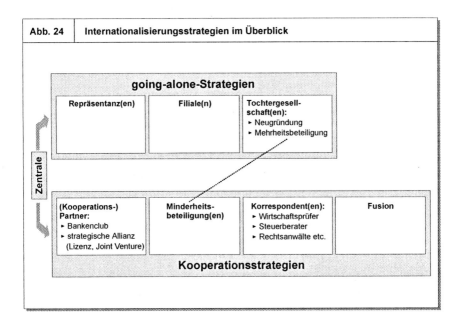

| Abb. 24 | Internationalisierungsstrategien im Überblick |

Vgl. Süchting, J., Bankmanagement, a.a.O., S. 468

Bereits hier sei erwähnt, daß Beteiligungen nicht nur als Ausprägung der Kooperationsstrategie gelten, sondern zugleich innerhalb einer going-alone-Strategie als Vorstufe zum Aufbau einer Tochtergesellschaft dienen können; die Verbindungslinie in Abb. 24 deutet diesen Zusammenhang an.[660]

---

[659] Vgl. Klöppelt, H., Internationalisierungsstrategien ..., a.a.O., S. 61 ff.
[660] Vgl. Süchting, J., Bankmanagement, a.a.O., S. 467 ff.

3.2.2.2.4.1   Going-alone-Strategie

Im Rahmen einer going-alone-Strategie (Konzernstrategie) zum Aufbau globaler Markenimages im International Private Banking stellt sich den deutschen Großbanken - entsprechend der Intensität, mit der sie an einem Markt in Erscheinung treten wollen - die Frage, im Ausland als Repräsentanz, Filiale und/oder Tochtergesellschaft aufzutreten.[661] Die Entscheidung für eine oder mehrere dieser Formen hängt einerseits von den Bedingungen im Zielland (z.B. steuerlichen Aspekten oder den Anforderungen an die Eigenkapitalausstattung), andererseits von den vorgesehenen Aufgaben des Stützpunkts ab.[662] Primäre Vorzüge der Konzernstrategie sind die Einheitlichkeit und Schnelligkeit der geschäftspolitischen Willensbildung, die autonome Weisungskompetenz bei Entwurf und Durchsetzung von Marketing-Strategien und schließlich der Verbleib der gesamten erwirtschafteten Ergebnisse im Konzern.[663] **Repräsentanzen** als schwächste Form eines eigenständigen Auslandsstützpunkts zeichnen sich dadurch aus, daß sie nicht selbst Bankgeschäfte betreiben dürfen.[664] Im International Private Banking treten Repräsentanzen daher nur akquisitorisch und vermittelnd für das Mutterinstitut bzw. andere Einheiten des Konzerns auf, die dann die Verbuchung der Gelder, das Portfolio Management sowie ggf. die Kundenbetreuung vornehmen. Banken gründen Repräsentanzen im Falle einer gewissen Unsicherheit über das vorhandene Marktpotential, um mit vergleichsweise geringem Ressourceneinsatz einen noch unbekannten Markt zunächst zu beobachten und anschließend abzuschätzen, ob sich

[661] Vgl. Büschgen, H. E., Entwicklungsphasen ..., a.a.O., S. 12
[662] Vgl. Krüger, R., a.a.O., S. 334. Zu den entscheidungsrelevanten Rahmenbedingungen bei der Wahl der Stützpunktformen vgl. vertiefend Bisani, H. P., Die Beurteilung der verschiedenen Formen von Auslandsstützpunkten deutscher Universalbanken, Heft 4 der Veröffentlichungen des Lehrstuhls für Allgemeine, Bank- und Versicherungs-Betriebswirtschaftslehre an der Friedrich-Alexander-Universität Erlangen-Nürnberg, Nürnberg 1979, S. 13 ff.
[663] Vgl. Büschgen, H. E., Zukunftsorientierte Gestaltung der Geschäftsstrukturen internationaler Banken, in: Albach, H. (Hrsg.), Globalisierung und Wettbewerb, Wiesbaden 1992, ZfB-Ergänzungsheft 2/1992, S. 38
[664] Vgl. Büschgen, H. E., Entwicklungsphasen ..., a.a.O., S. 13

dort unter Rentabilitäts- und Risikogesichtspunkten eine weitergehende Form der Präsenz lohnt.[665] Zwar sind Repräsentanzen aufgrund ihrer Vermittlungsfunktion nicht in den eigentlichen Leistungserstellungsprozeß involviert. Jedoch steigert bereits das durch die jeweiligen lokalen Stützpunkte bewiesene Bekenntnis eines Kreditinstituts zu den entsprechenden Regionen dessen Image als weltweit agierender International Private Banking-Anbieter.

Bei **Filialen** der Muttergesellschaft im Ausland handelt es sich um rechtlich unselbständige Institute, die grundsätzlich alle auch im Inland üblichen Geschäfte betreiben, sofern diese nicht entgegenstehenden Vorschriften des jeweiligen Gastgeberlands unterliegen.[666] Als integraler Bestandteil des Stammhauses partizipieren Filialen unmittelbar an dessen Standing - die enge Verbindung zu der Muttergesellschaft kommt bereits durch die Firmierung zum Ausdruck.[667]

Die Gründung von **Tochtergesellschaften** bzw. deren Erwerb als Mehrheitsbeteiligung bilden die dritte Variante der eigenständigen Internationalisierungsstrategie.[668] Tochtergesellschaften - diese besitzen im Gegensatz zu Repräsentanzen und Filialen eigene Rechtspersönlichkeiten - betreiben im Außenverhältnis eigenverantwortlich Bankgeschäfte, erhalten jedoch von der jeweiligen Muttergesellschaft geschäftspolitische Weisungen.[669] Aufgrund von Patronatserklärungen des Mutterinstituts für seine Tochterunternehmen sowie von Standing-Überlegungen auf Konzernebene besteht faktisch ein Haftungsverbund, der zur

[665] Vgl. ebenda
[666] Vgl. ebenda
[667] Vgl. ebenda, S. 13 f.; Bisani, H. P., a.a.O., S. 85
[668] Vgl. Büschgen, H. E., Entwicklungsphasen ..., a.a.O., S. 14. Die Sonderform der Gründung einer Tochtergesellschaft gemeinsam mit einem anderen Unternehmen (Joint Venture) gilt nicht als Ausprägung der going-alone-Strategie, sondern der Kooperationsstrategie, vgl. Büschgen, H. E., Zukunftsorientierte ..., a.a.O., S. 38
[669] Vgl. Klöppelt, H., Internationalisierungsstrategien ..., a.a.O., S. 61 f.

Vertrauensbildung der Kunden beiträgt.[670] Zudem profitieren Tochter-institute von ihrer Muttergesellschaft durch deren umfangreiches (im Falle der deutschen Großbanken universelles) Leistungsangebot, des-sen Bereitstellung mit eigenen Mitteln zu kostenintensiv wäre.[671] Der grundsätzliche Vorteil von Tochtergesellschaften, daß diese ihre Geschäftspolitik weitgehend selbständig bestimmen und eine differen-zierte Marktbearbeitung vornehmen können[672], birgt die Gefahr, ange-strebten markenpolitischen Standards nicht durchgängig gerecht zu werden. Konkreter Harmonisierungsbedarf zur Gewährleistung einer weitgehend einheitlichen Markenerscheinung im International Private Banking besteht beispielsweise im Falle erheblich divergierender Invest-ment-Philosophien verschiedener Tochtergesellschaften (vgl. Kapitel 4.2.2.2.1.1).[673]

Der Erwerb einer Mehrheitsbeteiligung bietet - anders als die Gründung von Tochtergesellschaften - den wichtigen Vorteil, von dem Know-how und der Infrastruktur des neuen Partners sowie dessen Bestand an Geschäftsbeziehungen und -volumen profitieren zu können.[674] Bei aller Notwendigkeit der Integration akquirierter Tochtergesellschaften in den International Private Banking-Verbund ist allerdings jeweils darauf zu achten, daß das Nationalgefühl, die Tradition, die regionale Kultur und gewachsene Kunde-Bank-Beziehungen nicht beschädigt, sondern um die positiv besetzten Eigenschaften des erwerbenden Instituts (wie z.B. Sicherheit, Leistungsfähigkeit, Diskretion oder Internationalität) ergänzt werden.[675] Die Entscheidung, die neue Zugehörigkeit eines Unterneh-mens durch Marketing-Aktivitäten deutlich herauszustellen, hängt neben rechtlichen Restriktionen von dem Grad der Fremdartigkeit der in Berüh-rung geratenen kulturellen Räume, dem eigenen Selbstverständnis und

---

[670] Vgl. Büschgen, H. E., Entwicklungsphasen ..., a.a.O., S. 14; Kollar, A., a.a.O., S. 443

[671] Vgl. Kleppa, J., Privatbankier in einem Bankkonzern, in: Kreditwesen 20/1996, S. 15

[672] Vgl. Klöppelt, H., Internationalisierungsstrategien ..., a.a.O., S. 62

[673] Vgl. Ehlern, S., a.a.O., S. 150

[674] Vgl. Büschgen, H. E., Zukunftsorientierte ..., a.a.O., S. 38

[675] Vgl. ebenda, S. 48

der Bedeutung von Eigenarten im Wertesystem der Menschen des Ziel-markts ab.[676] Die Deutsche Bank AG beispielsweise gesteht als Aus-nahme von ihrem weltweit einheitlichen Private Banking-Marktauftritt ihrer 1999 erworbenen Tochtergesellschaft Bankers Trust zu, weiterhin unter deren eigenem Namen im US-amerikanischen On-shore-Geschäft zu agieren.[677]

Als weiteres Problemfeld ist mit dem Erwerb eines Kreditinstituts die Übernahme sämtlicher bankbetrieblicher Risiken (u.a. Bonitätsrisiken) verbunden, die während der Akquisitionsphase nur schwer einschätzbar sind[678], bei Eintritt der Risikosituation jedoch einen weitreichenden Imageschaden - u.U. auch für das kaufende Unternehmen - auslösen können.

Im International Private Banking existieren am Markt sowohl Institute, die als rechtlich selbständige, ausschließlich in diesem Geschäftsfeld tätige Gesellschaften unter Nutzung ihrer eigenen Auslandsstellen operieren (als reine „private bank"), als auch solche, die ihr weitreichendes Leistungsspektrum über die jeweiligen Konzerneinheiten (d.h. deren „private banking"-Abteilungen) anbieten.[679]

Als Beispiel für die erste Kategorie ist The Chase Manhattan Private Bank - diese entstand 1992 aus der Chase Manhattan Bank (Switzer-land) - zu nennen.[680] Für die „private banking"-Lösung hat sich dagegen beispielsweise die Dresdner Bank (vgl. Abb. 5) entschieden. Die Mutter-gesellschaft hat ihre Repräsentanzen (z.B. in Dubai), Auslandsfilialen (wie die Niederlassung in Singapur) sowie entsprechenden Tochter-gesellschaften (die - wie im Falle der Dresdner Bank Lateinamerika AG - teilweise wiederum über eigene Repräsentanzen und Filialen verfügen)

---

[676] Vgl. ebenda

[677] Vgl. o.V., BT and Deutsche Bank forge new wealth force, in: Private Banker Inter-national, Januar 1999, S. 1 f.; o.V., Deutsche Bank: Private ..., a.a.O., S. 6; o.V., Die Deutsche Bank ist bei Bankers Trust am Ziel, in: FAZ vom 5.6.1999, Nr. 127, S. 18; o.V., Deutsche Bank unveils its brand strategy, in: Private Banker Internati-onal, Juni 1999, S. 2

[678] Vgl. Klöppelt, H., Internationalisierungsstrategien ..., a.a.O., S. 62

[679] Vgl. Beck, S., a.a.O., S. 14; Günthert, M. F., a.a.O., S. 430

[680] Vgl. The Chase Manhattan Private Bank, a.a.O., o.S.

zu einem globalen Betreuungsnetz verbunden.[681] Die von der Deutschen Bank verfolgte Strategie läßt sich ebenfalls der „private banking"-Variante zuordnen: Zwar obliegt die Koordinationsverantwortung für die im International Private Banking weltweit tätigen Konzerneinheiten einer Tochtergesellschaft (der Deutschen Bank Trust AG), jedoch betreut diese nicht eigene Auslandsstellen, sondern die der Deutschen Bank-Gruppe.[682]

Über die Vorteilhaftigkeit der „private bank"-Lösung im Vergleich zu dem „private banking"-Konzept läßt sich mit Blick auf den Aufbau globaler Markenimages keine abschließende Aussage treffen: Auf der einen Seite erleichtert die Steuerung der weltweiten Aktivitäten in diesem Geschäftsfeld durch ein einziges, rechtlich selbständiges Unternehmen eine koordinierte Vorgehensweise und fördert somit einen konsistenten Markenauftritt. Auf der anderen Seite schließt auch die „private banking"-Variante als „virtuelle Bank", die sich über verschiedene rechtliche Einheiten hinweg erstreckt, die Etablierung eines Markenimages nicht aus. Zwar ist ein höherer Abstimmungsaufwand vonnöten, um die einbezogenen Konzerngesellschaften mit ihren spezifischen Stärken (und Schwächen) zu einer gemeinsamen Marke zusammenzuführen. Doch bleibt aus Sicht der jeweiligen Unternehmenseinheiten bei der „private banking"-Lösung stets das Spannungsfeld bestehen, zwischen Eigen- und Gesamtinteresse abwägen zu müssen, um eine erfolgreiche Markenpositionierung sowohl auf institutsbezogener als auch auf institutsübergreifender Ebene (vgl. Kapitel 3.2.1.2) zu erreichen und dauerhaft zu sichern.

---

[681] Vgl. Dresdner Bank AG, Global ..., a.a.O., o.S.; Gerlach, U., a.a.O., S. 9
[682] Telefonische Auskunft von Herrn J. Boie-Wegener, a.a.O.; Deutsche Bank AG, Deutsche ..., a.a.O.; Tillotson, C., Deutsche Bank plans ..., a.a.O., S. 2

3.2.2.2.4.2 Kooperationsstrategie

Kooperationen als bankbetriebliche Strategie zum Aufbau globaler Markenimages eröffnen die Möglichkeit, von den Kosten-, Qualitäts- und Informationsvorsprüngen der Partner zu profitieren, d.h. sich - je nach dem Ergebnis der Selbstanalyse (vgl. Kapitel 2.3.4) - beispielsweise in der Produkt- oder Vertriebspolitik zu ergänzen.[683] Für Kunden teilweise wenig transparente bzw. nur unzureichend definierte Aufgabenabgrenzungen zwischen den Partnerunternehmen sowie deren häufig vorherrschende Egoismen gefährden in der Praxis allerdings den Erfolg mancher Kooperation und schaden dem Ansehen der Beteiligten. Das hinsichtlich der Intensität der betrieblichen Zusammenarbeit weite Feld an Kooperationsformen in der Kreditwirtschaft führt zu einer komplexen, nachfolgend skizzierten Entscheidungssituation.[684]

Als eine schwache und recht unverbindliche Form der Kooperation entstanden in den siebziger Jahren - auch als Antwort auf die globale Ausrichtung der großen amerikanischen Banken - europäische **Bankenclubs**, insbesondere die EBIC-Gruppe („European Banks' International Company S.A.") mit der Deutschen Bank AG, ABECOR („Associated Banks' of Europe Corporation S.A.") mit der Dresdner Bank AG sowie Europartners mit der Commerzbank AG.[685] Das letztendliche Scheitern dieser Bankenclubs verdeutlicht die grundsätzliche Schwierigkeit, die geschäftlichen Ziele und Strategien der einzelnen Mitgliedsbanken - auch im Kontext sich permanent wandelnder Umfeldbedingungen - über einen längeren Zeitraum miteinander zu vereinbaren.[686] Jedoch

---

[683] Vgl. Büschgen, H. E., Zukunftsorientierte ..., a.a.O., S. 37 ff.
[684] Vgl. Süchting, J., Strategische Allianzen in der Kreditwirtschaft, in: Kreditwesen 14/1990, S. 702
[685] Vgl. Büschgen, H. E., Die ..., a.a.O., S. 193 ff.
[686] Telefonische Auskunft von Frau K. Mazanek, Deutsche Bank AG, Frankfurt am Main, Geschäftsbereich Unternehmen und Institutionen, Financial Institutions, am 19.11.1997; Zlamal, F., ABECOR - eine Bankenvereinigung hat ihre Aufgabe erfüllt, in: WIR (Mitarbeitermagazin der Dresdner Bank) vom 15.12.1997, Nr. 197, S. 9; Commerzbank AG, Geschäftsbericht 1992, Frankfurt am Main 1993, S. 21

spielten die jeweiligen Bankenclubs innerhalb der Aktivitäten der Deutschen Bank und der Dresdner Bank zum Aufbau eines globalen Markenimages im International Private Banking ohnehin keine Rolle.

Im Laufe der achtziger Jahre gingen die deutschen Großbanken von den eher unverbindlichen, multilateralen Kooperationen zu intensiveren, bilateralen und damit **strategischen Allianzen** oder gar zum Alleingang über.[687] Strategische Allianzen können definiert werden als Verbund zwischen zwei oder mehreren Unternehmen mit dem Ziel, unter Einbeziehung personeller und/oder finanzieller Ressourcen auf bestimmte oder unbestimmte Zeit in komplementären Bereichen zusammenzuarbeiten.[688] Oftmals unterlegen die jeweiligen Partner ihre strategische Allianz durch eine gegenseitige Kapitalbeteiligung, bleiben auf Basis einer vertraglichen Regelung jedoch wirtschaftlich und rechtlich selbständig.[689]

Diese Form der Kooperation dient den beteiligten Partnern dazu, gemeinsam Wettbewerbsvorteile zu realisieren und (zumeist beschränkt auf einzelne Geschäftsfelder[690]) bestehende Erfolgspotentiale zu sichern bzw. neue zu erschließen.[691] Schwächen strategischer Allianzen (mit entsprechend negativen Auswirkungen auf das Markenimage) bestehen vor allem darin, daß oftmals die Kosten der Findung von Kompromissen sowie die mangelnde Identifikation der Mitarbeiter mit den von der anderen Seite eingebrachten Produkten zu einer geringen Effizienz des Kooperationsvorhabens führen.[692] Durch die Unterzeichnung eines Koope-

---

[687] Vgl. Süchting, J., Strategische Allianzen ..., a.a.O., S. 702; Kajüter, P., Internationale strategische Allianzen im europäischen Finanzsektor, in: Die Bank 4/1994, S. 198

[688] Vgl. Gahl, A., Die Konzeption strategischer Allianzen, Diss. Berlin 1991, S. 9 ff.; Küting, K./Zink, K. J., Unternehmerische Zusammenarbeit, Beiträge zu Grundsatzfragen bei Kooperation und Zusammenschluß, Berlin 1983, S. 16 ff.

[689] Vgl. Gahl, A., a.a.O., S. 9 ff.; Küting, K./Zink, K. J., a.a.O., S. 16 ff.

[690] Vgl. Kajüter, P., a.a.O., S. 198

[691] Vgl. Gahl, A., a.a.O., S. 9

[692] Vgl. Murray, F. T./Murray, A. H., Global Managers for Global Business, in: Strategic Management Review, Winter 1986, S. 77; Süchting, J., Strategische Allianzen ..., a.a.O., S. 704

rationsvertrags[693] schufen z.b. die Dresdner Bank AG und die Banque
Nationale de Paris S.A. (BNP) die Basis für den vereinten Ausbau wich-
tiger Geschäftsfelder; im International Private Banking treten die beiden
Institute bislang allerdings als Wettbewerber auf.[694] Beispielsweise die
Coutts-Gruppe nutzt dagegen Kooperationen mit Instituten aus aller
Welt (wie z.b. der Bank Leumi in Israel oder der Executors Private Bank
in Südafrika), um die eigene Präsenz in attraktiven International Private
Banking-Märkten zu verstärken.[695]

Als spezielle Formen strategischer Allianzen gemäß der hier gewählten
Definition gelten die Lizenzerteilung und das Joint Venture.[696] Mittels
Lizenzerteilung besteht für den Markeninhaber die Möglichkeit, Nutzungsrechte an der Marke an Lizenznehmer unter bestimmten Auflagen
und ggf. auch für Produktbereiche, in denen er selbst nicht tätig ist, zu
vergeben.[697] Der Lizenznehmer erhält somit die Möglichkeit, unter Ein-
bringung seiner Vertriebsstrukturen von einer bereits etablierten Marke
zu profitieren und dabei hohe Markteinführungskosten zu sparen, wohingegen der Markeninhaber die Basis für seine Marke erweitert, den Markenwert steigert und zusätzlich Lizenzgebühren einnimmt.[698] Im International Private Banking ist die Erteilung einer Markenlizenz im Gegensatz zum Sachgüterbereich allerdings unüblich. Gründe hierfür liegen
insbesondere darin, daß

- leistungsstarke Anbieter in der Regel kein Interesse daran haben, eine
  Markenlizenz zu erwerben und sich damit in eine gewisse Abhängigkeit (z.B. hinsichtlich des Zwangs, ausschließlich mit einem Partner,
  dem Lizenzgeber, zusammenzuarbeiten) zu begeben,

---

[693] Vgl. Banque Nationale de Paris S.A./Dresdner Bank AG, Cooperation Agreement
between Banque Nationale de Paris and Dresdner Bank, 7.10.1996, S. 1 ff.
[694] Vgl. o.V., Dresdner Bank zieht einen Schlußstrich unter das harte Jahr 1997, in:
FAZ vom 27.3.1998, Nr. 73, S. 23
[695] Vgl. o.V., Coutts breaks into Israel with new deal, in: Private Banker International,
Dezember 1997, S. 5
[696] Vgl. Gahl, A., a.a.O., S. 12
[697] Vgl. Binder, C. U., a.a.O., S. 60 ff.
[698] Vgl. ebenda, S. 62

- leistungsschwache, potentielle Lizenznehmer dagegen dem hohen Markenanspruch der Kunden u.U. nicht gerecht werden und in diesem Fall als Partner nicht in Frage kommen sowie

- technisch-organisatorische Probleme auftreten können, die die reibungslose Eingliederung eines Lizenznehmers in die vorhandenen International Private Banking-Kapazitäten des Lizenzgebers erschweren.

Als Alternative zu einer Markenlizenz bringt bei einem Joint Venture der eine Partner in eine gemeinsame Gesellschaft die Nutzungsrechte an der Marke ein, wohingegen sich der andere mit Know-how, Vertriebsressourcen oder Anlagevermögen beteiligt.[699] Schwierig ist bei dieser Internationalisierungsstrategie die Ermittlung des Werts der eingebrachten Marke, da von diesem die Höhe eines eventuellen Barausgleichs abhängt.[700]

Anders als im Falle der Gründung von Joint Ventures verfügen Kreditinstitute, die eine **Minderheitsbeteiligung** erwerben, nur über einen eingeschränkten Einfluß auf deren markenpolitische Aktivitäten. Diese Aussage gilt ebenso für die - wie im Rahmen der Vertriebspolitik noch vertiefend diskutiert wird (vgl. Kapitel 4.2.2.1.1.3) - im International Private Banking übliche Zusammenarbeit mit **Wirtschaftsprüfern, Steuerberatern, Rechtsanwälten oder sonstigen Vermittlern.** Zwar tragen diese Berufsgruppen durch ihre Kompetenz und ihr bereits bestehendes Vertrauensverhältnis zu dem Kunden insofern zum Aufbau eines Markenimages bei, als daß der Kunde seine Wertschätzung gegenüber diesen Vertrauenspersonen auf die Bank überträgt. In ihrem Auftreten weichen diese Kooperationspartner allerdings (zumal sie in der Regel nicht ausschließlich mit einer einzigen Bank zusammenarbeiten) von dem äußeren Erscheinungsbild des jeweiligen International Private Banking-Anbieters (z.B. hinsichtlich des verwendeten Logos) ab. Umgekehrt läßt sich aber argumentieren, daß gerade die dadurch dokumen-

---

[699] Vgl. ebenda
[700] Vgl. ebenda

tierte Unabhängigkeit für den Kunden die Schlußfolgerung zuläßt, daß
die genannten Personenkreise bei der Auswahl leistungsstarker Partnerbanken keinen Zwängen unterliegen, sondern objektiv nachvollziehbare Qualitätsmaßstäbe zugrundelegen können.

Als eine besonders weitreichende Form der Zusammenarbeit mit anderen Marktteilnehmern gilt die **Fusion**, also der Zusammenschluß mit
einem oder gleich mehreren Unternehmen.[701] Inbesondere durch die
kürzliche Verschmelzung der Schweizerischen Bankgesellschaft (Union
Bank of Switzerland) und des Schweizerischen Bankvereins (Swiss
Bank Corporation) zur UBS AG[702], dem im International Private Banking
unangefochtenen Marktführer, hat diese Kooperationsform auch für die
deutschen Großbanken an Bedeutung gewonnen. Da die deutschen
Großbanken - ebenso wie die UBS AG - universelle Bankgeschäfte betreiben, sollte die Auswahl von geeigneten Fusionspartnern jedoch nicht
nur aus dem Blickwinkel des International Private Banking, sondern
auch anderer Geschäftsfelder getroffen werden. Je nach geschäftlicher
Bedeutung der sich zusammenschließenden Unternehmen, deren Standing am Markt und den geschäftspolitischen Intentionen lassen sich
folgende Varianten des visuell identifizierbaren Markenauftritts unterscheiden:

- die Nutzung des Logos des dominanten Partners unter vollständiger
  Aufgabe der Identität des „rezessiven" Kreditinstituts (wie im Falle der
  Verwendung des prestigeträchtigen Namens „The Chase Manhattan
  Bank" auch für die „Chemical Bank"[703]),

---

[701] In kritischer Weise hinterfragt z.B. Hahn die tatsächliche Vorteilhaftigkeit von
Bankenfusionen für die beteiligten Kreditinstitute, vgl. Hahn, O., Großbankenfusionen: Nur Illusionen der Initiatoren?, in: Wirtschaftskurier 7/1998, S. 2

[702] Vgl. o.V., Gewinnverdopplung nach Bankfusion erwartet, in: FAZ vom 9.12.1997,
Nr. 286, S. 17

[703] Vgl. o.V., Post-merger branding, in: Bank Marketing International, November
1996, S. 1, S. 6 f. und S. 12; Pope, S., Chase-Chemical merger creates new private bank, in: Private Banker International, September 1995, S. 1

- die Anlehnung an die bisherigen Wort- bzw. Bildzeichen der fusionie-
renden Unternehmen (wie im Falle des neuen Instituts „UBS AG"[704])
oder

- die Etablierung eines völlig neuen, gemeinsamen Logos.

Die Weiterverwendung eines bereits etablierten Logos wirkt einer gewissen „Verwässerung" des Markenimages entgegen. Dagegen signalisiert
die teilweise Orientierung an den bisherigen Wort- und/oder Bildzeichen
bzw. die (kostenintensive) Positionierung eines gänzlich neuen Logos
die Bereitschaft zur - u.U. paritätischen - Integration beider Fusionspart-
ner.

Markenstrategische Entscheidungen im Zusammenhang mit Unterneh-
menszusammenschlüssen beziehen sich auch auf den Grad der geplanten Nutzung von technisch-organisatorischen Strukturen bzw. von
absatzpolitischen Stärken der einzelnen Partner. Die drei aufgezeigten
Varianten der Logowahl lassen sich dabei auf diese Themenfelder analog übertragen.

---

[704] Um die Gleichberechtigung der beiden involvierten Partner zu wahren, wurde
nicht eine Gesellschaft in die andere fusioniert; die neugegründete UBS AG
übernahm die Aktiva und Passiva ihrer beiden Vorgängerinstitute, vgl. o.V.,
Schweizer Bankenfusion werden nur wenige Aktionäre widersprechen, in: FAZ
vom 3.2.1998, Nr. 28, S. 18

4 Die globale Markeneinführung im International Private Banking

Anknüpfend an die zuvor erläuterten Optionen zur Festlegung der Markenstrategie (vgl. Kapitel 3.2) befaßt sich der vierte Teil dieser Arbeit mit den operativen Aspekten der Markeneinführung. Hierzu zählen einerseits die technisch-organisatorischen Voraussetzungen zum Aufbau eines globalen Markenimages, andererseits die Möglichkeiten zur Gestaltung der einzelnen markenpolitischen Instrumente.

4.1 Schaffung technisch-organisatorischer Voraussetzungen zur Etablierung globaler Markenimages im International Private Banking

4.1.1 Personelle Maßnahmen

Elementare Voraussetzungen für die Erbringung überzeugender Produkt- und Serviceleistungen, die das Ansehen der Bank vermehren, bestehen in der Rekrutierung qualifizierter Mitarbeiter und deren regelmäßiger, exzellenter Schulung, in der eindeutigen Zuteilung von Aufgabenfeldern sowie in der Motivierung durch die vollständige Leistungserfassung und adäquate Entlohnung.[705]

4.1.1.1 Personalrekrutierung und -schulung

Wesentlicher Bestandteil einer global orientierten Personalpolitik ist die Besetzung von Führungspositionen auf der Grundlage einheitlicher Auswahlverfahren, die sich stärker an der Qualifikation als an der nationalen Herkunft der Mitarbeiter orientieren.[706] Um als weltweit tätige Kreditinstitute über ein multinational besetztes mittleres und oberes

---

[705] Vgl. Berney, C., a.a.O., S. 14
[706] Vgl. Meffert, H., Marketing-Management ..., a.a.O., S. 294

Management zu verfügen, haben die deutschen Großbanken ihre Personalmarketing-Bestrebungen zur Gewinnung qualifizierter Trainees bereits seit einiger Zeit von deutschen und eidgenössischen Hochschulen auf alle bedeutenden Hochschulen in Europa und Übersee ausgeweitet.[707] Ziel ist es dabei nicht, einen synthetischen Mitarbeiter internationalen Zuschnitts zu kreieren, sondern die nationalen Eigenarten und die Kultur der jeweiligen Mitarbeiter zu erhalten[708] und dadurch einen (zugleich imagefördernden) Mehrwert für die Kunden zu schaffen.

Das International Private Banking-Geschäft verlangt Mitarbeiter, die über ein länderübergreifendes Kulturverständnis verfügen und aufgrund ihrer hervorragenden Ausbildung in der Lage sind, die Chancen bzw. Risiken an den Auslandsmärkten abzuwägen und ggf. selbst fundierte Anlageentscheidungen zu treffen.[709] Als Vorbild für die Sicherstellung eines hohen Qualitätsstandards der Wertpapierberater gelten die Regelungen in Großbritannien: Die rechtliche Grundlage für diese bildet der Financial Services Act 1986, der die Registrierung aller Wertpapierberater (und -händler) in Großbritannien durch spezielle Organisationen, die sog. „Self-Regulatory Organisations" (SROs), verlangt.[710] Die genannte Vorschrift führte zu der Gründung einer Vielzahl von SROs, die wiederum einer zentralen Instanz, dem „Securities and Investment Board" (SIB), unterstehen.[711] Um Standards für das Angebot von Finanzdienstleistungen zu schaffen, haben die jeweiligen SROs eine umfangreiche Anzahl

---

[707] Vgl. Kopper, H., Neue Aufgaben und Ziele im Marketing einer internationalen Bank, in: Kolbeck, R. (Hrsg.), Bankmarketing vor neuen Aufgaben, Frankfurt am Main 1992, S. 114 f.

[708] Vgl. ebenda

[709] Vgl. Bartlett, C. A., MNC's. Get off the Reorganization Merry-Go-Round, in: Harvard Business Review, März/April 1983, S. 142 ff.; Murray, F. T./Murray, A. H., a.a.O., S. 75 ff.; Jacobi, H. H., Die (künftige) Personalpolitik im internationalen Bankgeschäft (Personalrekrutierung, Personaleinsatz, Personalführung), in: Büschgen, H. E./Richolt, K. (Hrsg.), Handbuch des internationalen Bankgeschäfts, Wiesbaden 1989, S. 386

[710] Vgl. o.V., Training And Staffing: Teaching the Old Guard New Tricks, in: Kinahan, P. (Hrsg.), Private Banking & Wealth Management Strategies in Action, Bd. I, The Issues, Dublin 1994, S. 84 f.

[711] Vgl. ebenda

von Schulungsvorschlägen und Kompetenztests für ihre Mitglieder erarbeitet.[712]
In Großbritannien sind die an einheimische Arbeitnehmer gestellten hohen Anforderungen zur Ausübung von (International) Private Banking-Aktivitäten für die Mitarbeiter ausländischer Institute nur in abgeschwächter Weise relevant. Den Regelungen der bedeutsamsten SRO, der „Investment Management Regulatory Organisation" (IMRO) zufolge reicht eine mindestens 2jährige Berufserfahrung in der Wertpapierberatung für eine gleichartige Tätigkeit in Großbritannien aus.[713] Die freiwillige Erfüllung solcher strenger Normen seitens der International Private Banking-Anbieter aus anderen Ländern dient als probates Mittel, um anhand der von externer Seite definierten Leistungsanforderungen die Fachkompetenz der Mitarbeiter und damit den eigenen Qualitätsanspruch gegenüber Dritten weltweit zu manifestieren.

Als besonders wichtiger Bestandteil eines Schulungsprogramms im International Private Banking gilt - unter Einbeziehung eines in der Regel hauptamtlich eingesetzten Compliance Officer des Kreditinstituts[714] - die Sensibilisierung der Bankmitarbeiter für die Geldwäsche-Problematik. Nur durch das frühzeitige Erkennen von Warnsignalen (beispielsweise einer ungewöhnlich großen Kontenanzahl eines einzelnen Kunden oder eines beträchtlichen Sortenumtauschs von kleinen in größere Stückelungen) lassen sich entsprechende Transaktionen von vornherein vermeiden und damit Schaden für das Image der Bank abwenden.[715]

---

[712] Vgl. ebenda
[713] Vgl. ebenda, S. 85 f.
[714] Vgl. Ehlern, S., a.a.O., S. 55
[715] Vgl. o.V., Money Laundering: Private Banking's nemesis, in: Global Private Banking vom 24.11.1997, S. 10

4.1.1.2 Personelle Zusammenführung oder Trennung von Kunden-betreuung und Portfolio Management

In den traditionellen Organisationsmodellen der Schweizer Banken ist der Relationship Manager als Generalist zugleich für die Betreuung der Kunden und die Verwaltung ihrer Vermögen zuständig.[716] Obwohl die genaue Kenntnis der Kundenerwartungen eine vielversprechende Basis für die erfolgreiche Erfüllung der individuellen Belange ist, bleibt bei einer solchen Aufgabenbündelung die Performance teilweise hinter den Erwartungen zurück.[717]

Ein anderer, matrixorientierter Ansatz, den z.b. die Deutsche Bank prak-tiziert, besteht in der Bildung von Zweierteams aus jeweils einem Kun-denbetreuer und einem Portfolio Manager, die aufgrund ihrer jeweiligen Spezialisierung die Möglichkeit haben, eine höhere Sachkompetenz auf-zubauen.[718] Innerhalb dieser Struktur verbleibt dem Private Banker mehr Zeit, um Neugeschäft zu akquirieren und sich um die Kundenbedürfnisse zu kümmern. Der Portfolio Manager widmet sich primär der Verwaltung des Vermögens, begleitet aber im Bedarfsfall den Relationship Manager bei Kundenbesuchen, um die erwirtschaftete Performance zu erläutern.

Eine generelle Aussage darüber, welches der beiden Organisations-modelle sich eher zum Aufbau eines globalen Markenimages im Inter-national Private Banking eignet, läßt sich nur schwerlich treffen, da die vom Kunden wahrgenommene Qualität der Bankleistung immer auch von dessen speziellen Präferenzen und dem jeweiligen Leistungsvermö-gen seines Private Bankers abhängt.

---

[716] Vgl. Beck, S., a.a.O., S. 15
[717] Vgl. ebenda
[718] Vgl. von Boehm-Bezing, C. L., a.a.O., S. 14; Tillotson, C., Deutsche Bank re-structures ..., a.a.O., S. 1 und S. 14

4.1.1.3 Mitarbeitermotivierung

Um die hohe Werthaltigkeit der erbrachten Leistungen sicherzustellen, sollten die Ziele des Unternehmens im International Private Banking mit denen der Mitarbeiter bzw. Teams verknüpft und dementsprechend neben der bewiesenen Qualität der Kundenbetreuung auch die individuelle Performance bzw. die Team-Performance durch monetäre oder nicht-monetäre Incentive-Leistungen honoriert werden.[719] Im Off-shore-Geschäft beeinflussen allerdings die aus (steuer-)rechtlicher Sicht notwendigen Transferpreisregelungen, die für Cross-Selling-Leistungen zwischen verschiedenen Unternehmenseinheiten Anwendung finden, die Höhe des jeweils erwirtschafteten Ergebnisses, also der Basis für eine leistungsgerechte Entlohnung.[720] Solche Abkommen sehen in der Regel vor, die vom Kunden gewünschte Transferierung seiner Gelder (z.B. von einem Kompetenzzentrum in Singapur an eines in der Schweiz) in der Ergebnisrechnung der weiterleitenden Einheit durch eine einmalige Vermittlungsprovision („finder's fee") und/oder durch kontinuierlich zu zahlende Bestandsvergütungen („retrocession fees") zu honorieren.[721] Innerhalb eines Konzerns geschlossene Transferpreisabkommen müssen dabei den Grundsatz des „Fremdvergleichs" berücksichtigen, d.h. Geschäftsbeziehungen zwischen Nahestehenden sind steuerlich danach zu beurteilen, ob sich die Beteiligten wie voneinander unabhängige

---

[719] Vgl. Berney, C., a.a.O., S. 15; Leichtfuß, R./Bonacker, M., Erfolgsorientierte Anreizsysteme, in: Die Bank 11/1992, S. 624. Das Entlohnungskonzept z.B. der Deutschen Bank orientiert sich zugleich an individuellen Komponenten, an der Team-Performance sowie an dem Ergebnis der regionalen Einheit, vgl. o.V., Deutsche Fields „Team-play" pay, in: Global Private Banking vom 28.4.1997, S. 11

[720] Vgl. o.V., A question of motivation and incentives, in: Private Banker International, Oktober/November 1994, S. 14 f.; Grundsätze für die Prüfung der Einkunftsabgrenzung bei international verbundenen Unternehmen (Verwaltungsgrundsätze), in: Bundessteuerblatt 1983, Teil 1, Nr. 5, S. 218 ff. Abgesehen von steuerlichen Gründen basieren Transferpreisvereinbarungen auf weiteren Vorschriften, wie z.B. dem Aktienrecht, dem Handelsrecht oder den Grundsätzen ordnungsgemäßer Buchführung (GoB), vgl. Häuselmann, H., Transfer Pricing Procedures for the Dresdner Bank Group, Anmerkungen von C & L Deutsche Revision, Coopers & Lybrand International vom 10.12.1996, o.S.

[721] Vgl. o.V., A ..., a.a.O., S. 14 f.

Dritte verhalten haben.[722] Zur Bestimmung der Preise für interne Leistungen, wie z.b. die Vermittlung von Kunden, sind daher - falls möglich - Marktpreise heranzuziehen, zu denen Fremde solche Leistungen erbringen würden.[723] Sind diesbezügliche Marktpreise nicht zu ermitteln, so gilt es, das Einkommen aus dem jeweiligen Geschäft anhand von Kalkulationsüberlegungen aufzuteilen, die dem Fremdvergleichsgrundsatz standhalten und somit die Balance zwischen den Interessen beider Parteien wahren.[724] Die Provision für das an ein anderes Kompetenzzentrum vermittelte Geschäft liegt generell unter den im Falle des Kundenverbleibs im eigenen Kompetenzzentrum selbst erwirtschafteten Erlösen. Hieraus resultiert für Private Banker das Problem, eigene monetäre Belange zugunsten des Kundeninteresses zurückstellen zu müssen und Kunden auch unter persönlicher Inkaufnahme finanzieller Einbußen an das gewünschte Kompetenzzentrum weiterzuleiten. Daher besteht die Aufgabe eines Anreizsystems im International Private Banking auch darin, entsprechend demotivierende Effekte des Transferpreissystems zu kompensieren, um somit den erfolgreichen Aufbau eines Markenimages zu unterstützen.

Die umfassende Diskussion der Möglichkeiten, um die persönlichen Leistungen der International Private Banking-Mitarbeiter zu bewerten und durch monetäre Anreize zu honorieren[725], würde den Rahmen der vorliegenden Arbeit sprengen. Hingewiesen sei jedoch darauf, daß sich als Erfolgsmaßstab für Relationship Manager der in einem bestimmten Zeitraum erreichte Nettovolumenszuwachs, d.h. das neu akquirierte

---

[722] Vgl. Grundsätze für die Prüfung der Einkunftsabgrenzung bei international verbundenen Unternehmen (Verwaltungsgrundsätze), a.a.O., S. 221

[723] Vgl. ebenda, S. 221 f.

[724] Beispielsweise fördert die Deutsche Bank die Vermittlung von Kundengeldern zwischen ihren sechs weltweiten Kompetenzzentren durch die Zahlung eines pauschalen Transferpreises von 25% der jeweiligen Erträge über 3 Jahre hinweg an die weiterleitende Einheit, vgl. o.V., Deutsche Fields ..., a.a.O., S. 11

[725] Vgl. z.B. Leichtfuß, R./Bonacker, M., a.a.O., S. 625

Volumen abzüglich der (z.B. aufgrund der Vernachlässigung von Kundenbeziehungen verursachten) Volumensabgänge, besonders eignet.[726] Die Basis eines leistungsbezogenen Vergütungssystems für Vermögensverwalter sollte bei aktiv gemanagten Depots idealerweise nur die relative, vom Management induzierte Ertragsentwicklung sein; diese geht aus der Differenz zwischen dem Ertrag des Portfolios und der - von privaten Kunden oftmals nur vage formulierten - Zielvorgabe hervor.[727] Hintergrund dieses Ansatzes ist es, deutlich zwischen Ertragsentwicklungen, die der Portfolio Manager zu verantworten hat und solchen, die außerhalb seines Einflusses liegen (z.B. eine Hausse oder Baisse an den jeweiligen Börsen), zu unterscheiden.[728] Bei passiv verwalteten Depots besteht dagegen der Auftrag des Portfolio Managers darin, die Benchmark zu erreichen, d.h. auch nicht deutlich zu übertreffen, da dieses nur durch die Inkaufnahme von Risiken zu erreichen wäre, die nicht dem Risikoprofil des Kunden entsprechen. Im Privatkundengeschäft tritt allerdings die Problematik auf, daß aufgrund der Vielzahl der Depots (anders als im institutionellen Geschäft) die Orientierung an Benchmarks kaum praktikabel ist.

Als Motivationsmittel erfüllen aber auch nicht-monetäre Leistungsanreize die gewünschte Wirkung. Beispielsweise könnte ein Relationship Manager in das Kompetenzzentrum (mit einem entsprechenden Rahmenprogramm vor Ort) eingeladen werden, an welches er ein bestimmtes Quantum an Geschäft vermittelt hat („refer & fly"). Abgesehen von dem mit einer solchen Reise verbundenen Motivationsschub für den Mitarbeiter profitiert letztlich auch die Bank von ihrem Incentive-Angebot, indem der Relationship Manager wichtige Kontakte zu Kollegen knüpfen und den globalen geschäftspolitischen Ansatz unmittelbar erleben kann.

---

[726] Vgl. vertiefend z.B. o.V., Trust industry pushes sales incentives, in: Private Banker International, Dezember 1995, S. 2
[727] Vgl. Hildmann, G., Leistungsabhängige Honorarsysteme im Portfolio-Management, in: Die Bank 12/1993, S. 714
[728] Vgl. ebenda

4.1.2 Festlegung markenbezogener Verantwortlichkeiten

Die Zuweisung von Planungs-, Steuerungs- und Kontrolltätigkeiten auf eine oder mehrere Organisationseinheiten zum Aufbau von globalen Markenimages kann sich zwischen zwei Extremen bewegen: Zentralisierte Konzepte vereinigen alle diesbezüglichen Aufgaben in einer Organisationseinheit, wohingegen dezentrale Ansätze versuchen, zumindest einen Teil dieser Aufgaben verschiedenen Stellen der Bank zuzuordnen.[729] Die Wahl des geeigneten De- bzw. Zentralisationsgrads stellt eine schwierige Gratwanderung zwischen zwei gegenläufigen Ansprüchen dar: Um dem integrierenden Charakter des Managements Rechnung zu tragen, sollten einerseits Kompetenzen auf allen Verantwortungsebenen einer zentralen Überwachung unterliegen.[730] Vor dem Hintergrund der Motivation, des Fachwissens und der Verkaufserfahrung der Mitarbeiter sollte aber andererseits die Möglichkeit der selbstverantwortlichen Durchführung und Kontrolle des eigenen Arbeitsverhaltens gegeben sein.[731]

Zur Regelung der Verantwortlichkeiten zur Etablierung globaler Markenimages sind drei (sowohl auf die „private bank"- als auch auf die „private banking"-Lösung anwendbare) Grundmodelle denkbar:

- die zentrale Marketing-Abteilung als verantwortliche Steuerungseinheit,
- die Verlagerung der Führungsverantwortung für einzelne Produkte auf „Länder" mit entsprechenden Stärken (sog. „Lead-Country-Konzept")[732] und

---

[729] Vgl. Schüller, St., Aufgaben und organisatorische Gestaltung des Bankcontrollings, in: Die Bank 11/1985, S. 559

[730] Vgl. Mertin, K., (Self-)Controlling, in: ZfgK 1982, S. 1119

[731] Vgl. ebenda

[732] In wissenschaftlichen Beiträgen zu diesem Thema ist üblicherweise stark vereinfacht von „Ländern" die Rede, obwohl es sich strenggenommen um Organisationseinheiten (z.B. Auslandsfilialen) handelt, vgl. z.B. Kreutzer, R., Lead-Country-Konzept, in: WiSt 8/1987, S. 416 ff.

- die rein horizontale Koordination von im wesentlichen gleichberechtigten „Ländern" durch eine gemeinsame Steuerungsinstitution.[733]

Im ersten Modell übernimmt der **zentrale Marketing-Bereich** die Steuerungsverantwortung für „länderübergreifende" markenrelevante Entscheidungen einschließlich der hiermit verbundenen Controlling-Aufgaben und delegiert die regionenspezifische Ausgestaltung einzelner Marketing-Instrumente an dezentrale Stäbe (vgl. Abb. 25).[734]

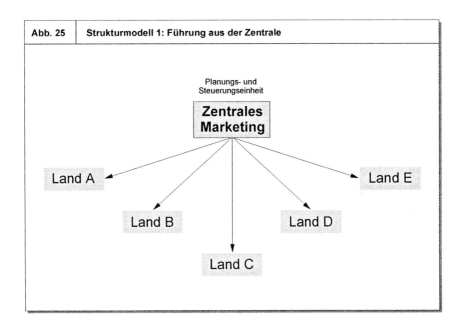

| Abb. 25 | Strukturmodell 1: Führung aus der Zentrale |

Vgl. Rall, W., a.a.O., S. 431

---

[733] Vgl. Rall, W., Organisatorische Anforderungen an ein globales Marketing, in: BFuP 5/1991, S. 430

[734] Vgl. ebenda, S. 431 f.; Köhler, R./Krauter, J., a.a.O., Sp. 1017

Dieses Organisationsmodell kann dazu führen, daß sich durch die Konzentration von Qualifikation und Entscheidungskompetenz eine zu starke Rolle der Zentrale entwickelt und dadurch im Laufe der Zeit die Einheiten vor Ort geschwächt werden.[735] Bewährte Maßnahmen, um dennoch die Balance zwischen globaler und lokaler Steuerung zu halten, sind die Einbeziehung der lokalen Einheiten bereits innerhalb der Konzeptionsphase zum Aufbau globaler Markenimages sowie der anschließend systematisch und kontinuierlich vorgenommmene Informationsaustausch zwischen allen Beteiligten.[736]

Die Grundidee des **Lead-Country-Konzepts** als zweitem Modell besteht darin, daß für eine größere Region (beispielsweise Europa oder Südostasien) bzw. den Weltmarkt insgesamt ein „Land" und damit je nach Internationalisierungskonzept eine Konzerneinheit oder ein externer Partner als Koordinator und „primus inter pares" auftritt.[737] Mit der Übernahme produktbezogener, regional begrenzter oder weltweiter Verantwortung durch einzelne Landesgesellschaften wird das hierarchische Verhältnis von Zentrale und Tochter aufgehoben; eine noch vorhandene zentrale Marketing-Einheit hat nur noch Dienstleistungscharakter (vgl. Abb. 26).[738]

Die Gefahr des Lead-Country-Konzepts besteht allerdings in der Versuchung, in allen „Ländern" mit Lead-Funktion personell stark ausgestattete Marketing-Abteilungen aufzubauen, die in ihrer Gesamtheit die Größe eines „Zentralbereichs Marketing" leicht übertreffen[739] und zu hohen (Fix-)Kostenblöcken führen. Die Auswahl des Stammhauses oder einer Tochtergesellschaft als verantwortliche Institution für die regionale bzw. globale Marktbearbeitung orientiert sich insbesondere an einem oder mehreren der folgenden Faktoren:

---

[735] Vgl. Rall, W., a.a.O., S. 432
[736] Vgl. ebenda
[737] Vgl. Kreutzer, R., Lead-Country-Konzept, a.a.O., S. 416
[738] Vgl. Rall, W., a.a.O., S. 432
[739] Vgl. ebenda, S. 433

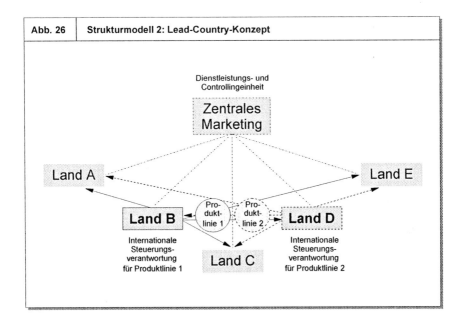

| Abb. 26 | Strukturmodell 2: Lead-Country-Konzept |

Vgl. Rall, W., a.a.O., S. 432

- der Marketing-Kompetenz, dem Image und der personellen Stärke der organisatorischen Einheit,
- dem derzeitigen und langfristigen Stellenwert der einbezogenen Produkte im Rahmen des bankbetrieblichen Leistungsprogramms,
- den rechtlichen Gegebenheiten der Standorte,
- der strategischen Bedeutung der jeweiligen Märkte sowie
- geschäftspolitischen Erwägungen, etwa zur Aufwertung einzelner Tochtergesellschaften durch die Übertragung der Lead-Funktion.[740]

Beispielsweise könnte eine auf den Kanalinseln angesiedelte Tochtergesellschaft aufgrund ihrer langjährigen Erfahrung im Trust-Geschäft die

---

[740] Vgl. Kreutzer, R., Lead-Country-Konzept, a.a.O., S. 417

Koordinationsverantwortung für sämtliche treuhänderischen Geschäfte innerhalb des International Private Banking-Verbunds tragen. Demgegenüber wäre das Schweizer Kompetenzzentrum prädestiniert, die Steuerungsverantwortung für die konzernweite Etablierung des Vermögensverwaltungsgeschäfts im „Swiss Banking Style" zu übernehmen, der sich u.a. durch Diskretion, individuellen Service und die Personalunion von Relationship Management und Portfolio Management auszeichnet. Der unter Leitung des führenden „Lands" für die Marketing-Aktivitäten abgesteckte Handlungsrahmen dient als Grundlage, um in allen zugeordneten „Ländern" ein Markenimage aufzubauen.[741] Im Falle gravierender Hindernisse (etwa aufgrund der Wettbewerbssituation, der rechtlichen Möglichkeiten, der Kundenpräferenzen oder der kulturellen Gepflogenheiten) sollten allerdings „länderspezifische" Anpassungen vorgenommen werden.[742]

Die **horizontale Koordination gleichberechtigter „Länder"**, das dritte Organisationsmodell, eignet sich insbesondere für polyzentrisch strukturierte Unternehmen, die eine stärkere Integration anstreben.[743] Ein gemeinsames Beratungs- und Entscheidungsgremium aus Vertretern der jeweiligen „Länder" legt - unterstützt durch eine zentrale Dienstleistungseinheit - die globalen (Marketing-)Parameter fest (vgl. Abb. 27).[744] Diese Organisationsvariante trägt zwar zur Sicherung der lokalen Marketing-Kompetenz bei, jedoch treten in der Praxis bei der Zusammenarbeit in solchen Gremien Interessenkonflikte auf, verbunden mit der Gefahr von Umsetzungswiderständen.[745]

---

[741] Vgl. ebenda, S. 416
[742] Vgl. ebenda, S. 416 f.
[743] Vgl. Rall, W., a.a.O., S. 433
[744] Vgl. ebenda
[745] Vgl. ebenda, S. 433 f.

Abb. 27	Strukturmodell 3: Horizontale Koordination

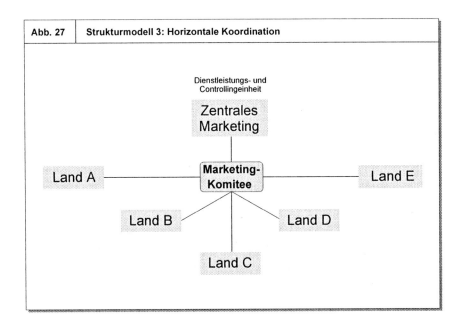

Vgl. Rall, W., a.a.O., S. 433

Die Bewertung der drei Grundmodelle anhand von Effizienzkriterien (vgl. Abb. 28) macht deutlich, daß es das Idealmodell zum Aufbau eines globalen Markenimages nicht gibt. Es müssen vielmehr maßgeschneiderte Lösungen gesucht werden, die die jeweiligen Gegebenheiten berücksichtigen, insbesondere das Marken- bzw. Produktportfolio, das Fähigkeitsprofil der involvierten Unternehmenseinheiten und deren gegenwärtige Organisationsstrukturen.[746]

---

[746] Vgl. ebenda, S. 434

Abb. 28	Beurteilung ausgewählter Koordinationskonzepte

Modell / Beurteilung	Modell 1: Führung durch die Zentrale	Modell 2: Lead-Country-Konzept	Modell 3: Horizontale Koordination
Vorteile	► niedrigste Kosten ► einfachstes System ► gute Steuerbarkeit	► niedrige Kosten ► einfaches System ► hohe produktbezogene Motivation	► hohes Potential ► hoher Know-how-Transfer ► hohe Leistungsmotivation
Nachteile	► geringe Motivation der Niederlassungen ► zu starke Orientierung am Home-Country	► Problem der Steuerbarkeit	► kompliziertes System ► hohe Kosten ► Entscheidungsproblematik
Erfolgsvoraussetzungen	► „Front-Erfahrung" in der Zentrale	► reife internationale Organisation	► gemeinsame Vision ► hohe Kooperationsbereitschaft

Vgl. Meffert, H., Globale Marketingstrategien, in: Macharzina, K./Welge, M. K. (Hrsg.), Handwörterbuch Export und internationale Unternehmung, Bd. 12, Stuttgart 1989, Sp. 1425 f.; Rall, W., a.a.O., S. 434

Unabhängig davon, ob sich ein International Private Banking-Anbieter für die zentrale oder eher dezentrale Steuerung seiner Unternehmenseinheiten entscheidet, können insbesondere im Rahmen der Vertriebspolitik Koordinationsprobleme entstehen (vgl. Abb. 29). Üblicherweise trägt jedes Kompetenzzentrum die Koordinationsverantwortung für eine bestimmte Vertriebsregion, akquiriert aber (anknüpfend an seine früheren Aktivitäten vor der Einbeziehung in den weltweiten International Private Banking-Verbund) u.U. auch außerhalb des nun zugewiesenen Territoriums. Eine Schwierigkeit kann dadurch auftreten, daß ein Kompetenzzentrum mit regionaler Koordinationsverantwortung keinen direkten

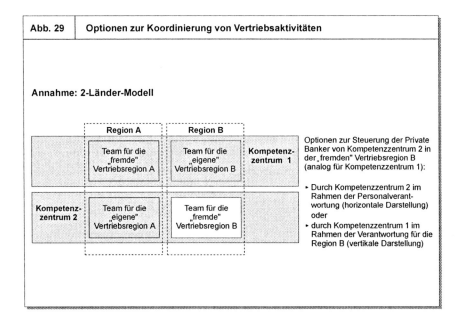

Abb. 29	Optionen zur Koordinierung von Vertriebsaktivitäten

Annahme: 2-Länder-Modell

	Region A	Region B	
	Team für die „fremde" Vertriebsregion A	Team für die „eigene" Vertriebsregion B	Kompetenz-zentrum 1
Kompetenz-zentrum 2	Team für die „eigene" Vertriebsregion A	Team für die „fremde" Vertriebsregion B	

Optionen zur Steuerung der Private Banker von Kompetenzzentrum 2 in der „fremden" Vertriebsregion B (analog für Kompetenzzentrum 1):

▸ Durch Kompetenzzentrum 2 im Rahmen der Personalverant-wortung (horizontale Darstellung) oder
▸ durch Kompetenzzentrum 1 im Rahmen der Verantwortung für die Region B (vertikale Darstellung)

Eigene Darstellung

Einfluß auf die anderen, ebenfalls innerhalb dieses Gebiets akquirieren-den Unternehmenseinheiten besitzt. Der direkte Zugriff auf Länderteams der anderen Zentren im Rahmen der Verantwortung für die Region scheidet in der Regel aus Praktikabilitätsgründen aus. Aus Sicht der an-deren Kompetenzzentren, die (teilweise) außerhalb des von ihnen zu koordinierenden Territoriums agieren, tritt das Problem auf, daß dort ihr eigener Geschäftserfolg maßgeblich von dem regional zuständigen Kompetenzzentrum abhängt, d.h. von dessen Bereitschaft bzw. Fähig-keit zur Vermittlung vielversprechender Kundenadressen. Tritt das ei-gentliche Kundeninteresse im Rahmen des Zielkonflikts, Kunden an ein anderes Kompetenzzentrum zu vermitteln oder selbst mit ihnen Geschäfte abzuschließen (vgl. Kapitel 4.1.1.3), in den Hintergrund, so nimmt das Markenimage Schaden.

4.1.3 Einsatz von Informations-, Planungs- und Kontrollsystemen

Die weitgehende Autonomie von ausländischen Niederlassungen bzw. Tochtergesellschaften, die oftmals durch die Orientierung an länderspezifischen Erfolgsmaßstäben zum Ausdruck kommt, hat häufig zur Folge, daß weltweit operierende Konzerne ein breites Spektrum unterschiedlicher, relativ unabhängiger Informations-, Planungs- und Kontrollsysteme einsetzen.[747] Mit der Etablierung und Aufrechterhaltung eines kompatiblen, globalen Informationsnetzwerks sind für das Management als wichtige Aufgabenbereiche die Identifizierung der Informationsbedarfsfelder, die Bereitstellung eines Methoden-Mix zur Informationsbeschaffung und -aufarbeitung, die Festlegung der Informationsrechte und -pflichten aller Beteiligten sowie die Installierung von technischen Wegen der Informationsvermittlung verbunden.[748] Beispiele für zu regelnde Informationspflichten sind die Mitteilung von Namen potentieller Kunden an die jeweiligen Vertriebseinheiten des International Private Banking-Verbunds oder die regelmäßige Berichterstattung über eigene Geschäftserfolge in Regionen, für die andere Kompetenzzentren die Koordinationsverantwortung tragen.

In Abhängigkeit von dem gewählten Organisationsmodell (vgl. Kapitel 4.1.2) und den sonstigen bankspezifischen Gegebenheiten treten im Zusammenhang mit dem innerbetrieblichen Austausch von Informationen auf globaler Ebene insbesondere folgende Problembereiche auf, die sich auf den Markt- bzw. Markenauftritt des Kreditinstituts negativ auswirken können:

---

[747] Vgl. Kreutzer, R./Raffée, H., Organisatorische Verankerung als Erfolgsbedingung eines Global Marketing, in: Thexis 2/1986, S. 16; Bartlett, C. A./Ghoshal, S., Tap Your Subsidiaries for Global Reach, in: Harvard Busines Review, November/ Dezember 1986, S. 91

[748] Vgl. Kreutzer, R., Global ..., a.a.O., S. 109 f.

- Zwischen den Unternehmenseinheiten bestehen distanzinduzierte Informationsdefizite, die als räumliche, sprachliche und/oder kulturell-kognitive Determinanten zur Bewertung identischer Sachverhalte aus verschiedenen Blickwinkeln führen.[749]

- Im Vergleich zur Kommunikation mit der Zentrale ist der Informationsfluß zwischen den ausländischen Konzerngesellschaften häufig unzureichend ausgestaltet, obgleich hier zumeist ein größeres Problembewußtsein aufgrund jeweils ähnlicher Ausgangssituationen vorliegt.[750]

- Umfassende Berichtspflichten werden von den ausländischen Unternehmenseinheiten, soweit kein verwertbares Feedback erfolgt, primär als Kontrolle empfunden und führen zu Informationswiderständen, die einer effizienten Zusammenarbeit entgegenstehen.[751]

4.1.3.1 Technische Hilfsmittel zur Steigerung der bankbetrieblichen Leistungsqualität

Speziell im International Private Banking erfordern der steigende Wettbewerb und die komplexen, alle finanziellen Aspekte des Kunden einschließenden Entscheidungsprozesse ein effizientes Informationsmanagement, das die nahezu unübersehbare Flut an entscheidungsrelevanten Informationen kanalisiert.[752] Die umfassende Sammlung und systematische Verknüpfung von Kundeninformationen ist grundlegende Voraussetzung für die Erstellung eines Kundenprofils und gestattet zudem die Analyse von Verhaltensmustern zur frühzeitigen Erkennung von

---

[749] Vgl. ebenda, S. 110

[750] Vgl. ebenda, S. 112

[751] Vgl. ebenda, S. 111 f.; Brooke, M. Z./Remmers, H. L., The Strategy of Multinational Enterprise - Organization and Finance, London 1970, S. 47 ff.

[752] Vgl. Bernet, B., Logistikstrategien ..., a.a.O., S. 37

Markttrends[753] - zum Nutzen des Kunden wie auch zum wirkungsvollen Einsatz der Marketing-Instrumente. Eine hohe Bedeutung innerhalb einer entsprechenden Datenbank kommt der Speicherung von Informationen über private Kundenaktivitäten (Hobbies, Urlaubsreisen etc.) zu[754], da diese Angaben wertvolle Ansatzpunkte für den Aufbau eines persönlichen Verhältnisses zu dem jeweiligen Kunden liefern. Mängel in der beratungsunterstützenden Informatik führen dagegen zu unzureichenden Vorbereitungen der Kundenbesuche und zu inflexiblen und unprofessionellen Reaktionen auf unvorhergesehene Situationen während des Gesprächs mit dem Kunden.[755] Die Qualität des Informationsnetzwerks trägt somit entscheidend zum Erfolg oder Mißerfolg des Aufbaus globaler Markenimages bei: „Building an information infrastructure to facilitate the enterprise's transformation into a global competitor is perhaps the most critical challenge."[756]

Noch vor kurzem undenkbare Perspektiven zur Überwindung innerbetrieblicher Informationsdefizite eröffnen sich im International Private Banking durch neue Medien, wie das „Intranet", das „Unternehmensfernsehen" (Corporate TV) sowie die „Videokonferenz-Technologie". Banken können mittels dieser Informationskanäle ihren an den unterschiedlichsten Finanzplätzen der Welt tätigen Mitarbeitern zeitnah aktuelle Informationen zur Verfügung stellen und durch die Überwindung des Raum- und Zeitproblems Kosten einsparen bzw. die Effizienz steigern.[757] Die visuellen Darstellungsmöglichkeiten im Intranet sind vergleichsweise eingeschränkt. Das Corporate TV dagegen bietet den Zuschauern den

---

[753] Vgl. Carruthers, D./Feis, A., a.a.O.; Kinahan, P., Do IT for good relations, in: Private Banker International, Dezember 1992, S. 15; Wescott, K., a.a.O., S. 10. Die Weitergabe kundenbezogener Informationen zwischen verschiedenen International Private Banking-Einheiten eines Konzerns ist allerdings ohne die ausdrückliche, schriftliche Kundenzustimmung in einigen Ländern (wie z.B. der Schweiz) aus rechtlichen Gründen nicht gestattet, vgl. Boom, M., a.a.O., S. 34
[754] Vgl. Ehlern, S., a.a.O., S. 62
[755] Vgl. Gehrig, B., a.a.O., S. 23
[756] O.V., Building a Global IT Infrastructure, in: I/S Analyzer, Juni 1991, S. 12
[757] Vgl. Schüller, St., Corporate TV - eine neue Strategie in der internen Kommunikation, in: bum 9/1997, S. 30 f.

Vorteil der besonderen Realitätsnähe und dem Kreditinstitut damit die Chance, einen hohen Aufmerksamkeitsgrad bei der Belegschaft zu erreichen. Videokonferenzen eignen sich im bankinternen Einsatz beispielsweise dazu, über große Entfernungen hinweg Besprechungen eines gemeinsamen Anlageausschusses durchzuführen, der sich aus Mitgliedern verschiedener internationaler Unternehmenseinheiten zusammensetzt.[758] Die genannten Medien erleichtern zwar das gegenseitige Kennenlernen bzw. die Zusammenarbeit der Mitarbeiter und unterstützen dadurch den Aufbau eines gemeinsamen Markenverständnisses innerhalb des International Private Banking-Verbunds. Die neuen Informationskanäle ersetzen jedoch niemals die zur Erarbeitung von länderübergreifenden Problemlösungen wichtigen persönlichen Beziehungen zwischen den Relationship Managern und den Produktspezialisten an den verschiedensten Finanzplätzen der Welt.

4.1.3.2 Budgetierungssysteme zur Fokussierung finanzieller Ressourcen auf kritische Erfolgsfaktoren

Wichtige Instrumente eines globalen Informationsmanagements, die zugleich Planungs- bzw. Kontrollzwecken dienen, sind Budgetierungssysteme.[759] Unter einem Budget soll im folgenden die konzernweit abgestimmte und verbindliche Vorgabe von Soll-Größen verstanden werden, die innerhalb einer bestimmten Periode für einen Verantwortungsbereich gelten.[760] Soll-Vorgaben beziehen sich hauptsächlich auf Mengenangaben (beispielsweise die angestrebte Kundenanzahl), Volumina (z.B. die

---

[758] Vgl. Hasebrook, J./Steffens, U., Weiterbildung per Digitalfernsehen, in: Die Bank 11/1997, S. 677

[759] Gleiches trifft auf Ergebnisrechnungen zu. Da diese jedoch mittels ihrer Ist-Datenbasis das operative Controlling des Aufbaus globaler Markenimages unterstützen, werden sie im entsprechenden Kontext in Kapitel 5.2.2 diskutiert.

[760] Vgl. Villiez, Ch. V., Budgetkontrolle und Abweichungsanalyse in Kreditinstituten, Schriftenreihe des Instituts für das Kreditwesen der Westfälischen Wilhelms-Universität Münster, Bd. 39, Frankfurt am Main 1989, S. 8

voraussichtlichen „assets under management") oder Wertgrößen (wie Ergebnisbeiträge, Erlöse bzw. Kosten).

Zu den zu budgetierenden Kosten des globalen Markenauftritts gehören insbesondere die erforderlichen Einstiegsinvestitionen (z.b. für den Aufbau der technisch-organisatorischen Infrastruktur, für eine Werbekampagne oder für die weltweite Markenregistrierung) sowie die aus den Gegenmaßnahmen der Wettbewerber resultierenden eigenen Kosten (z.b. für die Verbesserung der Produktqualität).[761] Wie die genannten Beispiele zeigen, geht die Festlegung eines Budgets für die Etablierung von Markenimages über die Bestimmung des Marketing-Budgets hinaus, da letzteres die gesamtbetriebliche Dimension der Markenpolitik (z.b. die jederzeitige Sicherstellung eines angemessenen Standards in der Mitarbeiterqualifizierung) nicht einschließt.

Die Budgetierung von Investitionen stellt Kreditinstitute u.a. vor die Herausforderung, grundlegende Kundenbedürfnisse (z.B. den bequemen Zugang zu den Produkten) mit den teilweise hierzu diametral verlaufenden bankbetrieblichen Zielvorstellungen (wie z.b. angestrebten Kostenreduzierungen) in Einklang zu bringen.[762] Sofern eine Bank ihre Aufmerksamkeit jedoch in zu starkem Maße auf die Minimierung der Kosten zu Lasten der Pflege der Marke richtet[763], wächst aufgrund der hohen qualitätsorientierten Erwartungshaltung der International Private Banking-Kundschaft die Gefahr der Beeinträchtigung des Markenimages.

Besondere Probleme bereitet die Budgetbestimmung im International Private Banking bei solchen Organisationsstrukturen, in denen mehrere, teilweise auch in anderweitigen Geschäftsfeldern aktive Konzerneinheiten zu einer „virtuellen" Bank zusammengeführt werden: Im Sinne einer Matrixorganisation besteht in diesem Falle die Notwendigkeit für jede einzelne Division, ihr Budget mit der eigenen rechtlichen Einheit (d.h. der

---

[761] Vgl. Porter, M. E., Wettbewerbsstrategie, a.a.O., S. 424 f.
[762] Vgl. O'Sullivan, S., Customer service can save the day, in: Bank Marketing International, Oktober 1992, S. 14
[763] Vgl. Aaker, D. A., a.a.O., S. 30

Mutter- oder Tochtergesellschaft), aber auch mit der für die Steuerung des konzernweiten Geschäftsfelds „International Private Banking" zuständigen, übergeordneten Instanz abzustimmen (vgl. Abb. 30).

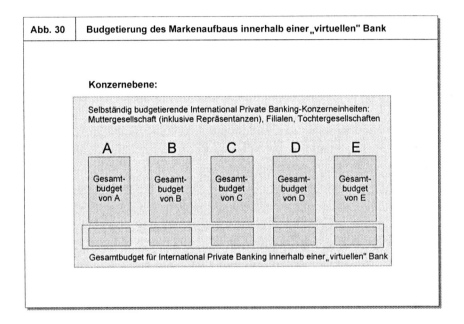

| Abb. 30 | Budgetierung des Markenaufbaus innerhalb einer „virtuellen" Bank |

Konzernebene:

Selbständig budgetierende International Private Banking-Konzerneinheiten: Muttergesellschaft (inklusive Repräsentanzen), Filialen, Tochtergesellschaften

A   B   C   D   E

Gesamtbudget von A | Gesamtbudget von B | Gesamtbudget von C | Gesamtbudget von D | Gesamtbudget von E

Gesamtbudget für International Private Banking innerhalb einer „virtuellen" Bank

Eigene Darstellung

Theoretisch dient die daraus resultierende Konfliktsituation zwar der auf Konzernebene optimalen Allokation der finanziellen Ressourcen, d.h. der Entscheidung, finanzielle Mittel in die zukunftsträchtigsten Geschäftszweige zu investieren. In der Praxis verhindern in global agierenden Konzernen jedoch oftmals Einzelentscheidungen, die vor dem Hintergrund der jeweiligen Verantwortlichkeit für bestimmte Kundengruppen, Regionen oder rechtliche Einheiten isoliert betrachtet „richtig" sein können, die auf Gesamtbankebene optimale Ressourcenallokation. Beispielsweise könnte die Geschäftsleitung einer ausländischen Tochtergesellschaft die zu budgetierenden Mittel für andere Sparten, z.B. für das lokale Firmenkundengeschäft, einplanen, anstatt in imagebildende Maßnahmen zu investieren, die auch anderen International Private Banking-Einheiten im Konzern zugute kommen (wie z.b. der Ausbau der Internet-Präsenz).

Ein weiteres Problem der Budgetierung innerhalb eines konzernweiten International Private Banking-Verbunds besteht darin, Investitionen, die für die einbezogenen Unternehmenseinheiten gleichermaßen von Interesse sind, auf diese steueroptimal und gleichzeitig unter Berücksichtigung der kausalen Zusammenhänge zu verteilen. Als Grundsatz gilt hier analog zur Festlegung von Transferpreisen (vgl. Kapitel 4.1.1.3) das Prinzip des „Fremdvergleichs", d.h. die Berechnung eines Preises, den Fremde für Leistungen gleicher Art vereinbart hätten.[764] Sofern marktbezogene Vergleichspreise fehlen, ist in der Regel die Kostenaufschlagsmethode (sog. „cost plus method") anzuwenden, die von betriebswirtschaftlich kalkulierten Kosten, ergänzt um einen betriebs- oder branchenüblichen Gewinn, ausgeht.[765] Die hier nur angedeutete Problematik der Kostenverrechnung bei Investitionen von gemeinschaftlichem Interesse ist für jeden Einzelfall unter Beachtung der jeweiligen (steuer-) rechtlichen Rahmenbedingungen zu lösen.[766]

4.2 Gestaltung der markenpolitischen Instrumente zum Aufbau globaler Markenimages im International Private Banking

Unter „Markenpolitik im Dienstleistungsbereich" versteht beispielsweise Graumann alle absatzpolitischen Maßnahmen, die der Durchsetzung einer Marke auf einem Markt dienen.[767] Dieses weitgefaßte, d.h. die

---

[764] Vgl. Grundsätze für die Prüfung der Einkunftsabgrenzung bei international verbundenen Unternehmen (Verwaltungsgrundsätze), a.a.O., S. 224 ff.

[765] Vgl. ebenda

[766] Vgl. vertiefend z.B. Baumhoff, H., Steuerliche Aspekte der Verrechnungspreispolitik gegenüber ausländischen Vertriebsunternehmen, in: IStR 11/1993, S. 520 ff.

[767] Vgl. Graumann, J., a.a.O., S. 121

Dimensionen der Produktpolitik übersteigende, Verständnis des Begriffs „Markenpolitik" teilt auch Weber, der folgende Definition vorschlägt: „Markenpolitik des Bankbetriebs bezeichnet die grundlegende Ausrichtung der absatzpolitischen Instrumente eines Kreditinstituts auf die Markierung dieses Instituts und/oder dessen Dienstleistungen mit dem Ziel, aktuelle und potentielle Bankkunden zu einer dauerhaften Aufrechterhaltung ihrer Bereitschaft zur Inanspruchnahme der Dienstleistungen des betreffenden Instituts zu veranlassen."[768] Den markenpolitischen Handlungsrahmen geben die aus Kundensicht maßgeblichen Kriterien für die Aufnahme und Aufrechterhaltung einer Bankverbindung vor (vgl. Kapitel 2.3.2.2).[769]

Die konkrete Ausgestaltung der einzelnen Instrumente zum Aufbau eines globalen Markenimages ist für International Private Banking-Anbieter mit dem Zielkonflikt verbunden, einerseits durch weitgehende Standardisierung ein konsistentes Auftreten sicherzustellen, andererseits aber länder- oder regionenspezifische Besonderheiten zu berücksichtigen. Wenngleich Keegan als charakteristisches Merkmal von globalen Marken in ihrer idealen Ausprägung die weltweit identische Produktgestaltung innerhalb eines integrierten, standardisierten Marketing-Mix hervorhebt[770], so stellt sich die Frage nach der praktischen Umsetzbarkeit einer solchen länderübergreifenden Vereinheitlichung. Neben Kostenersparnissen spricht für eine globale Standardisierung aller Marketing-Maßnahmen zwar die aufgrund von Medieneinflüssen und des weltweit steigenden Wohlstands (verbunden mit häufigen Rei-

---

[768] Weber, M., a.a.O., S. 47. Bestandteil der Markenpolitik ist auch die - primär im Sachgüterbereich bedeutsame - „Markentechnik", die im Rahmen des Marketing-Mix technische Fragen der Markierung, Verpackung oder Formgebung umfaßt.

[769] Vgl. Gehrig, B., a.a.O., S. 22

[770] Vgl. Keegan, W., a.a.O., S. 370. Auch andere Autoren sehen in dem Kriterium „Standardisierung der Leistung" ein wesentliches Merkmal von Markenartikeln. Beispielsweise definiert Bruhn „Markenartikel" als „Versprechen, auf Kundennutzen ausgerichtete Leistungen standardisiert in gleichbleibender Qualität anzubieten", vgl. Bruhn, M., Marketing. Grundlagen für Studium und Praxis, Wiesbaden 1990, S. 144

sen) zunehmende Angleichung von Geschmack und Stil in der ganzen Welt.[771] Dennoch determinieren regionale Gegebenheiten, Gewohnheiten und Mentalitäten, die von Teilmarkt zu Teilmarkt erheblich differieren können, die Form eines (erfolgreichen) Markenauftritts maßgeblich.[772] Kulturelle (u.a. sprachliche) und kaufverhaltensbezogene Einflußfaktoren (kognitive und affektive Einstellungen) sind die stärksten Hemmnisse einer weltweiten Marketing-Standardisierung.[773]

Die Deutsche Bank beispielsweise hat sich im internationalen Privatkundengeschäft für eine „zweigleisige" Vorgehensweise, d.h. eine teils vereinheitlichte, teils variabel gestaltete Markenpolitik, entschieden: Um für Kunden weltweit ein homogenes Erscheinungsbild der Anlagezentren, gute Produkte, kompetente Beratung in allen Fragen der Vermögensanlage und eine hohe Servicequalität sicherzustellen, führte die Deutsche Bank interne Standards ein.[774] Für Einzelmärkte wurden jedoch auch national zugeschnittene Konzepte entwickelt: So spielt für die Deutsche Bank z.B. im asiatischen Raum ein Verständnis für den Bedarf ihrer International Private Banking-Klientel an Leistungen des Firmenkundengeschäfts eine essentielle Rolle, da in dieser Region der Ursprung des Kundenvermögens hauptsächlich im Unternehmertum liegt.[775]

Die Dichotomie zwischen der Unifizierung und der Differenzierung globaler Marketing-Aktivitäten läßt sich letztlich auf die Frage nach dem strategischen und dem operativen länderübergreifenden Marketing reduzieren: Das strategische Marketing ist eher global ausgerichtet, das operative orientiert sich dagegen stärker an den Gegebenheiten in einzelnen Ländern bzw. Regionen.[776] Eine in gewissem Grad marktspezifische

---

[771] Vgl. Aaker, D. A., a.a.O., S. 307

[772] Vgl. Moloney, M., What's in a name?, in: Private Banker International, Juli 1995, S. 6 ff.

[773] Vgl. Meffert, H., Marketing-Management ..., a.a.O., S. 270

[774] Vgl. von Boehm-Bezing, C. L., a. a. O, S. 13

[775] Vgl. o.V., Private bankers ..., a.a.O., S. 98; Martinson, J., Corporate Finance. Cementing the close relationship, in: Financial Times vom 26.11.1997, Sonderbeilage „Private Banking", S. IV; Maslinski, M., Private banks go corporate, in: Private Banker International, April 1997, S. 8 und S. 13

[776] Vgl. Meissner, H. G., a.a.O., S. 418

Vorgehensweise - getreu der Devise „Think global, act local"[777] - steht somit keineswegs im Widerspruch zu einem globalen Markenimage im International Private Banking, sondern verstärkt dieses aufgrund der bewiesenen Individualität und Flexibilität.

4.2.1 Der Einsatz originärer markenpolitischer Instrumente

Die im Markengesetz aufgezählten visuellen Zeichen (vgl. Kapitel 1.2.1.1) sind zentraler Bestandteil der markenpolitischen Standardisierung.[778] Eine Veränderung dieser Elemente im Rahmen einer Neupositionierung wirkt sich besonders stark auf das Vorstellungsbild aus, welches sich die Nachfrager von dem markierten Objekt machen. Demzufolge haben Markenzeichen im Sinne von originären markenpolitischen Instrumenten konstitutive Bedeutung und sind nur schwer revidierbar.[779] Insbesondere der Identitätswandel, der durch die weltweite Zusammenführung von Repräsentanzen, Niederlassungen sowie bislang souveränen, nur in bestimmten Teilmärkten aktiven Tochtergesellschaften zu einem nun unter einheitlichem Namen global agierenden Private Banking-Anbieter entsteht, ist für Bankkunden zu einem gewissen Grad mit der Aufgabe der vertrauten Markenpersönlichkeit verbunden. Dies gilt auch in dem Falle, daß der bisherige Kundenbetreuer weiterhin als Ansprechpartner fungiert und die Marke repräsentiert bzw. personifiziert. In jedem Schriftstück von seiner Bank wird dem Kunden die Diskrepanz zwischen dem neuen Markenzeichen (beispielsweise dem von Dresdner Private Banking) und - wie zumindest von dem deutschen Gesetzgeber verlangt - der hiermit unbedingt in Verbindung anzugebenden Firmierung der jeweiligen rechtlichen Einheit (z.B. Dresdner Bank Lateinamerika AG) deutlich.

---

[777] Vgl. Dierolf, G., Teilmarktstrategien für Finanzdienstleister, in: bum 8/1993, S. 10 ff.
[778] Vgl. Meffert, H., Marketing-Management ..., a.a.O., S. 280 f.
[779] Vgl. Weber, M., a.a.O., S. 122

Die Beibehaltung des bisher verwendeten Markenzeichens (wie bei der Positionierung der Deutschen Bank im International Private Banking) oder zumindest die Anknüpfung an das den Kunden bekannte Logo bei der Festlegung eines neuen Wort- und/oder Bildzeichens (wie im Falle von Dresdner Private Banking geschehen) erleichtern dem Kunden den Übergang zu einem neuen Markenverständnis. Schließlich hängt der Kunde bewußt oder unbewußt an dem vertrauten Markenzeichen, da dieses für ihn Geschichte, Ansehen und Leistung des Unternehmens symbolisiert und dementsprechend ein umfängliches System von Wertvorstellungen verkörpert.[780]

Einen Überblick über die von ausgewählten International Private Banking-Anbietern verwendeten Wort-/Bildzeichen vermittelt Abb. 31.

Abb. 31	Logos ausgewählter Wettbewerber im International Private Banking

Eigene Darstellung

---

[780] Vgl. Jasny, R., a.a.O., S. 27

Die Analyse genereller Anforderungen an Wort-/Bildzeichen, die Systematisierung deren jeweiliger Erscheinungsformen sowie die nähere Betrachtung des Logos der deutschen Großbanken im International Private Banking sind Gegenstand der folgenden Überlegungen.

4.2.1.1 Wortzeichen als Komponente visueller Markenimages

4.2.1.1.1 Anforderungen an Markennamen

Der Markenname ist das Element einer Marke, das verbal eindeutig wiedergegeben werden kann (mündliche Identifizierung).[781] Um bei der globalen Verwendung ihre volle akquisitorische Wirkung als Transporteure der Markenbotschaft zu entfalten, müssen Markennamen

- sich von den existierenden Markennamen anderer Kreditinstitute und ihrer Produkte unterscheiden und etwas Originelles, Eigenständiges zu erkennen geben, das in den Augen der Kunden einen Wert verkörpert, der dem Wert der konkurrierenden Angebote deutlich überlegen ist[782],
- interkulturell verträglich sein, d.h. in den verschiedenen Ländern auf weitgehend identischen Bedeutungen bzw. Konnotationen beruhen[783],
- attraktiv, leicht aussprechbar und dadurch merkfähig sein[784] und
- zeichenrechtliche Schutzfähigkeit aufweisen, da sie hohe Investitionen repräsentieren (sollen).[785]

---

[781] Vgl. Meffert, H., Marketing ..., a.a.O., S. 410

[782] Vgl. Gotta, M., Der Markenname im Marketingmix. Global Branding und die Zukunft von Markennamen, in: Markenartikel 1/1989, S. 16

[783] Vgl. Latour, S., Der treffende Name: Ein strategischer Faktor für den internationalen Erfolg, in: Markenartikel 4/1992, S. 145

[784] Vgl. Gotta, M., Der ..., a.a.O., S. 16

[785] Vgl. ebenda

Markennamen, die diesen Anforderungen genügen, tragen dazu bei, die zugehörige Marke nachhaltig in dem „awareness set" bzw. dem „evoked set" der Kunden (vgl. Kapitel 3.1.1.1) zu etablieren.[786]

4.2.1.1.2 Arten von Markennamen

Als Kriterium zur Klassifizierung von Markennamen für die gewählte Bezugsgröße der Markenstrategie (vgl. Kapitel 3.2.1) eignet sich die Bedeutung des jeweiligen Worts.

- **Eigennamen (Herkunftsbezeichnungen)** informieren über die historischen Wurzeln einer Marke und verweisen hauptsächlich auf Personen (z.B. Pictet & Cie), Städte (z.B. Dresdner Bank AG oder Banque Nationale de Paris S.A.) oder Länder (z.B. Deutsche Bank AG). Im International Private Banking führt besonders die Nutzung von renommierten Familiennamen als Markenbezeichnung bei den Kunden durch die verstärkte Personifizierung der Marke zu einer intensiven Identifikations- und Vertrauensbasis.
- **Beschreibende Namen (Sachbezeichnungen***)* sagen etwas über die Bankleistung aus (beispielsweise „US Equity Fund"), können sich jedoch auch auf das Institut selbst beziehen (z.B. der Namenszusatz „Private Bank").[787] Sachbezeichnungen sind in der Regel nicht schutzfähig und lassen wenig Freiraum für die Phantasie, da sie das aussagen, was der Kunde bereits weiß bzw. liest oder hört.[788]
- Bei **assoziativen Namen** handelt es sich um symbolträchtige Bezeichnungen, die mehr oder weniger deutlich bereits das Produktkonzept vermitteln.[789] Als Beispiel auf der Produktebene läßt sich der

---

[786] Vgl. Jasny, R., a.a.O., S. 27
[787] Vgl. Gotta, M., Der ..., a.a.O., S. 17
[788] Vgl. Latour, S., Namen ..., a.a.O., S. 94 f.
[789] Vgl. Gotta, M., Der ..., a.a.O., S. 17

Fonds „DIT-WACHSTUM GLOBAL"[790], auf der Institutsebene „Fidelity Investments" anführen. Im Gegensatz zu Sachbezeichnungen bieten assoziative Namen den Kunden einen größeren Spielraum, um individuelle Konnotationen aufzubauen.[791]

- **Artifizielle Namen (Phantasienamen)** liefern keine nähere Erklärung über das Wesen der jeweiligen Marke und sind dementsprechend erklärungsbedürftig.[792] Die Schwierigkeiten, auf die Unternehmen bei der Entwicklung eines global nutzbaren Markennamens stoßen, zwingen häufig zur Suche nach solchen Wortschöpfungen.[793] Kunden neigen in Namenstests dazu, die von ihrer Bedeutung her verständlichen und häufig auch banalen Namen zu präferieren, was vielen Unternehmen suggeriert, daß solche Namen schneller und erfolgreicher Akzeptanz finden.[794] Es sind jedoch gerade diese Namen, die kaum Neuigkeitscharakter oder Eigenständigkeit besitzen und damit über keine Differenzierungskraft verfügen.[795] Gegen die Nutzung artifizieller Namen spricht im International Private Banking auch der bei dieser Klientel üblicherweise hohe Stellenwert von Tradition und Reputation.

- **Akronyme (Abkürzungen)** reduzieren lange und schwer aussprechbare Namen auf ein „merkfähiges" Maß.[796] Bedingung für den Einsatz einer Abkürzung ist, daß sie den Sinn des ursprünglichen Namens nicht verfälscht und im Vergleich zu ähnlichen Abkürzungen unverwechselbar ist.[797] Beispiele für verkürzte Namen finden sich in erster Linie auf der Institutsebene (z.B. ABN AMRO als Zusammenschluß der <u>A</u>llgemene <u>B</u>ank <u>N</u>ederland und der <u>A</u>msterdam-<u>R</u>otterdam

---

[790] Dieser Fonds investiert weltweit überwiegend in Aktien von Unternehmen, die ein überdurchschnittliches und stetiges Ertragswachstum erwarten lassen, vgl. DIT DEUTSCHER INVESTMENT-TRUST, DIT-Fonds Rechenschaftsbericht 1997, Frankfurt am Main 1998, S. 26
[791] Vgl. Latour, S., Namen ..., a.a.O., S. 95
[792] Vgl. Gotta, M., Der ..., a.a.O., S. 17
[793] Vgl. Latour, S., Namen ..., a.a.O., S. 96
[794] Vgl. Gotta, M., Wie stark sind artifizielle Namen?, in: asw, Sondernummer Oktober 1989, S. 242 f.
[795] Vgl. ebenda
[796] Vgl. Weber, M., a.a.O., S. 130
[797] Vgl. ebenda

Bank[798]), seltener auf der Produktebene (beispielsweise „VVI" als Kurzform für die „Vermögensverwaltung auf Investmentfondsbasis", einem Produkt der Dresdner Bank AG[799]).[800]

Die ausschließliche Zuordnung von Markennamen zu lediglich einer der genannten Kategorien ist oftmals nicht möglich; z.b. weisen die Namen „Deutsche Bank Trust AG" oder „Dresdner Private Banking" sowohl auf die Herkunft der jeweiligen Institutsgruppe als auch auf den Fokus ihrer bankbetrieblichen Aktivitäten hin.

4.2.1.2 Bildzeichen als Komponente visueller Markenimages

4.2.1.2.1 Anforderungen an Bildzeichen

Das Bildzeichen ist diejenige Komponente einer Marke, die zwar visuell erkannt, jedoch verbal nur grob umschrieben werden kann (visuelle Identifizierung).[801] Um den Aufbau eines globalen Markenimages im International Private Banking durch den konsequenten Einsatz eines Bildzeichens zu unterstützen, gelten für dieses die gleichen Anforderungen wie für Markennamen, wobei das Kriterium „leicht aussprechbar" durch das Merkmal „optisch einprägsam" zu ersetzen ist.[802]

---

[798] Vgl. o.V., ABN AMRO, in: Kinahan, P. (Hrsg.), Private Banking & Wealth Management Strategies in Action, Bd. II, The Players, Dublin 1995, S. 45 ff.; o.V., ABN Amro versus Deutsche Bank, in: Börsen-Zeitung vom 26.7.1996, Nr. 142, S. 10

[799] Vgl. Dresdner Bank AG, Unsere Formel für mehr Rendite - Vermögensverwaltung mit Investmentfonds (VVI), Frankfurt am Main 1997, S. 1 ff.

[800] Vgl. Weber, M., a.a.O., S. 130

[801] Vgl. Meffert, H., Marketing ..., a.a.O., S. 410

[802] Vgl. Weber, M., a.a.O., S. 224

4.2.1.2.2 Klassifizierung von Bildzeichen

Bildzeichen werden zum einen durch die Form (den graphisch gestalteten Schriftzug oder bestimmte Symbole), zum anderen durch die „Hausfarbe" oder bestimmte Farbkombinationen geprägt.[803] Innerhalb der Kategorie „Form" lassen sich folgende Varianten unterscheiden (vgl. Abb. 31):

- **Wortzeichen** (hier - anders als in Kapitel 4.2.1.1 - im künstlerischen, nicht inhaltlichen Sinne) bilden ohne zusätzliche graphische Elemente den Namen des betreffenden Instituts ab, u.U. übersetzt in die Sprache des jeweiligen Ziellands.[804] Das einzige gestalterische Mittel besteht in der Wahl der Schriftart und -größe (wie z.B. bei dem von The Bank of New York gewählten Schriftzug).[805]
- **Beschreibende Zeichen** zeugen (meist in Form von Familienwappen) von den historischen Ursprüngen eines Kreditinstitut und spielen am ehesten bei privaten Bankhäusern eine Rolle (z.B. bei Coutts & Co).[806]
- **Assoziative Zeichen** verdeutlichen ein bestimmtes Produkt- oder Unternehmenskonzept.[807] Beispielsweise legen die drei Schlüssel des früheren Schweizerischen Bankvereins (diese sind auch Bestandteil des Logos der neugegründeten UBS AG[808]) die gedankliche Verbindung zu Qualitäten, wie Treue, Wachsamkeit und Verschwiegenheit, aber auch Erfolg, nahe.[809]
- Aus **artifiziellen Zeichen** läßt sich kein unmittelbarer Bezug zu Bankdienstleistungen bzw. Geldinstituten herleiten; meist handelt es sich (wie bei der Deutschen Bank AG und der Dresdner Bank AG) um

---

[803] Vgl. ebenda, S. 130
[804] Vgl. ebenda, S. 131
[805] Vgl. ebenda
[806] Vgl. ebenda
[807] Vgl. Schurdel, H. D., Herkunft der Banksignets. Warum ..., a.a.O., S. 42
[808] Vgl. o.V., Auch ..., a.a.O., S. 9
[809] Vgl. Schurdel, H. D., Herkunft der Banksignets. Warum ..., a.a.O., S. 42

abstrakte geometrische Figuren, deren Wirkung eher auf Ästhetik als auf Symbolik beruht.[810]

Die Wirkung des Bildzeichens wird neben der Form durch die gewählte Farbe (bzw. Farbkombination) bestimmt, da diese als „Erlebnisverursacher" Stimmungen und Gefühle hervorruft, die die Vorstellungen der Menschen über die Marke positiv oder negativ beeinflussen können.[811] Wie die Beispiele in Abb. 32 zeigen, haben Farben (wie auch Formen) in den jeweiligen Kulturkreisen allerdings u.U. höchst unterschiedliche Bedeutungen.[812]

Aus Gründen des Corporate Designs liegt für eine Bank die Verwendung ihrer Hausfarben auch im International Private Banking nahe, es sei denn, daß eine bewußte Abgrenzung gegenüber anderen Geschäftsfeldern, wie z.B. dem breiten Privatkundengeschäft, erreicht werden soll.

4.2.1.3 Die Wort-/Bildzeichen der deutschen Großbanken im International Private Banking

Die von einem Logo geweckten Assoziationen unterliegen dem subjektiven Empfinden des Betrachters und führen dementsprechend auch in der Literatur zu divergierenden Aussagen. Insofern erscheint eine vertiefende Analyse der unterschiedlichen Vorstellungen, die Personen mit den von einer unmittelbaren Sinnbildlichkeit losgelösten Wort-/Bildzeichen der deutschen Großbanken im International Private Banking verbinden, zweckmäßig.[813] Die im folgenden synonym verwendeten Begriffe

---

[810] Vgl. Weber, M., a.a.O., S. 131

[811] Vgl. Mayr-Keber, G. M., Strukturelemente der visuellen Erscheinung von Corporate Identity, in: Birkigt, K. (Hrsg.), Corporate Identity: Grundlagen, Funktionen, Fallbeispiele, 6. Aufl., Landsberg am Lech 1993, S. 316

[812] Vgl. Latour, S., Der ..., a.a.O., S. 145

[813] Vgl. o.V., Die Signets der Großbanken, in: Bank-Betrieb 3/1974, S. 135

Abb. 32	Bedeutung von Farben in verschiedenen Kulturkreisen

Beispiele ohne Anspruch auf Allgemeingültigkeit:

Farbe / Kulturkreis	rot	grün	blau	gelb
Europa, Nordamerika	Gefahr	Sicherheit, Umwelt und Natur; sauer	Autorität, Männlichkeit; ruhig	Vorsicht, Feigheit, Neid
China	Freude; festlicher Anlaß	-	-	Ehre; königlich
Japan	Gefahr, Zorn	Jugend, Zukunft, Energie	Schande, Niedertracht	Würde, Adel; kindisch, freudig
Arabische Welt	-	Fruchtbarkeit, Kraft, Farbe des Propheten	Tugend, Glaube, Wahrheit	Glück, Wohlstand

Vgl. Bugdahl, V., Wissenswertes rund um den Markennamen, in: Markenartikel 11/1995, S. 530

„Wort-/Bildzeichen" und „Logo" beziehen sich dabei sowohl auf den Schriftzug als auch das Unternehmenssymbol, also das Emblem, auch „Signet" genannt.

Die **Deutsche Bank** nutzt für ihre konzernweiten International Private Banking-Aktivitäten das Logo der Muttergesellschaft, das aus dem Schriftzug „Deutsche Bank" und (rechts davon angeordnet) dem Signet besteht. Das 1972 entwickelte Unternehmensemblem zeigt einen „Schrägstrich im Quadrat".[814]

---

[814] Vgl. Schurdel, H. D., Herkunft der Banksignets. Adler, Pferde und Banken, in: bankkaufmann 5/1989, S. 57

Nach Ansicht vieler Werbepsychologen erfüllt das Emblem der Deutschen Bank AG alle Attribute, die üblicherweise von der Bankenwerbung erwartet werden, nämlich „seriös", „unkompliziert", „sachlich", „gestalterisch unaufdringlich", „zeitlos" und „einprägsam".[815] Das umrahmende Quadrat gilt als Symbol für „Sicherheit"; die aufsteigende Linie erweckt den Eindruck einer dynamischen Entwicklung.[816] Skeptiker bemängeln am Signet der Deutschen Bank AG, daß es inhaltlich wenig aussagekräftig, in seiner Wirkung unnahbar und unpersönlich sei, zwar als charakteristisch, aber zugleich als „verbietend" empfunden werde.[817] Das in einen sicheren Rahmen gehüllte Emblem der Deutschen Bank AG wirke wie eine nach außen abgeschottete Einheit - eine Eigenschaft, die gelegentlich mit den Deutschen insgesamt in Verbindung gebracht wird.[818] Zeitgleich zur Einführung ihres Signets modifizierte die Deutsche Bank AG die Schreibweise ihres Namens, und zwar durch die Verwendung nicht mehr ausschließlich großer, sondern auch kleiner Buchstaben des Schrifttyps „Univers", dem internationaler Charakter beigemessen wird und der im Schriftbild gut lesbar ist.[819] Außerdem bestätigte die Deutsche Bank AG die bereits vorher eingesetzte Farbe „blau" als ihre Haupt- und Hausfarbe: Diese vermittelt (zumindest aus europäischer bzw. nordamerikanischer Sicht) den Eindruck von Sachlichkeit, Zufriedenheit sowie Ausgeglichenheit und erweckt Vertrauen (vgl. Kapitel 4.2.1.2.2).[820]

Die **Dresdner Bank-Gruppe** tritt im International Private Banking mit einem Wort-/Bildzeichen auf, das rechts neben dem bekannten Dresdner Bank-Emblem den oben und unten eingerahmten Schriftzug „Dresdner Private Banking" (als Schrifttyp „Helvetica light Berthold") enthält. Die

---

[815] Vgl. ebenda; o.V., That first point of contact, in: Private Banker International, Juni 1995, S. 10

[816] Vgl. Schurdel, H. D., Herkunft der Banksignets. Adler ..., a.a.O., S. 57

[817] Vgl. o.V., That ..., a.a.O., S. 10

[818] Vgl. ebenda

[819] Vgl. Schurdel, H. D., Herkunft der Banksignets. Adler ..., a.a.O., S. 57

[820] Vgl. ebenda

Linie jeweils ober- und unterhalb dieses Schriftzugs erinnert an das Logo der ebenfalls in die globale Konzeption einbezogenen englischen Tochtergesellschaft „Kleinwort Benson Investment Management Holdings Ltd.". Das Dresdner Bank-Signet ist ein Sechseck, in dem in der Mitte ein Dreieck steht.[821] Das Sechseck symbolisiert Stabilität und Verläßlichkeit; die nach oben weisende Dreiecksspitze charakterisiert die zukunftsgerichteten Aktivitäten der Bank.[822] Manche Betrachter loben das Unternehmenssymbol als leicht verständlich und in seiner Einfachheit als einprägsam[823], wohingegen andere als Kritikpunkte neben der fehlenden Aussagekraft auch hervorgerufene negative Assoziationen, wie „unnahbar" und „unpersönlich", nennen.[824]

Die Farbgebung des Logos (Schrift, Emblem und Rahmen in grün auf weißem Untergrund) orientiert sich an den traditionsreichen Landesfarben des Königreichs Sachsen, dem regionalen Ursprung der Dresdner Bank AG.[825] Zu einem Wettbewerbsvorteil im International Private Banking führt das grüne Logo beispielsweise in der arabischen Welt, da dort „grün" als die Farbe des Propheten gilt.

Die deutschen Großbanken setzen ihr jeweiliges Wort-/Bildzeichen konsequent auf den verschiedensten „Trägern" von Markenzeichen (z.B. auf Broschüren oder Eingangsschildern) ein. Auf diese Weise erinnern die Institute den Betrachter immer wieder - und zwar ohne eine explizit formulierte Werbebotschaft - an das mit dem angestrebten Markenimage verbundene Qualitätsversprechen.

---

[821] Vgl. o.V., Die Signets ..., a.a.O., S. 134

[822] Vgl. ebenda. Die drei Balken des Emblems symbolisieren die früheren drei Geschäftssäulen der Dresdner Bank AG: Inlands-, Auslands- und Wertpapiergeschäft, vgl. Hullmann, K., Dresdner Bank: Vom grünen Band der Sympathie zu Kompetenz, Leistung und Wissen, in: Birkigt, K. (Hrsg.), Corporate Identity: Grundlagen, Funktionen, Fallbeispiele, 6. Aufl., Landsberg am Lech 1993, S. 431 f.

[823] Vgl. o.V., Die Signets ..., a.a.O., S. 134

[824] Vgl. o.V., That ..., a.a.O., S. 10

[825] Vgl. Schurdel, H. D., Herkunft der Banksignets. Die Banken mit dem Merkurstab, in: bankkaufmann 3/1989, S. 48

4.2.2 Der Einsatz derivativer markenpolitischer Instrumente

Die Marketing-Mix-Planung befaßt sich mit der Aufgabe, strategische Vorgaben widerspruchsfrei in operative Maßnahmen umzusetzen[826], d.h. die konkreten Gestaltungsmerkmale der Vertriebs-, Produkt-, Preis- und Kommunikationspolitik festzulegen. Die infolge des zunehmenden Wettbewerbs erhöhte Transparenz im International Private Banking sowie die hiermit einhergehende gesteigerte Erwartungshaltung der Kunden erfordern ein Umdenken der Kreditinstitute hinsichtlich ihres oftmals eher defensiven Marketing-Auftritts in diesem Geschäftsfeld: „Active marketing and acquisition, an alien field to many traditional banks, are becoming a major source for attracting new funds as clients begin to shop for "best value"."[827]

Die nachfolgend erläuterten markenpolitischen Ansatzpunkte unterscheiden sich in einem wichtigen Punkt von den originären Instrumenten: Sie sind nicht ex definitione mit einer Marke verknüpft, sondern Teil des absatzpolitischen Instrumentariums einer Bank.[828] Die Existenz einer Marke ist folglich keine notwendige Voraussetzung für die Anwendung dieser Instrumente.[829] Vielmehr erscheint die umgekehrte Kausalbeziehung plausibel: Setzt ein Geldinstitut seine absatzpolitischen Mittel über einen längeren Zeitraum hinweg kontinuierlich und in konsistenter Weise ein, so wirkt dies markenbildend.[830]

---

[826] Vgl. Köhler, R./Krauter, J., a.a.O., Sp. 1013
[827] Ehlern, S., a.a.O., S. 28
[828] Vgl. Weber, M., a.a.O., S. 121
[829] Vgl. ebenda
[830] Vgl. ebenda, S. 121 f.

4.2.2.1 Vertriebspolitik

Die Vertriebspolitik als Baustein zur Etablierung eines globalen Markenimages muß für die International Private Banking-Kundschaft vielfältige Zugangsmöglichkeiten zu der weltweiten Angebotspalette schaffen,
um somit dem heterogenen Nachfrageverhalten dieser Klientel Rechnung zu tragen. Die vertriebspolitischen Gestaltungsalternativen unter-
teilt Büschgen in die Dimensionen „Vertriebswege" einerseits und „Kontaktform" andererseits.[831] Die erste Kategorie bezieht sich auf die Entscheidung zwischen dem traditionellen Vertrieb in Geschäftsstellen, dem
Außendienst, den zunehmend an Bedeutung gewinnenden Telekommu-
nikationsmedien[832] oder sonstigen Vertriebswegen. Die Betrachtungsebene „Kontaktform" läßt sich wiederum in den persönlichen und den unpersönlichen Verkauf unterteilen.[833]

In der Praxis hängen die mit den beiden grundlegenden Varianten der
Vertriebspolitik verbundenen Fragen eng zusammen.[834] Aus diesem
Grund stellt die vorliegende Arbeit zwar die Bedeutung des persönlichen
Verkaufs zum Aufbau globaler Markenimages im International Private
Banking als Kontaktform heraus, geht jedoch auf die andere Kontakt-
form - den unpersönlichen Verkauf - ausschließlich im Zusammenhang
mit der Nutzung technischer Vertriebswege ein.

Zum besseren Verständnis der Bedürfnisse und Erwartungen von high
net worth individuals sei ferner darauf hingewiesen, daß der Begriff bzw.
Wortstamm „Vertrieb" im Kontext des International Private Banking keine
transaktions-, sondern vielmehr eine serviceorientierte Haltung dem
Kunden gegenüber verkörpert.

---

[831] Vgl. Büschgen, H. E., Bankmarketing, Düsseldorf 1995, S. 185
[832] Vgl. ebenda
[833] Vgl. ebenda
[834] Vgl. ebenda

4.2.2.1.1 Gestaltung der Vertriebswege

4.2.2.1.1.1 Stationärer und mobiler Vertrieb

Aufgrund der globalen Dimension des International Private Banking-Markts setzt eine erfolgreiche Positionierung in diesem Geschäftsfeld umfangreiche Vertriebskapazitäten in den (Zeit-)Zonen Lateinamerika, Europa/Mittlerer Osten sowie Asien voraus.[835] Die weltweiten Stützpunkte der Kreditinstitute dienen den wohlhabenden Privatkunden, die während ihrer Auslandsreisen auch bankbezogene Angelegenheiten erledigen möchten, als wichtige Anlaufstellen.[836] Üblicherweise besuchen jedoch die Private Banker ihre Kunden an deren Wohnort oder Arbeitsstätte. Diese Form der Kontaktaufnahme bzw. -pflege ist von dem im Mengenkundengeschäft teilweise mit negativen Assoziationen (wie z.B. Aufdringlichkeit) behafteten Begriff „Außendienst" deutlich abzugrenzen.

Die Ursachen für die überwiegende Betreuung der International Private Banking-Kunden in deren Sphäre liegen zum einen in der Serviceorientierung der Wettbewerber, zum anderen in den im Off-shore-Geschäft zumeist großen Entfernungen zwischen den Kunden und den Vertriebszentren der Bank.[837] Den zeitlich und räumlich flexiblen Service wissen sehr wohlhabende Privatkunden zu schätzen, da sie sich ohne Zeitdruck zu Hause oder in ihrem Unternehmen in allen Finanzierungs-, Vermögensanlage- und Vorsorgefragen umfassend beraten lassen können.[838] Die Ausrichtung des mobilen Vertriebs auf die kundenspezifische Nachfragesituation leistet somit einen wichtigen Beitrag zu der vom Kunden wahrgenommenen Servicequalität und damit zum Aufbau eines Markenimages (vgl. Kapitel 2.3.2.2.1).

---

[835] Vgl. Klöppelt, H., International ..., a.a.O., S. 206
[836] Abgesehen von ihrer Funktion als stationärer Vertriebsweg verkörpern die Geschäftsräume bei entsprechender Repräsentativität den hohen Qualitätsanspruch und damit das Markenimage des jeweiligen Kreditinstituts (vgl. vertiefend Kapitel 4.2.2.4.3).
[837] Vgl. Brunner, W. L., a.a.O., S. 451
[838] Vgl. ebenda

4.2.2.1.1.2 Vertrieb mittels Technik

Da im International Private Banking aus Kundensicht die Qualität der Bankverbindung primär von dem persönlichen Kontakt zum Berater abhängt, kommt in diesem Geschäftsfeld - anders als im breiten Privatkundengeschäft - dem Vertrieb über „unpersönliche" (d.h. technische) Medien bislang eine eher ergänzende Rolle zu.[839] Dennoch können diese Vertriebswege die Etablierung eines globalen Markenimages unterstützen, sofern

- sie durch eine ausgereifte, bedienungsfreundliche Technik eine bequeme und reibungslose Kommunikation zwischen (potentiellen) Kunden aus aller Welt und der Bank ermöglichen und
- die Nutzer die technische Leistungsstärke für sich als Mehrwert empfinden und durch eine gesteigerte Wertschätzung gegenüber dem Geldinstitut honorieren.

Im Mittelpunkt der aktuellen Diskussion über den Vertrieb mittels Technik im Bankenbereich stehen die Fortschritte in den Einsatzmöglichkeiten des PC-Banking und hier insbesondere des Mediums „Internet", das derzeit die Geschäftsstrukturen der Kreditinstitute tiefgreifend verändert und Innovationen vor allem im Bereich der Distributionspolitik impliziert.[840] Im Hinblick auf die Verbesserung der Servicequalität bietet das Internet den Vorteil einer sehr weitgehenden zeitlichen und geographischen Flexibilität[841], d.h. Kunden können - sofern sie über die ent-

---

[839] Vgl. Telgheder, M., Deutsche Bank knüpft Bande zum Anleger, in: Horizont vom 27.11.1997, S. 26. Als Meilenstein im Internet Banking gilt der im Oktober 1995 vorgenommene Start der Security First Network Bank (SFNB), die ausschließlich über den Vertriebsweg „Internet" ihren Kunden einen Vollbankenservice anbietet, der vom Zahlungsverkehr über das Kreditgeschäft bis hin zur Vermögensverwaltung reicht, vgl. Fleischer, K., Virtual Banking - mehr als eine Vision, in: BANK MAGAZIN 3/1997, S. 14; Mahler, A./Göbel, G., Internetbanking: Das Leistungsspektrum, in: Die Bank 8/1996, S. 491

[840] Vgl. Stein, St., Chancen und Risiken der virtuellen Bank: Internet als Vertriebsweg für Bankleistungen, in: Bankinformation und Genossenschaftsforum 3/1997, S. 18

[841] Vgl. ebenda

sprechende technische Infrastruktur verfügen - bestimmte Bankleistungen jederzeit und unabhängig von ihrem Relationship Manager in Anspruch nehmen.

Da u.a. die Bereitschaft des Kunden zur aktiven Teilnahme den Erfolg des Internets determiniert, eignet sich dieses Medium (ebenso wie andere technische Vertriebswege) primär zur reinen Präsentation der aus Kundensicht wenig erklärungsbedürftigen Informationsangebote oder zur Durchführung von (Routine-)Transaktionen (vgl. Abb. 33).[842] Dagegen erscheint das Angebot der in der Regel komplexen und damit kontaktintensiven International Private Banking-Leistungen (vgl. Kapitel 1.2.3) über persönliche Vertriebswege kundenorientierter und somit zweckmäßiger, um das Ansehen des Kreditinstituts durch die bewiesene Beratungsqualität zu steigern.[843]

Aufgrund der professionellen Internet-Präsenz verschiedenster Kreditinstitute ist die diesbezügliche Erwartungshaltung bei Kunden generell recht hoch. Wichtige Ansatzpunkte zur Beurteilung der Qualität des jeweiligen Internet Banking-Angebots sind für Kunden

- die präsentierte „Erlebniswelt" (International Private Banking-Anbieter sollten sich jedoch nicht von dem „jungen" Medium zu einem „jungen" und u.U. nicht markenkonformen Internet-Auftritt verleiten lassen[844]),
- die vermittelten Informationen (wünschenswert sind vielfältige, übersichtlich dargestellte Produktinformationen, ergänzt um Tips aus der Finanzwelt bis hin zur Kulturszene),
- die möglichen Transaktionen (wie beispielsweise der Kauf oder Verkauf von Wertpapieren[845]) sowie

---

[842] Vgl. o.V., Private banks explore the cyber frontier, in: Global Private Banking vom 22.12.1997, S. 10; Stein, St., a.a.O., S. 19
[843] Vgl. Stein, St., a.a.O., S. 19 f.
[844] Vgl. Pogoda, A., Zehn Markenregeln für das Internet, in: Blick durch die Wirtschaft vom 26.3.1998, Nr. 60, S. 3
[845] Vgl. Fleischer, K., a.a.O., S. 14

Abb. 33	Internet als Informations- und Transaktionsmedium

Reine Informationsangebote:

Finanzinformationen/Research-Materialien
- Börsenkurse
- Europäische Währungsunion
- Konjunkturlage/-prognosen
- etc.

Produktinformationen
- Portfolio Management
- Anlageempfehlungen
- Immobilienangebote
- etc.

Präsentation des Kreditinstituts
- Globales Vertriebsnetz, Bilder der Bankgebäude
- Geschäftsberichte, Presseberichte
- Historie der Bank
- etc.

Kultur/Unterhaltung/Sonstiges
- Veranstaltungskalender
- Kulturengagement des Kreditinstituts
- Seminarangebote für Kunden
- etc.

Echtes Internet-Banking:

- Wertpapiertransaktionen
- Zahlungsaufträge
- Zusatzleistungen, z.B. Scheckbestellungen
- etc.

Vgl. Stein, St., a.a.O., S. 22

- die offerierten Serviceleistungen (z.B. ein mittels Paßwort bzw. entsprechender Software geschützter Zugang zu speziellen Informationsseiten oder eine On-line-Beratung per Chat-Forum).[846]

Unabhängig von Inhalt und Aufmachung der vermittelten Informationen auf den Homepages erfährt eine Marke bereits durch ihre Präsenz im Internet eine Anreicherung mit positiven Assoziationen, wie „Zukunftsorientierung" oder „Globalität".[847] Immer mehr Unternehmen erkennen, daß auch die frei wählbare Buchstabenfolge der jeweils nur einmalig vergebenen sog. „Domain" eine imagebildende Funktion übernimmt.[848]

---

[846] Vgl. Vereinigung für Bankbetriebsorganisation e.V., Internet & Co. - Einsatz von Online-Diensten in der Kreditwirtschaft, Köln 1996, S. 41
[847] Vgl. Graefe, Th., Marken und Internet, in: Markenartikel 3/1996, S. 100
[848] Vgl. ebenda, S. 101

Die vollständige Domain-Adresse setzt sich z.B. für das World Wide Web aus dem Kürzel „http://www", desweiteren dem selbst bestimmbaren Buchstabenteil, der die Nutzung des jeweiligen Markennamens aus Gründen der Zweckmäßigkeit und Profilierung nahelegt, sowie einer regionalen Kennung (für Deutschland „de") zusammen.[849] Der hauptsächliche Grund für die generell noch spärliche Verbreitung des Internet Banking liegt in der Sicherheitsproblematik, wenngleich die Entwicklung spezieller Schutzmechanismen, wie z.b. die Verschlüsselung der übertragenen Daten oder der Einsatz sog. „Firewalls" als Zugriffskontrollen auf den Server, eine zunehmend höhere Sicherheit gegen bankexterne (aber auch -interne) Manipulation gewährleisten.[850]

Eine vielversprechende Alternative zum Internet ist das Telefonbanking, sofern der Gesprächskontakt von Mensch zu Mensch und nicht zwischen Mensch und Sprachcomputer zustande kommt. Im International Private Banking schätzen die Kunden Anrufe ihres Relationship Managers als Zeichen dessen proaktiver Arbeitsweise. Dagegen schaden sog. „cold calling"-Aktionen (deren Einsatzspektrum beschränkt sich zumeist auf die reine Vermittlung von Informationen an potentielle Kunden[851]) aufgrund der in diesem Geschäftsfeld vorherrschenden Sensibilität der Kundenbeziehungen eher dem Markenimage des Kreditinstituts.[852] Ob die Nutzung des Telefonvertriebs zur Neukundengewinnung überhaupt zulässig ist, hängt von den Rechtsgrundlagen des Verbraucherschutzes im jeweiligen Land ab.

Nahezu ideale Voraussetzungen für einen erfolgreichen Einsatz im International Private Banking bieten On-line-Videokonferenzschaltungen, da Kunden mittels dieses Mediums auch über große räumliche Distanzen hinweg (möglicherweise eingeschränkt durch die Zeitzonenproble-

---

[849] Vgl. ebenda
[850] Vgl. Stein, St., a.a.O., S. 20; Mahler, A./Göbel, G., a.a.O., S. 491
[851] Vgl. Young, K., Marketing to the Affluent, in: Kinahan, P. (Hrsg.), Private Banking & Wealth Management Strategies in Action, Bd. I, The Issues, Dublin 1994, S. 52
[852] Vgl. Orton, I., Of ..., a.a.O., S. 9

matik) eine persönliche Beratung erhalten können, ohne auf den Sicht-kontakt zu ihrem Private Banker verzichten zu müssen.[853] Derzeit ist allerdings diese Technik im Hinblick auf die bei Banken bzw. den Kunden vorhandenen Netzkapazitäten und Computerausstattungen noch längst kein üblicher Standard (vgl. Kapitel 4.1.3.1).

Je nach Affinität der Kunden für technische Vertriebswege tragen diese somit zum Aufbau eines globalen Markenimages bei. Eines wird die Banktechnologie allerdings nie ersetzen können: Den Kontakt mit dem Kunden, das Gespräch zwischen Menschen, den Aufbau einer qualitativen Dimension - das Vertrauen.[854] Trotz der erforderlichen Informatikunterstützung ist das International Private Banking „people's business", weil Vertrauen, Loyalität und Sympathie nur zwischen Menschen entstehen und bestehen können.[855]

4.2.2.1.1.3   Sonstige Vertriebswege

Als ein für die Akquisition von high net worth individuals kurzfristig nutzbarer Vertriebsweg hat sich in einigen Ländern der Einsatz von lokalen Vermittlern, wie z.B. Wirtschaftsprüfern, Steuerberatern oder Rechtsanwälten, als „Türöffner" bewährt.[856] Dieser Vertriebsweg ist ein Beispiel dafür, daß länderspezifische Usancen im International Private Banking die weltweit vollständige Vereinheitlichung der Wahl und Ausgestaltung der einzelnen Absatzkanäle nicht zulassen.[857]
Mit den sich in vielen Fällen überschneidenden Aufgabenfeldern auf Banken- und Vermittlerseite sind für Kunden oftmals Unsicherheit und

---

[853] Vgl. Scheidler, V., Virtuelle Banken im internationalen Vergleich: Analyse und Klassifikation, in: bum 3/1997, S. 22
[854] Vgl. Bernet, B., Logistikstrategien ..., a.a.O., S. 39
[855] Vgl. Gehrig, B., a.a.O., S. 22 f.
[856] Vgl. Klöppelt, H., International ..., a.a.O., S. 206; Lysaght, G., Creating ..., a.a.O., S. 10
[857] Vgl. Althans, J./Meffert, H., Internationales Marketing, Stuttgart 1982, S. 155

Konfusion verbunden, wenngleich sich idealtypisch folgende Grenzen zwischen den jeweiligen Berufen ziehen lassen:

- Nach der Zuführung der Kunden durch einen Vermittler übernimmt ein **Relationship Manager** deren Betreuung - ggf. unterstützt durch lokale oder an einem Off-shore-Platz domizilierende **Produktspezialisten**, wie z.B. den zuständigen Portfolio Manager oder Trust-Experten.[858] Die Hauptaufgaben der Bankmitarbeiter liegen demzufolge in der treuhänderischen Disposition und Administration von Vermögen sowie - falls gewünscht - in der Anlageberatung.[859]

- **Wirtschaftsprüfer bzw. Steuerberater** untersuchen, ob die im Vermögensverwaltungsvertrag fixierten Anlagebestimmungen eingehalten wurden und leisten ihren Kunden Hilfestellung in steuerlichen Fragen[860], einem zumindest in Deutschland für Banken gesetzlich ausgeschlossenen Tätigkeitsfeld.

- Demgegenüber befassen sich **Rechtsanwälte** mit allgemeinen rechtlichen Problemen ihrer Klientel und bereiten die zugehörigen Vertragsdokumente vor.[861] Da wohlhabende Privatkunden der Kompetenz von Banken teilweise kritisch gegenüberstehen und an deren Unabhängigkeit in der Beratung zweifeln[862], suchen viele Kunden bei ihren Rechtsanwälten auch Unterstützung in finanziellen Angelegenheiten, sei es in bezug auf Immobilienmanagement, die Gründung und Verwaltung von Trusts, Erbschaftsregelungen oder steuerliche Probleme.[863] In Großbritannien z.B. übernehmen Rechtsanwälte in Fragen der Vermögensanlage sogar eine koordinierende Funktion zwischen

---

[858] Vgl. Klöppelt, H., International ..., a.a.O., S. 206
[859] Vgl. Field, J., Private bankers and counsellors: Are they friends or deadly rivals, in: Private Banker International, April 1992, S. 14
[860] Vgl. ebenda
[861] Vgl. ebenda
[862] Vgl. o.V., Executive Summary, in: Kinahan, P. (Hrsg.), Private Banking & Wealth Management Strategies in Action, Bd. II, The Players, Dublin 1995, S. XIII
[863] Vgl. Orton, I., Lawyers target the affluent, in: Private Banker International, Februar 1996, S. 13

Kunden und Brokern.[864] Die Zusammenarbeit mit Kreditinstituten suchen - trotz vielfältiger eigener Kompetenzbereiche - Rechtsanwälte gezielt, da sie ihren Kunden nicht das komplette bankbetriebliche Leistungsspektrum bieten können.[865] Im Vergleich zu Rechtsanwälten, die sich keiner Sozietät angeschlossen haben, verfügen Banken als Institutionen über den Vorteil, bei der Übernahme treuhänderischer Funktionen nicht an eine bestimmte Lebenserwartung gebunden zu sein.

Das Wirkungsfeld von Wirtschaftsprüfern, Steuerberatern und Rechtsanwälten in der Beratung sehr vermögender Privatkunden beschränkt sich primär auf den jeweiligen Inlandsmarkt. Auf diesem unterstützen Vertreter der drei Berufsgruppen als lokale Vermittler die Vertriebsaktivitäten von International Private Banking-Anbietern, fühlen sich als oftmals langjährige Vertrauenspersonen der Kunden aber auch weiterhin deren Interessen verpflichtet. Da Wirtschaftsprüfer, Rechtsanwälte und Steuerberater - wie gezeigt - das bankbetriebliche Leistungsangebot ergänzen, werden sie in der vorliegenden Arbeit nicht als Konkurrenten der deutschen Großbanken im International Private Banking, sondern vielmehr als wichtige Partner eingestuft. In diesem Geschäftsfeld fördert die Kooperation mit renommierten Vermittlern die Etablierung eines Markenimages; dessen generelle Existenz ist jedoch die Voraussetzung für eine Weiterempfehlung seitens der Vermittler und die anschließende Aufnahme einer Geschäftsbeziehung durch die Kunden.
Über die für das International Private Banking als Vermittler sehr bedeutsame Gruppe der Wirtschaftsprüfer, Steuerberater und Rechtsanwälte hinaus lassen sich weitere Kategorien von Intermediären nennen, die als „high calibre centres of influence"[866] Zugang zu sehr vermögenden, internationalen Privatkunden besitzen (vgl. Abb. 34).

---

[864] Vgl. ebenda
[865] Vgl. Griffiths, G., a.a.O., S. 80
[866] Ehlern, S., a.a.O., S. 126

Abb. 34	Arten von Vermittlern im International Private Banking

Institutionen als Inter-mediäre	Personen mit einem weiten geschäftlichen Netzwerk	Personen mit einem weiten sozialen Netzwerk
► Steuer- und Vermögens-beratungsunternehmen ► Immobilienberatungs-unternehmen ► Unternehmen als Treuhänder ► Lokale Vermögensverwaltungs-unternehmen ► Lokale Banken ► Lokale Versicherungen ► Lokale Kreditkartenorganisa-tionen ► Internationale Auktionshäuser ► Broker ► etc.	► Selbständige Geschäftsleute: Rechtsanwälte, Notare, Treuhänder, Architekten, Headhunter, Steuer- und Vermögensberater ► Pensionierte Vorstandsmitglieder, Politiker und Diplomaten ► Verkaufschefs von Luxusgütern ► Hotel- und Restaurantmanager ► Mitglieder von Handelskammern ► etc.	► Mitglieder des Jet-set ► Berühmtheiten ► Mitglieder akademischer Gesellschaften ► Wohlhabende Familien ► etc.

Vgl. Ehlern, S., a.a.O., S. 126 (eigene Übersetzung)

Gegenüber den drei genannten Berufsgruppen erscheinen Geschäfts-vermittlungen durch nicht professionelle Intermediäre tendenziell sicher-lich noch glaubwürdiger für Kunden, da diese in solchen Fällen kein finanzielles Interesse als Motiv für die Anbahnung der Kontakte zu Ban-ken vermuten. Die Einflußmöglichkeiten der Kreditinstitute auf externe Vermittler zur Sicherstellung eines einheitlichen Markenauftritts sind allerdings generell begrenzt.

Zur Beurteilung der Eignung von Direct Mailing, einem weiteren Ver-triebsweg, als Instrument zur persönlichen Ansprache von International Private Banking-Kunden stehen sich in der Literatur verschiedene Meinungen gegenüber: Manchen Autoren gilt die mit Werbebriefen üblicherweise verbunden Form der Standardisierung generell als unvereinbar mit den individuellen Ansprüchen der Kunden des Top-Marktsegments.[867] Aus anderen Literaturquellen geht dagegen hervor, daß dieses Medium insbesondere bei der Kontaktierung von Kunden, zu denen bereits ein ausgeprägtes Vertrauensverhältnis besteht, eine besonders hohe Aufmerksamkeitswirkung verspricht.[868] Aus dieser resultiert eine gesteigerte Wertschätzung gegenüber der jeweiligen Bank mit positiven Auswirkungen auf das beigemessene Markenimage, sofern der Briefinhalt dem Empfänger einen Zusatznutzen bietet. Ein grundsätzliches Manko von Direct Mailing besteht jedoch darin, daß der Absender (u.U. anders als bei einem persönlichen Gespräch mit dem Kunden) keinerlei Einfluß auf die Situation bzw. die Stimmung besitzt, in welcher der Adressat den Brief liest.[869] Mit Blick auf die Etablierung einer von Kunden geschätzten Beratungskultur als einem Baustein des angestrebten Markenimages empfiehlt es sich, den Vertriebsweg „Werbebrief" insbesondere für Informationszwecke, nicht jedoch (wie oftmals im breiten Privatkundengeschäft) forciert zum Produktverkauf einzusetzen. Abgesehen von den Kundenerwartungen erfordern auch die besondere Komplexität und die damit verbundene Erklärungsbedürftigkeit der International Private Banking-Leistungen diese differenzierte Vorgehensweise.

4.2.2.1.2 Die Kontaktform „Relationship Banking" als Qualitätsfaktor

In Bereichen, in denen die Technologie Produkte nivelliert, gewinnt die Beziehung zwischen Menschen wieder an Bedeutung.[870] Nicht der Preis, die Menge oder die Komplexität der angebotenen Leistungen, sondern

---

[867] Vgl. z.B. Telgheder, M., a.a.O., S. 26
[868] Vgl. Landor, G., a.a.O., S. 12; Young, K., a.a.O., S. 51 f.
[869] Vgl. Telgheder, M., a.a.O., S. 26
[870] Vgl. Bernet, B., Logistikstrategien ..., a.a.O., S. 29

die persönliche Beziehung zwischen Kunde und Kreditinstitut wird zum ausschlaggebenden Argument für den Auf- und Ausbau einer Kontoverbindung.[871] Der Private Banker als Schlüsselfigur hat es in der Hand, der Kundenbeziehung jene Individualität zu geben, die zur Treue eines Kunden zu „seiner" Marke maßgeblich beiträgt. Als primärer Ansprechpartner des Kunden verkörpert für diesen der Relationship Manager „die Bank"; ihm obliegt die Erfüllung der vom Kunden erwarteten, zum Aufbau eines Markenimages wichtigen Qualitätsdimensionen „tangibility", „reliability", „responsiveness", „assurance" und „empathy" (vgl. Kapitel 2.3.2.2.1).[872]

Hahn unterscheidet als Schichten der personellen Qualität (gegenüber der technischen Qualität) zwischen dem fachlichen Niveau, der Entscheidungskompetenz, persönlichen, u.U. auch außerhalb des geschäftlichen Kontakts gewachsenen Beziehungen sowie der „menschlichen Qualität" als Kunst des Bedienens im Gegensatz zur Routine des Abfertigens.[873] Alle vier Schichten bieten den Banken konkrete Ansatzpunkte, um durch die Erfüllung der hohen Kundenerwartungen zur Profilierung der Marke beizutragen.[874]

Die **fachliche Kompetenz** des Kundenbetreuers besteht zum einen aus dem Fachwissen selbst, zum anderen aus dessen kundenorientierter Anwendung im Beratungsgespräch.[875] Kunden beurteilen die erbrachte Beratungsleistung insbesondere daran, wie der Relationship Manager ihre Vorstellungen von einer finanziellen Lebensplanung aufnimmt, verständlich strukturiert und eine nachvollziehbare Problemlösung anbie-

---

[871] Vgl. Bernet, B., Relationship Pricing, in: Die Bank 12/1994, S. 708

[872] Vgl. Berry, L. L./Zeithaml, V. A./Parasuraman, A., a.a.O., S. 29 ff.

[873] Vgl. Hahn, O., Die Bedeutung der menschlichen Qualität innerhalb der Bankleistung, in: Die Bank 2/1982, S. 57 f.

[874] Zu der hohen Abhängigkeit des Images einer Bank von der menschlichen Komponente vgl. vertiefend Beer, A., Der Wandel im Image der Banken, Heft 87 der Veröffentlichungen des Lehrstuhls für Allgemeine, Bank- und Versicherungs-Betriebswirtschaftslehre an der Friedrich-Alexander-Universität Erlangen-Nürnberg, Nürnberg 1995, S. 19 ff.

[875] Vgl. Hahn, O., Die Bedeutung ..., a.a.O., S. 57

tet.[876] Um für den Kunden persönliche und kreative Lösungen zu erarbeiten, analysiert der Private Banker gemeinsam mit dem Kunden zunächst dessen finanziellen „Ist-Zustand" anhand einer vollständigen Vermögensaufstellung, des monatlichen/jährlichen Einkommens oder der sonstigen familienspezifischen Rahmenbedingungen (z.B. der steuerlichen Situation, Erbschaftsüberlegungen etc.).[877] Das Anlageprofil eines Kunden läßt sich aus dessen individuellen Bedürfnissen und Zielen (d.h. auch seiner Entscheidung für Kapitalzuwachs oder Einkommensausschüttung) sowie seiner Risikotoleranz ableiten.[878] Aufgrund der Komplexität der von International Private Banking-Kunden benötigten Leistungsbündel beschreibt Bernet den Auftrag des Relationship Managers als „Coaching des Kunden in allen direkt oder indirekt finanzbezogenen Fragestellungen"[879]. In einer noch weitergehenden Sichtweise übernimmt der Private Banker die Funktion als „family friend in all financial matters"[880]. Als Generalist mit lediglich Anwenderwissen auf Spezialgebieten seines multidisziplinären Geschäfts ist der Relationship Manager allerdings auf die effiziente Unterstützung durch Experten (u.a. Steuer-, Immobilien- sowie Kreditspezialisten[881]) angewiesen.[882] Ob der Private Banker die jeweiligen Kundenbedürfnisse in der gewünschten Weise befriedigen kann, hängt aber immer auch von dem Kunden selbst ab, von dessen Fähigkeit, seine Einstellung zum Risiko deutlich zu machen, von der Neigung, über Einkommens- und Vermö-

---

[876] Vgl. Weingarth, W./Grotzki, W., Die Bank kommt zum Kunden, BANK MAGAZIN 11/1996, S. 10 f.

[877] Vgl. Lehner, A./Dendorfer, H., Vermögen managen: Von der Strategie zur Praxis, in: BANK MAGAZIN 11/1995, S. 54

[878] Vgl. Günthert, M. F., a.a.O., S. 433

[879] Bernet, B., Logistikstrategien ..., a.a.O., S. 37

[880] Dresdner Bank AG, Global ..., a.a.O., o.S.; analog hierzu bezeichnet Sorg einen Private Banker als „the personal finance minister for a family whose every financial and investment need can be addressed and served", vgl. Sorg, H. P., A quintessential private banker, in: Executive, April 1994, S. 64

[881] Vgl. Lysaght, G., Creating ..., a.a.O., S. 10

[882] Vgl. Gehrig, B., a.a.O., S. 23 f.; Kaven, J.-P., Aktuelle Entwicklungstrends im deutschen Bankgeschäft, in: Beyer, H.-T./Schuster, L./Zimmerer, C. (Hrsg.), Neuere Entwicklungen in Betriebswirtschaftslehre und Praxis. Festschrift für Professor Dr. Oswald Hahn zum 60. Geburtstag, Frankfurt am Main 1988, S. 258 f.

gensverhältnisse zu berichten, also generell von seiner Bereitschaft zur Kooperation.[883] Eine Schlüsselfähigkeit als Relationship Manager im International Private Banking besteht somit darin, sich in proaktiver Weise in die Bedarfssituation des Kunden (entsprechend dessen jeweiliger Lebenszyklusphase) hineinzuversetzen und eine Atmosphäre des Vertrauens zu schaffen, innerhalb welcher der Kunde bereit ist, seine Wünsche und Präferenzen zu offenbaren.[884]

Als weiteres personelles Qualitätskriterium werten Kunden die ihrem Relationship Manager eingeräumten **Entscheidungskompetenzen** hinsichtlich der Konditionengestaltung oder - weniger bedeutsam im International Private Banking (vgl. Kapitel 2.3.2.2.2) - etwa der Kreditvergabe.[885] Entsprechende Freiräume spiegeln nicht nur eine hohe Wertschätzung der Bank gegenüber dem jeweiligen Mitarbeiter wider, sondern beschleunigen auch die Verfügbarkeit der Produkte für den Kunden. Kurze Entscheidungswege widerlegen (zumindest teilweise) den von Kunden gelegentlich geäußerten Vorwurf, bei Banken handele es sich um bürokratische, unflexible Organisationen, und fördern somit das Ansehen des jeweiligen Kreditinstituts.

Von immenser Wichtigkeit ist im International Private Banking auch ein anderes Element der personellen Qualität des Kundenbetreuers - die **persönliche Beziehung** zwischen dem Relationship Manager und seinen Kunden als Basis für das angestrebte langfristige Vertrauensverhältnis. Persönliche Bindungen bewirken neben einem hohen Grad an Kundenloyalität auch einen Imagetransfer von der kundenindividuell wahrgenommenen Leistungsqualität des Private Bankers auf das entsprechende Kreditinstitut. Eine Grundvoraussetzung, um intensive Kundenbeziehungen aufzubauen bzw. kontinuierlich zu pflegen, besteht in

---

[883] Vgl. Süchting, J., Strategische Positionierung von privaten Banken: Relationship-Banking als Marketingansatz, in: Kreditwesen 6/1996, S. 266
[884] Vgl. Lysaght, G., Creating ..., a.a.O., S. 10
[885] Vgl. Hahn, O., Die Bedeutung ..., a.a.O., S. 58

der nicht zu umfänglichen Anzahl von Kunden, für die ein Private Banker zuständig ist.[886] Im Durchschnitt kümmert sich ein Relationship Manager um die finanziellen Belange von ca. 100-300 Kunden[887], wobei die jeweilige Obergrenze auch bei nur einigen wenigen, dafür aber besonders betreuungsintensiven Kunden liegen kann[888] und dennoch Wirtschaftlichkeitskriterien erfüllt werden.

Der Begriff der „**menschlichen Qualität**" als vierter Schicht der personellen Qualität beinhaltet im wesentlichen drei Elemente: Das äußere Erscheinungsbild des Mitarbeiters, dessen Bereitschaft zur Eigeninitiative sowie seine Höflichkeit[889] - eigentlich zu erwartende Selbstverständlichkeiten. Anders als im Mengenkundengeschäft[890] tritt im International Private Banking nur in Ausnahmefällen ein Defizit an menschlicher Qualität in der Kundenbetreuung auf.[891] In diesem Geschäftsfeld prägt üblicherweise ein intensives Vertrauensverhältnis die Kunde-Bank-Beziehung, so daß ein auftretender Mangel an menschlicher Qualität eines Private Bankers dessen Kunden dazu veranlassen würde, dem Werben konkurrierender Kreditinstitute nachzugeben und zu diesen die Vermögenswerte zu verlagern.

Meffert weist auf das grundsätzliche Problem hin, daß sich die Gewährleistung eines dauerhaft konsistenten Markenbilds als um so schwieriger erweist, je höher der Interaktionsgrad zwischen dem Kunden und seiner Kontaktperson ausgeprägt ist.[892] Die steigende Intensität einer geschäftlichen Beziehung führt nämlich dazu, daß die vom Kunden wahrgenom-

---

[886] Vgl. Lysaght, G., Creating ..., a.a.O., S. 10

[887] Vgl. ebenda

[888] Vgl. Griffiths, G., a.a.O., S. 74

[889] Vgl. Hahn, O., Die Bedeutung ..., a.a.O., S. 58. Auf die positive Imagewirkung eines ansprechenden äußeren Erscheinungsbilds der Belegschaft einer Bank weist z.B. Metz hin, vgl. Metz, M., Kundenfreundliches Verhalten als qualitatives Instrument des Bankbetriebs, Diss. Erlangen-Nürnberg 1983, S. 191

[890] Vgl. Hahn, O., Bankmarketing, in: ZfgK 13/1988, S. 569 f.; Hahn, O., Die Bedeutung ..., a.a.O., S. 59; Hahn, O., Mißverstandenes Marketing oder Kunden als Könige ohne Land, in: ZfgK 6/1976, S. 218

[891] Vgl. Norris, D. J., a.a.O., S. 19

[892] Vgl. Meffert, H., Marketing-Management ..., a.a.O., S. 318

mene Unternehmensidentität immer stärker durch die persönlichen und nur eingeschränkt steuerbaren Verhaltensweisen des jeweiligen Mitarbeiters bestimmt wird.[893] Speziell im International Private Banking fördert jedoch gerade die Individualität im Auftreten des Relationship Managers das Markenimage des Kreditinstituts. Aus diesem Grund steht in diesem Geschäftsfeld jede mehr oder weniger intensive Form der „Uniformierung" der Private Banker im Widerspruch zu dem Kundenwunsch nach stark individualisierten Leistungen und könnte bei Kunden sogar den Eindruck einer genormten Behandlung erwecken.[894]

Eine spezielle Ausprägungsform der menschlichen Qualität ist der erbrachte Service. Dieser gilt als ein Schlüsselfaktor zum Aufbau eines globalen Markenimages mit einer für International Private Banking-Kunden sehr hohen und zukünftig sogar noch steigenden Bedeutung (vgl. Kapitel 2.3.2.2.1). Der von Banken an ihre Relationship Manager gestellte Anspruch an hohe Serviceorientierung gegenüber den Kunden erschöpft sich allerdings oftmals in der Forderung nach intensiven Cross-Selling-Bemühungen und „freundlichem" Auftreten.[895] Als wichtige Aufgabe obliegt es jedoch dem Unternehmen, konkrete Servicestandards zu definieren (z.B. durch die Festlegung einer jährlichen Mindestanzahl von Kontakten zu Kunden). Technische Hilfestellungen für den Private Banker zur Erleichterung einer serviceorientierten Arbeitsweise bestehen darin, per EDV-System beispielsweise Warnhinweise bezüglich negativer Wertentwicklungen von Aktien im Depot von „advisory"-Kunden zu geben oder auf bevorstehende Geburtstage der Kunden hinzuweisen. Die dadurch ermöglichte proaktive Kundenbetreuung dokumentiert das Interesse des Kreditinstituts an der jeweiligen Geschäftsbeziehung und unterstützt somit aus Kundensicht die positive Wahrnehmung gerade dieser Bankverbindung.

---

[893] Vgl. ebenda

[894] Vgl. Graumann, J., a.a.O., S. 146

[895] Vgl. Epple, M., Die Kundenbindung wird schwächer: Vertrieb von Bankprodukten, in: Die Bank 10/1991, S. 544

4.2.2.2 Produkt- und Servicepolitik

4.2.2.2.1 Ansatzpunkte im Rahmen des Portfolio Managements zum Aufbau eines globalen Markenimages

Anknüpfend an die in Kapitel 2.3.2.2.2 dargelegte Bedeutung des Port-folio Managements für International Private Banking-Kunden geht die nachfolgende Betrachtung am Beispiel dieses Kernprodukts vertiefend auf die Möglichkeiten zur Profilierung gegenüber Wettbewerbern ein. Kunden beurteilen die Leistungsfähigkeit ihrer Bank im Portfolio Mana-gement insbesondere anhand deren Vorgehensweise zur Verwaltung der Vermögenswerte, der erzielten Performance sowie der Art der Berichterstattung über die erwirtschafteten Anlageergebnisse.

4.2.2.2.1.1 Der Investment-Entscheidungsprozeß

Die Vorgabe einer weltweit gültigen Investment-Strategie[896] für die je-weiligen Unternehmenseinheiten im International Private Banking ist ei-ne wichtige Voraussetzung für die Qualität und Konsistenz aller zu tref-fenden Anlageentscheidungen und damit für das Auftreten als weltweit einheitliche Marke.

Ausgangspunkt des Investment-Entscheidungsprozesses ist die Analyse der ökonomischen und politischen Rahmendaten durch ein intensives Monitoring auf der Ebene regionaler und lokaler Märkte.[897] Im Rahmen

---

[896] Die Deutsche Bank beispielsweise gibt im International Private Banking ihre Investment-Strategie zentral aus Frankfurt am Main vor, vgl. o.V., Deutsche Pri-vate Bank hires Rothschild man, in: Global Private Banking vom 17.2.1997, S. 8
[897] Vgl. Bischofberger, A., a.a.O., S. 15; Ehlern, S., a.a.O., S. 205 f.

des sog. „Top-down-Ansatzes"[898] werden globale Trends der Weltwirtschaft analysiert und auf Länder, anschließend auf Branchen bis hin zu einzelnen Unternehmen heruntergebrochen.[899] Die auf Basis der weltweiten Research-Ergebnisse - unter Einbeziehung des Expertenwissens aller Fachabteilungen sowie Verwendung quantitativer Methoden und modernster technischer Instrumente - formulierte Anlagestrategie dient der Ableitung idealtypischer Investment-Profile.[900] Diese können z.B. in den Kategorien „konservativ", „ausgeglichen" oder „dynamisch" zum Ausdruck kommen.[901] Ein konservativ ausgerichtetes Portfolio zielt durch die Wahl risikofreier, primär festverzinslicher Anlageformen insbesondere auf die Erhaltung des Kapitals und ein regelmäßiges Zinseinkommen hin.[902] Die dynamische Variante strebt eher langfristiges Wachstum durch die Anlage in Aktien unter Inkaufnahme eines höheren Risikos an. Demgegenüber ist mit einem ausgeglichenen Portfolio durch einen kleineren Aktienanteil als bei dem dynamischen Profil ein dementsprechend geringeres Risiko verbunden.[903]

Die von Kunden mit den drei genannten Risikokategorien jeweils assoziierte prozentuale Vermögensaufteilung in unterschiedliche Anlageformen (insbesondere in Aktien, Anleihen und liquide Mittel) ist weltweit keineswegs einheitlich, sondern richtet sich auch nach der regionalen Herkunft der Kunden: Ein Depot mit einem Aktienanteil von z.B. deutlich über 50% wird von einem US-amerikanischen Kunden als „balanced portfolio" eingestuft, wohingegen ein deutscher Investor eine solche

---

[898] Dieser in der Praxis üblicherweise verwendete Ansatz steht im Widerspruch zur Denkweise vieler Privatkunden, die oftmals von dem sog. „Bottom-up-Ansatz" ausgehen und durch ein geschicktes „Stock Picking" einzelne Wertpapiere favorisieren. Der Bottom-up-Vorgehensweise liegt die Vorstellung zugrunde, daß Märkte ineffizient sein können, sich demzufolge nicht alle Informationen unmittelbar im Preis von Wertpapieren niederschlagen und somit über- bzw. unterbewertete Papiere an den Börsen gelistet sind, vgl. Odier, P., a.a.O., S. 74 f.; Ehlern, S., a.a.O., S. 209

[899] Vgl. Lehner, A./Dendorfer, H., a.a.O., S. 54

[900] Vgl. Bischofberger, A., a.a.O., S. 15; Ehlern, S., a.a.O., S. 54

[901] Vgl. Bischofberger, A., a.a.O., S. 15

[902] Vgl. ebenda

[903] Vgl. ebenda

Strategie eher als „dynamisch", ein asiatischer Kunde dagegen als „konservativ" bezeichnen würde.[904]

Auf Basis der sog. „Asset Allocation", d.h. der mit dem Kunden vereinbarten Gewichtung der jeweiligen Anlageformen innerhalb seines Depots, konzipiert der Portfolio Manager (in Übereinstimmung mit der bankbetrieblichen Investment-Strategie als Handlungsrahmen) eine maßgeschneiderte Vermögensanlage.[905] Konfliktpotential für den Portfolio Manager resultiert aus der für ihn u.U. bestehenden Maßgabe, von seiner Bank emittierte und noch in deren Bestand befindliche Wertpapiere zu plazieren.[906] Um Imageschäden zu vermeiden, sollte jedoch stets ausschließlich das Kundeninteresse Richtschnur für anlagepolitische Entscheidungen sein.

International Private Banking-Kunden setzen voraus, daß Anlageentscheidungen ihres Vermögensverwalters auf einem - wie dargestellt - systematisch und kompetent durchgeführten Analyseprozeß beruhen. Insofern unterstützt in der Regel nicht so sehr der Investment-Entscheidungsprozeß selbst, sondern insbesondere dessen Ergebnis, d.h. die erwirtschaftete Performance, den Aufbau eines Markenimages.

4.2.2.2.1.2 Standardisierung vs. Individualisierung der Vermögensverwaltung

Im Zusammenhang mit der Ausgestaltung des Produkts „Portfolio Management" als markenbildendes Element tritt die Frage auf, ob der Einsatz standardisiert-automatisierter Verfahrenstechniken zur Strukturierung von Vermögensverwaltungsdepots noch ausreichend Raum für

---

[904] Vgl. Ong, C., Big bucks in private places, in: Singapore business 9/1997, S. 26; Staubli, Th., a.a.O., S. B6
[905] Vgl. Günthert, M. F., a.a.O., S. 434; Lehner, A./Dendorfer, H., a.a.O., S. 56
[906] Vgl. Hahn, O., Die Führung ..., a.a.O., S. 139

die Wahrung individueller Kundenwünsche läßt.[907] Bei der standardisierten Vorgehensweise setzt der Vermögensverwalter das von dem
Anlagekomitee für die jeweilige Risikoklasse vorgegebene Portefeuille
für jedes Einzeldepot zwingend um.[908] In einem vollkommen individuellen Ansatz erarbeitet dagegen jeder Portfolio Manager auf Basis seiner
aktuellen Markteinschätzung und seiner Anlagementalität - unter Berücksichtigung der spezifischen Kundenvorgaben, aber möglicherweise
abweichend von den Empfehlungen der zentralen Research-Abteilung -
eine eigene Anlagestrategie.[909]

Wesentliche Vorteile der standardisierten gegenüber der individuellen
Depotverwaltung sind die vergleichsweise höhere Produktivität und
Kosteneffizienz, die aus den zunehmenden Einsatzmöglichkeiten intelli-
genter Software resultieren und an denen Kunden mittels niedrigerer
Gebühren partizipieren können.[910] Ein weiteres Argument für die standardisierte Vorgehensweise besteht in der Gewährleistung eines einheitlichen Qualitätsniveaus bei Anlageentscheidungen, verbunden mit entsprechend höherer Performance-Sicherheit für den Kunden.[911] Durch
Ranking-Listen der Fachpresse haben Privatkunden bei standardisierten
Vermögensverwaltungen auf Fondsbasis zwar die Möglichkeit zum Performance-Vergleich mit anderen Wettbewerbern, jedoch beschränken
sich solche Gegenüberstellungen auf die Angabe der Brutto-Performance vor Spesen.[912] Keine adäquate Berücksichtigung finden somit die
in der Praxis sehr unterschiedlichen Preismodelle, die von traditionellen
Fondsausgabeaufschlägen zuzüglich Verwaltungsgebühr über im Zeitablauf degressive Spesenbelastungen bis hin zu transparenten Pau-
schalpreisen reichen (vgl. Kapitel 4.2.2.3) und das Nettoanlageergebnis

---

[907] Vgl. Stahl, M., Mit Standarddepots zur optimalen Performance?, in: BANK MA-
GAZIN 1/1996, S. 8
[908] Vgl. ebenda
[909] Vgl. ebenda
[910] Vgl. ebenda, S. 8 f.
[911] Vgl. ebenda, S. 9
[912] Vgl. Broschinski, G., Performancetestat in der Vermögensverwaltung, in: Die
Bank 11/1995, S. 650

entscheidend beeinflussen.[913] Das Problem, einen auf einheitlichen Grundlagen basierenden Performance-Vergleich vorzunehmen, trifft allerdings nicht nur auf standardisierte, sondern aufgrund kundenspezifischer Konditionen auch auf individuelle Vermögensverwaltungen zu.[914]

Ein weiterer Nachteil der Standardisierung liegt in der fehlenden Flexibilität zur Ausrichtung auf die jeweilige Situation des Kunden, d.h. auf seine Anlagementalität bzw. Risikobereitschaft, seinen zeitlichen Anlagehorizont, den Anlageschwerpunkt oder auch die Steuerverhältnisse.[915] Wie Praxisfälle zeigen, können Einheitsportfolios außerdem durch den institutionalisierten Entscheidungsprozeß in Banken zur Starrheit neigen. Gerade weil eine zentrale Anlageentscheidung sämtliche geführten Depots betrifft, fällt es dem Anlagekomitee bei divergierenden Markteinschätzungen oftmals schwer, die notwendigen Entscheidungen zügig zu treffen; zur laufenden Marktentwicklung widersprüchliche Depotstrukturen sind die Folge.[916]
Letztlich entscheidet der Kunde darüber, ob die standardisierte oder die individuelle Vorgehensweise seinem Profil am ehesten entspricht und ob der gewählte Ansatz in Verbindung mit der erzielten Performance zu einer erhöhten Wertschätzung gegenüber der Bank führt.

4.2.2.2.1.3 Performance und Reporting

Als ein Schlüsselkriterium zum Aufbau eines Markenimages gelten die von den Vermögensverwaltern erwirtschafteten Performance-Erfolge (vgl. Kapitel 2.3.2.2.1). Diese versetzen - sofern es sich um die Brutto-Performance vor Spesen handelt (vgl. Kapitel 4.2.2.2.1.2) - im Gegensatz zu den „weichen" Faktoren (z.B. der wahrgenommenen Servicequa-

---

[913] Vgl. ebenda
[914] Vgl. ebenda
[915] Vgl. Stahl, M., a.a.O., S. 9
[916] Vgl. ebenda, S. 11 f.

lität) die Kundschaft in die Lage, objektive Leistungsvergleiche zwischen verschiedenen International Private Banking-Anbietern vorzunehmen.[917] Voraussichtlich wird künftig die „Performance-Elastizität" der Kunden, definiert als deren Reaktionsindex auf (primär negative) Veränderungen der Performance, stark zunehmen.[918] In ihrer Entscheidungsfindung gehen manche private Anleger allerdings eher eindimensional vor und stellen die Wertentwicklung des Depots in den Vordergrund, ohne die mit dem Relationship Manager vereinbarte Asset Allocation ausreichend zu berücksichtigen.[919]

Als Maßstab zur strategischen Ausrichtung des Portfolios und zur Messung des Anlageerfolgs ist grundsätzlich die Vorgabe einer Benchmark mit gleich hohem Ertrags- und Risikoprofil wie die zu beurteilende Anlage geeignet.[920] Die mit dem Kunden individuell vereinbarte Benchmark setzt sich in der Praxis häufig aus einer Kombination verschiedener Marktindizes zusammen, um zu berücksichtigen, daß die Risikopräferenz eines Investors nicht unbedingt mit dem Rendite-Risiko-Profil eines einzelnen Indexes übereinstimmen muß.[921]

Eine Benchmark-Vorgabe seitens des Anlegers schützt diesen zwar vor unerwünschten Risiken, birgt aber die Gefahr, daß der Portfolio Manager eine sehr enge Orientierung an die Benchmark sucht und sich in seinen Anlageentscheidungen eher passiv verhält.[922] Er achtet in diesem Fall nur auf die relative Optimierung des Anlageerfolgs der ihm anvertrauten Gelder, ohne durch „Selektionsentscheidungen" auf der Einzeltitel- oder Sektorenebene Marktineffizienzen zur Steigerung der absoluten Wertentwicklung auszunutzen.[923] Sofern die mit dem Kunden festgelegte Benchmark bzw. Asset Allocation nicht mehr geeignet ist, um die jewei-

---

[917] Vgl. Broschinski, G., a.a.O., S. 650
[918] Vgl. Bernet, B., Logistikstrategien ..., a.a.O., S. 37 f.
[919] Vgl. Broschinski, G., a.a.O., S. 650
[920] Vgl. Graf Strasoldo, M./Rüttgers, D., Benchmark - Richtschnur und Erfolgsmaßstab, in: Sonderbeilage Portfolio-Management, Börsen-Zeitung vom 14.9.1996, S. 13
[921] Vgl. ebenda
[922] Vgl. ebenda
[923] Vgl. ebenda

ligen Anlegerziele zu verwirklichen, erwarten Kunden von ihrem Kreditinstitut entsprechende Signale, um ggf. die Anlagerichtschnur zu adjustie-
ren.

Zur Dokumentation ihrer qualitäts- und damit markenorientierten Ausrichtung kann eine Bank die Überprüfung ihrer Anlagestrategien im
Vermögensverwaltungsgeschäft, die Berechnung der erwirtschafteten
Performance und ein Testat dieser Performance durch einen unabhängigen Dritten vornehmen lassen.[924] Als Grundlage für die Auswahl eines
geeigneten Partners eignet sich folgender Kriterienkatalog:

- Das Unternehmen sollte ein international anerkannter Spezialist für
  die Performance-Berechnung sein,

- eine gesellschaftsrechtliche Verflechtung mit der Bank sollte nicht
  bestehen, um dem Anspruch auf Unabhängigkeit gerecht zu werden,
  und

- die Grundlagen der Performance-Ermittlung[925] müssen den auf internationaler Ebene geltenden Standards entsprechen.[926]

Ein diesen Anforderungen genügendes Testat folgt dem berechtigten
Interesse von Privatkunden nach sicherer und seriöser Verwaltung ihres
Vermögens.[927] Empirische Studienergebnisse[928] - deren Übertragbarkeit
auch auf International Private Banking-Kunden sei unterstellt - lassen
den Schluß zu, daß sich die durch Dritte objektivierte Einschätzung der
Anlageleistung auf das Urteil der Kunden gegenüber der bankbetrieblichen Marke positiv auswirkt.

---

[924] Vgl. Broschinski, G., a.a.O., S. 650
[925] Diese werden nicht im einzelnen erläutert, da aus Kundensicht letztlich nur das
erzielte Ergebnis, nicht jedoch dessen Herleitung für den Aufbau von Glaubwürdigkeit von Bedeutung ist.
[926] Vgl. Broschinski, G., a.a.O., S. 651. Ein Beispiel für ein solches Testat einer Wirt-
schaftsprüfungsgesellschaft findet sich z.B. in Dresdner Bank AG, Unsere ...,
a.a.O., S. 17
[927] Vgl. Broschinski, G., a.a.O., S. 652
[928] Vgl. ebenda, S. 651

Aus dem Vermögensverwaltungsvertrag ergibt sich je nach lokaler Gesetzgebung die Pflicht, Kunden regelmäßig über den Stand der Geschäfte zu informieren.[929] Die periodische Berichterstattung über die Entwicklung des Portfolios dient in der ex-post-Betrachtung nicht nur der Rechenschaft über die Wertentwicklung des dem Private Banker (bzw. dem Portfolio Manager) treuhänderisch anvertrauten Vermögens. Ein ausführliches Reporting-Gespräch, das dem Relationship Manager die Gelegenheit bietet, die erwirtschafteten Ergebnisse in einen Gesamtzusammenhang zu rücken, fördert zudem das Vertrauen des Kunden in seinen Private Banker mehr als die schriftliche Mitteilung der Performance.[930] Die individuelle Aufbereitung der Performance-Informationen für das Kundengespräch ist ein wichtiger Baustein in dem Bestreben, durch maßgeschneiderte Leistungen einen Imagevorsprung als kundenorientierte Bank aufzubauen. Mittels moderner Portfolio Management-Software lassen sich die Vermögenswerte des Kunden flexibel gliedern, so daß dieser die an seinen Anlagezielen ausgerichtete Vermögensstrukturierung leichter nachvollziehen kann.[931]

---

[929] Zeller weist in diesem Zusammenhang auf einen amtlichen Leitsatz des BGH hin: „Eine Bestimmung in einem Vertrag über die Verwaltung erheblicher Vermögenswerte, die dem Beauftragten ein Handeln nach eigenem Ermessen und ohne vorherige Einholung von Weisungen oder Zustimmungen des Auftraggebers erlaubt, kann nicht als Freistellung von der Pflicht zur Erteilung der erforderlichen Nachrichten ausgelegt werden", vgl. Zeller, S., Neue Pflichten für Vermögensverwalter, in BANK MAGAZIN 9/1995, S. 50

[930] Vgl. Odier, P., a.a.O., S. 78. Das regelmäßige Gespräch mit dem Kunden ist zudem eine wesentliche Voraussetzung, um die gewählten Anlagestrukturen laufend auf dessen Bedürfnisse abzustimmen und somit zu vermeiden, daß das Markenimage durch das Festhalten an mittlerweile nicht mehr gültigen Vorgaben des Kunden Schaden erleidet, vgl. Günthert, M. F., a.a.O., S. 436

[931] Vgl. Fitschen, E./Schepers, N., AM-Portfolio: Der Anleger im Mittelpunkt, in FORUM (Mitarbeitermagazin der Deutschen Bank) 5/1996, S. 14

4.2.2.2.2 Value-Added-Services als markenbildendes Element

4.2.2.2.2.1 Merkmale und Bedeutung von Value-Added-Services

Zur Profilierung im Rahmen der Leistungspolitik bieten Banken neben Primärleistungen, d.h. den klassischen Bankleistungen, auch Sekundärleistungen, die sog. „Value-Added-Services", an.[932] Die Zusatzleistungen aus materiellen und immateriellen Komponenten sollen - entgeltlich oder unentgeltlich offeriert[933] - bestimmten Zielgruppen einen höheren „Wert" vermitteln als Konkurrenzangebote mit gleicher Primärleistung und somit für eine stärkere Differenzierung gegenüber Wettbewerbern sorgen.[934] Der Begriff des „Werts" bezieht sich auf das Verhältnis zwischen gefordertem Preis und dem aus Kundensicht individuell empfundenen Nutzen der Value-Added-Leistung.[935] Zielgruppenspezifisch zu entwickelnde, auf einen Zusatznutzen der Klientel ausgerichtete Konzepte orientieren sich dementsprechend daran, dem Kunden von ihm bereits nachgefragte oder für ihn neue Leistungen in einer für ihn vorteilhafteren (also beispielsweise schnelleren oder komfortableren) Weise zu erbringen.[936] Sofern externe Partner die Value-Added-Services anbieten, ist sicherzustellen, daß in der Wahrnehmung der Kunden (z.B. durch die Markierung der jeweiligen Zusatzleistung mit dem Logo der Bank) trotzdem ein Imagetransfer stattfindet.[937]

---

[932] Vgl. Meffert, H./Burmann, C., Value-Added-Services im Bankbereich, in: bum 4/1996, S. 26
[933] Vgl. Hahn, O., Die Führung ..., a.a.O., S. 213
[934] Vgl. Meffert, H./Burmann, C., a.a.O., S. 26 f.
[935] Vgl. ebenda
[936] Vgl. ebenda, S. 29
[937] Vgl. ebenda

4.2.2.2.2.2 **Ansatzpunkte für Value-Added-Services im Inter-national Private Banking**

Die Art der mit Value-Added-Services zu erreichenden Profilierung wird durch zwei Einflußfaktoren bestimmt, nämlich die Erwartungshaltung der Kunden und den Grad der Affinität zwischen Primär- und Sekundär-leistung:

- Hinsichtlich der Erwartungshaltung lassen sich von allen Kreditinsti-tuten angebotene und vom Kunden als selbstverständlich erwartete Muß-Leistungen, von wenigen Banken offerierte Soll-Leistungen und innovative Kann-Leistungen unterscheiden.[938] Wird ein Kunden von seiner Bank über die Verfügbarkeit von ihm nicht erwarteter Soll- oder Kann-Leistungen informiert, läßt sich oftmals auch ohne konkrete Lei-stungsinanspruchnahme eine Profilierungswirkung im Sinne eines kundenorientierten Images erzielen.[939]
- Bei Value-Added-Leistungen mit einem hohen Affinitätsgrad gegen-über klassischen Bankleistungen übertragen Kunde ihre Zufriedenheit mit dem zusätzlichen Service in der Regel auf die Primärleistung (und umgekehrt).[940]

Die Grenzen zwischen Muß-, Soll- und Kann-Leistungen sind ebenso fließend wie die Übergänge zwischen den verschiedenen Affinitätsklas-sen (vgl. Abb. 35). Die nachfolgenden Überlegungen beziehen sich ex-emplarisch auf Muß-, Soll- und Kann-Leistungen, die jeweils nur eine geringe oder keine Affinität zu Primärleistungen aufweisen, um somit zu dokumentieren, daß auch solche von Kunden nicht unmittelbar erwarte-ten Leistungen einen positiven Imagebeitrag leisten können.

---

[938] Vgl. Schönrock, A., Die Gestaltung des Leistungsmix im marktorientierten Kun-dendienst, in: Meffert, H. (Hrsg.), Kundendienst-Management: Entwicklungsstand und Entscheidungsproblem der Kundendienstpolitik, Frankfurt am Main/Bern 1982, S. 85 f.
[939] Vgl. Meffert, H./Burmann, C., a.a.O., S. 27
[940] Vgl. ebenda

Abb. 35	Value-Added-Services im International Private Banking

Beispiele:

Grad der Affinität von Primär- und Sekundärleistungen / Erwartungshaltung auf der Kundenseite	hohe Affinität	mittlere Affinität	geringe oder keine Affinität
Muß-Leistung	Ausgabe von Kreditkarten	Lebensversicherung	Studienplatzsuche für Kinder des Kunden, Empfehlung einer Klinik
Soll-Leistung	Geldausgabeautomat für Fremdwährungen, volkswirtschaftliches Informationsmaterial	Reisekrankenversicherung	Beratung bei dem Kauf bzw. Verkauf von Kunstobjekten
Kann-Leistung	virtuelles Banking (Multimedia)	Vermittlung von Immobilien im Ausland	Seminarangebote für Kunden über Portfolio Management-Ansätze

Vgl. Meffert, H./Burmann, C., a.a.O., S. 27

- Für den Kunden zum Vertrauten zu werden, zum Gesprächspartner, der auch in Fragen weiterhilft, die mit Anlage und Rendite nichts zu tun haben, gilt als die erste Tugend des Private Bankers.[941] Zu solchen **Muß-Leistungen** zählen z.B. die Unterstützung bei der Suche nach einem Studienplatz oder einem Internat für den Sohn des Kunden sowie die Empfehlung einer guten Klinik.[942] Manche Banken unterstreichen ihre Bereitschaft zur Hofierung ihrer Kunden durch die Gründung von VIP-Clubs: Beispielsweise bietet die israelische Bank Hapoalim den Mitgliedern ihres „Golden Circle Club" stark personalisierte Privilegien an, die von der Vermittlung wichtiger Geschäfts-

---

[941] Vgl. Boom, M., a.a.O., S. 32
[942] Vgl. ebenda

kontakte bis hin zu individuellen Serviceleistungen im Umfeld des täglichen Lebens (z.B. Hotelreservierungen) reichen.[943]

- Als **Soll-Leistung** mit geringer Affinität zur Primärleistung gilt z.B. die Beratung in Kunstangelegenheiten. Seit einigen Jahrzehnten tritt weltweit das Phänomen des wachsenden Interesses von wohlhabenden Privatkunden an hochwertigen Kunstgegenständen und Antiquitäten auf.[944] Solche Objekte dienen dem „savoir-vivre-Kunden" als Liebhaberstücke innerhalb seiner privaten Kunstsammlung[945], dem eher renditeorientierten Kunden dagegen als Investment, d.h. als globale Währung, deren Wertstabilität weder von Wechselkursschwankungen noch von lokalen Rezessionen beeinträchtigt wird.[946] Vielen Banken widerstrebt die Finanzierung von Kunstgegenständen aufgrund der meist schwierigen Bewertung der Objekte.[947] Fehlt den Banken die hierfür erforderliche Fachkompetenz, so fühlen sich Kunden, die sich für den Erwerb von Kunstobjekten interessieren, einer Entscheidungsunsicherheit ausgesetzt, da sie von den alternativ zu konsultierenden Auktionshäusern oder Kunsthändlern u.U. keine objektiven Auskünfte erhalten.[948] Zwar dürfte die Nachfrage nach einer Beratung in Kunstangelegenheiten aus Kostenüberlegungen heraus nur im Ausnahmefall den Einsatz eines ausschließlich hiermit befaßten bankeigenen Spezialisten rechtfertigen. Doch auch die Zusammenarbeit mit externen Kunstsachverständigen eröffnet der Bank Profilierungschancen durch den Kompetenzbeweis in Fragen dieser weniger gängigen Form der Vermögensanlage - im Idealfall mit positiven Imagewirkungen auch auf andere Leistungsfelder im International Private Banking.

---

[943] Vgl. Gefen, S., Private Banking at Bank Hapoalim provides very personal service, in: bum 12/1995, S. 39 f.; Lysaght, G., Personal service gives the Midas touch, in: Private Banker International, Februar 1996, S. 11

[944] Vgl. o.V., Cold Comfort for Connoisseur, in: Kinahan, P. (Hrsg.), Private Banking & Wealth Management Strategies in Action, Bd. I, The Issues, Dublin 1994, S. 117

[945] Vgl. Ehlern, S., a.a.O., S. 87

[946] Vgl. o.V., Cold ..., a.a.O., S. 117

[947] Vgl. ebenda, S. 115

[948] Vgl. ebenda

- **Kann-Leistungen** mit einer geringen Affinität zum primären Bank-geschäft bietet beispielsweise die United Bank of Kuwait an, die wohl-habende Privatkunden zu Seminaren in renommierte Hotels im Nahen Osten einlädt, um Hintergrundwissen z.b. über Portfolio Management-Ansätze zu vermitteln.[949] Solche Fachveranstaltungen fördern, sofern werbliche Anstrengungen gänzlich unterbleiben oder zumindest nicht dominant in Erscheinung treten, als „Soft-Marketing-Strategie"[950] durch professionelle Wissensvermittlung das Verständnis des Kunden für die theoretischen und praktischen Zusammenhänge der Vermö-gensverwaltung. Entsprechende Seminare schaffen eine Plattform für spätere fachbezogene Diskussionen des Kunden mit seinem Rela-tionship Manager, unterstützen die Intensität der Kontoverbindung und fördern durch die bewiesene Kompetenz der Bank deren Markeni-mage.

Value-Added-Services ohne unmittelbare Affinität zu einem Produkt tre-ten im International Private Banking oftmals in Form von sog. „Events" auf, d.h. von dem Kreditinstitut initiierten Veranstaltungen ohne Ver-kaufs-, dafür aber mit Erlebnischarakter (z.B. Poloturniere für Kun-den).[951] Die Einordnung von Events als Muß-, Soll- oder Kann-Leistung bereitet allerdings erheblich mehr Probleme als die anderen genannten Beispiele für Value-Added-Services mit einem deutlich höheren Affini-tätsgrad zu bestimmten Produkten. Letztendlich bestimmen im Interna-tional Private Banking nicht Durchschnittsbetrachtungen von Kunden-bedürfnissen, sondern die Erwartungen des einzelnen Kunden die jewei-lige Einstufung von Events und damit die Notwendigkeit für die Bank, die gewünschte Veranstaltung dem Kunden - ggf. auch exklusiv - anzubie-ten.

---

[949] Vgl. o.V., UBK educates Gulf investors, in: Global Private Banking vom 15.4.1996, S. 5
[950] Vgl. Young, K., a.a.O., S. 53
[951] Vgl. Zanger, C./Sistenich, F., Eventmarketing, in: MARKETING, ZFP, Heft 4, 4. Quartal 1996, S. 235

Wichtige, seitens der Bank zu schaffende Voraussetzungen, um dem Kunden einen gedanklichen Transfer von dem Event auf die Marke zu ermöglichen, bestehen darin, daß

- die vermittelte Erlebniswelt nicht um ihrer Selbst willen inszeniert wird, sondern die zuvor kommunizierten Markenaussagen aufgreift und
- durch die präzise Fokussierung auf die Zielgruppe ein hoher Grad an Individualität und infolgedessen auch eine hohe Kontaktintensität des Kunden mit dem Event und der Marke erreicht wird.[952]

Der Beitrag von Events zur Verstärkung von Markenimages, zum Aufbau von Kundenpräferenzen sowie zur Erzeugung einer Verpflichtung gegenüber dem jeweiligen Unternehmen, diesem im Gegenzug weitere Aufträge zu erteilen, wird in Literatur und Praxis aber teilweise ange-zweifelt: Zum einen seien sich die Event-Teilnehmer darüber im klaren, daß letztlich sie selbst die Veranstaltung entweder direkt mittels einer Teilnahmegebühr oder indirekt über die allgemeinen Bankpreise finan-zieren.[953] Zum anderen berichten sie u.U. zwar Freunden bzw. Bekann-ten (zunächst begeistert) von dem Event, möchten sich von diesen jedoch nicht dem Vorwurf aussetzen lassen, in dem Sinne des Veran-stalters Kaufentscheidungen getroffen zu haben.[954] Aus dem aufge-zeigten Spannungsfeld resultiert im International Private Banking die Herausforderung, der Kundschaft einen anspruchsvollen Event-Rahmen zu bieten, ohne das Risiko einzugehen, durch eine in finanzieller Hin-sicht überzogene Hofierung der Kunden bei diesen das Gegenteil der beabsichtigten Wirkung zu erreichen.

---

[952] Vgl. Zanger, C./Sistenich, F., a.a.O., S. 235
[953] Vgl. Schüring, H., Rückkehr zur Bescheidenheit, in: asw 10/1995, S. 36
[954] Vgl. ebenda

4.2.2.2.3 Profilierung durch Innovationen

Eine ausgeprägte Innovationsorientierung der Bank ist eine grundsätzlich denkbare Alternative, um eine Differenzierung im Erscheinungsbild
gegenüber Wettbewerbern vorzunehmen.[955] Hahn weist allerdings kritisch darauf hin, daß viele als Innovationen gepriesene Neuerungen
sowohl von der Idee her als auch von der Praktizierung im Wirtschafts-
leben Wiederentdeckungen und Aktualisierungen vergessener Instrumente sind.[956] Die fehlende Patentierbarkeit ökonomischer Erfindungen,
die Verwendung neuartiger Bezeichnungen und nicht zuletzt die Ver-
geßlichkeit der Menschen erleichtern solche Wiedereinführungen.[957]
Schuster definiert daher Innovationen als Marktleistungen, „die für die
entsprechenden Bankkunden ein Neuheitserlebnis darstellen, einschließlich des Einsatzes von Verfahren und Instrumenten, die derartige
Marktleistungen ermöglichen"[958].

Bei dem Aufbau eines Markenimages als innovationsfreudiger Anbieter
von International Private Banking-Leistungen dürfte für Kunden jedoch
die Frage nach der Urheberschaft der neuartigen Leistung eine eher
untergeordnete Rolle spielen, da aus Kundensicht insbesondere der aus
der Neuerung resultierende Nutzen von Bedeutung ist. Ohnehin handelt
es sich bei Innovationen im International Private Banking manchmal nur
um einmalig absetzbare Produkte, wie z.B. die Auflegung eines
geschlossenen Immobilienfonds oder eine steuerbegünstigte Finanzierung über eine bestimmte Gesellschaftsform in einem speziellen Off-
shore-Zentrum.[959] Abgesehen von der Kreierung solch individueller Problemlösungen für den Kunden ist eine erfolgreiche Markenpolitik ein
steter Balanceakt zwischen Innovation und Kontinuität - Innovation, um

---

[955] Vgl. Segler, K., a.a.O., S. 238 ff.
[956] Vgl. Hahn, O., Innovationen in der Bankwirtschaft und anderswo. Gedanken zu
einem Schlagwort, in: ZfgG 2/1987, S. 139; Hahn, O., Innovationen: Erfinden und
finden, in: ZfgK 5/1987, S. 185
[957] Vgl. ebenda, S. 141
[958] Schuster, L., Innovationspolitik der Banken. Notwendigkeit oder Modeerscheinung?, in: ZfgG 2/1986, S. 141
[959] Vgl. ebenda, S. 145

die Marke fortlaufend durch Anpassungen in der Spitzenposition zu halten, Kontinuität, um den Kunden die jederzeitige Wiedererkennung der
Marke bzw. Identifikation mit dieser zu ermöglichen.[960]

4.2.2.3 Preispolitik

Vor dem Hintergrund des verschärften Wettbewerbs im International
Private Banking sind Preise zu einem wichtigen, wenn auch nicht dem
entscheidenden Aktionsparameter avanciert.[961] Wie gezeigt (vgl. Kapitel
2.3.2.2.1), belegen diverse Studien die Richtigkeit der Strategie, die Profilierung in diesem Geschäftsfeld über die Qualitätsdimension vorzunehmen, anstatt in einen Preiswettbewerb einzutreten.[962] Anhand der
Polarisierung zwischen einerseits für alle International Private Banking-
Kunden einheitlichen und andererseits kundenspezifischen Preismodel-
len (Relationship Pricing) konzentriert sich die folgende Analyse auf zwei
grundlegende preispolitische Ansätze, die mit Blick auf die Markenbildung jeweils unterschiedliche Vorteile bieten.

Als Einflußgröße sowohl auf die weltweit einheitliche als auch auf die
kundenindividuelle Preisgestaltung weist dabei insbesondere die Preishöhe von konkurrierenden Banken eine hohe Relevanz auf. Im Rahmen
einer Premium-Preispolitik legen Anbieter, die sich im Top-Marktsegment positionieren möchten, ihre Preise oberhalb derjenigen der
Wettbewerber fest.[963] Die Rechtfertigung der verlangten Höchstpreise
besteht in dem Angebot eines außergewöhnlichen Qualitätsgrads, den
der Kunde erwarten darf (bzw. tatsächlich erhält).[964] Konkurrenzpreise
können jedoch auch einen wichtigen Anhaltspunkt bilden, um sich dem

---

[960] Vgl. Kunisch, R., Marken bestimmen den Firmenwert, in: Die Welt vom
13.9.1996, S. 16
[961] Vgl. von Boehm-Bezing, C. L., a.a.O., S. 12
[962] Vgl. Bernet, B., Logistikstrategien ..., a.a.O., S. 41
[963] Vgl. Hislop, A., Perfecting the pricing model, in: Retail Banker International vom
25.3.1994, S. 10
[964] Vgl. ebenda

marktgängigen Preisgefüge anzupassen (wobei in diesem Fall anderen Faktoren der Markenbildung eine im Vergleich zum Preis höhere Priorität beigemessen wird) oder sich - wie z.B. Discount Broker (vgl. Kapitel 2.3.3) - durch vergleichsweise niedrige Preise gegenüber Wettbewerbern zu differenzieren.[965]

4.2.2.3.1 Kundengruppeneinheitliche Preisgestaltung

Genau festgelegte Preisstrukturen, die für alle Kunden verbindlich gelten, gewährleisten eine hohe Transparenz und Nachvollziehbarkeit des Preisgefüges und vermeiden die Klassifizierung der Kundschaft in Preiskategorien.[966] Im Gegensatz zum Mengenkundengeschäft kommt diesem letztgenannten Argument im International Private Banking jedoch nur eine geringe Bedeutung zu, da ein direkter Konditionenvergleich zwischen Kunden derselben Bank selten stattfindet. Ursachen hierfür liegen primär in der geringen Kundenanzahl je Leistungsanbieter, weltweit verteilten Wohnsitzen der einzelnen Kunden und der vertraulichen Behandlung von Geldangelegenheiten seitens der Kunden auch gegenüber Freunden und Bekannten. Als Nachteil verhindern einheitliche und dadurch starre Preisregelungen die Möglichkeit, ausgewählten International Private Banking-Kunden einen preispolitischen Verhandlungsspielraum einzuräumen und ihnen damit eine Sonderstellung zu signalisieren.[967] Allerdings läßt sich umgekehrt argumentieren, daß aus Kundensicht möglicherweise gerade feste Preise die Qualität des jeweiligen Produkts dokumentieren und dadurch zum Aufbau eines Markenimages beitragen.

---

[965] Vgl. ebenda, S. 10 f.
[966] Vgl. Strothmann, H., Anmerkungen zur Preispolitik im Bankgeschäft, in: bum 6/1986, S. 33
[967] Vgl. ebenda, S. 34

Innerhalb der für alle Kunden einheitlich gültigen Preiskonzeptionen lassen sich produkt- und erfolgsbezogene Ansätze unterscheiden. Die klassischen Preismodelle stellen das Produkt in den Mittelpunkt der preisstrategischen Überlegungen, wobei jedes einzelne Produkt durch seinen Marktpreis einen positiven Deckungsbeitrag erzielen soll.[968] Die Gängigkeit des produktbezogenen Ansatzes wird durch eine Untersuchung belegt, derzufolge ein Großteil der befragten deutschen, österreichischen und Schweizer Banken (97%) Depot- sowie Transaktionsgebühren verlangt.[969] Die überwiegende Mehrheit dieser Kreditinstitute ist jedoch bereit, anstelle der genannten Preisregelung eine transaktionsunabhängige Vermögensverwaltungsgebühr (All-in-Fee, Inclusive Fee oder auch Management Fee genannt) einzuführen (90% der Institute).[970]

Der Einsatz einer solchen All-in-Fee fördert das Vertrauen des Kunden zu seiner Bank, anders dagegen das sog. „Prinzip der kleinen Mittel": Dieses basiert darauf, möglichst viele preispolitische Ansatzpunkte zu bilden, die es erlauben, dem Kunden bei einer großen Zahl von Preisteilen relativ wenig entgegenzukommen und dennoch den Eindruck entstehen zu lassen, ein kulantes Kreditinstitut zu sein.[971] Eine All-in-Fee vermeidet von vornherein den möglichen Zielkonflikt des Portfolio Managers, einerseits ausschließlich im Kundeninteresse zu handeln, andererseits die Provisionseinnahmen der Bank durch permanente Depotumschichtungen zu erhöhen.[972] Die Anzahl der durchgeführten Wertpapierkäufe und -verkäufe beeinflußt bei diesem Preismodell somit nicht die Vertrauenswürdigkeit des Vermögensverwalters - ein wichtiger Aspekt

---

[968] Im Unterschied hierzu sind Subventionsstrategien zu nennen: Innerhalb dieser Variante stuft die Bank einzelne, von anderen Produkten subventionierte Leistungen preislich so ein, daß der Kunde aufgrund des günstigen Angebots zur verstärkten Inanspruchnahme dieser Leistungen motiviert wird. Die nicht verursachungsgerechte Weitergabe von Kosten löst jedoch eine Ungerechtigkeit gegenüber denjenigen Kunden aus, die durch den Kauf anderweitiger Produkte die Subvention letztlich bezahlen, vgl. Bernet, B., Relationship ..., a.a.O., S. 708 ff.

[969] Vgl. Pechlaner, H., Private Banking - Produkte ..., a.a.O., S. 18

[970] Vgl. ebenda

[971] Vgl. Krümmel, H.-J., Bankzinsen. Untersuchungen über die Preispolitik von Universalbanken, Köln/Berlin/Bonn/München 1964, S. 135 ff.

[972] Vgl. Wicke, J. M., a.a.O., S. 537

im Hinblick auf das Markenimage des Kreditinstituts, sofern die getätigten Transaktionen nicht zu dem gewünschten Erfolg führen.[973] Als
Nachteil kann eine Inclusive Fee jedoch bei dem Kunden ein gewisses
Mißtrauen auslösen, daß seine Bank aufgrund der transaktionsunab-
hängigen Vermögensverwaltungsgebühr u.U. Marktchancen ungenutzt
verstreichen läßt. Abb. 36 zeigt im Überblick bedeutsame Preisarten
bzw. -gruppen, die in einer All-in-Fee enthalten sein können.

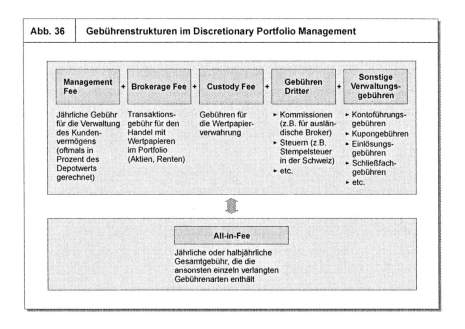

| Abb. 36 | Gebührenstrukturen im Discretionary Portfolio Management |

Management Fee	+	Brokerage Fee	+	Custody Fee	+	Gebühren Dritter	+	Sonstige Verwaltungs-gebühren
Jährliche Gebühr für die Verwaltung des Kunden-vermögens (oftmals in Prozent des Depotwerts gerechnet)		Transaktions-gebühr für den Handel mit Wertpapieren im Portfolio (Aktien, Renten)		Gebühren für die Wertpapier-verwahrung		► Kommissionen (z.B. für auslän-dische Broker) ► Steuern (z.B. Stempelsteuer in der Schweiz) ► etc.		► Kontoführungs-gebühren ► Kupongebühren ► Einlösungs-gebühren ► Schließfach-gebühren ► etc.

All-in-Fee

Jährliche oder halbjährliche
Gesamtgebühr, die die
ansonsten einzeln verlangten
Gebührenarten enthält

Vgl. Merrill Lynch/Gemini Consulting, World Wealth Report 1997, a.a.O., S. 3 (eigene Übersetzung)

Erfolgsabhängige Preismodelle stoßen bei International Private Banking-
Kunden nicht durchgängig auf Akzeptanz, so daß sich keine allgemeingültigen Aussagen zu den Imageauswirkungen dieser zweiten Kategorie

---

[973] Vgl. ebenda

kundengruppeneinheitlicher Preiskonzepte treffen lassen. Einige Autoren gehen davon aus, daß sehr wohlhabende Privatkunden zwar im allgemeinen bereit sind, für bessere Qualität höhere Preise zu bezahlen, aber (im Gegensatz übrigens zu institutionellen Kunden) nur in Ausnahmefällen akzeptieren, daß Leistungsanreize für ihre Vermögensverwalter auf einer erfolgsabhängigen Gebührenstruktur basieren.[974] Studienergebnissen zufolge berechnen deshalb auch nur wenige (International) Private Banking-Anbieter (21% der befragten deutschen, österreichischen und Schweizer Kreditinstitute) gewinnabhängige Spesen.[975] Demgegenüber koppeln US-amerikanische Banken verstärkt ihre Preise an die erzielte Performance, um einerseits die Kundenbindung durch eine ergebnisorientierte Vertriebskultur zu festigen und andererseits gegenüber Brokern wettbewerbsfähig im Bemühen um die Rekrutierung bzw. Weiterbeschäftigung besonders qualifizierter Mitarbeiter zu bleiben.[976] Durch eine entsprechend leistungsbezogene Entlohnung binden die Kreditinstitute exzellente Fachkräfte, das wichtigste „Kapital" der Marke, an sich, um nachhaltig das Qualitätsversprechen der Marke einlösen zu können.

Die produkt- oder erfolgsbezogene Preisharmonisierung innerhalb eines International Private Banking-Verbunds als preispolitischer Beitrag zum Aufbau eines globalen Markenimages vermeidet zwar eine mögliche Verunsicherung und Verärgerung derjenigen Kunden, die Leistungen in verschiedenen Kompetenzzentren eines Anbieters nachfragen, sowie die unerwünschte Preiskonkurrenz zwischen eigenen Konzerneinheiten.[977] Dem Bestreben, die jeweils verlangten Preise weltweit vollständig zu vereinheitlichen, stehen jedoch in der Praxis folgende Faktoren entgegen:

---

[974] Vgl. Odier, P., a.a.O., S. 78 f.

[975] Vgl. Pechlaner, H., Private Banking - Produkte ..., a.a.O., S. 18

[976] Vgl. Pope, S., Linking total pay to performance, in: Private Banker International, März 1995, S. 7

[977] Vgl. Kreutzer, R., Standardisierung der Marketing-Instrumente im globalen Marketing, in: BFuP 5/1991, S. 377 f.

- rechtliche Aspekte (z.B. länderspezifische Steuern, wie die „Stempelsteuer" in der Schweiz),
- unterschiedliche Kostenstrukturen in den einzelnen Ländern,
- lokal bzw. regional ausgerichtete Preisstrategien der nationalen und
internationalen Wettbewerber und nicht zuletzt
- voneinander abweichende Wertschätzungen, die identische Produkte
in verschiedenen Märkten erfahren können.[978]

Da im International Private Banking jedoch - wie erwähnt - nicht vorrangig Preis-, sondern Leistungsvorteile als akquisitorische Argumente
dienen, besteht in diesem Geschäftsfeld ein gewisser länderspezifischer
Preisspielraum, ohne daß die jeweilige Bank hieraus nachhaltige Schä-
den für ihr Markenimage befürchten muß.

4.2.2.3.2 Relationship Pricing

Im Gegensatz zur kundengruppeneinheitlichen Preispolitik stehen bei
dem Relationship Pricing individuelle Elemente der Kunde-Bank-
Beziehung im Zentrum der Preisgestaltung.[979] Solche maßgeschneiderten und dadurch imagefördernden Preismodelle finden üblicherweise nur
im gehobenen Privatkundengeschäft Anwendung[980], um der besonderen
Bedeutung dieses Kundensegments für die Bank Rechnung zu tragen.
Zur Beantwortung der Frage, ob Kreditinstitute bevorzugten Kunden
überhaupt bessere Konditionen als anderen Kunden gewähren dürfen,
sind allerdings die nationalen gesetzlichen Grundlagen des jeweiligen
Lands zu berücksichtigen.[981]

---

[978] Vgl. ebenda, S. 378 ff.
[979] Vgl. Bernet, B., Relationship ..., a.a.O., S. 708
[980] Vgl. Hislop, A., a.a.O., S. 10
[981] Zur Problematik einer kundenindividuellen Preispolitik aus Sicht der deutschen
Rechtsprechung vgl. Nirk, R., Bessere Konditionen für gute Kunden?, in: bum
3/1993, S. 32 f.

Um die historische oder erwartete Inanspruchnahme von Bankdienstleistungen in die kundenindividuelle Preisfestsetzung einzubeziehen, lassen sich insbesondere die beiden folgenden Preisstrategien - einzeln oder kombiniert - einsetzen:

- **Rabattstrategien**: Rabatte sind im voraus, d.h. zu Beginn einer Zeitperiode, gewährte Preisnachlässe, die nur dann zum Ausbau der Kundenbindung geeignet erscheinen, sofern sie vergangenes Verhalten honorieren, nicht aber Erwartungen an die künftige Geschäftsbeziehung zum Ausdruck bringen.[982] Einmal gewährte Rabatte sind in Folgeperioden (beispielsweise im Falle der Nichterreichung der vereinbarten Nachfrageleistung durch den Kunden) kaum oder nur mit Imageverlusten der Bank zu reduzieren oder gar zu annullieren.[983]
- **Bonusstrategien**: Boni werden im Gegensatz zu Rabatten erst nach Erreichung der definierten und dem Kunden kommunizierten Leistung gewährt.[984] Der eingeräumte Bonus erhöht den Nutzen des ursprünglich gekauften Produkts durch günstigere Konditionen bzw. vermittelt dem Nachfrager (z.B. durch ein wertvolles Geschenk) einen vom Produkt unabhängigen Zusatznutzen (vgl. Abb. 37).[985] Eine solche, auf die langfristige Bindung des Kunden ausgerichtete Strategie weist für diesen den Vorteil auf, die Preishöhe durch die direkte Relation zwischen Bonus und Nachfrageverhalten mitgestalten zu können.[986] Aus Bankensicht stehen den zu zahlenden Boni die Erträge der Zusatzgeschäfte (z.B. aus Vermögenszugängen von vorhandenen oder neuen Kunden) sowie die „nicht verlorenen" Erträge aufgrund einer reduzierten Kundenfluktuation gegenüber.[987]

---

[982] Vgl. Bernet, B., Relationship ..., a.a.O., S. 710
[983] Vgl. ebenda
[984] Vgl. ebenda
[985] Vgl. Bernet, B., Bonusprogramme als Instrument der Preisdifferenzierung, in: Die Bank 12/1995, S. 734
[986] Vgl. Bernet, B., Relationship ..., a.a.O., S. 710
[987] Vgl. Schlechthaupt, W.-D./Gygax, M., a.a.O., S. 29

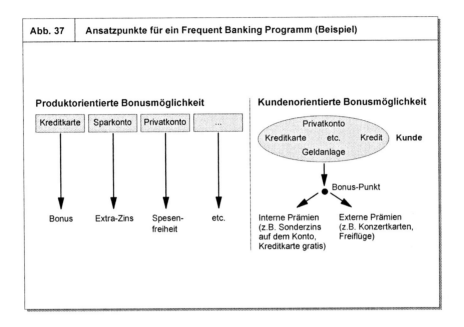

Vgl. Schlechthaupt, W.-D./Gygax, M., Frequent Banking Programm - das Bonussystem einer großen Schweizer Bank, in: bum 12/1994, S. 27 f.

Als Ansatzpunkte für die Festlegung der kundenindividuellen Preishöhe je nach der gewählten Preisstrategie eignen sich beispielsweise die Dauer der Kundenbindung, bisherige oder potentielle Deckungsbeiträge sowie das Beziehungsnetz des Kunden.[988] Die Honorierung der Kundenloyalität durch eine mit zunehmender Dauer für den Kunden vorteilhafteren Preispolitik erhöht die „Wechselunwirtschaftlichkeit", d.h. verteuert die teilweise oder vollständige Übertragung der Geschäftsbeziehung zu einem konkurrierenden Institut.[989] Die Verwendung des Kriteriums „Dauer der Kundenbeziehung" basiert jedoch auf der im Einzelfall nicht immer zutreffenden Annahme, daß mit einer langjährigen Kunden-

---

[988] Vgl. Bernet, B., Relationship ..., a.a.O., S. 710; Ehlern, S., a.a.O., S. 246
[989] Vgl. Singer, J., Kundenloyalität als Marketingziel, in: bum 6/1994, S. 38

beziehung auch hohe Deckungsbeiträge verbunden sind.[990] Ein zuverlässigerer Indikator der Kundentreue ist dagegen - ein entsprechendes internes Rechnungswesen vorausgesetzt - die Verwendung bisher erwirtschafteter Deckungsbeiträge.[991] Zur Abschätzung künftiger Deckungsbeiträge verfügt der Relationship Manager in der Regel neben Erfahrungswerten über detaillierte Informationen vom und über den Kunden (z.B. bezüglich einer zu erwartenden Erbschaft).[992] Für die individuelle Preisgestaltung kann auch der Kontakt des Kunden zu wichtigen vorhandenen oder potentiellen Kunden, zu denen sich die Bank den Auf- bzw. Ausbau geschäftlicher Beziehungen erhofft, eine wichtige Rolle spielen.[993]

Die konkrete Ausgestaltung von Relationship-Preismodellen bewegt sich entweder in einem dem Private Banker von zentraler Seite vorgegebenen Rahmen[994] oder erfolgt durch das freie Aushandeln von Preisen mit dem Kunden. Letztere Variante spiegelt eine besonders kundenindividuelle Form der Preisfindung wider und deutet auf die von den Kunden gewünschte Entscheidungskompetenz ihres Relationship Managers hin (vgl. Kapitel 4.2.2.1.2).

Mit Blick auf das angestrebte Markenimage lassen sich keine generellen Aussagen über die besondere Vorteilhaftigkeit bestimmter kundenindividueller Preismodelle treffen. Diese hängt ausschließlich von den persönlichen Präferenzen der International Private Banking-Kunden ab. Doch unabhängig von dem im Einzelfall gewählten Preiskonzept profitiert das Ansehen der Bank bereits von der bewiesenen Flexibilität, die jeweilige Kundenbeziehung in den Mittelpunkt der Preisgestaltung zu rücken, anstatt durch Einheitspreise eine „Nivellierung" der Klientel vorzunehmen.

---

[990] Vgl. Bernet, B., Relationship ..., a.a.O., S. 710 f.
[991] Vgl. ebenda, S. 711
[992] Vgl. ebenda
[993] Vgl. ebenda
[994] Vgl. Strothmann, H., a.a.O., S. 34

4.2.2.4 Kommunikationspolitik

Die verschiedenen kommunikationspolitischen Instrumente übernehmen
im Rahmen des Aufbaus globaler Markenimages im International Private
Banking eine Doppelfunktion: Sie transportieren Aussagen über markenrelevante Aspekte (wie z.b. die angebotene Produktvielfalt) und tragen
durch eine adäquate Gestaltung der Botschaft gleichzeitig zur Profilierung als Marke bei.

Als Leitmaxime zur Formulierung kommunikationspolitischer Aussagen
gilt: „A clear brand proposition helps to establish clear expectations and
reduces the risk of dissatisfaction."[995] Da sich die Etablierung von Markenimages sowohl auf externe als auch interne Adressaten bezieht, muß
sich demzufolge ein umfassendes Kommunikationskonzept gleichermaßen an beide Zielgruppen richten.

4.2.2.4.1 Öffentlichkeitsarbeit

Öffentlichkeitsarbeit (Public Relations) bezeichnet die systematische und
wirtschaftlich sinnvolle Gestaltung der Beziehung zwischen dem Unternehmen und einer nach Gruppen gegliederten Öffentlichkeit mit dem
Ziel, bei diesen Teilöffentlichkeiten Vertrauen und Verständnis zu gewinnen bzw. auszubauen.[996] Der Kern von Öffentlichkeitsarbeit läßt sich
somit treffend ausdrücken als „the business of making friends".[997]

Obwohl Public-Relations-Aktivitäten nicht mit Werbemaßnahmen gleich-
gesetzt werden können, erzielt das Kreditinstitut mittels Öffentlichkeitsarbeit und der daraus resultierenden Verbesserung seines Images auch
werbliche Nebenwirkungen.[998] Solche Effekte treten beispielsweise

---

[995] Dobree, J./Page, A. S., Unleashing the Power of Service Brands in the 1990s, in:
Management Decision 6/1989, S. 20

[996] Vgl. Meffert, H., Marketing ..., a.a.O., S. 493

[997] Vgl. Süchting, J., Bankmanagement, a.a.O., S. 477

[998] Vgl. Büschgen, H. E., Bankbetriebslehre ..., a.a.O., S. 551

durch zunächst neutral erscheinende Zeitschriftenartikel über allgemeine Themen (wie „Finanzielle Vorsorge für den Ruhestand"), verknüpft mit Produktnennungen der jeweiligen Bank im weiteren Verlauf des Texts, auf.[999]

Konkrete Möglichkeiten zur Etablierung eines Markenimages durch Öffentlichkeitsarbeit resultieren aus der Gestaltung guter Beziehungen insbesondere zu Kunden (Customer Relations), zu (potentiellen) Kapitalgebern (Investor Relations), zu Mitarbeitern als interner Zielgruppe (Human Relations) oder zu der allgemeinen Öffentlichkeit (Public Relations).[1000]

- **Customer Relations**: Eine kompetente, glaubwürdige Öffentlichkeitsarbeit trägt zur Stabilität des Vertrauens von Kunden zu „ihrer" Bank[1001] und damit zu einem Imagegewinn bei. Nur wenn es gelingt, Kunden institutsspezifische Vorteile bewußt zu machen, kann es zur Herausbildung von Präferenzen für diese Bank kommen, die es ihr erlauben, geringfügig schlechtere Konditionen als die Konkurrenz zu verlangen, ohne einen Wechsel der Bankverbindung befürchten zu müssen.[1002]
- **Investor Relations**: Jede nationale und internationale Gruppe aus der Financial Community (vgl. Kapitel 3.1.1.4.2) hat zwar unterschiedlich ausgeprägte Informations- und Kommunikationsbedürfnisse; die einzelnen Segmente verbindet jedoch der Wunsch, verläßliche Informationen über alle wesentlichen Aspekte des Unternehmensgeschehens zeitnah zu erhalten.[1003] Um gegenüber diesem Personenkreis ein globales Markenimage im International Private Banking aufzubauen, eignen sich inhaltlich überzeugende Informationen (über die weltwei-

---

[999] Vgl. Young, K., a.a.O., S. 51

[1000] Vgl. Süchting, J., Bankmanagement, a.a.O., S. 480 ff.

[1001] Vgl. Achterholt, G., Corporate Identity, 2. Aufl., Wiesbaden 1991, S. 21; Bruhs, G., In Kreditinstituten: Presse- und Öffentlichkeitsarbeit, in: Bankinformation 11/1985, S. 13

[1002] Vgl. Bruhs, G., a.a.O., S. 13

[1003] Vgl. Cremer, M., a.a.O., S. 250 f.

ten Aktivitäten der Bank, die Entwicklung der Marktanteile, die besonderen Unternehmensstärken etc.), die z.B. anläßlich von Analysten-
treffen oder Aktionärsmessen professionell präsentiert werden.

- **Human Relations**: Wichtige Voraussetzung für eine erfolgreiche
  innerbetriebliche Durchsetzung des Managementprozesses der Markenbildung ist die feste Überzeugung der Mitarbeiter von den markenrelevanten Stärken der Bank.[1004] Die Mitarbeiter als interne Adressaten der Öffentlichkeitsarbeit verdienen daher beim Aufbau von Markenimages besondere Beachtung: Alle Bemühungen, mit Hilfe von
  öffentlichkeitswirksamen Maßnahmen einen positiven Eindruck von
  der Bank zu vermitteln, können durch das unfreundliche oder unmoti-
  vierte Auftreten von Mitarbeitern gegenüber Kunden oder unbedachte
  Äußerungen im Familien- oder Bekanntenkreis zunichte gemacht werden.[1005]

Als Medium, um das Bekenntnis des Kreditinstituts zu den Schlüssel-
werten der eigenen Marke regelmäßig intern zu bekräftigen und dadurch das Bewußtsein der Belegschaft für den Aufbau bzw. die Sicherung des Markenimages zu schärfen, eignen sich insbesondere Mitar-
beiterzeitschriften. Voraussetzung für den Eintritt der beabsichtigten
Wirkung ist allerdings, daß die Leserschaft die Informationen nicht als
zu direktes Steuerungsmittel der Geschäftsleitung einstuft.[1006]

Public Relations: Die Haltung der breiten Öffentlichkeit gegenüber
einer Bank hängt entscheidend von deren Geschäftspolitik ab, kann
aber von dem Geldinstitut bewußt auch durch Maßnahmen beeinflußt
werden, die auf die öffentliche Meinung zielen.[1007] Da Großbanken in
der Wirtschaft eine wichtige Funktion erfüllen und über ein erhebliches
Machtpotential verfügen, müssen sie ihr Verhalten darlegen, in beson-

---

[1004] Vgl. Bruhn, M., Markenstrategien, a.a.O., Sp. 1456
[1005] Vgl. Bruhs, G., a.a.O., S. 16; Hahn, O., Menschliche Qualität im Kundenbereich
der Bank: Anforderungsprofil und Realität, in: von Kortzfleisch, G./Kaluza, B.
(Hrsg.), Internationale und nationale Problemfelder der Betriebswirtschaftslehre.
Festgabe für Heinz Bergner zum 60. Geburtstag, Berlin 1984, S. 150
[1006] Vgl. ebenda, S. 13
[1007] Vgl. ebenda

272

- deren Fällen sogar rechtfertigen, und auch zu allgemeinen wirtschaftlichen, sozialen und politischen Fragen Stellung beziehen.[1008] Die Erfüllung dieser Forderung nach „externer sozialer Verantwortung"[1009] führt bei einer entsprechend glaubwürdigen Präsentation zu einer Verbesserung des Unternehmensbilds in der Öffentlichkeit.[1010]

Die deutschen Großbanken sollten ihre im Handelsgesetzbuch geregelte Publizitätspflicht (§§ 325-328 HGB) als Chance begreifen, um die eigene Leistungsfähigkeit für die unterschiedlichen Adressatenkreise[1011] und damit den selbst erhobenen Qualitätsanspruch im Sinne eines Markenimages zu dokumentieren. Dem Geschäftsbericht kommt hierbei als Informationsquelle eine Schlüsselrolle zu, da dieses Instrument als Kombination aus einem Träger von Sachinformationen und einer Imagebroschüre zu der Visitenkarte des Kreditinstituts schlechthin geworden ist.[1012] Speziell im Hinblick auf den Imageaufbau im International Private Banking ist mit den von global tätigen Banken meist mehrsprachig aufbereiteten Geschäftsberichten die Gelegenheit zur Profilierung des Instituts verbunden, und zwar durch

- formale Akzente (z.B. den von anderen Kundengruppen getrennten Ausweis des im International Private Banking erwirtschafteten Geschäftsergebnisses) und

---

[1008] Vgl. Achterholt, G., a.a.O., S. 20

[1009] Ulrich, H., Management-Philosophie in einer sich wandelnden Gesellschaft, in: Hahn, D./Taylor, B. (Hrsg.), Strategische Unternehmensplanung. Stand und Entwicklungstendenzen, Würzburg/Wien 1980, S. 509

[1010] Vgl. Achterholt, G., a.a.O., S. 20

[1011] Vgl. Kaufhold, K., Der Geschäftsbericht - mehr als eine Visitenkarte von Unternehmen und Banken, in: bum 10/1986, S. 38

[1012] Vgl. Cremer, M., a.a.O., S. 103; Beger, R., Unternehmenskommunikation: Grundlagen, Strategien, Instrumente, Frankfurt am Main/Wiesbaden 1989, S. 375

• inhaltliche Schwerpunkte (z.b. die Erläuterung der gewählten International Private Banking-Strategie).[1013]

Die weltweite Öffentlichkeitsarbeit richtet sich an eine Vielzahl externer sowie unternehmensinterner Zielgruppen, die sich in bezug auf sozio-kulturelle, gesellschaftliche und vor allem auch politische Faktoren[1014] durch ein hohes Maß an Heterogenität auszeichnen.[1015] Die Möglich-keiten einer in allen Ländern einheitlichen Gestaltung von Public-Relations-Aktivitäten zur Förderung eines konsistenten Markenimages sind daher (von wenigen Ausnahmen - wie z.b. dem global einsetzbaren Geschäftsbericht - abgesehen) limitiert.[1016]

4.2.2.4.2 Werbung

Die Aufgaben der Werbung bestehen darin, den Kunden ein positives Unternehmensbild zu vermitteln (imagebildende Funktion), sie mit Teilen des Leistungssortiments bekanntzumachen (Informationsfunktion) und die Umworbenen zu einer Kontaktaufnahme zu veranlassen, die sich letztlich in der Inanspruchnahme von Bankleistungen niederschlagen soll (Überzeugungsfunktion).[1017] Nach einem erfolgten Produktkauf soll zu-

---

[1013] Vgl. Cremer, M., a.a.O., S. 103 ff. An den Geschäftsberichten vor allem der Deutschen Bank und der Dresdner Bank wird oft die fehlende Internationalität kritisiert: Die Mitarbeiter auf den Fotos seien eindeutig deutsche Angestellte, fer-ner würden zu wenige Hinweise auf die weltweite Präsenz und das Auslandsge-schäft gegeben, vgl. o.V., Deutsche Geschäftsberichte werden langsam besser, in: FAZ vom 21.11.1997, Nr. 271, S. 32

[1014] Vgl. Gass, C./Landwehr, R./Meffert, H./Waltermann, B., Globale oder nationale Marktkommunikation? - Eine empirische Analyse aus der Sicht weltweit tätiger Werbeagenturen, in: Meffert, H./Wagner, H. (Hrsg.), Arbeitspapier Nr. 29 der Wissenschaftlichen Gesellschaft für Marketing und Unternehmensführung e.V., Münster 1986, S. 14

[1015] Vgl. Jefkins, J., Public Relations, 3. Aufl., London 1988, S. 192

[1016] Vgl. Gass, C./Landwehr, R./Meffert, H./Waltermann, B., a.a.O., S. 14

[1017] Vgl. Süchting, J., Bankmanagement, a.a.O., S. 475; Weber, B., Produktwerbung und Verkaufsförderung im Privatkundengeschäft, in: van Hooven, E./Süchting, J. (Hrsg.), Handbuch des Bankmarketing, 2. Aufl., Wiesbaden 1991, S. 237

dem insbesondere die Leistungswerbung die Kunden in dem Gefühl der Richtigkeit der getroffenen Kaufentscheidung bestärken (Bestätigungs-funktion).[1018] Zwar messen International Private Banking-Kunden empiri-schen Untersuchungen zufolge (vgl. Kapitel 2.3.2.2.1) der Werbung eines Kreditinstituts keine ausschlaggebende Bedeutung für die Wahl einer Bankverbindung bei. Dennoch erleichtert die Präsenz der Marke im (Unter-)Bewußtsein des Kunden diesem die Entscheidung zur Aufnahme oder Vertiefung des Kontakts zu dem entsprechenden Anbieter.

Hohe Bedeutung zur Übermittlung werblicher Botschaften kommt im International Private Banking Printmedien zu, wobei deren primäre Funktion in der Bewußtseinsbildung, nicht dagegen in der Akquisition von Kunden besteht.[1019] Speziell Tageszeitungen verbreiten Informa-tionen schnell und streuen diese bei entsprechender Presseauswahl weltweit, lassen jedoch aufgrund der breiten und heterogenen Leser-schaft meist keine Selektion nach sozio-psychologischen Kriterien zu.[1020] Fachzeitschriften mit entsprechendem Themenfokus (z.B. Golf-Zeit-schriften) richten sich dagegen gezielt an (International) Private Banking-Kunden.[1021] Andere klassische Werbeträger spielen in diesem Ge-schäftsfeld keine maßgebliche Rolle, und zwar wegen

- der jeweils auf bestimmte Gebiete begrenzten Reichweite bzw. der aufwendigen Steuerung des in vielen Einzelregionen durchgeführten Medieneinsatzes (dieses Argument gilt z.B. für Plakate, Hörfunk oder nationales Fernsehen),

---

[1018] Vgl. Weber, B., a.a.O., S. 237

[1019] Vgl. Landor, G., a.a.O., S. 12

[1020] Vgl. Weber, B., a.a.O., S. 244

[1021] Vgl. ebenda. Zu beachten ist allerdings, daß Kunden kostenlos bereitgestellten Zeitschriften (wie etwa internationalen Hotelmagazinen) oftmals nur eine geringe Wertschätzung beimessen.

- der unerwünschten Assoziationen zum Retail Banking (z.B. bei vertriebsorientierter Schaufenstergestaltung[1022]) sowie
- der zu erwartenden hohen Streuverluste (z.B. bei Kinowerbung).

Im Mittelpunkt der Werbeanzeigen im International Private Banking stehen in der Regel nicht produktbezogene Informationen, sondern Aussagen zum Markenbewußtsein und Image der Bank[1023]: „A global and uniform advertising strategy ... can therefore only serve the purpose of creating an awareness for the institution and its identity."[1024] Zur nachhaltigen Verdeutlichung des Markencharakters bei den unterschiedlichen Adressatengruppen muß eine Imagekampagne insbesondere die Kriterien „Durchsetzungskraft", „Konsistenz in der Erscheinung", „Emotionalität", „Empfängerorientierung", „Markenkernbestätigung" und Kontinuität" erfüllen.

Um überhaupt in das „evoked set" (vgl. Kapitel 3.1.1.1) der Zielgruppe zu gelangen, gilt es, zunächst deren Aufmerksamkeit durch ein adäquates Werbekonzept zu erregen und sich dabei zugleich positiv von den Kampagnen der Wettbewerber abzuheben.[1025] Ferner sollte die Werbung in konsistenter, glaubhafter[1026] und sympathischer Weise die Zielpersonen unmittelbar ansprechen und den Kundennutzen klar herausstellen.[1027] Dieser überschneidet sich idealerweise stark mit dem Markenkern, d.h. den aus Zielgruppensicht mit der Marke assoziierten

---

[1022] Anregungen zur attraktiveren Schaufenstergestaltung im Bankenbereich gibt z.B. Hahn, vgl. Hahn, O., Bankmarketing: Schaufensterwerbung und Valutenpreispolitik, in: ZfgK 18/1984, S. 843
[1023] Vgl. Moloney, M./O'Dea, A., a.a.O., S. 9; Berekoven, L., Bankmarketing im Privatkundengeschäft, in: Beyer, H.-T./Schuster, L./Zimmerer, C. (Hrsg.), Neuere Entwicklungen in Betriebswirtschaftslehre und Praxis. Festschrift für Professor Dr. Oswald Hahn zum 60. Geburtstag, Frankfurt am Main 1988, S. 339
[1024] Ehlern, S., a.a.O., S. 120
[1025] Vgl. Cremer, M., a.a.O., S. 127 f.
[1026] Raffée/Sauter/Silberer weisen darauf hin, daß die Werbeinhalte mit den vom Kunden erlebten Produkteigenschaften übereinstimmen müssen, um kognitive Dissonanzen zu vermeiden oder zumindest gering zu halten, vgl. Raffée, H./Sauter, B./Silberer, G., a.a.O., S. 73; Starkl, F. P., a.a.O., S. 73
[1027] Vgl. Cremer, M., a.a.O., S. 127 f.; Sandmann, H., Die Besonderheiten der Bankwerbung, in: bum 3/1993, S. 30

Kriterien, die der gewählten Bezugsgröße der Markenstrategie (vgl. Kapitel 3.2.1) Profil und Eigenständigkeit vermitteln.[1028] Wenngleich Werbekampagnen regelmäßig dem Zeitgeist angepaßt werden müssen, stehen bei erfolgreichen Marken die in den Werbeaussagen vermittelten Kernwerte einer Marke wegen des Prozeßcharakters des Aufbaus von Markenimages über lange Zeiträume unverändert fest.[1029] Als weitere Faktoren zwingen die Informationsüberlastung der Individuen und die Flüchtigkeit ihrer Werbekontakte zu einer weitgehenden Kontinuität des werblichen Auftritts.[1030] Die Bereitstellung solcher „Zeitanker" (vgl. Kapitel 3.1.2.2) in der externen Kommunikation[1031] findet im International Private Banking insbesondere durch die Hervorhebung einer oftmals über Jahrhunderte gewachsenen Tradition statt. Beispielsweise steht der Name „Coutts & Co" für ein inzwischen mehr als dreihundert Jahre altes, renommiertes, britisches Bankhaus.[1032] Kontinuität und Unverwechselbarkeit bedeuten freilich nicht, daß sich die Werbeaussage in ständigen Wiederholungen erschöpfen soll.[1033] Durch geschickte Variation der Botschaft, durch abwechslungsreiche Gestaltung, durch Originalität können durchaus Spielräume gefunden werden, die einen kontinuierlichen und charakteristischen Werbestil gewährleisten und das Interesse des Betrachters an der Marke wachhalten.[1034]

Die genannten Anforderungen an eine Imagekampagne spiegeln sich oftmals in den verwendeten Werbeslogans wider. Diese fassen in kurzen, oft unvollständigen, aber prägnanten Sätzen die Markenphilosophie zusammen, um einen Wiedererkennungs- und Merkeffekt der werblichen Aussage herbeizuführen. Slogans erreichen dieses Ziel, sofern sie

---

[1028] Vgl. Cremer, M., a.a.O., S. 127 f.

[1029] Vgl. McManus, R., a.a.O., S. 14

[1030] Vgl. Instenberg-Schieck, G., a.a.O., S. 19 f.

[1031] Vgl. Voigt, K.-I., a.a.O., S. 61

[1032] Vgl. Fetherstonhaugh, H., a.a.O., S. 5; Strebel, B., International Private Banking British Style mit Schweizer Basis, in: Schweizer Bank 5/1991, S. 27

[1033] Vgl. Wiswede, G., Psychologie ..., a.a.O., S. 157

[1034] Vgl. ebenda, S. 157 f.

„Atmosphäre vermitteln und Vertrauen schaffen"[1035] und als Leitsatz ein Signal und ein Versprechen sind.[1036] So baut beispielsweise die Deutsche Bank mit dem Slogan „Private Banking. Made by Deutsche Bank." ein Markenimage im International Private Banking auf, das Assoziationen an das Gütesiegel „Made in Germany" und damit an deutsche Wertarbeit und Tugenden nahelegt.[1037] Die Dresdner Private Banking-Anzeigenkampagne knüpft ebenfalls an die im Ausland exzellente Reputation vieler deutscher Industrieerzeugnisse an und bildet hochwertige Markenprodukte aus Deutschland (z.B. Fotoapparate von Leica) als „Blickfang" ab.[1038] Ein Imagetransfer auf die Qualität der offerierten Dresdner Private Banking-Leistungen entsteht durch Werbebotschaften, wie z.B. „Precision banking from Germany has its precise rewards. Dresdner Private Banking."[1039]

Die weltweite Einheitlichkeit des Werbeauftritts im Hinblick auf einen gemeinsamen inhaltlichen, sprachlichen und optischen Nenner[1040] trägt zu dem Eindruck eines in allen Ländern gültigen Qualitätsversprechens und damit eines globalen Markenimages bei. Allerdings limitieren zum einen rechtliche Regelungen die generelle Werbestandardisierung eines Unternehmens (beispielsweise sieht die französische Rechtsprechung zum Schutz der nationalen Sprache eine Beschränkung ausländischer Sprachen in der Werbung vor).[1041] Zum anderen sind manche Medien nicht in allen Ländern verfügbar oder besitzen nicht überall den gleich hohen Stellenwert[1042], so daß die Werbeträgerauswahl im Vergleich zur

---

[1035] Sandmann, H., Werbeslogans im Bankgewerbe, in: bum 11/1992, S. 30
[1036] Vgl. Grüger, W., Neue Kommunikationsstrategie. Wirkung nach außen und nach innen, in: BANKINFORMATION 2/1988, S. 1
[1037] Vgl. Deutsche Bank-Anzeige, in: Financial Times vom 22.10.1997, S. 7; Lilienthal, A., a.a.O., S. 18; Telgheder, M., a.a.O., S. 26
[1038] Vgl. z.B. Dresdner Private Banking-Anzeige, in: Newsweek vom 26.10.1998, Nr. 17, S. 12 G
[1039] Vgl. ebenda
[1040] Vgl. Cremer, M., a.a.O., S. 127 f.
[1041] Vgl. Meffert, H., Marketing-Management ..., a.a.O., S. 282
[1042] Vgl. Meffert, H., Euro-Marketing im Spannungsfeld zwischen nationalen Bedürfnissen und globalem Wettbewerb, in: Kirchgeorg, M./Meffert, H. (Hrsg.), Marktorientierte Unternehmensführung im Europäischen Binnenmarkt, Stuttgart 1990, S. 33

Botschaftsgestaltung als noch weniger standardisierbar eingeschätzt werden muß.[1043]

4.2.2.4.3 Verkaufsförderung

Die primäre Aufgabe der Verkaufsförderung (Sales Promotions) besteht darin, das mit Hilfe von Werbemaßnahmen erzeugte Interesse für das Unternehmen bzw. dessen Leistungen zu intensivieren und somit zusätzliche Nachfrageanreize auf vorhandene oder potentielle Kunden (Consumer Promotions) auszuüben.[1044] Darüber hinaus können sich Verkaufsförderungsaktionen auch an die Mitarbeiter (Staff Promotions)[1045] sowie - mit besonderer Relevanz für das International Private Banking - an externe Vermittler (z.B. Wirtschaftsprüfer, Steuerberater und Rechtsanwälte als Partner im Trustgeschäft, vgl. Kapitel 4.2.2.1.1.3) richten. Maßnahmen, die (wie oftmals im Retail Banking) kurzfristige Verkaufserfolge bezwecken, galten traditionell als unvereinbar mit dem Anspruch im (International) Private Banking, möglichst dauerhafte und vertrauensvolle Kundenbeziehungen aufzubauen.[1046] Die verschärfte Wettbewerbssituation zwingt die Anbieter in diesem Geschäftsfeld jedoch, ihre zögerliche Haltung hinsichtlich des Einsatzes offensiver Marketing-Methoden aufzugeben[1047] und auch diese zur Etablierung globaler Markenimages zu nutzen.

Wie erwähnt, besteht ein offensichtliches markentechnisches Problem darin, daß das Markenzeichen aufgrund der Stofflosigkeit von (Finanz-) Dienstleistungen im Gegensatz zu physischen Gütern nicht auf dem Produkt selbst oder seiner Verpackung angebracht werden kann (vgl.

[1043] Vgl. Meffert, H., Marketing-Management ..., a.a.O., S. 282

[1044] Vgl. Büschgen, H. E., Bankbetriebslehre ..., a.a.O., S. 552; Weber, B., a.a.O., S. 238

[1045] Vgl. Weber, B., a.a.O., S. 238

[1046] Vgl. Griffiths, G., a.a.O., S. 82

[1047] Vgl. ebenda

Kapitel 1.2.3).[1048] Dieser Umstand verhindert zwar nicht grundsätzlich die Markierung, führt aber zu der markentechnischen Herausforderung, anderweitige Möglichkeiten zur Visualisierung des Wort- bzw. Bildzeichens zu finden.[1049] Viele der tangiblen Elemente des physischen Umfelds, in dem die Erstellung und das Angebot der Dienstleistung stattfindet, eignen sich als „Träger" für das Logo bzw. bilden bei ansprechender äußerer und inhaltlicher Gestaltung selbst einen Mehrwert für den Kunden und werden dadurch zu einem Bestandteil der Marke.[1050] So formen beispielsweise auch zur Verkaufsunterstützung eingesetzte Imagebroschüren oder Produktinformationen[1051] das Erscheinungsbild einer Marke in positiver Weise, sofern Kunden aus den hochwertigen Ausstattungsmerkmalen (z.B. der exzellenten Papierqualität oder einer Fadenbindung anstelle einer Klammerheftung) und dem ansprechenden Inhalt für sich einen Zusatznutzen ableiten. Insbesondere aber Verkaufshilfen, die nicht als solche zu erkennen sind (z.B. die attraktive Architektur, die stilvolle Ausstattung der Innenräume oder neutrale Geschenke[1052]), unterstützen den Aufbau eines Markenimages, da sie dem Kunden das Gefühl geben, im Mittelpunkt der Bankbemühungen zu stehen und willkommen zu sein.

Die Geschäftsräume fördern eine imageträchtige Erscheinung der Bank zum einen durch die Funktion als „Träger" des Markenzeichens (z.B. auf dem Eingangsschild), zum anderen durch eine gepflegte Atmosphäre, die den Kunden (sofern diese überhaupt das jeweilige Kompetenz- bzw. Vertriebszentrum aufsuchen) eine höhere emotionale Bindung er-

---

[1048] Vgl. Johnson, E. M., An Introduction to the Problems of Service Marketing Management, University of Delaware, o.J., S. 17; Stauss, B., Dienstleistungsmarken, a.a.O., S. 4

[1049] Vgl. Stauss, B., Dienstleistungsmarken, a.a.O., S. 4

[1050] Vgl. ebenda

[1051] Vgl. Büschgen, H. E., Bankbetriebslehre ..., a.a.O., S. 552. Zur Kritik an der oftmals übertriebenen Quantität des offerierten Prospektmaterials von Banken vgl. Hahn, O., Kritische Betrachtungen zum Bank-Marketing mit dem Privatkunden, in: Jahrbuch der Absatz- und Verbrauchsforschung 3/1988, S. 298

[1052] Vgl. Büschgen, H. E., Bankbetriebslehre ..., a.a.O., S. 552; Cramer, J.-E., Markenpolitik im Bankenmarkt, in: Markenartikel 1/1995, S. 9; Stauss, B., Dienstleistungsmarken, a.a.O., S. 4

laubt.[1053] Abweichend von der grundsätzlich anzustrebenden Einheitlichkeit des weltweiten Markenauftritts besteht im International Private Banking die Notwendigkeit, durch Individualität auch in der architektonischen Gestaltung der Geschäftsräume eine deutliche Abgrenzung gegenüber dem Retail Banking oder dem Personal Banking zu erreichen. Für sehr wohlhabende Privatkunden trägt gerade der Verzicht auf standardisierte und in baulichen Details immer wiederkehrende Stilelemente zur Etablierung eines prägnanten Markenimages bei, da ein nicht-uniformes Erscheinungsbild dem Kunden den gedanklichen Transfer zu maßgeschneiderten Problemlösungen nahelegt. Ein ästhetisches Interieur schafft darüber hinaus ein angenehmes Arbeitsumfeld und verstärkt dadurch die Motivation der Mitarbeiter[1054] - eine wichtige Vorausetzung zur Erfüllung des personellen Qualitätsanspruchs im Rahmen der Markenpolitik.

Im Gegensatz zum breiten Privatkundengeschäft[1055] zeichnen sich Geschenke im International Private Banking durch ihre persönliche Note anstelle einer durch die Markierung offenkundigen Standardisierung aus. Sofern der Relationship Manager Kenntnisse über Hobbies, spezielle Vorlieben oder besondere Aktivitäten seiner Kunden besitzt (vgl. Kapitel 4.1.3.1), kann er durch individuelle und zugleich unaufdringliche Aufmerksamkeiten (z.B. ein Mitbringsel für die Enkel des Kunden) auf emotionaler Ebene die Kundenbindung intensivieren. Das aus dieser persönlichen Betreuung resultierende Vertrauensverhältnis dient den International Private Banking-Kunden als wichtiges Kriterium, um die Güte ihres Kreditinstituts bzw. dessen Markenimage zu beurteilen.

[1053] Vgl. Bertsch, G. C., Externes Design Management bei der Einrichtung von Banken, in: bum 11/1991, S. 24; Hahn, O., Mißverstandenes ..., a.a.O., S. 216. In dem Bestreben, den Kunden ein behagliches Umfeld zu bieten, spielt insbesondere in den asiatischen Ländern die mit den Räumlichkeiten verbundene Symbolik eine entscheidende Rolle. Daher sollten die Geschäftsräume beispielsweise in Hongkong idealerweise einen Bezug zu der chinesischen Glückszahl „acht" (z.B. durch die Unterbringung des Büro in der achten Etage) aufweisen, vgl. Dupré, J., Wolkenkratzer, New York 1996, S. 117
[1054] Vgl. Bertsch, G. C., a.a.O., S. 24
[1055] Vgl. Graumann, J., a.a.O., S. 161 f.

4.2.2.4.4 Sonstige Kommunikationsinstrumente

Als ergänzende Instrumente innerhalb des Kommunikationsmix eines Kreditinstituts können auch das „Mäzenatentum", das „Spendenwesen" und das „Sponsoring" den Aufbau eines globalen Markenimages unterstützen, sofern Kunden von den ergriffenen Maßnahmen überhaupt erfahren, diese gutheißen und sich indirekt möglicherweise selbst als Wohltäter fühlen. Die genannten Formen des Fördertums weisen zwar (wenn auch in unterschiedlichem Maße) Überschneidungen mit der Öffentlichkeitsarbeit, Werbung und Verkaufsförderung auf, lassen sich aber keinem dieser Instrumente eindeutig zuordnen.[1056]

4.2.2.4.4.1 Mäzenatentum und Spendenwesen

Als **Mäzenatentum** gilt die Unterstützung primär von Kunst, Kultur, Wissenschaft und sozialen Randgruppen durch Privatpersonen oder Unternehmen aus selbstlosen Motiven.[1057] Mäzene stellen keinerlei geschäftliche Erwartungen an ihre Förderaktivitäten[1058], verfolgen keine Marketing-Ziele[1059], sondern wirken eher unauffällig, ohne die Aufmerksamkeit einer breiten Öffentlichkeit zu erlangen. Als Ansatzpunkte für die Auswahl globaler Projekte dienen entweder Themenschwerpunkte, denen sich unterschiedliche Organisationen in aller Welt widmen (z.B. die Finanzierung internationaler Musikfestivals), oder Maßnahmen einer einzigen Institution, die in den verschiedenen Ländern ihr(e) Förderungsvorhaben umsetzt (z.B. UNICEF).

[1056] Vgl. Deimel, K., Sponsoring, in: WiSt 7/1987, S. 351; o.V., Kunst und Sport für das Image, in: bankkaufmann 12/1987, S. 42 f.

[1057] Vgl. Bruhn, M., Sponsoring, in: Tietz, B. (Hrsg.), Handwörterbuch des Marketing, Bd. 4, 2. Aufl., Stuttgart 1995, Sp. 2341 f.

[1058] Vgl. Hermanns, A., Sportsponsoring - Grundlagen, Wirkungen, Trends und Grenzen, in: Sparkasse 12/1996, S. 576

[1059] Vgl. Bruhn, M., Sponsoring als Instrument der Markenartikelwerbung, in: Markenartikel 5/1987, S. 190

Aus Sicht der deutschen Großbanken hat als wichtige Form des Mäzenatentums insbesondere die Stiftungsidee, d.h. die dauerhafte Förderung ideeller Zwecke aus den Erträgen eines Stiftungsvermögens, seit
Anfang der 70er Jahre (im Zusammenhang mit den jeweiligen
100jährigen Betriebsjubiläen) vermehrte Bedeutung erlangt.[1060] Solche
gemeinnützigen Stiftungen bieten aus ihrer Position der rechtlichen und
organisatorischen Eigenständigkeit heraus eine vom Alltagsgeschäft
losgelöste Plattform, von der aus sie selten in den Verdacht geraten, aus
kommerziellen und akquisitorischen Beweggründen zu handeln, was
auch die Glaubwürdigkeit des dahinterstehenden Kreditinstituts tendenziell stärkt.[1061] Aufgrund der geringen Öffentlichkeitswirksamkeit und
ihres auf die Bundesrepublik Deutschland begrenzten Wirkungskreises
tragen die bislang gegründeten Stiftungen der deutschen Großbanken[1062] zwar im Inland zum allgemeinen Erscheinungsbild dieser Institute, jedoch nicht zum Aufbau eines globalen Markenimages im International Private Banking bei.

Im Rahmen des **Spendenwesens**, einer Weiterentwicklung des Mäzenatentums, vergeben Individuen oder Unternehmen an gemeinnützige
Organisationen (ohne dafür eine Gegenleistung von den Geförderten zu
erwarten) Gelder, die steuerlich geltend gemacht werden können.[1063]
Ähnlich wie im Falle des Mäzenatentums steht auch bei dem Spenden-

---

[1060] Vgl. o.V., Stiftungen: Die Ideale der Banken, in: Die Bank 3/1996, S. 176; Bruhn,
M., Sponsoring. Unternehmen ..., a.a.O., S. 18

[1061] Vgl. Weber, M., a.a.O., S. 165. So begründet etwa die Deutsche Bank ihr Engagement auch in nicht-geschäftsorientierten Tätigkeitsfeldern mit den Worten:
„Wer nur an sich denkt, tut selten Gutes. Aber selbstlos kann und darf eine Bank
nicht sein. Welchen Nutzen also ziehen wir aus den Engagements? Keinen
geringeren als den der gesellschaftlichen Teilhabe. Eine Bank lebt nicht für sich
allein. Auch die Deutsche Bank nicht. Sie braucht den Austausch mit der Gesellschaft, deren Teil sie ist. Sie braucht ihn für den Zusammenhalt nach innen und
für die Wirkung nach außen. Engagement verbindet." Vgl. Deutsche Bank AG,
Engagement, das verbindet. Die Deutsche Bank in Gesellschaft, Kultur und
Wissenschaft, 2. Aufl., Frankfurt am Main 1995, S. 3

[1062] Eine Übersicht über gemeinnützige Stiftungen deutscher Kreditinstitute vermittelt
o.V., Stiftungen ..., a.a.O., S. 179

[1063] Vgl. Bruhn, M., Sponsoring, a.a.O., Sp. 2341

wesen die Entfaltung von Imagewirkungen (sei es auf nationaler, internationaler, multinationaler oder globaler Ebene) nicht als Motivation zum
Einsatz dieses Instruments im Vordergrund.[1064] Spenden erfolgen „im
Bewußtsein ... gesellschaftlicher Verantwortung"[1065], „ohne daß das
betreffende Unternehmen mit seiner Leistung in Erscheinung treten
will"[1066].

4.2.2.4.4.2 Sponsoring

Im Gegensatz zum Mäzenatentum bzw. Spendenwesen ist Sponsoring
ein kommerzielles Geschäft auf Gegenseitigkeit.[1067] Dennoch schließt
Sponsoring altruistische Motive nicht aus - im Gegenteil: Setzt sich das
Unternehmen auch inhaltlich mit den unterstützten Projekten auseinan-
der und betreibt die Förderung nicht als Alibihandlung zur Erreichung
seiner Absatzziele, so erhöht dies die Glaubwürdigkeit und Akzeptanz
des Sponsors in der Öffentlichkeit und damit auch die Effizienz der
Maßnahmen.[1068] Um im International Private Banking erfolgreich durch
eine der verschiedenen Sponsoring-Varianten (Sport-, Kultur-, Bildungs-,
Wissenschafts-, Sozio- und Öko-Sponsoring[1069]) ein globales Markenimage zu etablieren, müssen als weitere wichtige Voraussetzungen

---

[1064] Vgl. Bourgon, G., Sponsoring in der Kreditwirtschaft, Wiesbaden 1992, S. 10
[1065] Bruhn, M., Sponsoring. Unternehmen ..., a.a.O., S. 18
[1066] Fenkart, P. H., PR konkret - Zum Beispiel Sponsoring, Zürich 1985, S. 3
[1067] Vgl. Hermanns, A., a.a.O., S. 576
[1068] Vgl. Bourgon, G., a.a.O., S. 25 f.; Bruhn, M., Kulturförderung und Kultursponsoring - neue Instrumente der Unternehmenskommunikation?, in: Bruhn, M./
Dahlhoff, H. D. (Hrsg.), Kulturförderung - Kultursponsoring, Frankfurt am Main
1989, S. 43; Büschgen, H. E., Ökologie als geschäftspolitische Herausforderung
für Banken, in: Die Bank 3/1992, S. 139
[1069] Vgl. Cremer, M., a.a.O., S. 232 ff. Abweichend von der hier verwendeten Typisie-
rung zählen einige Autoren auch die Förderung von Bildung und Wissenschaft
(neben dem Gesundheits- und Wohlfahrtswesen) zum Sozio-Sponsoring, vgl.
z.B. Bourgon, G., a.a.O., S. 25; Bruhn, M., Sponsoring, a.a.O., Sp. 2347; Bunk,
B., Social Sponsoring. Wie kritische Zielgruppen zu überzeugen sind, in: asw
3/1992, S. 48

- die geförderten Themenfelder im Einklang mit der vorhandenen bzw. angestrebten Markenpositionierungsstrategie stehen,
- die geförderten Personen bzw. die gewählten Themen weltweit von Bedeutung und mit positiven Assoziationen verknüpft sein,
- sich die jeweiligen Zielgruppen angesprochen fühlen und
- ein Imagetransfer auf die Bank bzw. ihre Produkte möglich sein.[1070]

Will ein Kreditinstitut Sponsoring-Maßnahmen zum Aufbau eines bestimmten Images einsetzen oder sollen einzelne Imagefacetten stärker in das Bewußtsein der Öffentlichkeit gelangen, so muß das geplante Engagement anhand der mit der jeweiligen Sponsoring-Art üblicherweise verbundenen Assoziationen beurteilt werden (vgl. Abb. 38).[1071]

Abb. 38	Imagedimensionen der einzelnen Sponsoring-Felder		
Sport	**Kultur**	**Bildung/ Wissenschaft**	**Soziales/ Umwelt**

► Ästhetik
► Ausdauer
► Dynamik
► Tradition
► Modernität
► Prestige
► Technik
► Volkstümlichkeit
► Leistungsstärke
► Faszination
► Teamgeist
► Erfolg
► Jugendlichkeit
► Attraktivität
► etc.
	► Ästhetik
	► Kreativität
	► Originalität
	► Harmonie
	► Traditions-
	  bewußtsein
	► Modernität
	► Fortschritt
	► Exklusivität
	► Gesellschaftliche
	  Verantwortung
	► etc.
		► Gesellschaftliche
		  Verantwortung
		► Traditions-
		  bewußtsein
		► Modernität
		► Innovation
		► Intellektualität
		► etc.
			► Gesellschaftliche
			  Verantwortung
			► Gewissenhaftigkeit
			► Engagement/
			  Einsatzbereitschaft
			► Modernität/
			  Aktualität
			► Zukunfts-
			  orientierung
			► etc.

Vgl. Cremer, M., a.a.O., S. 191

[1070] Vgl. Cremer, M., a.a.O., S. 191
[1071] Vgl. ebenda

Sponsoring findet insbesondere im Sport ein sehr positiv besetztes, individuell wie gesellschaftlich relevantes Erlebnisfeld vor, das in viele
Lebensbereiche hineinreicht.[1072] Die Aufmerksamkeitswirkung und das
Image von Personen, Institutionen und Veranstaltungen aus dem Sport-
bereich lassen sich aus einer nicht-kommerziellen Situation heraus
unmittelbar für die eigenen kommunikativen Zielsetzungen nutzen.[1073]
Diese beziehen sich im Sport-Sponsoring üblicherweise auf die Verbesserung des Bekanntheitsgrads und die Imageprofilierung.[1074] Allerdings
tritt bei Sport-Sponsoring der Markenname in Erscheinung, ohne daß
der Sponsor differenziert argumentieren oder konkrete Werbebotschaften vermitteln kann.[1075] Aus diesem Grund kommt Sport-Sponsoring
weniger für noch im Aufbau befindliche als für bereits etablierte Marken
in Betracht, die schon über ein gewisses (Mindest-)Niveau an Bekanntheit verfügen. Dennoch können Unternehmen das Instrument „Sport-
Sponsoring" zur Imagebildung nutzen, indem sie bei Sportereignissen
neue Kontakte (z.B. zu Meinungsführern, Medienvertretern oder potentiellen Kunden) knüpfen bzw. vorhandene intensivieren.[1076] Im International Private Banking bieten sich dabei solche Sportarten an, die aufgrund ihrer Exklusivität von Kunden des Top-Marktsegments typischerweise ausgeübt werden (wie Golf oder Polo).

Beim Kultur-Sponsoring (z.B. im Rahmen von Kunstausstellungen in den
verschiedenen Kompetenzzentren) stehen für Banken die Ziele „Kun-
denpflege" und „gesellschaftliche Verantwortung" im Vordergrund.[1077]
Da Kultur-Sponsoring im Gegensatz zur Sportförderung weniger mit
Nationalismen verbunden ist, eignet es sich im besonderen Maße als
global einsetzbares markenpolitisches Instrument.[1078] Zum Aufbau eines

---

[1072] Vgl. Hermanns, A., a.a.O., S. 577
[1073] Vgl. ebenda, S. 576
[1074] Vgl. Bruhn, M., Sponsoring. Unternehmen ..., a.a.O., S. 98 f.
[1075] Vgl. ebenda, S. 99
[1076] Vgl. ebenda
[1077] Vgl. Bourgon, G., a.a.O., Wiesbaden 1992, S. 56
[1078] Vgl. Meissner, H. G., a.a.O., S. 423

Markenimages läßt sich gesellschaftliches Verantwortungsbewußtsein auch demonstrieren durch

- Bildungs- bzw. Wissenschafts-Sponsoring (z.B. die Ausrichtung von International Private Banking-Symposien)[1079],
- soziale Aktivitäten (z.B. die Unterstützung des Internationalen Roten Kreuzes) oder
- Öko-Sponsoring.[1080]

Die Glaubwürdigkeit ihrer Öko-Sponsoring-Maßnahmen könnte eine Bank im International Private Banking durch das Angebot einer individuellen Vermögensverwaltung unter Beweis stellen, die ausschließlich in Wertpapiere solcher Unternehmen investiert, deren geschäftliche Aktivitäten einen positiven Bezug zum Thema „Umwelt" aufweisen.[1081] Demgegenüber finden finanzielle Beiträge zur Lösung regionaler Umweltprobleme (z.B. zum Schutz des Wattenmeers in Norddeutschland) üblicherweise nur innerhalb eines begrenzten Gebiets Beachtung und tragen demzufolge nicht zur Etablierung eines globalen Markenimages bei.[1082]

Grundsätzlich bewegt sich eine Bank in ihrem Bemühen, auch durch Sponsoring ein Markenimage zu prägen, auf einem schmalen Grat, da es naheliegt, daß Kunden insbesondere bei der intensiven Förderung entsprechender Projekte einen Zusammenhang zwischen den von ihnen gezahlten Preisen und den bereitgestellten Sponsoring-Geldern herstellen. Dieses Dilemma gilt für das Mäzenatentum bzw. das Spendenwesen dagegen nur in eingeschränkter Weise, da den Kunden diese

---

[1079] Als Nebeneffekt des Wissenschafts-Sponsoring rekrutieren die Unternehmen häufig die geförderten Nachwuchskräfte selbst, die dann ihrerseits zur Aufrechterhaltung hoher Qualitätsstandards beitragen, vgl. Bunk, B., Social ..., a.a.O., S. 52 ff.

[1080] Vgl. Cremer, M., a.a.O., S. 232

[1081] Vgl. Büschgen, H. E., Ökologie ..., a.a.O., S. 138

[1082] Vgl. Bruhn, M., Umweltsponsoring - ein neues Instrument der Markenführung?, in: Markenartikel 5/1990, S. 204 f.

eher unauffälligen Formen der Unterstützung ideeller Zwecke oftmals nicht zur Kenntnis gelangen (demzufolge aber auch keine weitreichende imagebildende Wirkung erzielt wird).

5 Controlling des Aufbaus globaler Markenimages im International Private Banking

Innerhalb des komplexen Prozesses zur Etablierung globaler Markenimages (vgl. Kapitel 1.2.2) umfaßt das Marken-Controlling die Koordination der Informationsversorgung für alle mit der Markenbildung befaßten Stellen im Unternehmen sowie die Planung und die Kontrolle aller markenbezogenen Maßnahmen.[1083] Die Überprüfung der Zielerreichung dient innerhalb eines regelkreisorientierten Steuerungsmodells[1084] (operationale Zielgrößen seien vorausgesetzt) insbesondere der Verbesserung künftiger Planungsabläufe durch das Lernen aus Abweichungsanalysen.[1085] Wichtiger Bestandteil des Kontrollvorgangs ist das kritische Infragestellen der zugrundegelegten Annahmen, der angewandten Strategie, des organisatorischen Rahmens, der eingesetzten Verfahren bzw. des gewählten Marketing-Mix, also das Auditing in seinen verschiedensten Ausprägungen (vgl. Abb. 39).[1086]

Analog zu dem jeweiligen Zeithorizont der Ziele von globalen Markenimages (vgl. Kapitel 3.1) bietet es sich an, zwischen einem strategischen (d.h. auf die mittel- bis langfristigen Perspektiven ausgerichteten) sowie einem operativen (kurzfristig orientierten) Marken-Controlling zu unterscheiden.[1087] Neben dem zeitlichen Aspekt besteht ein weiterer wesentlicher Unterschied zwischen beiden Controlling-Dimensionen in der Möglichkeit zur Veränderung der jeweiligen Steuerungsparameter. Das operative Controlling vollzieht sich in einem weitgehend vorgegebenen, stark

---

[1083] Vgl. Franzen, O., Marken-Controlling effizient gestalten, in: Markenartikel 2/1995, S. 57; Köhler, R., Beiträge zum Marketing-Management, Stuttgart 1988, S. 191

[1084] Vgl. Männel, W., Kosten-, Leistungs-, Erlös- und Ergebnisrechnung, Lauf an der Pegnitz 1989, S. 72

[1085] Vgl. Köhler, R./Krauter, J., a.a.O., Sp. 1015

[1086] Vgl. Köhler, R., a.a.O., S. 191

[1087] Vgl. Franzen, O., Marken-Controlling ..., a.a.O., S. 58

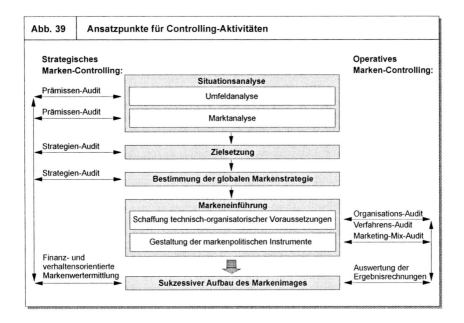

| Abb. 39 | Ansatzpunkte für Controlling-Aktivitäten |

Strategisches Marken-Controlling:

Operatives Marken-Controlling:

Prämissen-Audit

Prämissen-Audit

Situationsanalyse

Umfeldanalyse

Marktanalyse

Strategien-Audit

Strategien-Audit

Zielsetzung

Bestimmung der globalen Markenstrategie

Markeneinführung

Schaffung technisch-organisatorischer Voraussetzungen

Gestaltung der markenpolitischen Instrumente

Organisations-Audit
Verfahrens-Audit
Marketing-Mix-Audit

Finanz- und verhaltensorientierte Markenwertermittlung

Sukzessiver Aufbau des Markenimages

Auswertung der Ergebnisrechnungen

Eigene Darstellung

strukturierten Ziel- und Handlungsrahmen[1088], das strategische Controlling muß diesen regelmäßig hinterfragen.

Je nach gewählter Modellstruktur zur Regelung der Verantwortung für den Aufbau eines globalen Markenimages gilt es, die (in diesem 5. Kapitel näher erläuterten) strategischen bzw. operativen Controlling-Aufgaben zentralen bzw. dezentralen Entscheidungsträgern zuzuordnen.

[1088] Vgl. Weber, J., Controlling - Möglichkeiten und Grenzen der Übertragbarkeit eines erwerbswirtschaftlichen Führungsinstruments auf öffentliche Institutionen, in: Die Betriebswirtschaft 2/1988, S. 178

5.1 Strategisches Marken-Controlling

Das **Prämissen-/Strategie-Audit** als Kernelement des Controlling von langfristig ausgerichteten markenrelevanten Maßnahmen bezieht sich insbesondere auf die Beurteilung der Grundannahmen, die bei der Entwicklung der Strategie(n) maßgeblich waren, auf die konzeptionelle Ausrichtung selbst sowie die Vollständigkeit und Operationalität der Zielvorgaben.[1089] Beispielsweise sollte eine Bank die Kundenpräferenzen für bestimmte Off-shore-Zentren als Zielorte für die Vermögensanlage wachsam verfolgen, um Trends rechtzeitig zu erkennen und auf diese durch den Aufbau neuer Kompetenzzentren in den entsprechenden Jurisdiktionen reagieren zu können.[1090]

Um über die Richtigkeit der gewählten Gesamtkonzeption zur Etablierung globaler Markenimages im International Private Banking zu entscheiden, eignet sich der sog. „Markenwert" als zentraler und operationaler Maßstab. Für den Begriff „Markenwert" bzw. dessen angelsächsisches Synonym „brand equity" existiert bislang noch keine allgemein anerkannte Definition.[1091] Gemeinsam ist allen bisherigen Definitionsvorschlägen die Absicht, ein Maß zu beschreiben, mit dem der Wert der Marke quantifiziert werden kann, der für den Markeninhaber das Recht zur Nutzung des Markenzeichens (im Sinne des § 3 MarkenG, vgl. Kapitel 1.2.1.1) umfaßt.[1092]

Die Steuerung der Größe „Markenwert" als eine aufgrund der Langfristigkeit und der Bedeutsamkeit des Imageaufbaus strategische Aufgabe des Marken-Controlling[1093] setzt die eindeutige Festlegung der inhaltlichen Bestandteile des Begriffs „Markenwert" voraus. Eine gewisse diesbezügliche Verunsicherung dürfte aus der Tatsache herrühren, daß die Marke für den Markeninhaber und für Kunden, der wichtigsten und

---

[1089] Vgl. Köhler, R., a.a.O., S. 191
[1090] Vgl. Gehrig, B., a.a.O., S. 22
[1091] Vgl. Franzen, O./Trommsdorff, V./Riedel, F., Ansätze der Markenbewertung und Markenbilanz, in: Markenartikel 8/1994, S. 372
[1092] Vgl. ebenda
[1093] Vgl. Franzen, O., Marken-Controlling ..., a.a.O., S. 58

deshalb nachfolgend in den Vordergrund gestellten Zielgruppe der markenbezogenen Anstrengungen, einen jeweils unterschiedlichen Wert besitzt (vgl. Abb. 40).[1094]

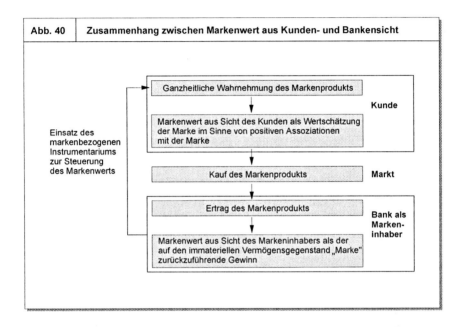

Abb. 40	Zusammenhang zwischen Markenwert aus Kunden- und Bankensicht

Vgl. Sander, M., Die Bestimmung und Steuerung des Wertes von Marken - Eine Analyse aus Sicht des Markeninhabers, Heidelberg 1994, S. 49

Zur Gliederung der in Theorie und Praxis zahlreich genannten Ansätze zur Markenevaluierung eignet sich die Unterscheidung zwischen finanz-

---

[1094] Vgl. Sander, M., Die Bewertung internationaler Marken auf Basis der hedonischen Theorie, in: MARKETING, ZFP, Heft 4, 4. Quartal 1984, S. 235

und verhaltensorientierten Modellen.[1095] Finanzbezogene Verfahren bestimmen den Wert einer Marke anhand der Erlöse und Kosten, die bei dem Aufbau bzw. dem Verkauf der jeweiligen Marke entstehen.[1096] Demgegenüber beziehen sich verhaltenswissenschaftliche Modelle auf die Beurteilung der Marke seitens der Kunden.[1097] Diese Ansätze zur Findung des Markenwerts ergeben im Gegensatz zu finanzorientierten Verfahren nicht immer absolute, in Geldeinheiten gemessene Wertgrößen, sondern zunächst nur den relativen Wert der Marke im Urteil der Kunden.[1098] Im Falle von zweistufigen Ansätzen ist allerdings auch eine Überführung des verhaltenswissenschaftlichen Markenwerts in eine monetäre Größe möglich.[1099]

5.1.1 Finanzorientierte Markenwertermittlung

Die bedeutsamen finanzbezogenen Ansätze zur Ermittlung des Werts von Marken lassen sich in drei Kategorien, nämlich die ertragswert-, kosten- und marktwertorientierten Verfahren, unterteilen.

Bereits 1962 vertrat Kern die Auffassung, daß „... der Wert von Warenzeichen als die Summe der auf den gegenwärtigen Zeitpunkt diskontierten Zusatzgewinne"[1100] zu interpretieren sei. Diese am **Ertragswert**

[1095] Vgl. Bekmeier, S., Markenwert und ..., a.a.O., S. 384; Hammann, P., a.a.O., S. 217 ff. Die vorliegende Arbeit beschränkt sich auf die Diskussion grundlegender Verfahren zur Ermittlung von Markenwerten. Hinsichtlich einer umfassenden Klassifikation der zahlreichen Methoden zur Markenbewertung sei z.B. auf Sattler verwiesen, der in seinem Schema insgesamt 512 Meßvariationen unterscheidet, vgl. Sattler, H., Der Wert von Marken (Brand Equity). Manuskript aus dem Institut für Betriebswirtschaftslehre der Universität Kiel, Nr. 341, Kiel 1994, S. 7; ferner Irmscher, M., Markenwertbegriffe, in: Markenartikel 2/1996, S. 58 ff.

[1096] Vgl. Hammann, P., a.a.O., S. 217 ff.

[1097] Vgl. Bekmeier, S., Markenwert und ..., a.a.O., S. 384 f.; Bekmeier, S., Markenwert, in: Tietz, B. (Hrsg.), Handwörterbuch des Marketing, 2. Aufl., Stuttgart 1995, Sp. 1466 ff.

[1098] Vgl. Hammann, P., a.a.O., S. 220 ff.

[1099] Vgl. Bekmeier, S., Markenwert und ..., a.a.O., S. 384 f.; Bekmeier, S., Markenwert, a.a.O., Sp. 1466 ff.; Hammann, P., a.a.O., S. 220 ff.

[1100] Kern, W., Bewertung von Warenzeichen, in: BFuP 1/1962, S. 26

ausgerichtete Sichtweise vertritt beispielsweise auch Kaas, der den Markenwert als „Barwert aller zukünftigen Einzahlungsüberschüsse, die der Eigentümer aus der Marke erwirtschaften kann"[1101], bezeichnet. Ein solcher Barwert stellt, sofern er sich ermitteln läßt, einen „fairen Preis" bei der Transaktion von Markenrechten oder Lizenzen dar.[1102] Zur Ermittlung des Barwerts wird getrennt für die verschiedenen Länder, in denen die Marke vertreten ist, der jeweilige Überschuß aus den der Marke innerhalb eines bestimmten Zeitraums zurechenbaren Erträgen und Aufwendungen prognostiziert und mit einem Zinssatz kapitalisiert, der sich aus dem landesüblichen Zinssatz, Risikozuschlag und Geldentwertungsabschlag ergibt.[1103] Als Basis zur Schätzung des zukünftigen Überschusses schlägt Aaker den derzeitigen Gewinn abzüglich der außerordentlichen Belastungen (die Bereinigung auch um außerordentliche Erträge läßt Aaker außer acht), einen Durchschnittsgewinn der vergangenen Jahre zur Glättung von starken Schwankungen oder die branchenübliche Rendite vor.[1104] Kapferer merkt als Kritikpunkt an, daß gerade die Bestimmung der entscheidenden Modellkomponenten, wie die Prognose der Zahlungsströme oder die Festlegung des Zeithorizonts und Abzinsungsfaktors, einem großen subjektiven Spielraum unterliegt.[1105] Auf der Kostenseite tritt bei Universalbanken, sofern diese mehr als eine Marke anbieten, das Problem auf, daß sich Gemeinkostenanteile nicht ohne ein gewisses Maß an Willkür der International Private Banking-Marke zurechnen lassen.[1106]

[1101] Kaas, K., Langfristige Werbewirkung und Brand Equity, in: Werbeforschung & Praxis 3/1990, S. 48

[1102] Vgl. Diller, H., Preispolitik, 2. Aufl., Stuttgart 1991, S. 44 f.

[1103] Vgl. Merget, J., Wieviel Geld ist Ihre Marke wert?, in: Markenartikel 9/1990, S. 407; Maretzki, J./Wildner, R., Messung von Markenkraft, in: Markenartikel 3/1994, S. 102; Sander, M., Die Bewertung ..., a.a.O., S. 236

[1104] Vgl. Aaker, D. A., a.a.O., S. 43

[1105] Vgl. Kapferer, J.-N., a.a.O., S. 314

[1106] Vgl. Franzen, O., Markenwertmessung durch Indikatoren für den Markterfolg, in: Markenartikel 3/1993, S. 129

Der Interbrand-Ansatz, ein ebenfalls ertragswertorientiertes Verfahren, leitet den Markenwert aus einer Vielzahl von Kriterien hinsichtlich der erreichten Marktposition der Marke, der Markenstabilität, des Markts allgemein, der Internationalität der Marke, des Trends der Marke, der erhaltenen Marketing-Unterstützung sowie des rechtlichen Schutzes der Marke ab.[1107] Den gewählten Indikatoren werden in einem ersten Schritt Punktwerte zugeordnet; da die Gesamtpunktzahl als Ausdruck der Markenstärke[1108] jedoch nur eine dimensionslose Kontrollgröße darstellt, ist zur Umrechnung in Geldeinheiten - im Sinne einer quantitativen Markenbewertung - eine Verknüpfung mit Markt- und Ertragsgrößen notwendig.[1109]

Die Bestimmung des monetären Markenwerts erfolgt bei dem Interbrand-Ansatz durch die Multiplikation eines der ermittelten Markenstärke zugeordneten Werts mit dem Durchschnittsgewinn der Marke während der letzten drei Jahre.[1110] Diese Vorgehensweise beruht auf der von Interbrand gewonnenen Erkenntnis, daß die Stärke einer Marke eine direkte Reflexion der Zuverlässigkeit zukünftiger Einkommensströme ist.[1111] Eine hohe Punktzahl der Markenstärke führt somit zu einem großen Multiplikator des Gewinns und zu einem entsprechend hohen Markenwert.[1112] Gestützt durch langjährige Markterfahrung und empi-

---

[1107] Vgl. Bekmeier, S., Markenwert, a.a.O., Sp. 1464 f.; o.V., Marken - How much in Dollar?, in: asw 8/1989, S. 52 ff. Der Interbrand-Ansatz berücksichtigt die kundenbezogene Sichtweise nur in geringem Umfang, lediglich das Kriterium „Markenstabilität" bezieht kundenspezifische Faktoren, wie z.B. Qualitätserwartungen seitens der Kunden oder den Bekanntsheitsgrad der Marke, ein. Daher ist es opportun, dieses Verfahren zu den finanzorientierten und nicht zu den verhaltenswissenschaftlichen Meßansätzen zu rechnen, vgl. Bekmeier, S., Markenwert und ..., a.a.O., S. 387

[1108] Der auf verhaltensbezogenen Überlegungen fußende Begriff „Markenstärke" bezieht sich auf die akquisitorische Kraft der Marke und bildet bei einigen finanzorientierten Markenwertverfahren eine Vorstufe in der Ermittlung des Finanzwerts von Marken, vgl. Franzen, O., Die praktische Nutzung der Markenbewertungssysteme, in: Markenartikel 12/1995, S. 562

[1109] Vgl. Bekmeier, S., Markenwert, a.a.O., Sp. 1465 f.; o.V., Marken ..., a.a.O., S. 52 ff.; Franzen, O., Markenwertmessung ..., a.a.O., S. 129

[1110] Vgl. Bekmeier, S., Markenwert, a.a.O., Sp. 1465; o.V., Marken ..., a.a.O., S. 54

[1111] Vgl. o.V., Marken ..., a.a.O., S. 52 ff.

[1112] Vgl. ebenda

rische ex-post-Studien (in einem retrograden Analyseverfahren wurden realisierte Preise bei Unternehmensübernahmen und die rekonstruierte Markenstärke zueinander in Beziehung gesetzt) geht Interbrand davon aus, daß zwischen Markenstärke und Markenwert ein S-kurvenförmiger Zusammenhang besteht.[1113] Demzufolge steigt der Multiplikator mit zunehmender Markenstärke zunächst exponentiell, später linear und schließlich nur noch degressiv an.[1114] Das nachfolgende Beispiel veranschaulicht die Berechnung der Werte vier verschiedener Marken (A, B, C und D) nach dem Interbrand-Ansatz (vgl. Abb. 41). Der verwendete Algorithmus gilt analog für die Ermittlung des Werts einer einzigen Marke in vier Ländern (A, B, C und D).

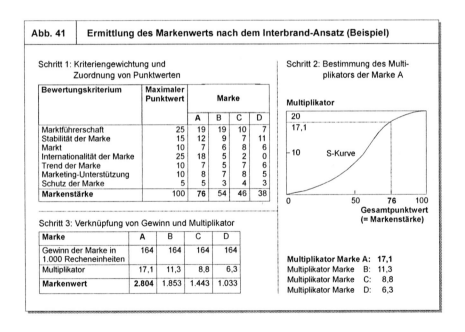

| Abb. 41 | Ermittlung des Markenwerts nach dem Interbrand-Ansatz (Beispiel) |

Schritt 1: Kriteriengewichtung und Zuordnung von Punktwerten

Bewertungskriterium	Maximaler Punktwert	Marke			
		A	B	C	D
Marktführerschaft	25	19	19	10	7
Stabilität der Marke	15	12	9	7	11
Markt	10	7	6	8	6
Internationalität der Marke	25	18	5	2	0
Trend der Marke	10	7	5	7	6
Marketing-Unterstützung	10	8	7	8	5
Schutz der Marke	5	5	3	4	3
Markenstärke	100	76	54	46	38

Schritt 3: Verknüpfung von Gewinn und Multiplikator

Marke	A	B	C	D
Gewinn der Marke in 1.000 Recheneinheiten	164	164	164	164
Multiplikator	17,1	11,3	8,8	6,3
Markenwert	2.804	1.853	1.443	1.033

Schritt 2: Bestimmung des Multiplikators der Marke A

Multiplikator

20
17,1
10   S-Kurve
0   50   76   100
Gesamtpunktwert (= Markenstärke)

Multiplikator Marke A: 17,1
Multiplikator Marke B: 11,3
Multiplikator Marke C: 8,8
Multiplikator Marke D: 6,3

Vgl. o.V., Marken ..., a.a.O., S. 54

[1113] Vgl. ebenda, S. 54; Bekmeier, S., Markenwert, a.a.O., Sp. 1465
[1114] Vgl. ebenda

Banken, die eine valide Bewertung ihrer Marke mittels des Interbrand-Ansatzes vornehmen möchten, stehen zunächst vor dem Problem, daß die Auswahl der für die zu bewertende Marke relevanten Beurteilungskriterien sowie deren anschließende Gewichtung und Verknüpfung stark von subjektiven Einflüssen abhängen.[1115] Zudem führen Interdependenzen zwischen den Indikatoren zu Ergebnisverzerrungen.[1116] Darüber hinaus ist anhand von speziell auf das International Private Banking bezogenen ex-post-Studien zu prüfen, inwieweit die von Interbrand entwickelte S-Kurve zumindest annähernd den Gegebenheiten in diesem Geschäftsfeld entspricht. Allerdings ist die Anzahl derjenigen Wettbewerber gering, die ausschließlich internationale Privatkunden des Top-Segments betreuen und zugleich Objekt einer vollendeten Unternehmensübernahme waren. Demzufolge liegt keine ausreichende Datenbasis für die Ermittlung des vollständigen Zusammenhangs zwischen Markenstärke und Markenwert im International Private Banking vor. Das verfügbare Zahlenmaterial kann allenfalls dazu dienen, stichprobenweise die von Interbrand zugrundegelegte S-Kurve hinsichtlich ihrer Anwendbarkeit auf dieses Geschäftsfeld zu überprüfen.

Kostenorientierte Ansätze, eine weitere Kategorie der finanzorientierten Verfahren, leiten den Wert einer Marke je nach dem Zeitpunkt der Betrachtung aus „historischen Kosten" oder einer „gegenwartsbezogenen Bewertung" ab.[1117]
Im ersten Fall ergibt sich der Markenwert durch die Addition der getätigten, objektiv und buchhalterisch erfaßten Investitionskosten (z.B. für den Aufbau der weltweiten Kompetenzzentren), wobei in der Praxis die Beantwortung der Frage nach dem zu berücksichtigenden Zeitraum besondere Probleme bereitet.[1118] Ein weiteres Manko dieses Ansatzes besteht darin, daß der anhand historischer Kosten errechnete Marken-

---

[1115] Vgl. Franzen, O., Markenwertmessung ..., a.a.O., S. 129
[1116] Vgl. Bekmeier, S., Markenwert, a.a.O., Sp. 1466
[1117] Vgl. Kapferer, J.-N., a.a.O., S. 298 ff.
[1118] Vgl. ebenda, S. 299

wert nichts über die gegenwärtige oder künftige Leistungsfähigkeit der Marke aussagt - insbesondere erfolglose Marken können hohe Kosten hervorgerufen haben.[1119] Zudem fördern Werbeinvestitionen nur in beschränktem Umfang den aktuellen Absatz, sondern wirken sich teilweise erst mittel- bis langfristig auf die Erhöhung des Bekanntheitsgrads und den Imageaufbau aus, so daß entsprechende Kostenzuordnungen einem stark subjektiven Faktor unterliegen.[1120] Die Bewertung nach Wiederbeschaffungskosten geht demgegenüber von den Kosten für die neuerliche Kreierung einer (z.B. hinsichtlich Bekanntheitsgrad, Vertriebswege, Marktanteil usw.) äquivalenten Marke aus.[1121] Die praktische Umsetzbarkeit dieses gegenwartsbezogenen Ansatzes ist im International Private Banking jedoch ebenso wie die Orientierung an historischen Kosten schwierig: Ein etabliertes Markenimage basiert nicht alleine auf Investitionen in personelle und technische Ressourcen, sondern vielmehr auf über viele Jahre hinweg aufgebauten persönlichen Kontakten zwischen den Kunden und ihrem Relationship Manager.

Marktwertorientierten Modellen liegt die Annahme zugrunde, daß ein Markt für Marken bzw. Markenlizenzen besteht, so daß der Wert einer Marke aus dem Ausgleich von Angebot und Nachfrage resultiert.[1122] Die marktwertorientierte Sichtweise erscheint aufgrund der Seltenheit der Transaktion von reinen International Private Banking-Marken nur bedingt geeignet, um aus Analogien den Markenwert der deutschen Großbanken in dieser Geschäftssparte abzuleiten.[1123] Zudem hängt der Preis für eine Marke von den spezifischen Intentionen und Erwartungen des

---

[1119] Vgl. Franzen, O., Markenwertmessung ..., a.a.O., S. 128; Kapferer, J.-N., a.a.O., S. 300

[1120] Vgl. Kapferer, J.-N., a.a.O., S. 299

[1121] Vgl. ebenda, S. 301

[1122] Vgl. Franzen, O., Markenwertmessung ..., a.a.O., S. 128

[1123] Vgl. ebenda

jeweiligen Käufers ab und läßt sich demzufolge nicht allgemeingültig festlegen.[1124]

Eine Variante des marktorientierten Ansatzes beruht auf der Überlegung, daß sich der Wert einer Marke in ihrem Aktienkurs widerspiegelt.[1125] Insbesondere für Universalbanken besteht jedoch, da sie neben dem International Private Banking noch weitere Geschäftsfelder betreiben, das Problem, denjenigen Wert, den der Kapitalmarkt ihrer International Private Banking-Marke beimißt, von anderen Faktoren zu trennen und aus dem Aktienkurs herauszurechnen.[1126]

5.1.2 Verhaltensorientierte Markenwertermittlung

5.1.2.1 Leistungsqualität als Voraussetzung für die Kundenzufriedenheit

Die Qualität von International Private Banking-Leistungen ist keine objektiv-technische Kategorie, sondern reflektiert die den Produkten und dem Service beigemessene individuelle Einschätzung seitens der Kunden.[1127] Deren Zufriedenheit mit der Leistungsstärke ihrer Bank determiniert maßgeblich das von ihnen wahrgenommene Ansehen des Kreditinstituts. Im Falle eines negativen Urteils besteht für Banken die Gefahr, daß Kunden ihre Unzufriedenheit im Familien-/Bekanntenkreis zum Schaden des Markenimages äußern bzw. die Wechselbereitschaft erheblich steigt.[1128] Ziel eines Marken-Controlling im Sinne eines kundenorientierten Qualitätsmanagements muß es daher sein, die Kundenzufriedenheit als das wichtigste gegenwärtige und zukünftige Wert-

---

[1124] Vgl. Kapferer, J.-N., a.a.O., S. 303 f.
[1125] Vgl. Hammann, P./von der Gathen, A., a.a.O., S. 210
[1126] Vgl. ebenda, S. 209 f.
[1127] Vgl. Gehrig, B., a.a.O., S. 18
[1128] Vgl. Schmid, D. C./Peill, E., Beschwerdemanagement gehört zum Service, in: Die Bank 4/1994, S. 226

schöpfungspotential permanent sicherzustellen, indem Qualitätslücken rechtzeitig identifiziert und verhindert werden (vgl. Abb. 42).[1129]

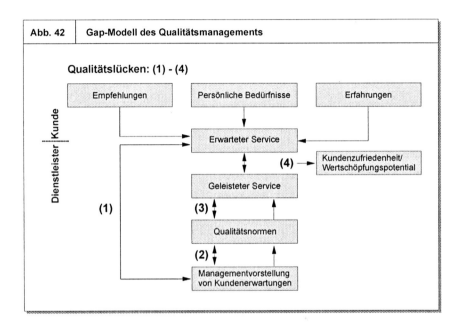

| Abb. 42 | Gap-Modell des Qualitätsmanagements |

Vgl. Gehrig, B., a.a.O., S. 18; Parasuraman, A./Zeithaml, V. A./Berry, L. L., a.a.O., S. 44

Wie Gehrig in Anlehnung an das Modell von Parasuraman/Zeithaml/Berry[1130] aufzeigt, verursachen insbesondere die „Wirkungslücken" (1) - (3) die in Lücke (4) auftretenden Diskrepanzen zwischen den von Kunden erwarteten und den von der Bank erbrachten Dienstleistungen und beeinträchtigen somit die Kundenzufriedenheit[1131]:

[1129] Vgl. Gehrig, B., a.a.O., S. 17 f.
[1130] Vgl. Parasuraman, A./Zeithaml, V. A./Berry, L. L., A Conceptual Model of Service Quality and Its Implications for Future Research, in: Journal of Marketing, Herbst 1985, S. 41 ff.
[1131] Vgl. Gehrig, B., a.a.O., S. 17 ff.

- **Consumer expectation - management perception gap**: Lücke (1) resultiert aus der Fehlbeurteilung der tatsächlichen Kundenerwartungen durch das Management; dieser Effekt wird u.a. dadurch hervorgerufen, daß der auf persönlichem Vertrauen und Diskretion basierende Prozeß der Kundenberatung für die Führungskräfte weitgehend intransparent bleibt.[1132] Die systematische Nutzung der von den Private Bankern laufend gewonnenen Informationen und Erfahrungen durch das Management ist daher von großer Bedeutung für eine kundenorientierte Markenpolitik.[1133]

- **Management perception - service quality specification gap**: Lücke (2) führt zu Problemen, wenn die Ableitung von operationalen Zielen und adäquaten Maßnahmen aus den Qualitätsvorstellungen der Geschäftsleitung widersprüchlich, einseitig oder unvollständig vorgenommen wird.[1134] Ursachen hierfür können beispielsweise in dem fehlenden konsequenten Bekenntnis der Führungsebene zur uneingeschränkten Servicequalität liegen.[1135]

- **Service quality specifications - service delivery gap**: Lücke (3), d.h. die Umsetzung der definierten Qualitätsnormen in tatsächlich geleisteten Service, entscheidet über Erfolg und Mißerfolg im Wettbewerb.[1136] Da jedoch im International Private Banking die „personelle Qualität" der Private Banker (vgl. Kapitel 4.2.2.1.2) die erbrachten Leistungen maßgeblich prägt, ist in diesem Geschäftsfeld ein jederzeit konstant hohes Qualitätsniveau realistischerweise kaum zu erreichen.[1137]

- **Expected service - perceived service gap**: In Lücke (4) ergibt sich die Kundenzufriedenheit mit der Marke aus dem Vergleich, den der Kunde zwischen seinen produkt- bzw. servicebezogenen Anforderun-

---

[1132] Vgl. Parasuraman, A./Zeithaml, V. A./Berry, L. L., a.a.O., S. 44; Gehrig, B., a.a.O., S. 18

[1133] Vgl. Gehrig, B., a.a.O., S. 18 f.

[1134] Vgl. ebenda, S. 19

[1135] Vgl. Parasuraman, A./Zeithaml, V. A./Berry, L. L., a.a.O., S. 45

[1136] Vgl. Gehrig, B., a.a.O., S. 19

[1137] Vgl. Parasuraman, A./Zeithaml, V. A./Berry, L. L., a.a.O., S. 45

gen und der von ihm wahrgenommenen Leistung der Marke vornimmt.[1138] Aus dieser Sichtweise heraus gibt die Auswertung der von Kunden gesendeten positiven oder negativen Signale (wie z.B. die Ermittlung der durchschnittlichen Dauer der Kundenbeziehungen oder die Berechnung der Anzahl von Kundenbeschwerden pro Zeit) Antwort auf die Frage nach der Wirksamkeit der Bemühungen, ein Markenimage aufzubauen.[1139]

Die Ernennung eines „Ombudsmanns", einer neutralen Stelle, an die sich Kunden in strittigen Situationen direkt wenden können[1140], eignet sich im International Private Banking zwar als Controlling-Instrument, um Kundenbeschwerden systematisch zu erfassen und auszuwerten.[1141] Jedoch dürften gerade in diesem Geschäftsfeld derartig gravierende Unstimmigkeiten, die sogar zur Anrufung einer anonymen Beschwerdeinstanz führen, einen Vertrauensbruch zwischen dem jeweiligen Kunden und seinem Private Banker hervorrufen und - unterstützt durch mehrere Bankverbindungen des Kunden - die Auflösung der Kontobeziehung zur Folge haben. Die Aufdeckung von Qualitätsmängeln dient in solchen Fällen weniger der rückwirkenden Schadensbeseitigung (d.h. der kurzfristigen Wiederherstellung der Kundenzufriedenheit sowie der langfristigen Verbesserung der Leistungsqualität bzw. Steigerung der Kundenloyalität[1142]) als eher der zukünftigen Vermeidung ähnlicher Vorfälle. Ungeachtet dieser Einschränkung ist die Auswertung von Kundenbeschwerden dennoch die im International Private Banking gängigste Methode zur Untersuchung der Kundenzufriedenheit (vgl. Abb. 43).

[1138] Vgl. Tolle, E./Steffenhagen, H., a.a.O., S. 382
[1139] Vgl. Kommer, G., a.a.O., S. 142
[1140] Vgl. Schmid, D. C./Peill, E., a.a.O., S. 226
[1141] Vgl. Gruber, D./Kern, C., Beschwerden: mehr als ein „Störfaktor", in: bum 2/1998, S. 17
[1142] Vgl. ebenda

Abb. 43	Ermittlung der Kundenzufriedenheit

„Wie messen oder bewerten Sie die Zufriedenheit Ihrer Kunden?"
(Angaben in Prozent der 50 befragten, europäischen Banken,
die die jeweilige Methode verwenden)

Anmerkungen:
„Sonstige" schließt u.a.
das Wachstum von
Kundenvermögen ein.

Vgl. Price Waterhouse, European Private Banking Survey, Ausgabe 1996/97, a.a.O., S. 19 (eigene Übersetzung)

Diese Studie belegt auf empirischer Basis die zuvor diskutierte Problematik von Kundenbefragungen im International Private Banking (vgl. Kapitel 2.1.2) und unterstreicht die Bedeutung sonstiger Maßnahmen bzw. Indikatoren zur Beurteilung der Kundenzufriedenheit.

5.1.2.2 Ausgewählte modelltheoretische Ansätze zur kundenorientierten Markenwertbestimmung

Im deutschsprachigen wie im angelsächsischen Raum spiegelt sich der Trend, Marken mittels kundenorientierter Ansätze zu bewerten, im Vordringen der Begriffe „Markenstärke", „Markenkraft", „Markenvitalität" bzw. „brand strength" oder auch „brand power" wider.[1143] Diese synonym zu verstehenden Ausdrücke bezeichnen die Gesamtheit der gegenüber einer Marke vorhandenen Kundenassoziationen, welche durch die Markierung geweckt werden und in eine bestimmte Wertschätzung gegenüber der Marke münden.[1144]

Der kundenindividuelle Grad der Markenorientierung, der von einer lockeren und wechselnden bis hin zu einer festen oder gar starr fixierten Markenbindung reichen kann, hängt von sog. „intervenierenden Variablen"[1145] ab. Diese lassen sich in drei Kategorien unterteilen: Die Persönlichkeitsvariablen drücken die Markensensibilität des Kunden aus; die Produktvariablen beziehen sich auf die kognitive und affektive Beurteilung der Marke durch den Kunden, und die soziale Dimension bringt die Bedeutung von Prestigeeffekten für den Kunden zum Ausdruck.[1146]

Die intervenierenden Variablen sind ebenso wie die Markenstärke nicht unmittelbar beobachtbare Größen, lassen sich aber mit Hilfe von Indikatoren messen.[1147] Der Komplexität des Phänomens „Marke" werden zwar mehrdimensionale Untersuchungen, die die wesentlichen Einflüsse auf die Imagebildung in Form von Kennzahlensystemen oder multivariaten, statistischen Analysen verknüpfen, eher gerecht als ein auf eindimensionalen, d.h. isoliert betrachteten, Meßgrößen basierendes Marken-Controlling.[1148] Die konkrete Entscheidung für einen der beiden Ansätze hängt jedoch letztlich von dem beabsichtigten Untersuchungszweck und -aufwand ab.

Als **eindimensionales** Verfahren zur Beurteilung des Markenwerts ist z.B. das „Modell der intrapersonalen Nachrichtenverarbeitung" von Schnabl zu nennen: Dieser unterscheidet als Phasen der Kommunika-

---

[1143] Vgl. Bekmeier, S., Markenwert und ..., a.a.O., S. 384
[1144] Vgl. Sander, M., Die Bewertung ..., a.a.O., S. 235 f.; Srivastava, R. K./Shocker, A. D., Brand Equity: A Perspective on Its Meaning and Measurement, in: Marketing Science Institute (Hrsg.), Report Nr. 91-124, Cambridge 1991, S. 5
[1145] Tolle, E./Steffenhagen, H., a.a.O., S. 380
[1146] Vgl. Bekmeier, S., Markenwert und ..., a.a.O., S. 385; Uhr, D., a.a.O., S. 535
[1147] Vgl. Bekmeier, S., Markenwert und ..., a.a.O., S. 386
[1148] Vgl. Franzen, O., Marken-Controlling ..., a.a.O., S. 58 f.

tionswirkung die „Perception", d.h. die Aufnahme von Informationen (Wahrnehmung), und die „Apperception", also deren Weiterverarbeitung.[1149] Die „Perception" läßt sich durch den Kontakt mit Medien bzw. Anzeigenseiten (Berührung) sowie durch den Grad an „Recognition" (Wiedererkennung) und „Recall" (Erinnerung) messen.[1150] Als Indikation dafür, ob und wieweit die Wahrnehmung der Information zur Weiterverarbeitung führt, dient beispielsweise die Messung der aktiven oder passiven Markenbekanntheit (vgl. Kapitel 3.1.1.1) oder des Kundenwissens über die jeweiligen Produkteigenschaften.[1151]

Sobald eine Marke eine bestimmte Bekanntheit sowie Wertschätzung erreicht hat, muß deren jeweilige Entwicklung kontinuierlich durch Marktforschung gemessen werden, um Trends aufzeigen zu können.[1152] Paneluntersuchungen als mehrmals wiederholte oder laufende Befragungen bzw. Beobachtungen bestimmter Testpersonen geben dabei auch über die Markeneinführung hinaus Aufschluß über etwaige Veränderungen in der Wahrnehmung des Images und liefern somit frühzeitige Anregungen für das Überdenken der bisherigen Maßnahmen.[1153] Methodische Mängel der Verfahren zur Messung des Kommunikationserfolgs (vgl. Kapitel 2.1) sowie die in der Praxis übliche Beschränkung der Analyse auf Kunden unter Vernachlässigung sonstiger Adressaten von Marken zeigen die Grenzen dieser Kontrollmechanismen auf.[1154]

Einen ebenfalls eindimensionalen Ansatz zur Messung des Markenwerts vertritt Aaker, der fünf Kategorien kundenbezogener Variablen untersucht, nämlich die „Markentreue", die „Bekanntheit des Namens", die

---

[1149] Vgl. Schnabl, H., Versuch eines Modells intrapersonaler Nachrichtenverarbeitung, Diss. Nürnberg 1970, S. 75 ff.

[1150] Vgl. ebenda

[1151] Vgl. ebenda; Tolle, E./Steffenhagen, H., a.a.O., S. 380 ff. Zur Beschreibung der einzelnen Meßverfahren vgl. z.B. Möbius, G., Demoskopische Verfahren zur Messung des außerwirtschaftlichen Werbeerfolgs, in: Behrens, K. (Hrsg.), Handbuch der Werbung, Wiesbaden 1970, S. 743 ff.

[1152] Vgl. Reiser, H.-P., a.a.O., S. 20

[1153] Vgl. Cramer, J.-E., Die ..., a.a.O., S. 127

[1154] Vgl. Achterholt, G., a.a.O., S. 113

„angenommene Qualität", „weitere Markenassoziationen" sowie „andere Markenvorzüge" (wie z.B. beherrschte Absatzwege).[1155] Im Sinne einer Stärken-Schwächen-Analyse betrachtet Aaker innerhalb dieser Gruppen anhand vielfältiger, unverknüpfter Kriterien zwar in umfassender Weise die Beurteilung der Marke aus Kundensicht. Die Überführung der ermittelten Markenstärke in monetäre Größen bleibt in diesem Modell jedoch - ebenso wie bei Schnabl - unberücksichtigt.

Eine Weiterführung gegenüber Aakers Ansatz bildet die von Schulz/ Brandmeyer (Marktforschungsinstitut „A. C. Nielsen") entwickelte sog. „Marken-Bilanz", die in einem zweistufigen Verfahren auch den Schritt zur Berechnung eines monetären Markenwerts aus der zuvor ermittelten Markenstärke vollzieht.[1156] Schulz/Brandmeyer definieren den Markenwert entsprechend weitgefaßt als „die Gesamtheit aller positiven und negativen Vorstellungen, die im Konsumenten ganz oder teilweise aktiviert werden, wenn er das Markenzeichen wahrnimmt, und die sich in ökonomischen Daten des Markenwettbewerbs spiegeln"[1157].
Die Marken-Bilanz erfaßt in einem ersten Schritt die Markenstärke anhand skalierter und gewichteter Kriterien, die sich u.a. auf das Marktpotential, den erreichten Marktanteil, das eingesetzte Marketing-Mix, kundenbezogene Aspekte (die Markentreue, das Vertrauenskapital der Marke, die ungestützte Markenbekanntheit, die Werbeerinnerung und die Markenidentifikation) sowie den Geltungsbereich (die Internationalität der Marke und den internationalen Markenschutz) beziehen.[1158] Zur Monetarisierung prognostiziert A. C. Nielsen die Markt-, Marktanteils-

---

[1155] Vgl. Aaker, D. A., a.a.O., S. 31 ff.
[1156] Vgl. Bekmeier, S., Markenwert, a.a.O., Sp. 1468. Bekmeier ordnet die Marken-Bilanz wie auch deren weiterentwickelte Version (den „Brand Performancer") als kunden- und nicht als finanzorientierte Verfahren zur Markenbewertung ein, weist aber gleichzeitig auf die Schwierigkeit der eindeutigen Zuordnung hin, da A. C. Nielsen aus Wettbewerbsgründen die Gewichtung der jeweiligen Kriterien nicht veröffentlicht.
[1157] Schulz, R./Brandmeyer, K., Die Marken-Bilanz: Ein Instrument zur Bestimmung und Steuerung von Markenwerten, in: Markenartikel 7/1989, S. 365
[1158] Vgl. ebenda, S. 366 ff.

und Ertragsentwicklung und schätzt anhand dieser Erwartungswerte die zukünftigen Überschüsse der Marke.[1159] Diese werden mit dem langfristigen Kapitalmarktzins des jeweiligen Lands plus entsprechendem Risikozuschlag (je nach Markenstärke) diskontiert und zu dem Ertragswert als Ausdruck des Markenwerts summiert.[1160]

Ein grundsätzlicher Schwachpunkt der Bewertungsansätze der ersten Generation, wie der Marken-Bilanz (oder auch des Interbrand-Modells als finanzorientierter Methode), liegt darin, daß die Auswahl und die Gewichtung der Bewertungsdimensionen auf subjektiven Plausibilitätsüberlegungen basieren.[1161] Die Kritik an diesen Verfahren führte zu der Entwicklung eines verbesserten, nun **mehrdimensionalen Modells** (des sog. „Brand Performancer"), das eine anhand einer Kausalanalyse validierte Auswahl und Gewichtung von Meßgrößen der Markenstärke als Grundlage hat.[1162] Zur Ermittlung des Markenwerts kommt auch bei dem Brand Performancer (unter Annahme einer unendlichen Lebensdauer der Marke) das Ertragswertverfahren zum Einsatz.[1163]
Die unmodifizierte Anwendung der Marken-Bilanz bzw. des Brand Performancer über den Markenartikelbereich hinaus auch im Dienstleistungssektor ist aufgrund der verwendeten handelsbezogenen Kriterien - gleiches gilt für die finanzorientierte Markenwertberechnung auf Basis des Interbrand-Ansatzes - nicht möglich. Beispielsweise verwenden die Marken-Bilanz und der Brand Performancer das Kriterium „gewichtete Distribution", das Auskunft über das Nachfragepotential derjenigen Vertriebsstellen gibt, in denen die Marke angeboten wird.[1164]
Im International Private Banking ist die Ermittlung des Nachfragepoten-

---

[1159] Vgl. Bekmeier, S., Markenwert, a.a.O., Sp. 1469
[1160] Vgl. ebenda
[1161] Vgl. Franzen, O., Die ..., a.a.O., S. 564
[1162] Vgl. ebenda
[1163] Vgl. Franzen, O./Trommsdorff, V./Riedel, F., Ansätze der Markenbewertung und Markenbilanz, in: Bruhn, M. (Hrsg.), Handbuch Markenartikel, Bd. 2, Markentechnik. Markenintegration. Markenkontrolle, Stuttgart 1994, S. 1398 f.
[1164] Vgl. Schulz, R./Brandmeyer, K., a.a.O., S. 366 f.; Franzen, O., Die ..., a.a.O., S. 564

tials der verschiedenen Kompetenzzentren zwar schwieriger als im Markenartikelbereich, da die Bankkundschaft im Off-shore-Geschäft nicht aus einem begrenzten Einzugsgebiet, sondern aus den unterschiedlichsten Ländern der Welt stammt. Den Kreditinstituten stehen jedoch empirische Studien zur Verfügung, die u.a. Schätzungen über das Potential in den jeweiligen On-shore- und Off-shore-Märkten sowie über die prozentuale Aufteilung des Geldflusses aus einzelnen Regionen in bestimmte Finanzzentren enthalten.[1165] Wie dieses Beispiel verdeutlicht, erscheint eine Anwendung der Marken-Bilanz bzw. des Brand Performancer im International Private Banking bei entsprechender Anpassung der Modellstrukturen durchaus denkbar.

5.2 Operatives Marken-Controlling

5.2.1 Anknüpfungspunkte für operative Audit-Maßnahmen im Überblick

Die Hauptaufgabe des operativen Marken-Controlling besteht darin, die kurzfristig ausgerichteten Planungs- und Kontrollprozesse zum Aufbau globaler Markenimages zu optimieren.[1166] Insbesondere die folgenden drei Audit-Ansätze unterstützen diese Zielsetzung:

• Das **Organisations-Audit** dient der Untersuchung, ob alle wesentlichen Aufgabengebiete einer marktorientierten Unternehmensführung innerhalb der betrieblichen Gesamtorganisation verankert sind und eine zweckmäßige Stellenbildung (z.B. nach regionalen oder produktbezogenen Aspekten) als wichtige Voraussetzung für eine effiziente Koordination vorliegt.[1167] Zu diesem Themenkomplex zählt im International Private Banking z.B. die Klärung der Frage, ob die Zuordnung

[1165] Vgl. MTP Research, a.a.O., S. 20
[1166] Vgl. Franzen, O., Marken-Controlling ..., a.a.O., S. 58
[1167] Vgl. Köhler, R., a.a.O., S. 191

regionaler Koordinationsverantwortlichkeiten zu bestimmten Konzerneinheiten tatsächlich auf marktbezogenen Überlegungen und nicht
eventuell auf geschäftspolitischen Zugeständnissen zur reibungslosen
Integration der weltweiten Kompetenzzentren mit ihren angestammten
Vertriebsgebieten beruht. Im Rahmen des Organisations-Audits
könnte eine Bank desweiteren überprüfen, ob sich die vorgenommene
Trennung bzw. Zusammenführung der beiden Funktionen „Relationship Management" und „Portfolio Management" bewährt hat (vgl.
Kapitel 4.1.1.2).

- Durch das **Verfahrens-Audit** läßt sich feststellen, ob die umfassende
(teilweise auch EDV-gestützte) Informationsversorgung innerhalb des
International Private Banking-Verbunds gewährleistet ist und zudem
die angewandten Planungs-, Steuerungs- und Kontrolltechniken den
jeweiligen Anforderungen entsprechen.[1168] Gegenstand des Verfah-
rens-Audits könnten beispielsweise die implementierten Anreizsysteme sein, die als persönliche Motivationshilfe für Relationship Manager
zur Überleitung von Kunden an andere International Private Banking-
Konzerneinheiten fungieren sollen.

- Das **Marketing-Mix-Audit** soll insbesondere die Frage beantworten,
ob sich alle beteiligten Unternehmenseinheiten in hinreichender Weise
an die verbindlich vorgegebene markenpolitische Gesamtkonzeption
halten.[1169] Eine besondere Herausforderung im International Private
Banking resultiert für diese Form des Audits aus der Größe des zu
bearbeitenden Markts in Verbindung mit dem Anspruch der Kunden
auf weitgehende Individualität in der Betreuung. Die somit stark eingeschränkte Standardisierungsmöglichkeit der markenpolitischen Aktionsparameter führt zu einer Ausweitung der Controlling-Objekte und
damit des Controlling-Umfangs.

[1168] Vgl. ebenda
[1169] Vgl. ebenda

5.2.2 Messung des geschäftlichen Erfolgs der Etablierung globaler Markenimages im International Private Banking

Um den ökonomischen Erfolg des Imageaufbaus im International Private Banking zu ermitteln und entsprechende Planungs- und Steuerungsgrößen zu erhalten, werden üblicherweise Daten aus der Geschäftsstellenrechnung herangezogen. In diesem „Buchungsergebnis" kommen allerdings die zwischen den Kompetenzzentren bestehenden Leistungsverflechtungen, d.h. die Kundenbetreuung, das Portfolio Management und die Administration, nicht genügend zum Ausdruck.

Verdeutlichen läßt sich diese Problematik - sie besteht unabhängig von der Entscheidung für die „private bank"- oder „private banking"-Lösung (vgl. Kapitel 3.2.2.2.4.1) - am Beispiel von zwei Kompetenzzentren, von denen eines (= Kompetenzzentrum 1) primär Geschäfte an das andere (= Kompetenzzentrum 2) vermittelt. Das Buchungsergebnis von Kompetenzzentrum 1 gibt zwar Auskunft über die vor Ort erfaßten Erlös-, Kosten- bzw. Volumensgrößen, spiegelt jedoch das an Kompetenzzentrum 2 vermittelte Geschäft nur zum Teil bzw. gar nicht wider. Am ehesten aussagekräftig ist dabei noch das operative Geschäftsergebnis, da dieses Leistungsverflechtungen zwischen den International Private Banking-Einheiten immerhin durch Transferpreiszahlungen (vgl. Kapitel 4.1.1.3) berücksichtigt.

Aufgrund der teilweise unzureichenden Abbildung von Vermittlungsleistungen kann das Buchungsergebnis von Kompetenzzentrum 1 zu gravierenden Fehlentscheidungen, z.B. durch nicht aussagekräftige Kennzahlen, wie die Größe „Volumen je Private Banker", führen. Umgekehrt läßt die isolierte Betrachtung der in Kompetenzzentrum 2 verbuchten Volumina keine Rückschlüsse auf die Akquisitionserfolge dieses Zentrums zu, da sämtliche anvertrauten Kundengelder von Kompetenzzentrum 1 vermittelt worden sein könnten. Die Beurteilung eines Profit-Centers lediglich anhand der vor Ort gebuchten Ergebnisse verleitet im Extremfall zu der falschen Folgerung, dieses Kompetenzzentrum aufgrund mangelnder Leistungsstärke zu schließen.

Um den mit einer eingeführten International Private Banking-Marke verbundenen wirtschaftlichen Erfolg auch tatsächlich auf die hierfür ursächlich verantwortlichen Kompetenzzentren (bzw. einzelnen Teams oder Personen) zurückzuführen, sollten Kreditinstitute die geschäftlichen Verflechtungen in einer modifizierten Ergebnisrechnung, dem „Produktionsergebnis", erfassen. Dieses berücksichtigt die von den Mitarbeitern eines Kompetenzzentrums insgesamt, d.h. auch für die anderen International Private Banking-Einheiten, erbrachten Leistungen. Hierzu werden in den jeweiligen Buchungsergebnissen die nicht erlös- oder kostenrelevanten Größen, wie die Kundenanzahl oder die „assets under management", den einzelnen Unternehmenseinheiten leistungsgerecht zugeordnet. Würde beispielsweise das Kompetenzzentrum in Singapur Gelder von Kunden aus der eigenen Region zur Verbuchung an das Kompetenzzentrum in Genf vermitteln, so müßte zur Berechnung des jeweiligen Produktionsergebnisses das Buchungsergebnis in Singapur um diese Volumina erhöht, das in Genf dagegen entsprechend vermindert werden. Die auf diese Weise ermittelten Kennziffern dienen der Bank als objektiver Beurteilungsmaßstab, um die am Imageaufbau maßgeblich beteiligten Leistungsträger zu identifizieren und durch eine angemessene Entlohnung an das Unternehmen zu binden.

Die Erkenntnisse aus der Auswertung der jeweiligen Ist-Zahlen sowie die geschäftspolitischen Visionen dienen innerhalb des Regelkreismodells zum Aufbau globaler Markenimages als Basis für Budgetierungsentscheidungen (vgl. Kapitel 4.1.3.2) für das Folgejahr.

6 Thesenartige Zusammenfassung und Ausblick

Die in der vorliegenden Arbeit vorgenommene Analyse der Ausgangssituation der deutschen Großbanken zum Aufbau globaler Markenimages im International Private Banking sowie die Bewertung des
strategischen, technisch-organisatorischen und markenpolitischen Handlungsrahmens führt zu folgenden in sechs Thesen zusammengefaßten
Ergebnissen:

These 1	Für die deutschen Großbanken besteht beim Aufbau eines globalen Markenimages im International Private Banking im Vergleich zu den Marktführern ein deutlicher Nachholbedarf.

Bis in die jüngste Vergangenheit beschränkte sich der Fokus der deutschen Großbanken bei der Betreuung sehr vermögender Privatkunden
primär auf den vergleichsweise geschützten Inlandsmarkt. Inzwischen
haben die deutschen Großbanken erkannt, daß dringender Handlungsbedarf besteht, um in dem attraktiven Geschäft mit den International
Private Banking-Kunden, d.h. den global orientierten high net worth
individuals aus aller Welt, Anschluß an die führenden Wettbewerber zu
finden und ebenso wie diese ein weltweites Markenimage zu etablieren.
Ein Markenimage im International Private Banking - definiert als die Gesamtheit der (überwiegend positiven) Assoziationen insbesondere von
Kunden gegenüber dem jeweiligen Anbieter bzw. dessen Produkten -
testiert den Erfolg der bankbetrieblichen Bestrebungen, den gewandel-
ten, zunehmend globaler ausgerichteten Anforderungen dieser exklusiven Kundschaft zu entsprechen.
Insbesondere den Schweizer Banken ist es durch ihre teilweise jahrhun-
dertelange Tradition gelungen, zum Inbegriff der professionellen Betreuung sehr wohlhabender Privatkunden und der sicheren Verwahrung ihrer

Vermögenswerte zu werden. Der Versuch, dem Image den Rang des Wirklichen abzusprechen und nur das von Experten eindeutig Feststellbare als objektiv gelten zu lassen, würde somit den in der Praxis gesammelten bzw. teilweise auch empirisch belegten Erfahrungen mit Markenimages widersprechen.[1170] Neben der objektiven Beschaffenheit der erbrachten Bankleistung als tatsächlicher Realität determiniert nämlich auch die „psychologische Realität"[1171] die Kundeneinstellungen: Denn (Marken-)Images wirken, und wirklich ist, was wirkt.[1172]

Die von der Deutschen Bank und der Dresdner Bank bereits vollzogene und von der Commerzbank geplante Zusammenführung der weltweiten Konzerneinheiten im International Private Banking bildet den ersten Schritt zu einer kundenorientierten Neupositionierung. Zum Aufbau eines globalen Markenimages ist darüber hinaus ein konsistentes markenpolitisches Gesamtkonzept erforderlich, das der Erwartungshaltung der insgesamt äußerst anspruchsvollen International Private Banking-Klientel Rechnung trägt.

These 2	Die erfolgreiche Etablierung globaler Markenimages vollzieht sich innerhalb eines langwierigen Prozesses.

Im Gegensatz zu anderen Segmenten des Privatkundengeschäfts kommt insbesondere im International Private Banking der langfristigen Ausrichtung der markenbezogenen Aktivitäten eine entscheidende Bedeutung für eine erfolgreiche Positionierung zu, da in diesem Geschäftsfeld der Aufbau einer vertrauensvollen Kunde-Bank-Beziehung mehr Zeit erfordert. Um zu erreichen, daß das Markenimage bei den International Private Banking-Kunden dauerhaft als Inbegriff exzellenter

---

[1170] Vgl. Dorenbeck, B., a.a.O., S. 133; Spiegel, B./Nowak, H., a.a.O., S. 966
[1171] Vgl. Wiswede, G., Psychologie ..., a.a.O., S. 135
[1172] Vgl. Dorenbeck, B., a.a.O., S. 133

Qualität Bestand hat, muß sich die Bank mit ihren markenrelevanten Aussagen und Versprechen identifizieren und diese kontinuierlich gegenüber den Adressaten der Markenbotschaft kommunizieren.[1173] Ein umfassendes und regelmäßiges Controlling aller zum Aufbau globaler Markenimages erforderlichen Aktivitäten - nämlich Situationsanalyse, Ziel- und Strategiefestlegung, Schaffung der technisch-organisatorischen Voraussetzungen und Gestaltung der markenpolitischen Instrumente - ist dabei grundlegende Voraussetzung zur Erreichung der markenbezogenen Ziele. Dem Prozeßcharakter der Etablierung globaler Markenimages steht jedoch in einer unter der Maßgabe des Shareholder Values gesteuerten Bank die in der Regel kurzfristig orientierte Erwartungshaltung der Aktionäre in bezug auf die Dividendenpolitik gegenüber.[1174]

These 3	Prägnante, globale Markenimages im International Private Banking schaffen für die Anbieter nachhaltige monetäre und nicht-monetäre Wettbewerbsvorteile.

Das Wirkungsspektrum eines prägnanten Markenimages umfaßt aus Bankensicht insbesondere die gesteigerte Effizienz der Marketing-Maßnahmen durch erhöhte Wahrnehmungssensibilitäten der Kunden, die Erzielung einer größeren Markentreue und somit die erleichterte Umsetzung von Wachstumsstrategien. Durch die Nutzung dieses Potentials von Marken auch im International Private Banking, einem Markt mit attraktiven Margen bei vergleichsweise geringem Risiko der einzelnen Geschäfte, bietet sich den deutschen Großbanken die Möglichkeit, die im inländischen Privatkundengeschäft unter Druck stehende Ertragsbasis zu erweitern.[1175] Die skizzierten Chancen von Markenimages

---

[1173] Vgl. Kapferer, J.-N., a.a.O., S. 105
[1174] Vgl. Aaker, D. A., a.a.O., S. 27
[1175] Vgl. Klöppelt, H., International ..., a.a.O., S. 207

basieren letztlich auf der jeweiligen Markenpersönlichkeit als „gedanklichem Patent", das von Konkurrenten nie vollkommen kopiert werden kann. Markenimages fungieren somit als Schutzschild gegen den immensen, sich derzeit noch verschärfenden Wettbewerb im International Private Banking.[1176] Sie verstärken die in diesem Geschäftsfeld bestehenden Markteintrittsbarrieren, die ohnehin aufgrund der Langwierigkeit des Imageaufbaus, der hohen Kundenloyalität sowie der erforderlichen Finanzkraft für den Aufbau einer weltweiten Präsenz bestehen.[1177]

Vor dieser Hürde stehen auch die deutschen Großbanken: Diese müssen im Rahmen einer langfristig orientierten Strategie erhebliche Anstrengungen (z.B. in den Bereichen EDV, Vertrieb und Leistungsprogramm) unternehmen, um am International Private Banking-Markt erfolgreich partizipieren zu können.[1178] Es darf allerdings nicht verkannt werden, daß der Auf- bzw. Ausbau des Geschäftsfelds „International Private Banking" mit einem hohen Investitionsrisiko verbunden ist.[1179] Ein schlüssiges Markenkonzept ist zwar eine notwendige, jedoch keine hinreichende Voraussetzung für den geschäftlichen Erfolg, denn Denken und Handeln der Kunden werden von einer Vielzahl von Umständen beeinflußt, die keinen oder nur geringen Einwirkungsmöglichkeiten durch Kreditinstitute zugänglich sind.

„The bank will earn a premium if it acquires the ability to offer a truly global range of products and a wide geographic network of contact points to serve the clientele, it must however select its tactic carefully and decide how deep its degree of globalisation can be, in order to satisfy clients without running the risk of losing control of organisational costs."[1180]

[1176] Vgl. Höfner, K., Schafft ..., a.a.O., S. 57
[1177] Vgl. Tippl, Th., Strategische Geschäftsfeldanalyse für den österreichischen Vermögensverwaltungsmarkt. Schriftenreihe des Instituts für Kreditwirtschaft (Wirtschaftsuniversität Wien), Bd. 32, Wien 1991, S. 81; Klöppelt, H., International ..., a.a.O., S. 205
[1178] Vgl. Klöppelt, H., International ..., a.a.O., S. 207
[1179] Vgl. ebenda
[1180] Ehlern, S., a.a.O., S. 63

These 4	Ein Markenimage bestärkt den Kunden auf sachlicher und emotionaler Ebene in der Wahl und Aufrechterhaltung seiner Bankverbindung.

Ein prägnantes Markenimage führt zu einer deutlichen Abgrenzung gegenüber Wettbewerbern und erleichtert auf diese Weise dem Kunden die Orientierung innerhalb des stark expandierenden International Private Banking-Markts. Es verschafft dem Kunden zeitliche Freiräume, da sich dieser aufgrund des mit dem Markenimage verbundenen Qualitätsversprechens unbesorgt auf Handlungsempfehlungen seiner Bank verlassen und somit Anlageentscheidungen ggf. auch delegieren kann. Durch die Ausstrahlung von Sympathie und Wärme fördert ein Markenimage das Vertrauen und damit die emotionale Zuneigung des Kunden zu „seiner" Marke. Über die kognitive und affektive Dimension hinaus erhält der Kunde durch die Zusammenarbeit mit einer renommierten Bank - sofern er dies überhaupt Dritten gegenüber kundtut - soziale Anerkennung (z.B. innerhalb seines Bekanntenkreises). Die dem Kunden vermittelte Gewißheit, daß seine in die Markenqualität gesteckten Erwartungen nicht enttäuscht werden, läßt für ihn zudem die beruhigende Schlußfolgerung zu, daß sein habituelles Verhalten keiner permanenten Revision auf Richtigkeit hin bedarf. Außerdem mindert die Marke etwaige Dissonanzen des Kunden, die im International Private Banking aufgrund der hohen Bedeutung der Entscheidung für eine Bankverbindung und der Attraktivität alternativer Bankangebote sehr viel eher als etwa im breiten Privatkundengeschäft auftreten können.

These 5	Die deutschen Großbanken stehen im International Private Banking vor der Herausforderung, die vorhandenen Ressourcen sowie Wettbewerbsvorteile einzelner Konzerneinheiten innerhalb eines globalen Gesamtkonzepts zu verknüpfen.

Die weltweite Zusammenführung bereits existierender bzw. der Aufbau neuer Konzerneinheiten (Repräsentanzen, Filialen oder Tochtergesellschaften) zur Etablierung eines globalen Markenimages erfordert die Angleichung verschiedenster Unternehmenskulturen, geschäftspolitischer Ansätze sowie technischer und organisatorischer Systeme. Die strategische Neuausrichtung, einhergehend mit der konzernweiten Harmonisierung der originären und derivativen markenpolitischen Instrumente, ist aufgrund der besonderen Tragweite für die Bank und auch die Kunden nicht mit einem Relaunch vergleichbar. Es erfolgt vielmehr ein gänzlich neuer Markteintritt als nun weltweit einheitliche Marke mit verändertem Anspruch an die Betreuung von International Private Banking-Kunden. Teilweise können die deutschen Großbanken aufgrund ihrer in diesem Geschäftsfeld bereits in der Vergangenheit operativ tätigen Konzerngesellschaften zwar auf Bestehendes zurückgreifen, jedoch bedeutet dieser Vorteil u.U. gleichzeitig, auf etablierte Strukturen Rücksicht nehmen zu müssen.

These 6	Die erfolgreiche Gestaltung der markenpolitischen Instrumente hängt davon ab, die Balance zu halten zwischen der Notwendigkeit, den Instrumentaleinsatz aus Kostengründen zu standardisieren und aus Profilierungsgründen zu individualisieren.

Aus den vielfältigen markenpolitischen Optionen im International Private Banking gilt es, eine auf die spezifische Situation der Bank zugeschnittene Auswahl vorzunehmen. Hierbei besteht der Zielkonflikt, durch die weltweite Standardisierung der markenbezogenen Aktivitäten Synergiepotentiale nutzen zu wollen und zugleich den hohen Kundenerwartungen (u.a. an einen exzellenten Service sowie an die Bereitschaft und Fähigkeit, auf individuelle Wünsche und Anlageziele einzugehen) gerecht zu werden.[1181] Der Aufbau von globalen Markenimages im International Private Banking weicht somit von der Etablierung sog. „Weltmarken" teilweise ab: Als solche gelten weltweit hinsichtlich Markierung und Qualität identische Produkte mit einem in allen Ländern einheitlichen Marketing-Mix-Konzept sowie (hier besteht Übereinstimmung zum International Private Banking) mit einer überall gleichermaßen hohen Wertschätzung seitens der Kunden.[1182] Über Erfolg oder Mißerfolg bestimmt im International Private Banking letztendlich das ausgewogene Verhältnis zwischen der Nutzung von Einsparungspotentialen und (auch vor dem Hintergrund der immensen Ertragschancen) der Berücksichtigung spezifischer Kundenwünsche.

[1181] Vgl. Staubli, Th., a.a.O., S. B6
[1182] Vgl. Berekoven, L., Internationales ..., a.a.O., S. 150; Socquet, W., Große Marken kennen keine Grenzen, in: FAZ vom 3.3.1998, Nr. 52, S. B14

Ausblick: Durch ihre bereits durchgeführte (bzw. geplante) Reorganisation stellen sich die deutschen Großbanken den gestiegenen Kundenerwartungen und dem verschärften Wettbewerb im International Private Banking. In der jüngsten Vergangenheit erfolgte Megafusionen von Kreditinstituten, verbunden mit immer wieder veröffentlichten Mutmaßungen über die intensive Zusammenarbeit (Fusionen, Allianzen etc.) z.b. auch der deutschen Großbanken mit starken Partnern, dokumentieren jedoch den fortdauernden, weltweiten Umbruch im Bankensektor an der Schwelle zum dritten Jahrtausend.[1183] Es bleibt abzuwarten, ob und in welcher Weise die deutschen Großbanken eine noch weitergehende Verstärkung ihrer Marktpräsenz im International Private Banking vornehmen werden, um sich auch in diesem Geschäftsfeld nachhaltig als „global players" zu etablieren.

[1183] Vgl. o.V., J.P. Morgan erwartet mehr Bankenfusionen, in: FAZ vom 6.6.1998, Nr. 129, S. 22

Anhang

| Anlage 1 | Regionale Vermögensverteilung, differenziert nach Volumensklassen |

Angaben in % der 766 befragten
International Private Banking-Kunden:

Herkunfts-region / Größen-klasse	Große europäische Länder	Kleine europäische Länder	USA und Kanada	Latein-amerika	Pazifischer Raum (Asien und Australien)	Entwick-lungs-länder	Durch-schnitt
US$ 1 Mio.- US$ 5 Mio.	19,8	30,3	23,0	12,3	19,7	14,8	19,2
US$ 5 Mio.- US$ 10 Mio.	34,6	25,0	34,6	40,2	35,2	34,9	34,5
US$ 10 Mio.- US$ 25 Mio.	37,6	34,2	32,7	32,9	33,1	41,1	36,2
über US$ 25 Mio.	8,0	10,5	9,7	14,6	12,0	9,2	10,1

Vgl. o.V., Global wealth survey. Wealth ..., a.a.O., S. 12 (eigene Übersetzung)

Anlage 2	Vermögensverteilung, differenziert nach Altersklassen der Kunden

Angaben in % der 1.187 befragten
International Private Banking-Kunden:

Herkunfts-region / Alter	Große europäische Länder	Kleine europäische Länder	USA und Kanada	Latein-amerika	Pazifischer Raum (Asien und Australien)	Entwick-lungs-länder	Durch-schnitt
unter 40 Jahre	1,1	0,0	1,4	1,0	0,0	5,0	1,2
41-55 Jahre	9,6	7,5	9,5	6,3	0,0	24,0	8,6
56-65 Jahre	81,8	76,7	82,9	74,4	67,2	52,9	74,5
66 Jahre und älter	7,5	15,8	6,2	18,2	32,8	18,2	15,7

Vgl. o.V., Global wealth survey. Pacific ..., a.a.O., S. 12 (eigene Übersetzung)

Anlage 3	Vermögensverteilung, differenziert nach Art des Erwerbs

Angaben in % der 766 befragten
International Private Banking-Kunden:

Herkunfts- region Quelle	Große europäische Länder	Kleine europäische Länder	USA und Kanada	Latein- amerika	Pazifischer Raum (Asien und Australien)	Entwick- lungs- länder	Durch- schnitt
Private Aktivitäten	75,9	80,3	85,0	82,9	76,8	82,3	80,3
Verkauf des Unternehmens	8,6	3,9	13,3	7,3	16,9	7,8	10,0
Geerbtes Vermögen	6,2	11,8	0,0	9,8	0,7	5,2	5,0
Aus Angestell-tenverhältnis	3,7	0,0	0,9	0,0	1,4	0,0	1,1
Andere	5,6	3,9	0,9	0,0	4,2	4,7	3,6

Vgl. o.V., Global wealth survey. Wealth ..., a.a.O., S. 12 (eigene Übersetzung)

Anlage 4	Anzahl der Bankverbindungen, differenziert nach Vermögenshöhe

Angaben in % der 1.187 befragten
International Private Banking-Kunden:

Vermögens-höhe / Anzahl	0-5 Mio. US$	5 Mio. US$-10 Mio. US$	10 Mio. US$-25 Mio. US$	über 25 Mio. US$
1-2 Bank-verbindungen	50,7	37,7	27,5	10,7
3-5 Bank-verbindungen	42,9	51,1	51,8	50,0
mehr als 5 Bank-verbindungen	6,4	11,2	20,7	39,3

Vgl. o.V., Global wealth survey. North ..., a.a.O., S. 13 (eigene Übersetzung)

Anlage 5	Anzahl der Bankverbindungen, differenziert nach Kundennationalität

Angaben in % der 1.187 befragten
International Private Banking-Kunden:

Herkunfts-region / Anzahl	Große europäische Länder	Kleine europäische Länder	USA und Kanada	Latein-amerika	Pazifischer Raum (Asien und Australien)	Entwick-lungs-länder
1-2 Bank-verbindungen	42,9	56,2	31,3	16,4	12,3	43,5
3-5 Bank-verbindungen	52,5	39,7	64,4	48,3	48,0	35,9
mehr als 5 Bank-verbindungen	4,6	4,1	4,3	35,3	39,7	20,6

Vgl. o.V., Global wealth survey. North ..., a.a.O., S. 13 (eigene Übersetzung)

Literaturverzeichnis

Aaker, D. A., Management des Markenwerts, Frankfurt am Main 1992

Aaker, D. A./Day, G. S., The Perils of High-growth Markets, in: Strategic Management Journal 1986, S. 409-421

Achterholt, G., Corporate Identity, 2. Aufl., Wiesbaden 1991

Adams, R./Sixt, S. S., Trends im Wertpapierservice, in: Die Bank 3/1998, S. 164-168

Alexander, R. S., Marketing Definitions: A Glossary of Marketing Terms, compiled by the Committee on Definitions of the American Marketing Association, Chicago 1960

Althans, J./Meffert, H., Internationales Marketing, Stuttgart 1982

Andresen, Th., Innere Markenbilder: MAX - wie er wurde, was er ist, in: Planung und Analyse 1/1991, S. 28-34

Angehrn, O., Handelsmarken und Herstellermarken im Wettbewerb, Stuttgart 1969

Attiyeh, R./Wenner, D., Critical mass, key to export profits, in: The McKinsey Quarterly 4/1981, S. 73-88

Aust, E., Der Wettbewerb in der Bankwirtschaft, Frankfurt am Main 1963

Ayal, I./Zif, J., Competitive market choice strategies in multinational marketing, in: Columbia Journal of World Business 3/1978, S. 72-81

Ayal, I./Zif, J., Market expansion strategies in multinational marketing, in: Journal of Marketing 1/1979, S. 84-94

Baas, V., Die Tage des Glass/Steagall-Act sind gezählt, in: Die Bank 10/1997, S. 606-608

Backhaus, K., Investitionsgütermarketing, 3. Aufl., München 1992

Badoc, M., Information: Strategisches Element der Bankinstitute, in: Sparkassen International 2/1990, S. 11-13

Balzer, A./Wilhelm, W., Wechsel auf die Zukunft, in: managermagazin, April 1998, S. 92-108

Bank von Ernst & Cie AG, Geschäftsbericht 1998, Zürich 1999

Bankhaus Reuschel & Co., Geschäftsbericht 1996, o.O., 1997

Banque Nationale de Paris S.A./Dresdner Bank AG, Cooperation Agreement between Banque Nationale de Paris and Dresdner Bank, 7.10.1996

Bartlett, C. A., MNC's. Get off the Reorganization Merry-Go-Round, in: Harvard Business Review, März/April 1983, S. 136-146

Bartlett, C. A./Ghoshal, S., Tap Your Subsidiaries for Global Reach, in: Harvard Busines Review, November/Dezember 1986, S. 87-94

Baumhoff, H., Steuerliche Aspekte der Verrechnungspreispolitik gegen-über ausländischen Vertriebsunternehmen, in: IStR 11/1993, S. 520-522

Bayerische Hypo- und Vereinsbank AG, Geschäftsbericht 1998, München 1999

Bayne, T. M., Segment and conquer, in: Bank Marketing International, Sonderheft o.J., S. 14-15

Bayton, J. A., Motivation, cognition, learning - basic factors in consumer behavior, in: The Journal of Marketing 1/1958, S. 282-289

Beck, S., Playing the trillion dollar market, in: Private Banker International, Juli/August 1996, S. 14-15

Becker, J., Marketing-Konzeption: Grundlagen des strategischen Marketing-Managements, 2. Aufl., München 1988

Becker, J., Phänomen Marken-Streß, in: asw, Sondernummer 10/1984, S. 14-24

Beer, A., Der Wandel im Image der Banken, Heft 87 der Veröffentlichungen des Lehrstuhls für Allgemeine, Bank- und Versicherungs-Betriebswirtschaftslehre an der Friedrich-Alexander-Universität Erlangen-Nürnberg, Nürnberg 1995

Beger, R., Unternehmenskommunikation: Grundlagen, Strategien, Instrumente, Frankfurt am Main/Wiesbaden 1989

Bekmeier, S., Markenwert, in: Tietz, B. (Hrsg.), Handwörterbuch des Marketing, 2. Aufl., Stuttgart 1995, Sp. 1459-1471

Bekmeier, S., Markenwert und Markenstärke. Markenevaluierung aus konsumentenorientierter Perspektive, in: Markenartikel 8/1994, S. 383-387

Benölken, H./Winkelmann, A., Zielgruppen-Management im Privatkundengeschäft, in: Die Bank 8/1988, S. 438-444

Berekoven, L., Bankenmarketing im Privatkundengeschäft, in: Beyer, H.-T./Schuster, L./Zimmerer, C. (Hrsg.), Neuere Entwicklungen in Betriebswirtschaftslehre und Praxis. Festschrift für Professor Dr. Oswald Hahn zum 60. Geburtstag, Frankfurt am Main 1988, S. 329-343

Berekoven, L., Der Dienstleistungsbetrieb. Wesen, Struktur, Bedeutung, Wiesbaden 1974

Berekoven, L., Die Besonderheiten der Werbung für immaterielle Güter, in: Kosiol, E./Sundhoff, E. (Hrsg.), Betriebswirtschaft und Marktpolitik, Köln/Opladen 1968, S. 18-30

Berekoven, L., Internationales Marketing, 2. Aufl., Herne/Berlin 1985

Berekoven, L., Weltmarken-Konzepte zwischen Wunsch und Wirklichkeit, in: Markenartikel 6/1985, S. 288-296

Berekoven, L., Zum Verständnis und Selbstverständnis des Markenwesens, in: Gabler-Verlag (Hrsg.), Markenartikel heute. Marke, Markt und Marketing, Wiesbaden 1978, S. 35-48

Bergler, R., Die Identifikation der Mitarbeiter mit ihrer Sparkasse - Motive und Barrieren, in: DEUTSCHER SPARKASSEN- UND GIROVERBAND (Hrsg.), Die Zukunft gestalten, Stuttgart 1989, S. 109-122

Bernet, B., Bonusprogramme als Instrument der Preisdifferenzierung, in: Die Bank 12/1995, S. 734-737

Bernet, B., Logistikstrategien im Private Banking, in: Gehrig, B. (Hrsg.), Private Banking, Zürich 1995, S. 29-48

Bernet, B., Relationship Pricing, in: Die Bank 12/1994, S. 708-712

Berney, C., A team approach to private banking, in: Private Banker International, März 1995, S. 14-15

Berry, L. L./Zeithaml, V. A./Parasuraman, A., Five Imperatives for Improving Service Quality, in: Sloan Management Review 4/1990, S. 29-38

Bertsch, G. C., Externes Design Management bei der Einrichtung von Banken, in: bum 11/1991, S. 24

Bertschinger, U., Sorgfaltspflichten der Bank bei Anlageberatung und Vermögensverwaltungsaufträgen, Diss. Zürich 1991

Beuttel, W., Markteintrittsstrategien in schnell wachsenden Märkten, in: Töpfer, A./Wieselhuber, N. (Hrsg.), Handbuch strategisches Marketing, 2. Aufl., Landsberg am Lech 1986, S. 308-318

Biedermann, K., Strukturierung privater Vermögen mit Gesellschaften, Stiftungen und Trusts, in: Gehrig, B. (Hrsg.), Private Banking, Zürich 1995, S. 49-68

Binder, C. U., Brand Alliances. Wie Marken noch wachsen, in: asw 4/1996, S. 54-63

Birkigt, K./Stadler, M. M., Corporate Identity - Grundlagen, in: Birkigt, K. (Hrsg.), Corporate Identity: Grundlagen, Funktionen, Fallbeispiele, 6. Aufl., Landsberg am Lech 1993, S. 11-61

Bisani, H. P., Die Beurteilung der verschiedenen Formen von Auslandsstützpunkten deutscher Universalbanken, Heft 4 der Veröffentlichungen des Lehrstuhls für Allgemeine, Bank- und Versicherungs-Betriebswirtschaftslehre an der Friedrich-Alexander-Universität Erlangen-Nürnberg, Nürnberg 1979

Bischofberger, A., Charting the investment process, in: Retail Banker International vom 7.3.1995, S. 14-15

Bleuel, A., Dachmarke oder Einzelmarke? Wohin mit dem Produktneuling?, in: asw 4/1989, S. 100-105

Böhler, H., Marktforschung, Stuttgart/Berlin/Mainz 1985

Böhler, H., Methoden und Modelle der Marktsegmentierung, Stuttgart 1977

von Boehm-Bezing, C. L., Die Partie wird jetzt entschieden, in: BANK MAGAZIN 4/1994, S. 8-14

Boissier, V. C., Family Office: Allroundservice für Wohlhabende, in: Die Bank 3/1999, S. 168-171

Boom, M., Diskreter Diener des großen Geldes, in: Forum (Mitarbeitermagazin der Deutschen Bank) 10/1997, S. 32-35

Bourgon, G., Sponsoring in der Kreditwirtschaft, Wiesbaden 1992

Breuer, H.-J., Banken brauchen Markenartikelbewußtsein, in: bum 9/1989, S. 11

Brooke, M. Z./Remmers, H. L., The Strategy of Multinational Enterprise - Organization and Finance, London 1970

Broschinski, G., Performancetestat in der Vermögensverwaltung, in: Die Bank 11/1995, S. 650-652

Bruhn, M., Kulturförderung und Kultursponsoring - neue Instrumente der Unternehmenskommunikation?, in: Bruhn, M./Dahlhoff, H. D. (Hrsg.), Kulturförderung - Kultursponsoring, Frankfurt am Main 1989, S. 36-84

Bruhn, M., Markenstrategien, in: Tietz, B. (Hrsg.), Handwörterbuch des Marketing, Bd. 4, 2. Aufl., Stuttgart 1995, Sp. 1445-1459

Bruhn, M., Marketing. Grundlagen für Studium und Praxis, Wiesbaden 1990

Bruhn, M., Sponsoring, in: Tietz, B. (Hrsg.), Handwörterbuch des Marketing, Bd. 4, 2. Aufl., Stuttgart 1995, Sp. 2341-2354

Bruhn, M., Sponsoring als Instrument der Markenartikelwerbung, in: Markenartikel 5/1987, S. 190-198

Bruhn, M., Sponsoring. Unternehmen als Mäzene und Sponsoren, 2. Aufl., Wiesbaden 1991

Bruhn, M., Umweltsponsoring - ein neues Instrument der Markenführung?, in: Markenartikel 5/1990, S. 198-208

Bruhs, G., In Kreditinstituten: Presse- und Öffentlichkeitsarbeit, in: Bankinformation 11/1985, S. 13-18

Brunner, W. L., Beratungsqualität ist Schlüsselfaktor im Total Quality Management, in: Die Bank 8/1993, S. 447-452

Büschgen, H. E., Bankbetriebslehre: Bankgeschäfte und Bankmanagement, 4. Aufl., Wiesbaden 1993

Büschgen, H. E., Bankmarketing, Düsseldorf 1995

Büschgen, H. E., Die Großbanken, Frankfurt am Main 1983

Büschgen, H. E., Entwicklungsphasen des internationalen Bankgeschäfts, in: Büschgen, H. E./Richolt, K. (Hrsg.), Handbuch des internationalen Bankgeschäfts, Wiesbaden 1989, S. 1-22

Büschgen, H. E., Ökologie als geschäftspolitische Herausforderung für Banken, in: Die Bank 3/1992, S. 132-142

Büschgen, H. E., Zukunftsorientierte Gestaltung der Geschäftsstrukturen internationaler Banken, in: Albach, H. (Hrsg.), Globalisierung und Wettbewerb, Wiesbaden 1992, ZfB-Ergänzungsheft 2/1992, S. 27-50

Bugdahl, V., Wissenswertes rund um den Markennamen, in: Markenartikel 11/1995, S. 527-531

Bunk, B., Marken ohne Blickkontakt? Neue Sicht der Führung, in: asw 11/1991, S. 44-58

Bunk, B., Social Sponsoring. Wie kritische Zielgruppen zu überzeugen sind, in: asw 3/1992, S. 48-54

Busse, R./Starck, J., Warenzeichengesetz, 6. Aufl., Berlin/New York 1990

Butler, P., Great expectations but ..., in: Retail Banker International, Februar/März 1995, S. 2-3

Callmann, R., Zum Schutz der Weltmarke, in: Der Markenartikel 8/1954, S. 449-454

Camp, A., The growth and changing character of offshore banking, in: The OFC Report 1996/97, S. 32-34

Carruthers, D./Feis, A., How technology can help to improve customer service and diferentiate your bank's offering to private clients, Vortrag anläßlich „IBC's Fourth Annual Conference" vom 28.3.1995 in London

Cateora, Ph., International Marketing, Homewood 1987

The Chase Manhattan Private Bank, Media Information, Genf 1993

de Chernatony, L./Bernath, R., Developing Pan-European Brands in the Single European Market, City University Working Paper Series, 1992

de Chernatony, L./McDonald, M., Creating Powerful Brands, Oxford 1992

Cichon, W., Globalisierung als strategisches Problem, München 1988

Coenenberg, A., Jahresabschluß und Jahresabschlußanalyse, 10. Aufl., Landsberg am Lech 1988

Commerzbank AG, Geschäftsbericht 1991, Frankfurt am Main 1992

Commerzbank AG, Geschäftsbericht 1992, Frankfurt am Main 1993

Commerzbank AG, Geschäftsbericht 1993, Frankfurt am Main 1994

Commerzbank AG, Geschäftsbericht 1996, Frankfurt am Main 1997

Coutts & Co, International Private Banking: Trusts and Managed Companies, o.O., o.J.

Cowell, D., The Marketing of Services, Oxford 1989

Cramer, J.-E., Die Marktforschung als Basis für den Einsatz des Marketing-Mix, in: van Hooven, E./Süchting, J. (Hrsg.), Handbuch des Bankmarketing, 2. Aufl., Wiesbaden 1991, S. 119-133

Cramer, J.-E., Markenpolitik im Bankenmarkt, in: Markenartikel 1/1995, S. 7-11

Credit Suisse, Credit Suisse Private Banking (Imagebroschüre), o.O., o.J.

Cremer, M., Presse- und Öffentlichkeitsarbeit in Banken und Sparkassen, Wiesbaden 1995

Davidson, W., Market similarity and market selection: implications for international marketing strategy, in: Journal of Business Research 11/1983, S. 439-456

Decker, R./Klein, T./Wartenberg, F., Marketing und Internet - Markenkommunikation im Umbruch?, in: Markenartikel 10/1995, S. 468-473

Deimel, K., Sponsoring, in: WiSt 7/1987, S. 351-353

Denby-Jones, S., Mind the gap, in: THE BANKER, Februar 1995, S. 66-67

Deutsche Bank AG, Deutsche Bank hat ihre Kräfte im Private Banking weltweit erfolgreich gebündelt, Mitteilung im Internet vom 10.8.1997

Deutsche Bank AG, Engagement, das verbindet. Die Deutsche Bank in Gesellschaft, Kultur und Wissenschaft, 2. Aufl., Frankfurt am Main 1995

Deutsche Bank AG, Geschäftsbericht 1992, Frankfurt am Main 1993

Deutsche Bank AG, Geschäftsbericht 1994, Frankfurt am Main 1995

Deutsche Bank AG, Geschäftsbericht 1996, Frankfurt am Main 1997

Deutsche Bank AG, Geschäftsbericht 1998, Frankfurt am Main 1999

Deutsche Bank AG, Konzern-Profile. Private Banking, Frankfurt am Main 1997

Deutsche Bundesbank, Bankenstatistik Juli 1999, Frankfurt am Main 1999

Deutsche Bundesbank, Depotstatistik per 12/1998, o.O., S. W3 und S. W4

Deutsches Patent- und Markenamt, Jahresbericht 1998, München 1999

Dichtl, E., Grundidee, Entwicklungsepochen und heutige Bedeutung des Markenartikels, in: Gabler-Verlag (Hrsg.), Markenartikel heute. Marke, Markt und Marketing, Wiesbaden 1978, S. 17-33

Dichtl, E., Grundidee, Funktionen und Varianten des Markenartikels, in: WiSt 6/1992, S. 270-274

Dichtl, E., Grundidee, Varianten und Funktionen der Markierung von Waren und Dienstleistungen, in: Dichtl, E./Eggers, W. (Hrsg.), Marke und Markenartikel als Instrument des Wettbewerbs, München 1992, S. 1-23

Dierolf, G., Teilmarktstrategien für Finanzdienstleister, in: bum 8/1993, S. 10-15

Dietz, M., Zehn Thesen zum Corporate Design als Motivations- und Führungsinstrument, in: bum 11/1991, S. 23

Diller, H., Preispolitik, 2. Aufl., Stuttgart 1991

Disch, W. K. A., Braucht der „neue" Konsument überhaupt noch Marken?, in: Marketing Journal 5/1995, S. 342-350

DIT DEUTSCHER INVESTMENT-TRUST, DIT-Fonds Rechenschaftsbericht 1997, Frankfurt am Main 1998

Dobree, J./Page, A. S., Unleashing the Power of Service Brands in the 1990s, in: Management Decision 6/1989, S. 14-28

Domizlaff, H., Die Gewinnung öffentlichen Vertrauens. Ein Lehrbuch der Markentechnik, Hamburg 1982

Dorenbeck, B., Firmen- und Markenimage: Bilder, die der Verbraucher sich macht, in: Markenartikel 3/1985, S. 132-133

Douglas, S. P./Craig, C. S., Evolution of global marketing strategy, in: Columbia Journal of World Business 3/1989, S. 47-59

Douglas, S. P./Craig, C. S., International Marketing Research, Englewood Cliffs 1983

Dresdner Bank AG, Geschäftsbericht 1995, Frankfurt am Main 1996

Dresdner Bank AG, Geschäftsbericht 1996, Frankfurt am Main 1997

Dresdner Bank AG, Geschäftsbericht 1998, Frankfurt am Main 1999

Dresdner Bank AG, Global Solutions (Imagebroschüre Dresdner Private Banking), Frankfurt am Main 1999, o.S.

Dresdner Bank AG, Unsere Formel für mehr Rendite - Vermögensverwaltung mit Investmentfonds (VVI), Frankfurt am Main 1997

Duden Fremdwörterbuch, 5. Aufl., Bd. 5, Mannheim/Wien/Zürich 1990

Dupré, J., Wolkenkratzer, New York 1996

Ehlern, S., International Private Banking. A study on international private
banking with special focus on the portfolio management business, Diss.
Bern/Stuttgart/Wien 1997

Eichhorn, F.-J., Märkte für Privatbankiers, in: Die Bank 8/1996,
S. 462-466

Eilenberger, G., Bankbetriebswirtschaftslehre, 4. Aufl., München 1990

Epple, M., Die Kundenbindung wird schwächer: Vertrieb von Bankprodukten, in: Die Bank 10/1991, S. 544-550

Fenkart, P. H., PR konkret - Zum Beispiel Sponsoring, Zürich 1985

Festinger, L., Theorie der kognitiven Dissonanz, Bern/Stuttgart/Wien
1978

Fetherstonhaugh, H., Three Hundred Years of Private Banking, London
1992

Fezer, K.-H., Markenrecht, München 1997

Field, J., Private bankers and counsellors: Are they friends or deadly
rivals, in: Private Banker International, April 1992, S. 14-15

Finora, J., JP Morgan goes west, in: Private Banker International, August 1997, S. 11

Fitschen, E./Schepers, N., AM-Portfolio: Der Anleger im Mittelpunkt, in: FORUM (Mitarbeitermagazin der Deutschen Bank) 5/1996, S. 14-15

Fleischer, K., Virtual Banking - mehr als eine Vision, in: BANK MAGAZIN 3/1997, S. 12-14

Förschle, G./Kroner, M./Rolf, E., Internationale Rechnungslegung: US-GAAP, HGB und IAS, 3. Aufl., Bonn 1999

Franzen, O., Die praktische Nutzung der Markenbewertungssysteme, in: Markenartikel 12/1995, S. 562-566

Franzen, O., Marken-Controlling effizient gestalten, in: Markenartikel 2/1995, S. 57-62

Franzen, O., Markenwertmessung durch Indikatoren für den Markterfolg, in: Markenartikel 3/1993, S. 127-130

Franzen, O./Trommsdorff, V./Riedel, F., Ansätze der Markenbewertung und Markenbilanz, in: Bruhn, M. (Hrsg.), Handbuch Markenartikel, Bd. 2, Markentechnik. Markenintegration. Markenkontrolle, Stuttgart 1994, S. 1373-1401

Franzen, O./Trommsdorff, V./Riedel, F., Ansätze der Markenbewertung und Markenbilanz, in: Markenartikel 8/1994, S. 372-376

Freter, H., Marktsegmentierung, Stuttgart 1983

Gahl, A., Die Konzeption strategischer Allianzen, Diss. Berlin 1991

Gapper, J., Contest to guard the nest-egg, in: Financial Times vom 7.2.1995, S. 17

Gass, C./Landwehr, R./Meffert, H./Waltermann, B., Globale oder nationale Marktkommunikation? - Eine empirische Analyse aus der Sicht weltweit tätiger Werbeagenturen, in: Meffert, H./Wagner, H. (Hrsg.), Arbeitspapier Nr. 29 der Wissenschaftlichen Gesellschaft für Marketing und Unternehmensführung e.V., Münster 1986

Gefen, S., Private Banking at Bank Hapoalim provides very personal service, in: bum 12/1995, S. 39-40

Gehrig, B., Qualitätsmanagement im Private Banking, in: Gehrig, B. (Hrsg.), Private Banking, Zürich 1995, S. 13-28

Gerlach, U., Private Banking, in: WIR (Mitarbeitermagazin der Dresdner Bank) vom 17.11.1997, Nr. 196, S. 8-11

Gesetz über die Eintragung von Dienstleistungsmarken vom 29.1.1979, in: Bundesgesetzblatt 1979, Teil I, S. 125-126

Gesetz zur Reform des Markenrechts und zur Umsetzung der Ersten Richtlinie 89/104/EWG des Rates vom 21.12.1988 zur Angleichung der Rechtsvorschriften der Mitgliedsstaaten über die Marken (Markenrechtsreformgesetz) vom 25.10.1994, in: Bundesgesetzblatt 1994, Teil I, S. 3082-3115

Gotta, M., Der Markenname im Marketingmix. Global Branding und die Zukunft von Markennamen, in: Markenartikel 1/1989, S. 16-20

Gotta, M., Wie stark sind artifizielle Namen?, in: asw, Sondernummer Oktober 1989, S. 240-244

Graefe, Th., Marken und Internet, in: Markenartikel 3/1996, S. 100-103

Graf Strasoldo, M./Rüttgers, D., Benchmark - Richtschnur und Erfolgs-maßstab, in: Sonderbeilage Portfolio-Management, Börsen-Zeitung vom 14.9.1996, S. 13

Graham, G., Covers come off the wealth business, in: Financial Times vom 26.11.1997, Sonderbeilage „Private Banking", S. I

Graumann, J., Die Dienstleistungsmarke. Charakterisierung und Be-wertung eines neuen Markentypus aus absatzwirtschaftlicher Sicht, München 1983

Green, R./O'Dea, A., Getting the image right, in: Private Banker Interna-tional, Juni 1995, S. 8-9

Griffiths, G., Private Banking. Facing up to new challenges, in: Investors Chronicle vom 25.2.1994, S. 73-82

Gröll, W., Was bedeutet aktive Markenbekanntheit?, in: Markenartikel 7/1986, S. 344-345

Gruber, D./Kern, C., Beschwerden: mehr als ein „Störfaktor", in: bum 2/1998, S. 16-21

Grüger, W., Neue Kommunikationsstrategie. Wirkung nach außen und nach innen, in: BANKINFORMATION 2/1988, S. 1

Grundsätze für die Prüfung der Einkunftsabgrenzung bei international verbundenen Unternehmen (Verwaltungsgrundsätze), in: Bundessteuer-blatt 1983, Teil 1, Nr. 5, S. 218-233

Grupp, H., Technologie am Beginn des 21. Jahrhunderts, Heidelberg 1993

Günthert, M. F., Private Banking Services - How you can benefit, in: Tait, D. (Hrsg.), The Credit Suisse Guide to manage your personal wealth, Hongkong 1995, S. 429-437

Haedrich, G./Tomczak, T., Strategische Markenführung: Planung und Realisierung von Marketingstrategien für eingeführte Produkte, 2. Aufl., Bern/Stuttgart/Wien 1996

Hätty, H., Der Markentransfer, Heidelberg 1989

Häuselmann, H., Transfer Pricing Procedures for the Dresdner Bank Group, Anmerkungen von C & L Deutsche Revision, Coopers & Lybrand International vom 10.12.1996, o.S.

Hagander, N., Private Banking 2000: Diskontinuitäten und Erfolgspositionen, in: Gehrig, B. (Hrsg.), Private Banking, Zürich 1995, S. 1-12

Hagenmüller K. F./Jacob, A.-F., Der Bankbetrieb, Band I, 5. Aufl., Wiesbaden 1987

Hahn, O., Bankmarketing, in: ZfgK 13/1988, S. 569-570

Hahn, O., Bankmarketing: Schaufensterwerbung und Valutenpreispolitik, in: ZfgK 18/1984, S. 842-844

Hahn, O., Bankstrukturen im internationalen Vergleich, in: Hahn, O./ Schuster, L. (Hrsg.), Mut zur Kritik. Hanns Linhardt zum 80. Geburtstag, Bern/Stuttgart 1981, S. 165-185

Hahn, O., Das absatzpolitische Instrumentarium der Depositenbank, in: Österreichisches Bank-Archiv 10/1966, S. 326-344

Hahn, O., Die Bedeutung der menschlichen Qualität innerhalb der Bankleistung, in: Die Bank 2/1982, S. 56-61

Hahn, O., Die Führung des Bankbetriebes, Stuttgart 1977

Hahn, O., Großbankenfusionen: Nur Illusionen der Initiatoren?, in: Wirtschaftskurier 7/1998, S. 2

Hahn, O., Innovationen: Erfinden und finden, in: ZfgK 5/1987, S. 185

Hahn, O., Innovationen in der Bankwirtschaft und anderswo. Gedanken zu einem Schlagwort, in: ZfgG 2/1987, S. 139-143

Hahn, O., Kritische Betrachtungen zum Bank-Marketing mit dem Privatkunden, in: Jahrbuch der Absatz- und Verbrauchsforschung 3/1988, S. 284-301

Hahn, O., Menschliche Qualität im Kundenbereich der Bank: Anforderungsprofil und Realität, in: von Kortzfleisch, G./Kaluza, B. (Hrsg.), Internationale und nationale Problemfelder der Betriebswirtschaftslehre. Festgabe für Heinz Bergner zum 60. Geburtstag, Berlin 1984, S. 139-158

Hahn, O., Mißverstandenes Marketing oder Kunden als Könige ohne Land, in: ZfgK 6/1976, S. 214-218

Hahn, O., Probleme des Universalbanksystems, in: Österreichisches Bank-Archiv 10/1980, S. 346-361

Hahn, O., Schweizer Banken: Negativwerbung um Anleger, in: ZfgK 20/1991, S. 927-928

Hahn, O., Selbsterstellung und Funktionsausgliederung als bankbetriebliches Entscheidungsproblem, in: Schneider, W./Fuchs, K. (Hrsg.), Management im Kreditwesen. Festschrift für Hans Krasensky zum 70. Geburtstag, Wien 1973, S. 83-97

Hahn, O., Struktur der Bankwirtschaft, Bd. 1, Banktypologie und Universalbanken, Berlin 1981

Hahn, O., Zinsen: Islamic Banking, in: ZfgK 21/1986, S. 981-982

Hammann, P., Der Wert einer Marke aus betriebswirtschaftlicher und rechtlicher Sicht, in: Dichtl, E./Eggers, W. (Hrsg.), Marke und Markenartikel als Instrument des Wettbewerbs, München 1992, S. 205-245

Hammann, P./von der Gathen, A., Bilanzierung des Markenwertes und kapitalmarktorientierte Markenbewertungsverfahren, in: Markenartikel 5/1994, S. 204-211

Hasebrook, J./Steffens, U., Weiterbildung per Digitalfernsehen, in: Die Bank 11/1997, S. 676-680

Heller, G./Zur-Szpiro, M., Identität und Marke: Der Marktauftritt der Credit Suisse Group, in: bum 7/1997, S. 18-19

Hellmann, N., Auf dem Weg zu einer „neuen" Universalbank, in: Börsen-Zeitung vom 16.5.1997, S. 6

Hermanns, A., Sportsponsoring - Grundlagen, Wirkungen, Trends und Grenzen, in: Sparkasse 12/1996, S. 576-580

Heucke, P./Tern, S. M., Zukunftsmarkt Private Banking - von anderen Märkten lernen, in: Die Bank 2/1995, S. 74-79

von Heydebreck, Tessen, Deutsche Bank: „Das Privatkundengeschäft ist langfristig profitabel", in: bum 4/1999, S. 25-28

Hildmann, G., Leistungsabhängige Honorarsysteme im Portfolio-Management, in: Die Bank 12/1993, S. 714-718

Hirsch, S./Lev, B., Foreign marketing strategies, in: Management International Review 6/1973, S. 81-87

Hislop, A., Perfecting the pricing model, in: Retail Banker International vom 25.3.1994, S. 10-11

Höfner, K., Der Markttest für Konsumgüter in Deutschland, Stuttgart 1966

Höfner, K., Schafft CI die Differenzierung?, in: asw, Sondernummer Oktober 1989, S. 54-65

Hofmann, G., Offshore-Banking, Wesen-Entwicklung-Problematik, Heft 21 der Veröffentlichungen des Lehrstuhls für Allgemeine, Bank- und Versicherungs-Betriebswirtschaftslehre an der Friedrich-Alexander-Universität Erlangen-Nürnberg, Nürnberg 1982

Hullmann, K., Dresdner Bank: Vom grünen Band der Sympathie zu Kompetenz, Leistung und Wissen, in: Birkigt, K. (Hrsg.), Corporate Identity: Grundlagen, Funktionen, Fallbeispiele, 6. Aufl., Landsberg am Lech 1993, S. 429-450

Hummel, S./Männel, W., Kostenrechnung 1. Grundlagen, Aufbau und Anwendung, 4. Aufl., Wiesbaden 1986

Instenberg-Schieck, G., Mit Leistung und Lächeln in die Köpfe der Kunden - die Marke L-Bank, in: bum 9/1996, S. 17-22

Irmscher, M., Markenwertbegriffe, in: Markenartikel 2/1996, S. 58-61

Jacobi, H. H., Aktienresearch eines Privatbankhauses - mit den Großen konkurrieren?, in: Kreditwesen 20/1996, S. 16-19

Jacobi, H. H., Die (künftige) Personalpolitik im internationalen Bankgeschäft (Personalrekrutierung, Personaleinsatz, Personalführung), in: Büschgen, H. E./Richolt, K. (Hrsg.), Handbuch des internationalen Bankgeschäfts, Wiesbaden 1989, S. 375-392

Jacobi, H. H., Spezialisierung im Bankgeschäft: Gibt es Marktnischen für Spezialisten?, in: Engels, W. (Hrsg.), Organisation der Banken und des Bankenmarktes, Frankfurt am Main 1988, S. 127-144

Jasny, R., Vermögensanlage: Marketing für Marken, in: bum 8/1996, S. 24-27

Jefkins, J., Public Relations, 3. Aufl., London 1988

Jendralski, M./Oehlenschläger, D., Vermögensverwaltung und -betreuung, Frankfurt am Main 1992

Johannsen, U., Das Marken- und Firmen-Image. Theorie, Methodik, Praxis, Berlin 1971

Johannsen, U., Image, in: Tietz, B. (Hrsg.), Handwörterbuch der Absatzwirtschaft, Stuttgart 1974, Sp. 809-825

Johnson, E. M., An Introduction to the Problems of Service Marketing Management, University of Delaware, o.J.

Kaas, K., Langfristige Werbewirkung und Brand Equity, in: Werbeforschung & Praxis 3/1990, S. 48-52

Kajüter, P., Internationale strategische Allianzen im europäischen Finanzsektor, in: Die Bank 4/1994, S. 196-201

Kapferer, J.-N., Die Marke - Kapital des Unternehmens, Landsberg am Lech 1992

Kappelhoff-Wulff, G. C., Vermögensverwaltung bei Privatbanken: für wenige alles leisten, in: Kreditwesen 20/1996, S. 10-13

Katz, A., Zur Psychologie der Markenpiraterie, Markenartikel 5/1993, S. 188-191

Kaufhold, K., Der Geschäftsbericht - mehr als eine Visitenkarte von Unternehmen und Banken, in: bum 10/1986, S. 38-39

Kaven, J.-P., Aktuelle Entwicklungstrends im deutschen Bankgeschäft, in: Beyer, H.-T./Schuster, L./Zimmerer, C. (Hrsg.), Neuere Entwicklungen in Betriebswirtschaftslehre und Praxis. Festschrift für Professor Dr. Oswald Hahn zum 60. Geburtstag, Frankfurt am Main 1988, S. 253-277

Keegan, W., Global Marketing Management, Englewood Cliffs 1988

Kelz, A., Die Weltmarke. Definition und Wesensgehalt von Weltmarken aus warenzeichenrechtlicher Sicht, in: Markenartikel 12/1990, S. 593-594

Kern, W., Bewertung von Warenzeichen, in: BFuP 1/1962, S. 17-31

Kiehling, H., Finanzplatz Schweiz: Private Banking im Mittelpunkt, in: Die Bank 8/1999, S. 512-515

Kinahan, P., Do IT for good relations, in: Private Banker International, Dezember 1992, S. 14-15

King, S., Brand-building in the 1990s, in: Journal of Marketing Management 7/1991, S. 3-13

Kirsch, W./Trux, W, Vom Marketing zum strategischen Management, in: Schöttle, K. (Hrsg.), Jahrbuch des Marketing, Essen 1982, S. 58-77

Kleppa, J., Privatbankier in einem Bankkonzern, in: Kreditwesen 20/1996, S. 14-15

Klöppelt, H., Euro-Bankmarketing: Strategien im Privatkundengeschäft, Diss. Wiesbaden 1994

Klöppelt, H., Internationalisierungsstrategien deutscher Banken in Europa, in: Büschgen, H. E. (Hrsg.), Mitteilungen und Berichte, Information des Instituts für Bankwirtschaft und Bankrecht an der Universität zu Köln, 25. Jahrgang 1994, Nr. 70, S. 56-79

Klöppelt, H., International Private Banking - ein Markt für Anspruchsvolle, in: Die Bank 4/1996, S. 201-207

Kochan, N., Service or sophistication?, in: Euromoney, Juli 1992, S. 84-86

Köhler, R., Beiträge zum Marketing-Management, Stuttgart 1988

Köhler, R./Krauter, J., Marketingplanung, in: Szyperski, N. (Hrsg.), Handwörterbuch der Planung, Stuttgart 1989, Sp. 1006-1020

Kollar, A., Internationale Niederlassungspolitik der Universalbanken, in: Büschgen, H. E./Richolt, K. (Hrsg.), Handbuch des internationalen Bankgeschäfts, Wiesbaden 1989, S. 429-449

Kommer, G., Total Quality Management bei Banken, in: Die Bank 3/1993, S. 140-143

Kopper, H., Neue Aufgaben und Ziele im Marketing einer internationalen Bank, in: Kolbeck, R. (Hrsg.), Bankmarketing vor neuen Aufgaben, Frankfurt am Main 1992, S. 107-117

Kotler, Ph., Marketing-Management: Analyse, Planung und Kontrolle, 4. Aufl., Stuttgart 1982

Kretschmer, F., Aktuelle Berichte, in: GRUR 5/1989, S. 333

Kretschmer, F., Aktuelle Berichte, in: GRUR 2/1994, S. 95-97

Kreutzer, R., Global Marketing - Konzeption eines länderübergreifenden Marketing: Erfolgsbedingungen, Analysekonzepte, Gestaltungs- und Implementierungsansätze, Diss. Wiesbaden 1989

Kreutzer, R., Lead-Country-Konzept, in: WiSt 8/1987, S. 416-419

Kreutzer, R., Standardisierung der Marketing-Instrumente im globalen Marketing, in: BFuP 5/1991, S. 363-398

Kreutzer, R./Raffée, H., Organisatorische Verankerung als Erfolgsbedingung eines Global Marketing, in: Thexis 2/1986, S. 10-21

Kroeber-Riel, W., Die inneren Bilder der Konsumenten. Messung - Verhaltenswirkung - Konsequenzen für das Marketing, in: Marketing, ZFP, Heft 2, Mai 1986, S. 81-96

348

Kroeber-Riel, W., Konsumentenverhalten, 3. Aufl., München 1984

Krüger, R., Die Bedeutung des internationalen Bankgeschäfts für die Rentabilität einer Geschäftsbank, in: Büschgen, H. E./Richolt, K. (Hrsg.), Handbuch des internationalen Bankgeschäfts, Wiesbaden 1989, S. 313-340

Krümmel, H.-J., Bankzinsen. Untersuchungen über die Preispolitik von Universalbanken, Köln/Berlin/Bonn/München 1964

Krumnow, J., IAS-Rechnungslegung für Banken, in: Die Bank 7/1996, S. 396-403

Küting, K./Zink, K. J., Unternehmerische Zusammenarbeit, Beiträge zu Grundsatzfragen bei Kooperation und Zusammenschluß, Berlin 1983

Kumar, B. N., Markentreue, kognitive Dissonanz und die Klassifizierung von Konsumgütern, in: BFuP 4/1973, S. 226-232

Kunisch, R., Marken bestimmen den Firmenwert, in: Die Welt vom 13.9.1996, S. 16

Kunze, G. F., Die Verzahnung der Gemeinschaftsmarke mit dem System der internationalen Registrierung von Marken unter der gemeinsamen Ausführungsordnung zum Madrider Markenabkommen und dem Madrider Protokoll, in: GRUR 8-9/1996, S. 627-636

Kur, A., Die Harmonisierung der europäischen Markengesetze. Resultate - offene Fragen - Harmonisierungslücken, in: GRUR 4/1997, S. 241-254

Kur, A., Entwicklung und gegenwärtiger Stand des internationalen Markenschutzes, in: Markenartikel 12/1994, S. 560-568

Landor, G., Making business strategy visible, in: Private Banker International, Juni 1995, S. 12-13

Latour, S., Der treffende Name: Ein strategischer Faktor für den internationalen Erfolg, in: Markenartikel 4/1992, S. 140-145

Latour, S., Namen machen Marken. Handbuch zur Entwicklung von Firmen- und Produktnamen, Frankfurt am Main/New York 1996

Lehner, A./Dendorfer, H., Vermögen managen: Von der Strategie zur Praxis, in: BANK MAGAZIN 11/1995, S. 54-56

Leichtfuß, R./Bonacker, M., Erfolgsorientierte Anreizsysteme, in: Die Bank 11/1992, S. 624-631

Lenzen, A., Bausteine einer erfolgreichen Corporate-Identity, in: BANK MAGAZIN 4/1997, S. 64-66

Lieberman, M./Montgomery, D., First-mover advantages, in: Strategic Management Journal, Sonderausgabe 1988, S. 41-58

Lilienthal, A., Private Banking: Reichtum ohne Grenzen, in: FORUM (Mitarbeitermagazin der Deutschen Bank) 10/1997, S. 18-19

Lingenfelder, M./Walz, H., Investor Relations als Element des Finanzmarketing, in: WiSt 9/1988, S. 467-469

Littleboy, P. E. A., Private banking: differentiation will be key, in: EFMA's Newsletter, Nr. 129, Mai 1994, S. 16-17

Lübbe, H., Gegenwartsschrumpfung, in: Backhaus, K./Bonus, H. (Hrsg.), Die Beschleunigungsfalle oder Der Triumph der Schildkröte, Stuttgart 1994, S. 129-164

Luhmann, N., Vertrauen. Ein Mechanismus zur Reduktion sozialer Komplexität, Stuttgart 1968

Lysaght, G., Creating an atmosphere of confidence, in: Private Banker International, Juli 1995, S. 10-11

Lysaght, G., Personal service gives the Midas touch, in: Private Banker International, Februar 1996, S. 11

Mackensen, L., Ursprung der Wörter: etymologisches Wörterbuch der deutschen Sprache, Frankfurt am Main/Berlin 1988

Männel, W., Kosten-, Leistungs-, Erlös- und Ergebnisrechnung, Lauf an der Pegnitz 1989

Mahler, A./Göbel, G., Internetbanking: Das Leistungsspektrum, in: Die Bank 8/1996, S. 488-492

Malik, F./Schwaninger, M., Portfolio-Management in der international tätigen Unternehmung, in: Verkauf und Marketing 2/1982, S. 11-16

Maretzki, J./Wildner, R., Messung von Markenkraft, in: Markenartikel 3/1994, S. 101-105

Marsh, Th., Dresdner gears up for big drive, in: Global Private Banking vom 24.6.1996, S. 1 und S. 13

Martinson, J., Corporate Finance. Cementing the close relationship, in: Financial Times vom 26.11.1997, Sonderbeilage „Private Banking", S. IV

Maslinski, M., It's who you are, not how you look, in: Private Banker International, Juli 1995, S. 9 und S. 11

Maslinski, M., Poor relation yields rich returns, Retail Banker International vom 3.7.1996, S. 14-15

Maslinski, M., Private banks go corporate, in: Private Banker International, April 1997, S. 8 und S. 13

Mauzy, L., Measure for measure: creating a fair customised benchmark, in: Field, J./Taylor, R. (Hrsg.), Private Wealth Management 1995/1996, o.O., 1995, S. 160-161

Mayr-Keber, G. M., Strukturelemente der visuellen Erscheinung von Corporate Identity, in: Birkigt, K. (Hrsg.), Corporate Identity: Grundlagen, Funktionen, Fallbeispiele, 6. Aufl., Landsberg am Lech 1993, S. 287-321

McManus, R., Building a brand, in: Retail Banker International vom 30.11.1995, S. 13-15

Meffert, H., Euro-Marketing im Spannungsfeld zwischen nationalen Bedürfnissen und globalem Wettbewerb, in: Kirchgeorg, M./Meffert, H. (Hrsg.), Marktorientierte Unternehmensführung im Europäischen Binnenmarkt, Stuttgart 1990, S. 21-37

Meffert, H., Globale Marketingstrategien, in: Macharzina, K./Welge, M. K. (Hrsg.) Handwörterbuch Export und internationale Unternehmung, Bd. 12, Stuttgart 1989, Sp. 1412-1427

Meffert, H., Marketing. Grundlagen der Absatzpolitik, 7. Aufl., Wiesbaden 1989

Meffert, H., Marketing-Management: Analyse, Strategie, Implementierung, Wiesbaden 1994

Meffert, H., Strategien zur Profilierung von Marken, in: Dichtl, E./Eggers, W. (Hrsg.), Marke und Markenartikel als Instrument des Wettbewerbs, München 1992, S. 129-156

Meffert, H./Burmann, C., Value-Added-Services im Bankbereich, in: bum 4/1996, S. 26-29

Meissner, H. G., Strategisches Globales Marketing, in: BFuP 5/1991, S. 416-425

Mellerowicz, K., Markenartikel. Die ökonomischen Gesetze ihrer Preisbildung und Preisbindung, 2. Aufl., München/Berlin 1963

Merget, J., Wieviel Geld ist Ihre Marke wert?, in: Markenartikel 9/1990, S. 406-407

Merkle, H., Globale Trends - Globale Chancen für die Werbung, in: Markenartikel 7/1994, S. 336-340

Merrill Lynch/Gemini Consulting, World Wealth Report 1997, o.O., 1997

Merrill Lynch/Gemini Consulting, World Wealth Report 1998, o.O., 1998

Merrill Lynch/Gemini Consulting, World Wealth Report 1999, o.O., 1999

Mertin, K., (Self-)Controlling, in: ZfgK 1982, S. 1118-1121

Messer, A., Einführung in die Philosophie und Pädagogik, Leipzig 1931

Messing, H. W., Dienstleistungsmarke - eine neue Variante im Markenangebot, in: Markenartikel 10/1983, S. 496-500

Mettenheimer, A., Banking zwischen McDonald's und Holiday Inn, in: bum 6/1997, S. 14-17

Metz, M., Kundenfreundliches Verhalten als qualitatives Instrument des Bankbetriebs, Diss. Erlangen-Nürnberg 1983

Möbius, G., Demoskopische Verfahren zur Messung des außerwirtschaftlichen Werbeerfolgs, in: Behrens, K. (Hrsg.), Handbuch der Werbung, Wiesbaden 1970, S. 743-752

Moloney, M., Deutsche Bank targets London and New York, in: Private Banker International, Mai 1995, S. 1-2

Moloney, M., What's in a name?, in: Private Banker International, Juli 1995, S. 6-8

Moloney, M./O'Dea, A., A matter of life and death, in: Private Banker International, April 1995, S. 8-11

Morgan Stanley, Bank Morgan Stanley Private Banking (Imagebroschüre), o.O., o.J., o.S.

MTP Research, Private Banking International - Der Markt der Zukunft!?, Frankfurt am Main 1995

Mühlhaupt, L., Einführung in die Betriebswirtschaftslehre der Banken, 3. Aufl., Wiesbaden 1980

Müller, G.-M., Dachmarkenstrategien, in: Markenartikel 4/1994, S. 142-148

Murray, F. T./Murray, A. H., Global Managers for Global Business, in: Strategic Management Review, Winter 1986, S. 75-80

Neumann, M., Theoretische Volkswirtschaftslehre II, 2. Aufl., München 1987

Nirk, R., Bessere Konditionen für gute Kunden?, in: bum 3/1993, S. 32-33

Nolte, H., Die Markentreue im Konsumgüterbereich, Bochum 1976

Norris, D. J., Private banking: opportunities and challenges in the 1990s, in: EFMA's Newsletter, Nr. 132, November 1994, S. 19-21

O'Dea, A., Banking on a brand new strategy, in: Retail Banker International vom 16.11.1996, S. 10-11

Odier, P., Private Banking: Gemeinsamkeiten und Unterschiede zur institutionellen Vermögensverwaltung, in: Gehrig, B. (Hrsg.), Private Banking, Zürich 1995, S. 69-82

Ohlwein, M./Schiele, Th. P., Co-Branding, in: WiSt 11/1994, S. 577-578

Ong, C., Big bucks in private places, in: Singapore business 9/1997, S. 24-30

Oppenhoff & Rädler, Die Gemeinschaftsmarke, o.O., Januar 1997

Orton, I., Lawyers target the affluent, in: Private Banker International, Februar 1996, S. 13

Orton, I., Of boom and bust, in: Private Banker International, September/ Oktober 1997, S. 8-9

Orton, I., Profile: Kleinwort Benson Private Bank, in: Private Banker International, Januar/Februar 1998, S. 10-11

O'Sullivan, S., Customer service can save the day, in: Bank Marketing International, Oktober 1992, S. 14

O.V., ABN AMRO, in: Kinahan, P. (Hrsg.), Private Banking & Wealth Management Strategies in Action, Bd. II, The Players, Dublin 1995, S. 45-48

O.V., ABN Amro versus Deutsche Bank, in: Börsen-Zeitung vom 26.7.1996, Nr. 142, S. 10

O.V., A question of motivation and incentives, in: Private Banker International, Oktober/November 1994, S. 14-15

O.V., Auch das Fed erlaubt die UBS-SBV-Fusion, in: Neue Zürcher Zeitung vom 9.6.1998, Nr. 130, S. 9

O.V., Auch SBV-Aktionäre für Fusion, in: Neue Zürcher Zeitung vom 5.2.1998, Nr. 29, S. 9

O.V., BT and Deutsche Bank forge new wealth force, in: Private Banker International, Januar 1999, S. 1-2

O.V., Building a Global IT Infrastructure, in: I/S Analyzer, Juni 1991, S. 1-14

O.V., Charles Schwab, in: Kinahan, P. (Hrsg.), Private Banking & Wealth Management Strategies in Action, Bd. II, The Players, Dublin 1995, S. 117-120

O.V., Citigroup - a sign of things to come, in: Private Banker International, Mai 1998, S. 1

O.V., Citi launches global ad campaign, in: Private Banker International, Februar 1995, S. 1 und S. 4

O.V., Cold Comfort for Connoisseur, in: Kinahan, P. (Hrsg.), Private Banking & Wealth Management Strategies in Action, Bd. I, The Issues, Dublin 1994, S. 115-118

O.V., Commerzbank picks Singapore for trust administration, in: Private Banker International, April 1997, S. 6

O.V., Coutts breaks into Israel with new deal, in: Private Banker International, Dezember 1997, S. 5

O.V., Das Privatvermögen der Reichen in der Welt steigt auf 29 Billionen DM, in: FAZ vom 26.5.1997, Nr. 119, S. 17

O.V., Deutsche Bank: Private Banking wird wichtiger, in: Börsen-Zeitung vom 19.1.1999, Nr. 11, S. 6

O.V., Deutsche Bank und Nippon Life schmieden strategische Allianz, in FAZ vom 11.11.1998, Nr. 262, S. 23

O.V., Deutsche Bank unveils its brand strategy, in: Private Banker International, Juni 1999, S. 2

O.V., Deutsche Fields „Team-play" pay, in: Global Private Banking vom 28.4.1997, S. 11

O.V., Deutsche Geschäftsberichte werden langsam besser, in: FAZ vom 21.11.1997, Nr. 271, S. 32

O.V., Deutsche Private Bank hires Rothschild man, in: Global Private Banking vom 17.2.1997, S. 8-10

O.V., Die Bilanzierung von Markenzeichen, in: FAZ vom 23.8.1988, Nr. 195, S. 10

O.V., Die Deutsche Bank ist bei Bankers Trust am Ziel, in: FAZ vom 5.6.1999, Nr. 127, S. 18

O.V., Die Deutsche Bank setzt auf vermögende Privatkunden, in: FAZ vom 5.9.1997, Nr. 206, S. 23

O.V., Die Signets der Großbanken, in: Bank-Betrieb 3/1974, S. 133-135

O.V., Dresdner Bank Lux erwirbt Veer Palthe Voute, in: Börsen-Zeitung vom 7.5.1999, Nr. 87, S. 7

O.V., Dresdner Bank zieht einen Schlußstrich unter das harte Jahr 1997, in: FAZ vom 27.3.1998, Nr. 73, S. 23

O.V., Dresdner beats the drum for hiring drive in Asia, in: Global Private Banking vom 18.8.1997, S. 6-7

O.V., Dresdner bündelt Private Banking, in: Börsen-Zeitung vom 14.2.1997, Nr. 31, S. 10

O.V., Dresdner RCM readies Pan-European advertising, in: Global Private Banking vom 8.12.1997, S. 6

O.V., Dresdner to set up Swiss unit; pushes to double assets, in: Global Private Banking vom 14.10.1996, S. 7

O.V., Dresdner vereinheitlicht Schweiz-Auftritt, in: Börsen-Zeitung vom 9.12.1998, Nr. 237, S. 6

O.V., Executive Summary, in: Kinahan, P. (Hrsg.), Private Banking & Wealth Management Strategies in Action, Bd. II, The Players, Dublin 1995, S. V-XIII

O.V., Executive Summary, in: Kinahan, P. (Hrsg.), Private Banking & Wealth Management Strategies in Action, Bd. III, The Countries, Dublin 1994, S. VII-XIV

O.V., Fidelity Investments, in: Kinahan, P. (Hrsg.), Private Banking & Wealth Management Strategies in Action, Bd. II, The Players, Dublin 1995, S. 141-147

O.V., Finanzkonzerne positionieren sich in der Vermögensverwaltung neu, in: FAZ vom 18.11.1997, Nr. 268, S. 35

O.V., Gewinnverdopplung nach Bankfusion erwartet, in: FAZ vom 9.12.1997, Nr. 286, S. 17

O.V., Global wealth survey. North American, Swiss firms dominate, in: Global Private Banking vom 5.2.1996, S. 1 und S. 12-13

O.V., Global wealth survey. Pacific rim boasts most mega-rich, in: Global Private Banking vom 22.1.1996, S. 1 und S. 12-13

O.V., Global wealth survey. Referrals top marketing tool, in: Global Private Banking vom 19.2.1996, S. 1 und S. 12-13

O.V., Global wealth survey. Wealth lies in the hands of mid-aged men, in: Global Private Banking vom 26.5.1997, S. 1 und S. 12-13

O.V., Gott mit Dir, Du Bank der Bayern, in: FAZ vom 27.5.1998, Nr. 121, S. 22

O.V., Hardy & Co Privatbankiers war kein Erfolg beschieden, in: FAZ vom 24.2.1997, Nr. 46, S. 16

O.V., Introduction, in: Kinahan, P. (Hrsg.), Private Banking & Wealth Management Strategies in Action, Bd. I, The Issues, Dublin 1994, S. 19-31

O.V., J.P. Morgan erwartet mehr Bankenfusionen, in: FAZ vom 6.6.1998, Nr. 129, S. 22

O.V., Kleinwort Benson names Haynes as global head, in: Global Private Banking vom 3.2.1997, S. 7

O.V., Kleinwort Broadens its Outlook, in: Kinahan, P. (Hrsg.), Private Banking & Wealth Management Strategies in Action, Bd. II, The Players, Dublin 1995, S. 108-112

O.V., Künftige Bayerische Hypo- und Vereinsbank zeigt Ertragsstärke, in: FAZ vom 20.5.1998, Nr. 116, S. 21

O.V., Kunden erst ab einer Million erwünscht, in: FAZ vom 9.12.1997, Nr. 286, S. 20

O.V., Kunst und Sport für das Image, in: bankkaufmann 12/1987, S. 41-45

O.V., Marken - How much in Dollar?, in: asw 8/1989, S. 50-54

O.V., Mehr eine Übernahme als ein Zusammenschluß unter Gleichen, in: FAZ vom 22.7.1997, Nr. 167, S. 16

O.V., Merrill Lynch and MAM set to create fund titan, in: Private Banker International, Dezember 1997, S. 1

O.V., Money Laundering: Private Banking's nemesis, in: Global Private Banking vom 24.11.1997, S. 10-11

O.V., Morgan Stanley - On a Swiss Roll, in: Kinahan, P. (Hrsg.), Private Banking & Wealth Management Strategies in Action, Bd. II, The Players, Dublin 1995, S. 85-86

O.V., MSDWD merger may change global wealth market, in: Private Banker International, Februar 1997, S. 1-2

O.V., Nach Luxemburg entdecken Anleger nun das sonnige Gibraltar, in: FAZ vom 10.6.1994, Nr. 132, S. 24

O.V., New bank signals end of road for "dog-walkers", in: Private Banker International, Januar/Februar 1998, S. 1 und S. 3

O.V., Pleiten mit Plagiaten?, in: test 6/1990, S. 32-33

O.V., Post-merger branding, in: Bank Marketing International, November 1996, S. 1, S. 6-7 und S. 12

O.V., Private bankers on parade, in: FINANCE ASIA, o.J., S. 92-103

O.V., Private banks explore the cyber frontier, in: Global Private Banking vom 22.12.1997, S. 10

O.V., Profile: Michael Tomalin, in: Global Private Banking vom 7.7.1997, S. 12

O.V., Profit slump masks asset management growth, in: Private Banker International, September 1994, S. 6

O.V., SBC and LTCB to create Japan's first private bank, in: Private Banker International, August 1997, S. 1-2

O.V., Schweizer Bankenfusion werden nur wenige Aktionäre widersprechen, in: FAZ vom 3.2.1998, Nr. 28, S. 18

O.V., Spaniens größte Bankenfusion gebilligt, in: FAZ vom 8.3.1999, Nr. 56, S. 21

O.V., Stiftungen: Die Ideale der Banken, in: Die Bank 3/1996, S. 176-180

O.V., Swiss Bank Corporation - Cultivates Image de Marque, in: Kinahan, P. (Hrsg.), Private Banking & Wealth Management Strategies in Action, Bd. II, The Players, Dublin 1995, S. 94-97

O.V., That first point of contact, in: Private Banker International, Juni 1995, S. 10-11

O.V., The race for riches, in: THE BANKER, Dezember 1993, S. 42-43

O.V., The sun rises in Japanese Private Banking, in: WEALTH MANAGEMENT, März 1998, S. 4-5

O.V., Training And Staffing: Teaching the Old Guard New Tricks, in: Kinahan, P. (Hrsg.), Private Banking & Wealth Management Strategies in Action, Bd. I, The Issues, Dublin 1994, S. 83-86

O.V., Trust industry pushes sales incentives, in: Private Banker International, Dezember 1995, S. 2

O.V., UBK educates Gulf investors, in: Global Private Banking vom 15.4.1996, S. 5

O.V., UBS-Aktionäre billigen Großbanken-Fusion, in: FAZ vom 4.2.1998, Nr. 29, S. 24

O.V., UBS dumps LTCB and goes solo in Japan, Private Banker International, Oktober 1998, S. 4

O.V., Übersicht über den Stand des Madrider Abkommens über die internationale Registrierung von Marken, in: Blatt für Patent-, Muster und Zeichenwesen 1.1.1996, o.O.

O.V., Union Bank of Switzerland Promotes Universal Capabilities, in: Kinahan, P. (Hrsg.), Private Banking & Wealth Management Strategies in Action, Bd. II, The Players, Dublin 1995, S. 168-170

O.V., Wealth atlas. Japan, in: Global Private Banking vom 28.4.1997, S. 12-13

O.V., Wealth atlas. Switzerland, in: Global Private Banking vom 9.2.1998, S. 8-9

Over, U., Neue Möglichkeiten internationalen Markenschutzes für den deutschen Markeninhaber, in: Markenartikel 12/1994, S. 552-559

Paivio, A., Imagery and Verbal Processes, New York/Chicago/San Francisco 1971

Paivio, A., Images, Propositions, and Knowledge, in: Nicholas, J. M. (Hrsg.), Images, Perception, and Knowledge, Dordrecht/Boston 1977, S. 47-71

Parasuraman, A./Zeithaml, V. A./Berry, L. L., A Conceptual Model of Service Quality and Its Implications for Future Research, in: Journal of Marketing, Herbst 1985, S. 41-50

Park, C. W./Jaworski, B. J./MacInnis, D. J., Strategic Brand Concept-Image Management, in: Journal of Marketing, Oktober 1986, S. 135-145

Pechlaner, H., Private Banking. Eine Wettbewerbsanalyse des Vermögensverwaltungs- und Anlageberatungsmarktes in Deutschland, Österreich und der Schweiz, Chur/Zürich 1993

Pechlaner, H., Private Banking - Produkte, Konditionen und Controlling, in: bum 5/1995, S. 16-19

Perlmutter, H. V., The Tortuous Evolution of the Multinational Corporation, in: Kapoor, A./Grub, P. D. (Hrsg.), The Multinational Enterprise in Transition, Princeton (New Jersey) 1972, S. 53-66

Piazolo, M., Islamic Banking - ein Wachstumsmarkt auch für westliche Banken, in: Kreditwesen 3/1997, S. 122-126

Piercy, N., Export strategy, London 1982

Pierson Trust (Asia) Limited, Trust Services, o.O., o.J.

Pitcher, A. E., The Role of Branding in International Advertising, in: International Journal of Advertising 4/1985, S. 241-246

Pogoda, A., Zehn Markenregeln für das Internet, in: Blick durch die Wirtschaft vom 26.3.1998, Nr. 60, S. 3

Pope, S., Chase-Chemical merger creates new private bank, in: Private Banker International, September 1995, S. 1-2

Pope, S., Linking total pay to performance, in: Private Banker International, März 1995, S. 7

Pope, S., Tapping the affluent vein, in: Private Banker International, Dezember 1992, S. 6-7

Porter, M. E., Wettbewerbsstrategie, 8. Aufl., Frankfurt am Main/New York 1995

Porter, M. E., Wettbewerbsvorteile, 4. Aufl., Frankfurt am Main/New York 1996

Price Waterhouse, European Private Banking Survey, Ausgabe 1994/95, London 1994

Price Waterhouse, European Private Banking Survey, Ausgabe 1996/97, London 1996

Priewasser, E., Bankbetriebslehre, 3. Aufl., München 1992

Raffée, H./Sauter, B./Silberer, G., Theorie der kognitiven Dissonanz und Konsumgüter-Marketing, Wiesbaden 1973

Rall, W., Organisatorische Anforderungen an ein globales Marketing, in: BFuP 5/1991, S. 426-435

Regli, J., Bankmarketing. Eine Abhandlung unter besonderer Berücksichtigung des Marketings in der Planung, 2. Aufl., Bern/Stuttgart 1988

Reichert, R., Entwurf und Bewertung von Strategien, München 1984

Reim, M., Erstmals soll eine Bank für falsche Beratung haften, und die Branche wird nervös, in: Süddeutsche Zeitung vom 10.2.1998, Nr. 33, S. 10

Reiser, H.-P., Die Marke und ihr Bekanntheitsgrad, in: bum 7/1993, S. 19-20

Remmerbach, K.-U., Markteintrittsentscheidungen: eine Untersuchung im Rahmen der strategischen Marketingplanung unter besonderer Berücksichtigung des Zeitaspekts, Diss. Wiesbaden 1988

Riesenbeck, H./Freeling, A., How global are global brands, in: The McKinsey Quarterly 4/1991, S. 3-18

Rieser, I., Konkurrenzanalyse. Wettbewerbs- und Konkurrentenanalyse im Marketing, in: Die Unternehmung 4/1989, S. 293-309

Robinson, W. T./Fornell, C., Sources of Market Pioneer Advantages in Consumer Goods Industries, in: Journal of Marketing Research, August 1985, S. 305-317

Rock-Mach, L. T., Gedanken zur Produktpolitik für ausländische Privat-kunden, in: bum 10/1990, S. 20-21

Röller, W., Globalisierung in der Banking-Industrie, in: Albach, H. (Hrsg.), Globalisierung und Wettbewerb, Wiesbaden 1992, ZfB-Ergän-zungsheft 2/1992, S. 121-143

Rost, D., Verhaltenspsychologische Probleme der „Markentreue", in: Markenartikel 3/1996, S. 104-106

Russell, T., Private Banking-Renaissance - Achieving Profitable Growth Despite Global Competition, in: Kinahan, P. (Hrsg.), Private Banking & Wealth Management Strategies in Action, Bd. III, The Countries, Dublin 1994, S. XV-XXVIII

Rutzen, A., Superstars selling peace of mind, in: Private Banker International, September 1994, S. 12-13

Sander, M., Die Bestimmung und Steuerung des Wertes von Marken - Eine Analyse aus Sicht des Markeninhabers, Heidelberg 1994

Sander, M., Die Bewertung internationaler Marken auf Basis der hedonischen Theorie, in: MARKETING, ZFP, Heft 4, 4. Quartal 1984, S. 234-245

Sandmann, H., Die Besonderheiten der Bankwerbung, in: bum 3/1993, S. 30-31

Sandmann, H., Werbeslogans im Bankgewerbe, in: bum 11/1992, S. 30-31

Sattler, H., Der Wert von Marken (Brand Equity). Manuskript aus dem Institut für Betriebswirtschaftslehre der Universität Kiel, Nr. 341, Kiel 1994

Scheidler, V., Virtuelle Banken im internationalen Vergleich: Analyse und Klassifikation, in: bum 3/1997, S. 21-25

Schierenbeck, H., Ertragsorientiertes Bankmanagement: Controlling in Kreditinstituten, 4. Aufl., Wiesbaden 1994

Schirm, W. W., Markenartikel, Signale für eine „verläßliche" Welt, in: Markenartikel 8/1984, S. 404-407

Schlechthaupt, W.-D./Gygax, M., Frequent Banking Programm - das Bonussystem einer großen Schweizer Bank, in: bum 12/1994, S. 26-29

Schlembach, H., Vermögensverwaltung, in: Büschgen, H. E. (Hrsg.), Handwörterbuch der Finanzwirtschaft, Stuttgart 1976, Sp. 1767-1773

Schmid, D. C./Peill, E., Beschwerdemanagement gehört zum Service, in: Die Bank 4/1994, S. 225-228

Schmitt, B. H./Pan, Y., Managing Corporate and Brand Identities in the Asia-Pacific Region, in: California Management Review, Winter 1995, S. 15-31

Schnaars, St. P., When entering growth markets, are pioneers better than poachers?, in: Business Horizons, März/April 1986, S. 27-36

Schnabl, H., Versuch eines Modells intrapersonaler Nachrichtenverarbeitung, Diss. Nürnberg 1970

Schönrock, A., Die Gestaltung des Leistungsmix im marktorientierten Kundendienst, in: Meffert, H. (Hrsg.), Kundendienst-Management: Entwicklungsstand und Entscheidungsproblem der Kundendienstpolitik, Frankfurt am Main/Bern 1982, S. 81-112

Schreiner, R., Die Dienstleistungsmarke. Typus, Rechtsschutz und Funktion. Eine rechtstatsächliche und rechtsvergleichende Untersuchung aus Anlaß der Einführung des Formalschutzes der Dienstleistungszeichen im deutschen Recht, Diss. Köln/Berlin/Bonn/München 1983

Schüller, St., Aufgaben und organisatorische Gestaltung des Bankcontrollings, in: Die Bank 11/1985, S. 558-560

Schüller, St., Corporate TV - eine neue Strategie in der internen Kommunikation, in: bum 9/1997, S. 28-31

Schüring, H., Rückkehr zur Bescheidenheit, in: asw 10/1995, S. 36

Schulz, R./Brandmeyer, K., Die Marken-Bilanz: Ein Instrument zur Bestimmung und Steuerung von Markenwerten, in: Markenartikel 7/1989, S. 364-370

Schurdel, H. D., Herkunft der Banksignets. Adler, Pferde und Banken, in: bankkaufmann 5/1989, S. 56-59

Schurdel, H. D., Herkunft der Banksignets. Die Banken mit dem Merkurstab, in: bankkaufmann 3/1989, S. 46-49

Schurdel, H. D., Herkunft der Banksignets. Warum die Hypo-Bank das Königswappen führt, in: bankkaufmann 1/1989, S. 40-43

Schuster, L., Innovationspolitik der Banken. Notwendigkeit oder Modeerscheinung?, in: ZfgG 2/1986, S. 140-149

Schwank, M., Die Entwicklung des Markenwesens und die freie Übertragbarkeit der Marke, Diss. St. Gallen 1953

Segler, K., Basisstrategien im internationalen Marketing, Frankfurt am Main 1986

Simon, H., Die Zeit als strategischer Erfolgsfaktor, in: ZfB 1/1989, S. 70-93

Simon, H./Sebastian, K.-H., Ingredient Branding. Reift ein junger Markentypus?, in: asw 6/1995, S. 42-48

Singer, J., Kundenloyalität als Marketingziel, in: bum 6/1994, S. 36-38

Skaupy, W., Markenschutz - Der immaterielle Fimenwert, in: FAZ vom 7.4.1997, Nr. 80, S. B6

Socquet, W., Große Marken kennen keine Grenzen, in: FAZ vom 3.3.1998, Nr. 52, S. B14

Sorg, H. P., A quintessential private banker, in: Executive, April 1994, S. 64-67

Spiegel, B./Nowak, H., Image und Image-Analyse, in: Dummer, W. (Hrsg.), Marketing Enzyklopädie, Bd. 1, München 1974, S. 965-977

Srivastava, R. K./Shocker, A. D., Brand Equity: A Perspective on Its Meaning and Measurement, in: Marketing Science Institute (Hrsg.), Report Nr. 91-124, Cambridge 1991

Stahl, M., Mit Standarddepots zur optimalen Performance?, in: BANK MAGAZIN 1/1996, S. 8-12

Starkl, F. P., Nachkaufmarketing im Kreditinstitut. Der Beitrag der Theorie der kognitiven Dissonanz zur Gestaltung von Instrumental-entscheidungen in der Absatzpolitik der Kreditinstitute, Wien 1983

Staubli, Th., Private Banking für internationale Klientel, in: Börsen-Zeitung vom 13.9.1997, Nr. 176, S. B6

Stauss, B., Dienstleistungsmarken, in: Markenartikel 1/1995, S. 2-7

Stauss, B., Dienstleistungsqualität contra Kostensenkung?, in: Bankwirt-schaftliche Blätter 2/1992, S. 111-116

Stein, St., Chancen und Risiken der virtuellen Bank: Internet als Ver-triebsweg für Bankleistungen, in: Bankinformation und Genossen-schaftsforum 3/1997, S. 18-22

Steiner, J., Leitfaden zur Vorbereitung des CI-Prozesses und Umsetzung der CI-Politik, Teil 2 der Reihe „Corporate Identity von Sparkassen", Stuttgart 1993

Steinig, R., Das Konzept der Deutschen Bank im Asset Management, in: Die Bank 10/1991, S. 552-557

Storck, E., Offshore-Märkte und ihre Bedeutung im Private Banking, in: International Bankers Forum e.V., Die Banken auf dem Weg ins 21. Jahrhundert: Strategien und Konzepte, Wiesbaden 1996, S. 329-345

Strebel, B., International Private Banking British Style mit Schweizer Basis, in: Schweizer Bank 5/1991, S. 25-28

Ströbele, P., Die Einführung der Dienstleistungsmarke, in: bum 3/1979, S. 23-25

Strothmann, H., Anmerkungen zur Preispolitik im Bankgeschäft, in: bum 6/1986, S. 31-35

Studer, M., Swiss Private Bankers Still Attract the Elite. Small and Agile, They Adapt to Changing Global Economy, in: The Wall Street Journal Europe vom 23.10.1997, S. 4

Süchting, J., Bankmanagement, 3. Aufl., Stuttgart 1992

Süchting, J., Die Bankloyalität als Grundlage zum Verständnis der Absatzbeziehungen von Kreditinstituten, in: Kredit und Kapital 3/1972, S. 269-300

Süchting, J., Strategische Allianzen in der Kreditwirtschaft, in: Kreditwesen 14/1990, S. 702-704

Süchting, J., Strategische Positionierung von privaten Banken: Relationship-Banking als Marketingansatz, in: Kreditwesen 6/1996, S. 263-267

Süchting, J., Wachsen die preispolitischen Spielräume? Anmerkungen zu Banktreue und Beziehungsmanagement, in: bum 5/1991, S. 16-20

Szallies, R., Welche Bedeutung haben Marken im Privatkundengeschäft der Banken?, in: bum 6/1997, S. 28

Taylor, R., Private Banking Renaissance, Dublin 1990

Telgheder, M., Deutsche Bank knüpft Bande zum Anleger, in: Horizont vom 27.11.1997, S. 26

Terpstra, V., International Marketing, 3. Aufl., New York 1983

Thiesing, E.-O., Marktsegmentierung bei Privatkunden auf der Basis von Einstellungen, in: bum 2/1988, S. 23-26

Thurmann, P., Grundformen des Markenartikels - Versuch einer Typologie, Heft 7 der „Betriebswirtschaftlichen Schriften", Berlin 1961

Tillotson, C., Deutsche Bank plans wealth management arsenal, in: Global Private Banking vom 27.10.1997, S. 1-2

Tillotson, C., Deutsche Bank restructures private bank, in: Global Private Banking vom 14.10.1996, S. 1 und S. 14

Tillotson, C., UBS-SBC mega merger to eliminate 1,200 private banking staffers, in: Global Private Banking vom 22.12.1997, S. 1-2

Tilmann, W., Die Dienstleistungsmarken-Novelle, in: NJW 9/1979, S. 408-409

Timewell, St., Heavyweights take position, in: THE BANKER, Januar 1998, S. 55-57

Timewell, St., Knee-deep in it, in: THE BANKER, Januar 1997, S. 40-42

Tippl, Th., Strategische Geschäftsfeldanalyse für den österreichischen Vermögensverwaltungsmarkt. Schriftenreihe des Instituts für Kreditwirtschaft (Wirtschaftsuniversität Wien), Bd. 32, Wien 1991

Tolle, E./Steffenhagen, H., Kategorien des Markenerfolges und einschlägige Meßmethoden, in: Markenartikel 8/1994, S. 378-382

Tomalin, M., Coping with Established Competitors: The Competitive Challenge of Managing a Global Private Bank, in: Kinahan, P. (Hrsg.), Private Banking & Wealth Management Strategies in Action, Bd. I, The Issues, Dublin 1994, S. 77-82

Tyrrell, T., Branding. A holistic approach to banking, in: Bank Marketing International, Sonderausgabe o.J., S. 12-13

Uhr, D., Psychologische Betrachtungen zum Markenartikel, in: Markenartikel 11/1980, S. 534-546

Ulrich, H., Management-Philosophie in einer sich wandelnden Gesellschaft, in: Hahn, D./Taylor, B. (Hrsg.), Strategische Unternehmensplanung. Stand und Entwicklungstendenzen, Würzburg/Wien 1980, S. 509-513

Vereinigung für Bankbetriebsorganisation e.V., Internet & Co. - Einsatz von Online-Diensten in der Kreditwirtschaft, Köln 1996

Verordnung (EG) Nr. 40/94 über die Gemeinschaftsmarke vom 20.12.1993 („Gemeinschaftsmarkenverordnung"), geändert durch die Verordnung (EG) Nr. 3288/94 vom 22.12.1994

Verordnung über die Inkraftsetzung der Gemeinsamen Ausführungs- verordnung vom 18.1.1996 zum Madrider Abkommen über die interna- tionale Registrierung von Marken und zum Protokoll zu diesem Abkom- men, in: Bundesgesetzblatt 1996, Teil II, Nr. 18, S. 562

Villiez, Ch. V., Budgetkontrolle und Abweichungsanalyse in Kreditinsti- tuten, Schriftenreihe des Instituts für das Kreditwesen der Westfälischen Wilhelms-Universität Münster, Bd. 39, Frankfurt am Main 1989

Voigt, K.-I., Die Marke als Zeitanker, in: asw 11/1995, S. 56-61

von Wahlert, J., Markenartikel und Kennzeichenschutz, in: Markenartikel 12/1994, S. 568-576

Walter, I., Erklärungskonzepte zum Internationalisierungsprozeß der Banken, in: Krümmel, H.-J. (Hrsg.), Internationales Bankgeschäft (Beihefte zu Kredit und Kapital, Heft 8), Berlin 1985, S. 163-193

Waltermann, B., Internationale Markenpolitik und Produktpositionierung - Markenpolitische Entscheidungen im europäischen Binnenmarkt, Wien 1989

Weber, B., Produktwerbung und Verkaufsförderung im Privatkunden- geschäft, in: van Hooven, E./Süchting, J. (Hrsg.), Handbuch des Bank- marketing, 2. Aufl., Wiesbaden 1991, S. 233-251

Weber, M., Markenpolitik des Bankbetriebs: Grundlagen und empirische Studien, Diss. Wiesbaden 1992

Weber, J., Controlling - Möglichkeiten und Grenzen der Übertragbarkeit eines erwerbswirtschaftlichen Führungsinstruments auf öffentliche Institutionen, in: Die Betriebswirtschaft 2/1988, S. 171-194

Weickart, N.-J., Was ist Marketing an der Börse wert?, in: asw 11/1989, S. 26-32

Weinberg, P., Markenartikel und Markenpolitik, in: Wittmann, W./ Kern, W./Köhler, R. (Hrsg.), Handwörterbuch der Betriebswirtschaftslehre, Bd. 2, 5. Aufl., Stuttgart 1993, Sp. 2679-2690

Weingarth, W./Grotzki, W., Die Bank kommt zum Kunden, BANK MAGAZIN 11/1996, S. 10-14

Werner, E., Die Planung von Marketing-Strategien auf der Grundlage des Modells des Produktlebenszyklus, Berlin 1977

Wescott, K., Deutsche drives forward private banking strategy, in: FORUM (Mitarbeitermagazin der Deutschen Bank) 1/1997, S. 10-11

Wesnitzer, M., Markteintrittsstrategien in Osteuropa. Konzepte für die Konsumgüterindustrie, Diss. Wiesbaden 1993

Wettstein, F., Leveraging the Role of Insurance in Personal Financial Planning, in: Kinahan, P. (Hrsg.), Private Banking & Wealth Management Strategies in Action, Bd. II, The Players, Dublin 1995, S. 72-75

Wicke, J. M., Perspektiven der individuellen Vermögensverwaltung, in: Die Bank 9/1996, S. 534-538

Wiebe, F., Der klangvolle Name allein betört den Kunden nicht, in: Handelsblatt vom 31.5./1.6.1996, Nr. 104, S. 29

Wild, A., Die Bank als Markenartikler, in: Die Bank 8/1999, S. 516-520

Wirtz, K.-E., Das Recht der Marke. Ein funktionsorientierter Überblick, in: WiSt 9/1989, S. 421-424

Wiswede, G., Die Psychologie des Markenartikels, in: Dichtl, E./Eggers, W. (Hrsg.), Marke und Markenartikel als Instrument des Wettbewerbs, München 1992, S. 71-95

Wiswede, G., Eine Lerntheorie des Konsumverhaltens, in: Die Betriebswirtschaft 5/1985, S. 544-557

Wiswede, G., Psychologie der Markenbildung, in: Gabler-Verlag (Hrsg.), Markenartikel heute. Marke, Markt und Marketing, Wiesbaden 1978, S. 135-158

Woernle, G., Die Privatbankiers in der Schweiz. Bastion der Vermögensverwaltung, Lausanne 1978

Woodhouse, I., The Changing European Private Banking Market, o.O., 1995, o.S.

Woodhouse, I., What private bankers think their clients want, in: Field, J./Taylor, R. (Hrsg.), Private Wealth Management 1996/97, Hongkong 1996, S. 79-81

Wünsche, G., Grundlagen der Bankenwerbung aus verhaltenswissenschaftlicher Sicht, Wiesbaden 1982

Wünsche, G./Swoboda, U., Die Bedeutung von Zielgruppen für die fokussierte Universalbank, in: Die Bank 5/1994, S. 275-279

Young, K., Marketing to the Affluent, in: Kinahan, P. (Hrsg.), Private Banking & Wealth Management Strategies in Action, Bd. I, The Issues, Dublin 1994, S. 47-56

Zanger, C./Sistenich, F., Eventmarketing, in: MARKETING, ZFP, Heft 4, 4. Quartal 1996, S. 233-242

Zeller, S., Neue Pflichten für Vermögensverwalter, in BANK MAGAZIN 9/1995, S. 50-54

Zlamal, F., ABECOR - eine Bankenvereinigung hat ihre Aufgabe erfüllt, in: WIR (Mitarbeitermagazin der Dresdner Bank) vom 15.12.1997, Nr. 197, S. 9

Zlotnick, B., Brokering metamorphosis, in: Private Banker International, November 1997, S. 6

Zlotnick, B., Doing their duty, in: Private Banker International, Juni 1997, S. 8-9

Zlotnick, B., Giving players a competitive edge, in: Private Banker International, September 1996, S. 14-15

Mündliche Auskunft von:

Frau P. Riedel, Credit Suisse (Deutschland) AG, Frankfurt am Main, Marketing, am 24.3.1998

Telefonische Auskünfte von:

Herrn J. Boie-Wegener, Deutsche Bank Trust AG, Frankfurt am Main, Bereich „Vertriebsunterstützung", am 8.2.1999

Frau K. Mazanek, Deutsche Bank AG, Frankfurt am Main, Geschäftsbereich Unternehmen und Institutionen, Financial Institutions, am 19.11.1997

Herrn Dr. M. Meyer, Bayerische Hypo- und Vereinsbank AG, München, Zentralbereich Privatkunden 1, Töchter, Integration und Auslandsmärkte, am 24.6.1999

Herrn A. Thorn, Commerzbank AG, Frankfurt am Main, Zentrales Geschäftsfeld Asset Management, am 10.3.1998

International Private Banking-Anzeigen:

Deutsche Bank-Anzeige, in: Financial Times vom 22.10.1997, S. 7

Dresdner Private Banking-Anzeige, in: Newsweek vom 26.10.1998, Nr. 17, S. 12 G